《广东地方特色文化研究丛书》

主 办 单 位：广东省政协文化与文史资料委员会
广东省社会科学界联合会

编 委 会

广东地方特色文化研究丛书

岭南风物

田丰　林有能　主编

暨南大学出版社
JINAN UNIVERSITY PRESS

中国·广州

图书在版编目（CIP）数据

岭南风物/田丰，林有能主编. —广州：暨南大学出版社，2014.9
（广东地方特色文化研究丛书）
ISBN 978 - 7 - 5668 - 1116 - 5

Ⅰ.①岭…　　Ⅱ.①田…②林…　　Ⅲ.①文化史—研究—广东省　　Ⅳ.①K296.5

中国版本图书馆 CIP 数据核字（2014）第 188656 号

出版发行：暨南大学出版社

地　　址：中国广州暨南大学
电　　话：总编室（8620）85221601
　　　　　营销部（8620）85225284　85228291　85228292（邮购）
传　　真：（8620）85221583（办公室）　85223774（营销部）
邮　　编：510630
网　　址：http：//www. jnupress. com　http：//press. jnu. edu. cn

排　　版：广州市天河星辰文化发展部照排中心
印　　刷：佛山市浩文彩色印刷有限公司

开　　本：787mm×1092mm　1/16
印　　张：20.5
字　　数：400 千
版　　次：2014 年 9 月第 1 版
印　　次：2014 年 9 月第 1 次

定　　价：50.00 元

前　言

　　随着世界经济全球化和政治多极化快速发展、科学技术日新月异、各种文化思想交会碰撞，文化的地位和作用日益凸显。2003 年，广东省委、省政府高瞻远瞩，作出了建设文化大省的决定。2010 年，又制定《广东省建设文化强省规划纲要（2011—2020 年）》，纲要提出力争用 10 年左右时间，形成与广东经济社会发展相适应或适度超前的文化水平，把广东建设成为在全国具有重要影响力的区域文化中心、发展社会主义先进文化的排头兵、提升我国文化软实力的主力省、中国文化"走出去"的生力军及率先探索中国特色社会主义文化发展道路的示范区，从而吹响了建设文化强省的号角。

　　在建设文化强省的过程中，对本土传统文化的继承和发展是不可或缺的重要一环。岭南文化是中华传统文化的一个重要组成部分，是中华文化百花园中的奇葩。从历史上看，古代岭南开发较晚，文化相对落后，即便如此，在这个时期，岭南文化也作出过重要贡献。如唐代惠能创立禅宗，风靡全国；明代陈献章创立"心学"，影响深远。到近代，岭南发展迅速，新思想层出不穷，康有为、梁启超、孙中山等文化巨人，从岭南走向全国，走向世界，他们的思想引领时代的发展，催生社会变革，岭南文化呈现出更加灿烂的光彩。

　　广东是岭南文化的发祥地，传统上其文化民系主要分为广府文化、潮汕文化和客家文化三部分，在漫长的历史进程中，三大文化又不断衍生出侨乡文化、雷州文化、香山文化、禅宗文化、韶文化、冼夫人文化、移民文化等各种形态。这些文化既有岭南文化的共性，又各具鲜明的地方特色，充分体现广东文化的丰富多元。新世纪以来，我省各级政协十分重视历史文化和民族宗教文化，积极开展特色文史资料收集整理工作；省社科联、社科院等社科机构与各地合作成立了侨乡文化、香山文化、客家文化、禅宗文化、潮汕文化、雷州文化、砚文化、韶文化、瑶文化、广府文化、中医药文化、冼夫人文化、孙中山文化、移民文化等以研究地方特色文化为主旨的研究基地，形成了地方特色文化研究队伍；在党委政府的鼎力支持下，广东社科界召开了一系列的学术研讨会，设立了一批省级社科规划项目，推出了一大批学术成果，在资料积累、学科建设、人才培养、决策咨询等多方面取得显著的成绩，为促进我省哲学社会科学繁荣，进一步提升文化软实力，推动经济社会发展作出了重要的贡献。

为了充分展示我省近年来地方特色文化研究的最新成果，广东省政协文史委员会和广东省社会科学界联合会联合编辑出版《广东地方特色文化研究丛书》，计划用5年时间分批出版10本学术著作。本丛书的编辑出版坚持"整理、传承、研究、创新"的基本方针，将通过对我省各个地方特色文化的系统整理和深入研究，揭示广东文化的丰富内涵和具体特征，从而为继承发展、保护利用广东文化提供有益的参考。我们希望，本丛书在推进岭南文化的积累和传播，擦亮岭南文化品牌，加快发展文化事业和文化产业中发挥积极的作用，为文化强省建设作出应有的贡献。

《广东地方特色文化研究丛书》编委会
二〇一四年八月

目　录

地域艺术研究

地域方言研究

地域文化研究

关于疍①民源流及其生活习俗

叶显恩②

　　关于广东的疍民，20 世纪三四十年代，中国学术界已有一批田野调查报告和论著问世。1932 年春，岭南社会研究所成立之后，即开展对疍民的田野调查。该所于 1933 年发表的《沙南疍民调查》（见《岭南学报》第 3 卷第 1 期），伍锐麟于 1944 年撰写的《三水河口疍民调查报告》（见《岭南学报》第 5 卷第 2 期），陈序经的专著《疍民的研究》（商务印书馆 1946 年 10 月出版）等都是该所研究的重要成果。中华人民共和国成立之后，于 1952 年底至 1953 年春，广东省人民政府民族事务委员会又组织专人到现阳江市沿海和中山港口沙田地区、陆丰县、海丰县、惠州市惠阳县等沿海以及粤北地区，对当地疍民做了实地调查，并将调查材料整理发表。1985 年至 1986 年间，笔者前往珠江水系干流及沿海各港口做实地考察时，也曾对疍民的情况做过调查。研究所得的一些成果，已经反映在笔者主编的《广东航运史》（见此书古代部分，人民交通出版社 1989 年 6 月出版）之中。1989 年 6 月至 10 月，笔者先后同美国学者萧凤霞、科大卫，日本学者滨岛敦俊、片山刚在珠江三角洲做田野调查时，又搜集了有关疍民的资料。在此基础上，笔者以"明清广东疍民的生活习俗与地缘关系"为题写成论文，呈交于 1990 年 4 月在美国芝加哥举行的亚洲学年会并在会上进行了讨论，次年刊于《中国社会经济史研究》第一期。此文旨在探索疍民同陆上汉人在种族和阶层上的区别，以及疍民如何在千百年来的汉族大传统文化主流的影响下，保持其独特的文化特点等问题，但关于疍民的族源则未曾涉及。

　　随着当下发掘中华文化传统热潮日益激剧，疍民问题也日益受到关注。学术界的同人和地方上的博雅之士纷纷在刊物和网络上发表观点。受此鼓舞，笔者把过去的研究成果和当下的思考所得写成此文，旧题再作，以就正于各位同人。

　　这里应当说明的是，自中华人民共和国成立以后，疍民的生活方式和文化观念，正经历着快速而巨大的变化，有的甚至发生了根本性的变化。因此这期间的疍民，不属于本文讨论范围。

---

　　① 因学界对"疍"有不同写法，所以本文在一般陈述中用"疍"，涉及引用、俗语等则保留原字，如"蛋"、"蜑"等。

　　② 【作者简介】叶显恩（1937— ），海南省临高县人，1962 年毕业于武汉大学历史系。广东省社会科学院研究员、中国明史学会理事、中国经济史学会常务理事、中国古代经济史专业委员会副主任、广东中国经济史研究会会长。

一、疍民族源

疍民族源这一问题，历来众说纷纭，同中有异，异中有同，莫衷一是。我认为一个族群，除非坚持与世隔绝的生活环境，否则是不可能保持其纯粹的血统和独立的文化传承的。疍民和其他的族群一样，应当有自己的族源，但难免也会掺杂其他族群的血脉和文化。拥有诸多族群的中华民族，已经绵延数千年。它是由数以千计的氏族、部落经过长期融合而成的。其间有同源异流，也有异源合流。各个族系间，你中有我，我中有你，纯血统的族系是不存在的。今日，我们以炎帝、黄帝为中华民族的代表，并非意味着今天的各个民族都是炎黄族系。炎黄族系是通过兼并、融合其他族系不断扩大的。炎黄族系中也有一些支系，与别的族系融合，形成新的族系。例如帝舜之裔瑶，多数与华夏族系融合了，还有一部分成为南蛮集团的重要族系。可见现存的族群并非单纯以血统为标准。融入、归附某一族群，就称为某族群，亦即按照生活习俗、文化来判定其所属族群。陈寅恪先生就曾说："汉人与胡人之分别，在北朝时代文化较血统尤为重要。凡汉化之人即目为汉人，胡化之人即目为胡人，其血统如何，在所不论。"（见《唐代政治史述论稿》上编"统治阶级之氏族及其升降"）想来学者们大都是认可这一观点的。

但是，我们也不能因此而否定追寻疍民族源之必要性与可能性。

蜒人即古亶人（亦称句亶人，"句"是发语词，无意义）。亶人约在夏商之际，发源于河南清丰县南的古澶水一带（公元1005年宋辽缔结"澶渊之盟"的地方），由于受商朝的胁迫，亶人中的一支东迁至山东亶丘（今山东临沂县东北），其中有的继续东移，渡海迁入亶州（日本九州）；亶人的另一支迁至汉水中游檀溪（今襄阳区檀溪，亦即《三国演义》中刘备跃马过檀溪处），尔后继续迁至江陵（今属湖北）。亶人为楚王熊渠兼并，熊渠封其长子康为句亶王。

亶与但通。[①]《淮南子·说林训》云："使但吹竽，使氏（工）厌窍，虽中节而不可听，无其君形者也。"高诱注："但，古不知吹人。"意思是说，如果使但人来吹竽，哪怕使工于吹竽的人来按竽孔，虽中节，却吹不出曲子的神韵（君形）来。既列入笑林，则说明西汉时但（亶）人的文化艺术水平较低，才成为人们取笑的对象。

大约春秋时期，江陵地区的亶人溯长江三峡迁往川东黔北一带。晋代常璩

---

① 何光岳《南蛮源流史》第四部分"巴蜒族系"，对亶、但、疃、蜒称呼的转换，以及亶人的迁移历程都有论述。何先生从广东的古地名考据，认为蜒人曾迁往广东。但南迁广东的蜒人不同于迁入闽粤水上的疍民。徐松石又认为："亶州实即蛋州。这一个亶字，惰娴切，音但。"参见徐氏：《民族学研究·著作五种》（下），广州：广东人民出版社1993年版，第911页。又见纽树玉《说文新附字考证》。

《华阳国志·巴志》中记载：

> 巴东郡东接建平，南接武陵，西接巴郡，北接房陵。多奴、獽、夷、蜑之蛮民。

唐人樊绰《蛮书·南蛮疆界接连诸蕃夷国名》引《夔府图经》云：

> 夷、蜒居山谷，巴、夏居城郭。与中土风俗礼乐不同。

南朝梁人萧子显《南齐书·明僧绍传》附《侄明惠照传》云：

> 建元元年，为巴州刺史，绥怀蛮、蜒，上许为益州。

可见蜒人在川东一带是很活跃的，所以为当道者所安抚，并见诸载籍。

大约在春秋中期，又有一支亶人从江陵向西南迁往清江流域（即今湖北西南部和重庆一带），与巴人等共五姓杂居，结成巴、樊、瞫、相、郑五姓联盟，共推巴人子务相为盟主，称廪君。瞫与蜒通。瞫[1]氏即蜒人。

南朝宋人范晔《后汉书·南蛮西南夷列传》记载此事：

> 巴郡南蛮郡，本有五姓：巴氏、樊氏、瞫氏、相氏、郑氏。皆出于武落钟离山（今湖北长阳土家族自治县）。其山有赤黑二穴，巴氏之子生于赤穴，四姓之子皆生黑穴。未有君长，俱事鬼神，乃共掷剑于石穴，约能中者，奉以为君。巴氏子务相乃独中之，众皆叹。又令各乘土船，约能浮者，当以为君。余姓悉沈，唯务相独浮。因共立之，是为廪君。乃乘土船，从夷水至盐阳。

夷水，即清江。因水澄清，故名之（关于巴子五姓，可参阅董其祥《巴史新考·巴子五姓考》）。

到了战国末期，蜒人的一支从清江流域进入澧水、沅水一带（即常德、怀化等湘西和川黔交界地区）。宋人乐史《太平寰宇记》卷二百记载：

> 巴氏兄弟五人（指前述的五姓联盟）流入五溪，各为一溪之长。一说五溪蛮皆盘瓠子孙，自为统长，故有五溪之号，古谓之蛮、蜒部落。

---

① 董其祥《巴史新考·巴子五姓考》认为"瞫"乃蜒人之音译。

据文献记载，六朝时期，蜒人依然与巴、俚、瑶人杂居，活动于澧水和沅水流域。

《三国志·吴书·黄盖传》载：

武陵郡诸幽邃巴、醴（俚）、由（瑶）、蜒邑侯君长，改操易节……郡遂清。

《隋书·南蛮传》亦载：

南蛮杂类，与华人错居，曰蜒、曰儴、曰俚、曰僚、曰笆。

留守清江流域的蜒人（以暺或覃为姓），后与其他族群融合成今天的土家族。

谭其骧先生经研究认为："蜒族最初见于巴中，六朝以来，始辗转流入粤东。"[①] 我认同谭先生所言。蜒族是六朝以来，始从巴中和澧水、沅水地区辗转移居两广、福建等地的。蜒民自唐宋以降，始在岭南见诸载籍，且有关记载益增且多详备。

唐人柳宗元《岭南节度使飨军堂记》载：

卉裳鬺衣，胡、夷、蜒、蛮、睢盱座列者，千人以上。

从唐代及其之前的记载看，蜒人与南蛮的其他族群一样，划地而居，住在溪边山洞，其数量甚为可观。但宋代以降，没有被汉化的蜒人，则移居水上，以舟为宅了。

宋人乐史《太平寰宇记》卷一百五十七"新会县"条记载：

蜑户为新会所管，生在江海，居于舟船，随潮往来，捕鱼为活。

这是现在所看到的最早记载蜑民水上生活的史料。

宋人陈师道《后山丛谈》云：

二广居山谷间，不隶州县，谓之瑶人；舟居谓之蜒人；岛上谓之黎人。

这条史料同样透露出，宋时迁来两广的蜒人，除舟居者外，已经融入汉族。

与陈师道同时代的苏轼于绍圣元年（1094）被贬谪岭南时写下的《连雨涨

---

① 谭其骧：《粤东民族考》，《禹贡》第7卷第2、3合期。

江》中有这样的诗句:

> 床床避漏幽人屋,浦浦移家蜑子船。①

印证了前说的"舟居谓之蜑人"。

宋人蔡绦于《铁围山丛谈》卷五言:

> 凡采珠必蜑人,号曰蜑户,丁为蜑丁,亦王氏民尔。特其状怪丑。能辛苦。常业捕鱼生,皆居海艇中,男女活计,世世未尝舍也。采珠弗以时,众咸裹粮,会大艇以十数,环池左右,以石悬大絙至海底,名曰定石。则别以小绳系诸蜑腰。蜑乃闭气,随大絙直下数十百丈,舍絙而摸取珠母。曾未移时,然气已迫,则亟撼小绳。绳动,舶人觉,乃绞取。人缘大絙上。出则大叫,因倒死,久之始苏。或遇天大寒,既出而叫,必又急沃以苦酒,可升许。饮之酹,于是七窍为出血,久复活。其苦如是,世且弗知也。

练成这般采珠本领,且世世传承,说明合浦蜑人早在作者书写此文的北宋末年之前,就已经移居此地了。宋人范成大所著的《桂海虞衡志》中也有类似的记载。而明人陶宗仪《辍耕录》中的"乌蜑户",也有如是描述,可见历元至明,蜑人依然保留着这种采珠传统。

明清岭南的蜑户,已经列入国家正式编籍,由专门机构管辖。这些内容容后再论。

这里需要讨论的是从巴中和澧水、沅水地区移居两广、福建等地的蜑人,除被部分汉化外,为何与水结缘,采用舟居的生活习俗呢?

历史证明,汉族的强盛,正是数以千百计的部落、氏族融合的结果。在强势的汉文化胁迫下,少数族群不得不认同汉文化,归入汉族,而要继续保留原先文化和生活习俗的人,只能退居生活条件恶劣的山区或水域。这就是为什么越是原始的少数民族,其居住的条件便越差。

蜑人,本幽居溪洞,不知中原礼俗,文化发展缓慢。南北朝时,与廪君蛮、盘瓠蛮和白虎蛮等杂居而被称为"蛮蜑"、"夷蜑"。宋代以降,在汉化日益加剧的情况下,他们趋居水上。所以以舟楫为家是其最优的抉择。

蜑民的先人亶族,习于水居而不擅长骑马。每每骑马晃荡缓行,"疅"字就是为形容亶人骑马之状貌而创造的。② 历史上被称为"巫蜑"的人就是两汉南北

---

① (清)王文诰辑注,孔凡礼点校:《苏轼诗集》卷三十九,北京:中华书局1982年版,第2120页。

② 何光岳:《南蛮源流史》,南昌:江西教育出版社1988年版,第483页。

朝时期活动在巫山一带长江三峡地区的蜒民。他们与江水结缘，善于水战。隋开
皇九年（589）平定陈朝时，陈将吕仲肃踞荆门之延洲，负隅顽抗。隋将杨素
"遣巴、蜑（蜒）卒千人，乘五牙四艘，以柏檣（按：当是"拍竿"，用以弹石）
碎贼十余舰，遂大破之"①。陈朝其他将领不敢镇守巴陵以东。这是蜒人擅长水
战之一例。《资治通鉴·隋纪》载："杨素征陈，大破吕仲肃于荆门之延州。"胡
三省注云："蜒亦蛮也，居巴中者曰'巴蜒'，此水蜒之习用舟者也。"

　　与水结缘、习用舟楫的疍民，移居岭南后量身选择职业和生活环境时，自然
择优选取水居，以舟楫为宅。前述的移居广西北海的疍民之所以能沉海"数十百
丈"采珠，正是由于他们有源远流长的习水传统。

　　选河海水居，以舟楫为宅的生活方式，成为明清时期疍民的基本特征。他们
同其他族群一样，随着时代的变迁、生存环境的改变，有的被汉化，最终融入汉
族。与此同时，也有一些特殊的个体或群体出自某种原因源源不断地加入其中。
他们在同其他族群相联系的过程中，难免也吸收别的族群的一些文化。

　　这里仅就明清疍民的族源做了简要的追溯。任何一个族群的传承，无论是血
缘抑或文化，都不可能是纯粹的，这是应当说明的。

二、逐水而居的另类社会

　　明清时期，岭南的内河和沿海湾澳皆有疍民。明代，广东省属下各府均设有
河泊所，专门负责管理疍户并征收鱼课，广州府河泊所额设的疍民便有十九种名
色。② 在海南岛，"疍人各州县皆有，属河滨海洲，茅檐垂地"③。例如，儋县
（今儋州市）"新英南滩上下二十四埠，渔户环列焉，每大风时，疍船四百咸渔
其中"④。惠、潮、兴、梅等粤东地区的疍户，"河海在在有之"⑤。由于经济条件
的变迁，愈来愈多的疍户聚集于珠江三角洲的河网区，尤以广州河面的疍船最为
密集。据外国人记载，鸦片战争前，广州的疍船便约有 84 000 艘之多。⑥ 关于疍
民的人数，言人人殊。笔者据前人的记述，估计明代约 50 万⑦。1952—1953 年
间，广东省人民政府民族事务委员会组织的疍民调查组前往沿海内河各地做实地
调查后所做的人口估计为：沿海各港湾约 15 万；珠江三角洲沙田区约 40 万和滨

　　① （唐）魏征：《隋书》卷四十八，北京：中华书局 1973 年版，第 1 283 页。
　　② （清）屈大均：《广东新语》，北京：中华书局 1985 年版，第 486 页。
　　③ （明）唐胄：正德《琼台志》卷十，明正德十六年刻本。
　　④ （明）顾岕：《海槎余录》，国朝典故本。
　　⑤ （清）吴颖：顺治《潮州府志》卷七，清顺治十八年刻本。
　　⑥ 姚贤镐：《中国近代对外贸易史资料》，北京：中华书局 1962 年版，第 304 页。
　　⑦ 陈序经：《疍民的研究》，上海：商务印书馆 1946 年版，第 57 页；姚贤镐：《中国近代对外贸易
史资料》，北京：中华书局 1962 年版，第 304 页。

海区20万，共约60万；内河区15万，总共90万。① 同清代的估计数相差无几。广东省的人口统计于1947年为2 870万，1953年为3 244万，疍民的人数已差不多占全省人口的三十分之一。疍民是广东境内各小种族中人数最多的一个。

从文化景观上看，很容易看出疍民是不同于陆上汉人的一个族群。他们"以舟为宅"，终年浮荡于海河之上，或编篷濒水为居。这种被称为"水栏"、"蛋棚"、"草寮"的住宅，建于岸边的水陆之间，其形状很像渔船，顶部是圆拱形，内部间隔也同船上差不多。②

他们同水域结下了不解之缘，终生终世，而且世代相承，生息于水上，从水域获取生活之源。河海是他们的劳动对象，船艇是他们主要的劳动工具，也是他们栖身生息之所。

他们一家一艇，一艇就是一个经济单位，其经营组织的规模，视家中的劳动力而定，平均每艇两人以上。撑船者多是妇女，一般是一个人在后站着操两支橹撑水，一个人在前面坐着撑一橹。生于明清之际的屈大均曾这样绘声绘色地描述珠江三角洲的疍民在河海劳作营生的情形：

艇中的妇女，一手把舵，一手煮鱼，背上用襁褓裹着的幼儿有如重瓜下垂。当她们拖网摇橹，批竹纵绳，忙得不可开交之时，往往顾不上哺喂啼饥的婴儿。光着脚板出没于波涛之中，无论男女，同样穿木屐。男人，不管寒冬炎夏，穿一短袄。妇女，唯一布裙罢了，而且要三年一换。③

当子女长大成家，便分出去另住一艇，组成小家庭。这种一艇一家的小规模组织形式，历经千百年而未曾变动。他们缺乏生活之外富余的自有财产，加之萍踪未定，无法维持较大的亲属群组织；没有宗祠、族谱，没有形成如陆上汉人宗族般具有内聚力的共同体。

世代的水上生活，已经使他们在生理上具有适应水上生态环境的特点。有的疍民上岸后有"晕陆"的感觉，不适应陆居的环境。他们"自云龙种"④，认为自己是龙蛇的后代。他们在陆上不习惯肩挑、走远路，在水中反而非常勇猛。"疍人善没水，每持刀槊于水中与巨鱼斗……疍妇女皆嗜生鱼，能泅汩。昔时称为龙户者，以其入水辄绣面文身，以象蛟龙之子，行水中三四十里，不遭物

① 广东省人民政府民族事务委员会编：《阳江沿海及中山港口沙田疍民调查材料》、《粤东疍民调查材料》、《粤北疍民调查材料》，1953年；广东省民族研究所编：《广东疍民社会调查》，广州：中山大学出版社2001年版。

② 广东省人民政府民族事务委员会编：《阳江沿海及中山港口沙田疍民调查材料》，1953年，第42页。

③ （清）屈大均：《广东新语》，北京：中华书局1985年版，第395页。

④ （明）邝露：《赤雅》，北京：中华书局1985年版。

害……"① 因常年蹓跶舟中，妇女的臀部肥大，形圆如蛋。

蛋民的衣着、生活习俗，也同陆上居民有明显的不同。妇女穿一种称为"扎衣"的两色衣，结银或铜的纽扣，无领，在领圈上捆着五色线。上衣阔，长可及膝，袂则较短。头梳髻，配插一支银质的"篦牌"。汕尾地区的蛋妇髻形大而多饰物，有的一人多至三市斤的银饰物。她们手套银镯，脚戴银圈。左右五个手指戴十个大小不等的戒指。已婚妇女，耳戴长约二寸的耳钩，重约一两。如果耳孔崩后不能再戴，则改用小链挂在耳上。未婚女子戴较小银牌。男子也穿无领两色银纽的大襟衣，头包长约一丈三尺至一丈六尺的蓝色或黑色头巾。② 女子嫁到男家后的一两个小时便回娘家，重新打扮，再回男家，称为"回脚步"。③ 东部沿海如汕尾蛋民，在结婚前一日，新娘、新郎都各请僧人念佛后重新换上新衣服，这叫"脱壳"。④ 跣足，船内或陆上，皆不坐椅子，盘足而坐。⑤ 上岸与陆上居民做交易时，低头弯腰地靠着路边走。凡是熟悉蛋民生活的人，到了河海地区，一眼便可分辨出蛋艇和蛋民。

蛋民被编入专门的户籍。明代，蛋民与乐户、佃仆、惰民、九姓渔户、娼妓、优伶等同属一类，皆属贱民阶层，备受剥削、欺压与凌辱。"其籍属河泊所。"⑥ 洪武年间，仿陆上的里甲制度做编制管理，设有里长。东莞县"沿海蛋民分为上下十二社，编次里甲，督征鱼课，如县之坊都"⑦。因其飘忽不定，自难如陆上里甲一般控制严密。明末，每每有人做关于加强蛋民组织管理的建言。新安知县周希曜在《条例》中提出："编蛋甲以塞盗源……相以十船为一甲，三十船立一保，若本地船少，不其保甲长俱择有力量者充之。有警互相救援，有犯互觉察，各类一册，报县存案。"⑧ 可见，政府对蛋民的编制管理与陆上居民是不一样的。政府对其征课，也与陆上农民不同。鱼课是其正赋，每年"计户验征"，鱼课折米征收。征课之外，还要缴纳翎毛、鱼油、鱼鳔等附加税，各地还有所谓"丁银"、"水脚银"等种种滥征妄取的税种。⑨ 由此可见，蛋民所受的剥削是十分严重的。清初，据文献记载，有些地方"裁革所官，归课于县，而社如

① （清）屈大均：《广东新语》，北京：中华书局1985年版，第485～486页。
② 广东省人民政府民族事务委员会编：《粤东蛋民调查材料》，1953年，第20页。
③ 广东省人民政府民族事务委员会编：《粤东蛋民调查材料》，1953年，第22页；广东省人民政府民族事务委员会编：《阳江沿海及中山港沙田蛋民调查材料》，1953年，第45页。
④ 广东省人民政府民族事务委员会编：《粤东蛋民调查材料》，1953年，第22页。
⑤ 广东省人民政府民族事务委员会编：《阳江沿海及中山港口沙田蛋民调查材料》，1953年，第43页。
⑥ （明）顾岕：《海槎余录》卷一〇〇，《广东四》；卷一〇四，《广东八》。
⑦ （清）彭人杰：嘉庆《东莞县志》卷九。
⑧ （明）舒懋官：嘉庆《新安县志》，台北：台湾成文出版社1974年版，第564页。
⑨ （明）顾岕：《海槎余录》卷一〇〇，《广东四》。

故"①。就是说，有些地方裁汰了河泊所，但依然保留其单独的组织管理，甚至趋向严密化。包括疍家艇在内的所有大小渔船，"逐一编号"，由县发牌照，以备稽查。②

诚然，雍正七年（1729）清世宗下谕，宣布"疍户本属良民"，允许疍户登岸建屋居住，力田务本，与齐民一同编列甲户，势豪土棍不得借端欺凌驱逐。③但这只不过显示了雍正皇帝对疍民的悯恻之心和良好愿望罢了，而对于谕诏的执行度是有限的。乾隆元年（1736），清高宗下诏将归善等县加收的鱼课"悉予豁免"，"捕鱼小船不应在输税之内"。④由于生活习俗和观念文化，诸如价值观念、思维方式、审美情趣、道德情操、宗教信仰、民族心理等所形成的疍民与陆上居民之间的区别，不是一纸谕旨所能清除的。时至今日，某些疍民依然没有离开水域。

居住于沿海、内河和珠江三角洲内河区的疍民，由于环境的变迁，各地生活习俗、文化信仰等虽有细微的差别，但其主要特征是相同的，这些相同点构成了疍民文化特征的同心圆。水、舟对他们具有人群的同质性。作为他们生活之源的水域，因万流归海，水就形成了他们彼此间亲切的联系。当广东省人民政府民族事务委员会于1952—1953年到各地区调查时，到处都可听到"我们是水上人"这一共同的自称，这表明了疍民相互间的"认同感"。陆上居民一致地用"蛋家佬"一类含侮辱性的称呼称之，说明的确存在着逐水而居的相对于陆上的另一个社会。

应当指出的是，疍民居住的水域有相对的固定性，但由于社会和自然环境的变迁，他们要及时迁徙到别的水域。这不同于固定僻居于某一溪洞之间的与世隔离的其他种族；又由于单靠水域资源往往难以自给，他们必须学会所在水域陆上居民的语言，以便上岸做资源交换。所以，水域居住的固定性和流动性相结合的特点，以及上岸交换资源的需要，导致不同地区的疍民在语言、信仰方面稍有不同。

疍民自幼与水结缘，他们历尽沧桑却依然坚守水滨。据文献记载，如前所述，宋代以降，疍民已采取舟居、靠水产品为生的生活方式。南宋诗人杨万里《蜑户》诗云：

天公分付水生涯，从小教他踏浪花。
煮蟹当粮那识米，缉蕉为布不须纱。
夜来春涨吞沙觜，急遣儿童斸荻芽。

---

① （清）彭人杰：嘉庆《东莞县志》卷九。
② 叶显恩主编：《广东航运史》，北京：人民交通出版社1989年版，第198～202页。
③ （清）史澄：光绪《广州府志》卷二，广州粤秀书院刻本。
④ （清）史澄：光绪《广州府志》卷三，广州粤秀书院刻本。

自笑平生老行路，银山堆里正浮家。①

　　这里的疍民出入水中，以水产品及水滨植物如荻、蕉（麻类）等作为衣食之源，视为出自上天的安排，亦即一种先天的本性。岭南气候温和，有绵长曲折的海岸线，港口众多、纵横境内的珠江水系，珠江三角洲密织的河涌、星列的湖沼，这些水域自当成为疍家优越的自然生态环境。他们以较单纯的职业——渔业为生。食于斯，生息于斯，形成与陆上社会不同的另一天地。

　　然而，自然生态环境不是一成不变的。"沧海桑田"这一成语如实地反映了广东水乡地貌的变迁。例如，水域面积广阔的珠江三角洲，自从宋代在其西北部和东部地区建筑堤围之后，河床为堤围所固定，水流加速，水速攻沙，被冲击的泥沙，由于海潮顶托的关系，迅速地在甘竹滩以下地段的浅滩淤积，因而浮露成陆者日渐增多。堤围是沿着西、北、东三江的干流自上而下修筑的。在宋、元的基础上，明代所修的堤围已伸展到甘竹滩附近的河涌沿岸，清代所修的堤围又继续伸展到三角洲漏水湾内部和沿海地带。到了清末，堤围已遍布三角洲的河网地带。人为的开发加速了三角洲的发育。例如，中山县北部和新会东南部（即今西海十八沙），番禺沙湾以南一带（即今东海十六沙），便从浩瀚的浅海，陆续浮露成陆地，并被围垦成田。宋元时期还孤悬海外的中山县也因此同大陆连成一体。泥沙淤积成陆的面积不断增大，水域自然随之而缩小。但因沙田垦辟，形成了纵横交错的有固定水道的运输网。疍民的活动地盘和生活之源也因此而紧缩、减少。又由于农业商业化的发展、市镇的兴起，商品经济日趋繁荣，这些都为疍民提供了日益增多的经济机会。疍民为适应不断缩小的水域地貌的变化和陆上社会的变迁，便以获得经济机会作为其流动的取向，纷纷迁移到靠近市镇的河面，尤其是广州、佛山、江门、韶关、潮州等商业发达的市镇。例如，嘉庆、道光年间，佛山镇从汾江新涌口至太平沙数千米河面上，"疍民搭寮水面以居，几占其半"②。如前所述，鸦片战争前夕，也有约 84 000 艘疍家艇聚集于广州河面上。三水县芦苞镇处于北江进入三角洲河网区的要冲，客商云集，商业兴隆。加之20 世纪 20 年代，建筑规模巨大的芦苞水闸，益增芦苞的繁荣。由于经济机会日渐增多，疍民云集此地。每当过年酬神庆典时，芦苞河道的两旁鳞次栉比地各排列着三排疍家艇，长达两公里，估计有一千余艘。③ 他们从较单纯"以渔为业"转为多元化的职业结构，亦即除捕捉鱼虾外，还从事水上运输业和削竹、编竹等手工业，以及水上本小利微的叫卖活动。他们经营多种职业，以摆脱随着水域的减少而面临的谋生艰难的境地。

---

① （宋）杨万里：《诚斋集》卷十六，四部丛刊本，上海：商务印书馆 1936 年版。

② （清）吴荣光：《佛山忠义乡志》卷三。

③ 陈忠烈：《三水县芦苞镇水上居民梁广、梁正祥访问记》（未刊稿）。

　　又如，中山北部、新会东南部和番禺沙湾以南的浅海地带，因这两片浅海先后浮露成陆，并被围垦成所谓的西海十八沙和东海十六沙，宽阔的水域变成了沙田和纵横其间的沟渠，而这些沟渠又被陆上的地主，亦即沙田的主人所占据，这就等于切断了当地疍民的生路。基于这一情况，他们被迫受雇于陆上的地主，用船艇运载农具、种子到沙田耕作。有的后来还成为耕作沙田的佃户。但是，他们并未因为从事农业而改成陆居，而是依然坚守水滨。他们在沟渠岸边的半陆半水的地带搭茅寮居住。1989 年夏天，笔者曾访问番禺县沙湾镇蚬涌村曾充当沙田佃户的疍民。据他们说，这些地方（指他们今居的周围）古时本是浅海，是他们的活动范围。后来被围垦成沙田，并为陆上地主所占有。而他们之所以租一丘沙田来耕种，是为了取得沟渠的捕鱼权，并能在田与沟间建一栖身之茅寮。这些茅寮从 20 世纪 70 年代起已先后改建成瓦屋或钢筋水泥的小楼房，因为这些瓦屋或小楼房都是在旧茅寮的基地上建造的，所以，今天住宅的布局依然同过去相差无几。如果站在高处鸟瞰蚬涌村的景观，便会发现它是沿着沟渠建造的形成线状的路村。这种情形在东海十六沙和榄核镇属下各村尤其突出。有的沟渠的线状村竟绵延长达 10 公里。

　　内河与沿海的水面，也往往被陆上的世家豪绅所霸占。明末，新安县"豪而有力者"，"假宦势之雄，指一海面，捏两土名，藉此缯门，截彼鱼埠，漫影图占"①。直至民国时期，依然如此。粤北始兴县的土豪劣绅，控制着曲江至始兴的北江水道，商货必先由其船只装运，然后才轮及疍艇，而且疍艇接运这些货物时，还必须借挂其船的招牌，方能通过。② 三水县芦苞附近的北江水面，也为当地的曹氏和韩氏所分占，疍民捕捉鱼虾要向曹韩两宗族交水面费。至于各豪绅在河道私设的关卡多如牛毛，肆意横征勒索的罪行，更是罄竹难书了。1989 年 7 月，笔者在沙湾镇紫泥村做调查时，一疍民说，20 世纪 40 年代的一天，他带着在沙湾买的八只番薯驶小艇回紫泥，短短的几公里路程，每过一关卡拿起一只番薯，后来只剩下三只，被迫上岸走路带回家。在不堪压迫与剥削的情况下，有的疍户只好逃往他处，另谋生路了。

　　就总体而言，不管如何颠沛流离，迁徙移动，他们都一样坚守水滨，不肯离开水域。他们的生活习俗与观念文化，并没有发生向汉族大传统文化转型的情况。

三、文化的僵化和停滞

　　疍民以舟为家、以水为生活环境的传统习俗和传统文化，在千百年来面临种

---

① （清）舒懋官：嘉庆《新安县志》，台北：台湾成文出版社 1974 年版，第 559 ~ 560 页。
② 广东省人民政府民族事务委员会编：《粤北疍民调查材料》，1953 年，第 31 页。

种自然和社会条件变迁的情况下，只做了适应性的调整和某些边际性的变迁，而没有发生任何实质的变革，更没有被消融于汉族大传统文化之中。这是为什么呢？揭开其中的奥妙是一个饶有兴趣的问题。现将浅见分述如下：

首先，陆上居民与疍民之间，长期形成的族群歧视和阶级压迫，既养成疍民的自卑心理，也培育了疍民对陆上世家巨室的厌恶感。

尽管疍民同陆上居民也发生日常性贸易交换行为，但是种族的藩篱，妨碍了彼此间的思想文化的正常交流。文献记载上多以"蛮蛋"、"瑶蛋"称之，视之为"生番化外"之民，"非我族类"。尤其有些朝代还从法律上确定其"贱民"的地位。其身份地位和一般人相比是不平等的，如犯法量刑要比一般人重。法律还规定：疍民不准上岸定居，不准与陆上人通婚，不准入学读书，不准参加科举考试，不准与一般人通婚等。至于各地不成文的民俗规定更是不胜枚举，诸如喜庆不准张灯结彩、上岸不准穿鞋、不准穿华丽的衣服、陆上走路要弯腰缩颈、靠路旁行走等。甚至死葬荒山海滩，也要给世家巨族交纳坟墓钱。据调查，阳江、阳春地区的疍民，头顶中间的头发要剃成一个"十"字，以示与一般人的区别，所以当地对疍户有"剃十字"之称。[①] 疍民穿新衣上岸，衣服往往被陆上人撕破嘲笑。[②] 这种不平等的待遇，自然引起疍民的怨恨。珠江三角洲沙田区的疍民在民国时期有一首歌谣："水大鱼吃蚁，水干蚁吃鱼，大欺小，小欺矮，无可欺，就欺疍家仔。"[③] 这是对自己不平等命运无可奈何的哀叹！在这种种族歧视和阶级压迫的氛围下，疍民容易产生文化排外心理，并促使这种排外心理被顽固地传承下来。

由于生活习俗不同，同是在水上活动的船民，疍民与非疍民的区分是明显的。非疍户的船民，自然不会因经营同样的职业而去认同疍民的身份。疍民也不会，而且不敢认同于本族群以外的船民。这是因为彼此有"良贱"区别的鸿沟。

民间流传或文献偶有记载的"水上疍民"、"山上瑶人（或黎人）"，只是一种笼统的说法。事实显然要复杂得多。一般的文献载籍，都是把渔民与疍户区分开来的。学者常引用新会县卢湘父的《潮连乡志》一书，在其序文中说：

> 在南宋咸淳以前，潮连仅一荒岛，渔民、疍户之所聚，蛮烟瘴雨之所归。

在这里，渔民与疍户并列，并非混同。

在中国传统社会，尽管等级之分、良贱之别森严，但等级、良贱间的纵向流动始终无法杜绝。奴仆一类贱民，一旦抓住某种契机，就可能会采用种种方法，

---

① 吴家柱：《两阳疍民生活与歌谣》，《民俗》（复刊号）1936 年第 1 卷第 1 期，第 213～216 页。
② 广东省人民政府民族事务委员会编：《阳江沿海及中山港口沙田疍民调查材料》，1953 年，第 41 页。
③ 广东省人民政府民族事务委员会编：《阳江沿海及中山港口沙田疍民调查材料》，1953 年，第 16 页。

脱离贱籍，变身为良民。疍民应当也不例外。但他们为了避免后患，绝不会见诸文字，留下证据。而唯在诉讼案例中，才可以看到这种纠纷。据《粤东成案初编》记载，在道光五年（1825）的一个案例中，一个移居陆上三代的疍户，企图鬻买功名，但因他既没有向官府报告其原先的身份，又有同疍户通婚等情况，最终被处以重罚。① 尽管此事发生在雍正七年（1729）下诏将疍民等贱民开豁为良之后，但也可以看出疍户脱籍之难，同时也折射出随着珠三角商业化的发展，某些疍户趁机发家，移居陆上之后，就有可能通过读书考科举，或经捐纳买官而改变其贱民身份。1953 年，广东省人民政府民族事务委员会组织调查组深入实地调查发现，有些疍民在社会地位得以提升之后会掩盖其原来贱民的出身，也说明了这一点。②

总之，良贱的鸿沟，身份的歧视，严重影响了疍民与陆上居民之间的文化交流。这是造成疍民文化僵化和停滞的一个重要原因。

其次，陆上的世家巨族虽力图将疍民文化传统统合于大传统文化之中，以使其更能遵循良贱等级的规范。而事实上，几乎没有什么成效。从地方祭祀活动中就可看出来，疍民是以供奉水神为主的多鬼神信仰者。天后、洪圣等水神是各地的疍家都信奉的，由于这些神明都受到了封建王朝的敕封，因而也为各地豪绅所倡导信奉。疍民既被邀参加由地方豪绅领导的对这些水神的神诞庆典，也被允许参加所在地方的其他神祇的祭祀活动。但是，疍民是抱着自己的目的和愿望来参加庆典的，而且按自己的传统进行活动。从芦苞北帝的过年酬神庆典中就可以看出同一祭祀活动中汉、疍两种文化的对立。

供奉北帝的芦苞祖庙，是芦苞的主庙。它由地方的世家巨族把持。每逢过年举行的酬神庆典，规模宏大，非常热闹。这期间他们请戏班演戏，而且是广州名班，如"永寿年"、"汉寿年"、"仁寿年"等，在祖庙右侧建造的固定的所谓"梗戏台"上演出。农历正月初四，祖庙"烧炮"，一般放十二只炮，最多时可达十五只。每只炮皆有名字，头几只炮尤为重要。人们都以抢到这几炮为最大的荣幸，因为它是幸运、吉祥的信物象征。祖庙前面的北江有一处湾澳，被称为避风塘。这是疍家参加这一盛典的活动地盘。他们从农历十二月二十八日起，便纷纷聚集在芦苞，疍艇在北江河道两旁各按三排鳞次栉比地排列，其长约二公里，有一千艘以上。他们用凑份子的方法，筹集参加庆典活动的经费。酬神庆典的领导机构叫"福兴堂"。管理福兴堂的值事，通常是四五人，由疍民公开推选。福兴堂在与祖庙相对的避风塘上的半水半陆地地带搭起所谓的"疍家佬棚"，其上可摆数十桌酒席。福兴堂给疍家派"饭筹"，一筹收银一毫七分二，凭筹入棚宴

① （清）朱橒：《粤东成案初编》卷三十一，道光八年序刊本，第 16a～17b 页。
② 广东省民族研究所编：《广东疍民社会调查》，广州：中山大学出版社 2001 年版。

饮，连吃数日，以示庆祝。当正月初四当地的世家巨族在祖庙后右侧的山坡烧炮地上烧炮时，福兴堂组织强壮的人去抢炮。但头几炮他们是不敢抢的，抢的都是中后炮，如"润五炮"、"润七炮"等。按规定，抢到头几炮者，必须负责次年庆典的出项，出项的费用很大，非疍家的经济能力所能承担。抢到中后炮，只负担次年庆典的一些费用，称之为"还炮"。据他们说是因为害怕自己负担不起，所以不敢抢头几炮。依笔者看来，头几炮是最幸运、最吉祥的信物和象征。而作为贱民阶层的疍民却与之无缘。疍民不敢去抢是理所当然的。允许他们抢中后炮，则意味着北帝降福保安之德泽是分等级布施的。而疍民抢到炮的那天晚上，他们个个欢欣雀跃，纵情宴饮，以示庆祝。酒宴全是席地而坐，不用抬凳，一如船上生活的格局。乘酒后兴高采烈之际，由福兴堂把炮圈和炮座，装饰的旗帜、灯笼、纸扎人物之类的吉祥物拆开来，逐一以投标方式拍卖，即所谓"开投"。疍民把投得的吉祥物拿回自己的船上供奉。福兴堂则将开投得来的钱，留待次年"还炮"之用。继开投之后又是改选福兴堂值理。值理可连选连任。改选完毕，疍民便各自散去。

从疍民参加北帝的酬神活动看，陆上祖庙祭祀组织的领导者，显然力图将贫富贵贱的等级差别，渗透到祭祀活动之中。例如，花炮是按先后烧放来规定其等级的。级别愈高，愈标志着吉祥、幸福，但付出的代价也愈高。对于贫贱者，前几炮是可望而不可即的，犹如现实中的富贵对他们是可望而不可即一样。由于经济能力的局限性，他们在祭祀中处于平等地位的可能性就已被排除了。而世家巨族之所以吸收疍民参加庆典，是为了维持社区的一体化。然而，疍民在庆祝活动中，依然坚持其水上的神圣性，用水上的"疍家佬棚"来与北帝祭坛相对。他们在棚里纵情宴饮，以示庆祝，并将得到的花炮"开投"，表示他们在祈求幸福中机会均等。可见他们实际上依然是按照其传统的文化规范来开展活动的。他们按自己的面貌去塑造北帝，把这一神祇纳为自己的一部分，以期起到保护作用。

最后，疍民处于贱民的阶层，不准上岸入学读书的规定，排除了这一阶层通过读书科举而发生纵向流动的可能性。

尽管清代雍正七年（1729）降旨取消了"不准上岸入学读书"这一规定，但不成文的民俗依然对此起维护的作用。事实上，他们的经济能力也不可能让其子弟入学读书，以进行精神财富的再生产，因而他们的文化更谈不上有所改造和丰富发展了。他们的语言在疍民文化中始终没有出现文字记载，只靠疍民们口耳相传，几无变异。以疍民的信仰来说，他们是以供奉水神为主的多鬼神信仰者，不具备完整的哲学、伦理体系。按理，这种信仰一旦被更令人信服的具有完整体系的信仰学说侵入或吞食，原来的信仰特征便会在生活领域中消失，或显得不明显。而事实上，疍民的信仰历程虽有所变化，不同的时期所信仰的神祇也有差异，但是以供奉水神为主体的多鬼神信仰始终未变。基督教南中国艇船传教会组织人力、物力，花了九牛二虎之力，踏遍海河，在疍民中进行传教活动。尤其是德鲁（Drew，美国人）女士自 1909 年来中国传教，直至 1932 年以身殉职于福音船上，可谓极尽了布道的热忱。然而疍民参加教会者依旧寥寥无几。据德鲁女士说，二十多年来，入教者总共不超过七十人。[1] 传教工作很失败。这是疍民文化的传承性处于休眠状态，缺乏接受外来文化的活力和创新的机制，因袭守旧的结果。如果说其文化在某些地方有所变异的话，如前所述，也是因迫于生计和社会环境的变迁而做的一种适应性的调整与边际性的变迁。正因为如此，他们能在千百年来，使其文化与汉族的大传统文化并列存在，并顽强地保持着其文化的特点。

　　从他们因适应生态环境而养成的生理特征，以及他们的生活习俗和观念文化，都可看出他们具有依附于水域的黏着性。这种黏着性使他们注定会世代相承地、执着地依恋着其水上的天国。

---

　　[1]　陈序经：《疍民的研究》，上海：商务印书馆 1946 年版，第 160～164 页。

试述冼夫人①文化及其特征、核心

白雄奋　吴兆奇　李爵勋②

　　冼夫人是南朝梁、陈至隋初时期，高凉（今广东茂名一带）地区俚人的首领。《隋书》、《北史》、《资治通鉴》、《广东通志》、《高州府志》和《电白县志》等史志中都有关于冼夫人的记载，她是我国历史上一位伟大的巾帼英雄。

　　冼夫人文化是一个既古老而又新鲜的话题，内涵宽广，意义深远。它早已存在于历史和现实生活当中，却长期不为人所注意，正如古语所说："如入芝兰之室，久而不闻其香。"然而，一经明确提出和宣传，它就被广泛传播和认同。在茂名市属各市、县、区，周边的阳江、湛江以至广州、海南和广西等地，许多人都在谈论冼夫人文化、研究冼夫人文化和宣传冼夫人文化。冼夫人文化在粤、桂、琼的兴起和弘扬，对于广东建设文化大省和茂名建设文化名市，对于周边地区的文化经济发展，对于构建社会主义和谐社会，正发挥着越来越大的促进作用。

　　本文试从如下几个方面对冼夫人文化及其特征、核心予以阐述：①冼夫人文化的历史孕育和形成；②冼夫人文化的传承和发展；③冼夫人文化的表现形式；④冼夫人文化的基本特征；⑤冼夫人文化的核心——冼夫人精神。

一、冼夫人文化的孕育和形成

　　南北朝时期是我国各族人民大融合的重要阶段。魏晋时进入中原的各少数民族，历经二百年左右的时间去学习汉族先进的经济文化，已基本汉化。北魏孝文帝推行汉化政策和迁都洛阳的重要举措，进一步加快了民族大融合的进程。这为隋朝重新统一中国，在客观上准备了重要的政治条件。生活于南朝梁、陈至隋朝的岭南俚人首领冼夫人，登上历史舞台后，顺应历史潮流的发展，施展雄才大略，为祖国南疆的巩固，为民族大团结的加强，为隋朝的政权势力真正到达南方，作出了重大的贡献。可以说，是时代造就了伟大的冼夫人。

---

　　① 本文一般叙述采用"冼夫人"这一称谓，涉及具体篇目所采用的"冼太夫人"称谓则进行保留处理。

　　② 【作者简介】白雄奋，广东省社会科学界联合会副巡视员，广东社会科学大学常务副校长；吴兆奇，茂名市政协原主席，茂名市冼夫人研究会原会长；李爵勋，广东石油化工学院副教授。

南北朝时期，北方和南方的经济都有了相当大的发展。从整体来说，南方经济仍逊于北方，所以全国经济重心仍然在北方。但从西晋末年起，北方大批农民由于逃避战乱等原因，纷纷向南迁移。他们带来了较南方更为进步的生产工具和生产技术，和南方各族人民共同开发南方地区。到南朝后期，各民族之间的联系更加密切，彼此融合的步伐大大加快，南方的经济得到较快发展。这也为政治上结束南北对峙的局面逐渐准备了社会经济条件。

正是在这样的时代背景下，身为南越俚人的冼夫人，虽历经三朝，却始终坚持维护国家统一，促进民族和睦团结，保障岭南安定，推动社会文明进步。她的重要举措既影响了当时，也影响了后世，她也因此成为促进历史发展的一位巾帼英雄。其功勋彪炳史册，自然也就在历史上孕育了这流芳百世的冼夫人文化。1938年3月7日，岭南大学冼玉清教授以"民族女英雄冼夫人"为题在《岭南专刊》上载文，赞誉冼夫人为"妇女为国立德立功之第一人，妇女开幕府建牙悬肘之第一人，妇女任使者宣谕国家德意之第一人，妇女享万民祭祀之第一人"。当然，成就冼夫人伟大的一生，除有其深刻的时代背景外，其本人高尚的品德、杰出的智慧和毅力、非凡的军事和政治才能，也是不容忽视的。

冼夫人与冯宝结婚后，一千多年来，其后代生生不息，分布在广东、海南、广西、贵州和全国其他许多省市，以至东南亚及欧、美、澳等地，尤以广东的高州、化州、电白、阳春和海南省等地为多。其中有许多人，不管是姓冯或是姓冼，他们都说冯宝和冼夫人是他们的祖宗，因而逐渐形成了裔孙众多、人口不断繁殖的"冯冼亲缘文化"。

在冼夫人逝世后，广东、海南、广西以至东南亚等地，纷纷"立庙以祀"，先后建立了许多冼庙。有的初建为家庙，后发展成神庙，或直接建成神庙把冼夫人当作神来拜祭，以表无限敬仰之情。原籍高州的中央戏剧学院丁扬忠教授曾为高州冼太庙撰联："是人非神，千秋景仰；亦人亦神，万代馨香。"这副富有哲理的楹联是冼夫人备受民间崇敬的生动写照。神化了的冼夫人，既是冯冼氏的祖宗神、保护神，又是和合神、爱神。各地冼庙，特别是一些中心冼庙，香客众多，香火不断，形成了以冼夫人为中心对象的，有宗教信仰形式的神缘文化。

冼夫人主要活动于电白、化州、高州、阳江、阳春等粤西地区和她请建崖州的海南等地，其功劳和影响亦覆盖粤中、江西、广西、贵州等地，贵州部分人称颂和敬拜的"萨岁"，经一些学者专家考证，实际就是冼夫人。从地域来说，冼夫人活动的地区主要是岭南，并给予当地的经济文化发展巨大的影响，因而这些地方逐渐形成了以冼夫人为核心的地缘文化。

冼夫人在岭南地区留下了许多文物遗迹，如电白山兜冼夫人墓、丁村冼夫人故里、化州石龙郡遗址、高凉郡、电白郡城遗址、阳春古城遗址等，形成了以冼夫人为寄托、以物为媒介的物缘文化。

　　冼夫人是女将军、政治家和社会改革家。历代以来，民间流传着不少关于她的传说故事，也有不少政府官员和文人学士写的歌颂她的诗词楹联，还有不少表现她的崇高品质和卓越的历史功勋的歌曲和戏剧，因而亦形成了以冼夫人为主体的业缘文化。

　　综观一千多年来有关冼夫人的形象，可以看出在粤西和海南等地早已逐渐形成了以亲缘、神缘、地缘、物缘、业缘为形式的冼夫人文化。这个文化圈也随着历史的发展逐渐扩大，是历史孕育了冼夫人文化、形成了冼夫人文化。同时，也是冼夫人本人创造了冼夫人文化，历史只不过是在不断丰富和发展冼夫人文化。

二、冼夫人文化的传承和发展

　　冼夫人文化的孕育和形成经历了一个长期的历史过程。它的传承也是一个长期的历史现象。它是我国优秀传统文化——炎黄文化的一个组成部分，具有强大的生命力和凝聚力，今天以至将来永存于人们的生活当中。随着我国经济文化的发展，光辉的冼夫人文化必将继续发扬光大，不断造福岭南人民和其他地区的人民。

　　然而，过去人们对冼夫人文化缺乏自觉的认识，并不了解冼夫人文化是什么意思和有什么意义。因而，长期以来，冼夫人文化的延续和传承处于自发的，或可称为"自在"的阶段。

　　到了20世纪90年代，一个明确的提法、新的称谓——"冼夫人文化"，一经提出即被广泛传播，其呼声越来越高，逐渐为许多人所接受和认同，而且其影响和价值越来越大。许多人都在发掘它的底蕴，研究它的含义、内容、形式和意义。冼夫人文化热，正在粤西的茂名、阳江、阳春和广州、海南等地蓬勃兴起，出现了前所未有的兴盛景象。

　　今广东省茂名市是冼夫人的故乡。早在清末，茂名县大堂村（现茂南区新坡镇）拔贡谭应祥就率先编印了我国第一部研究冼夫人的专著《冼夫人全书》。可惜该书已佚，只有个别章节还能找到。

　　1983年12月2—9日，由广东民族研究所和广东民族研究会联合举办的"冼夫人学术研究交流会"，在电白、高州、湛江、海口等地先后召开，主会场设在今天的茂名市。接着成立了粤西（包括海南）冼夫人研究联络站，站址设在茂名市文化局。

　　1990年9月，茂名市率先成立了覆盖茂名市所属各市（县、区），属全国第一个研究冼夫人的群众性学术团体——茂名市冼夫人研究会。会长是当时的茂名市政协副主席吴兆奇。该会分别于1992、1994、1997年出会刊《冼夫人研究》三期，刊载茂名市区、高州、电白、化州、信宜等地会员的研究成果，还有湛江、阳春、广州等外地研究冼夫人的来稿。"冼夫人文化"一词最早见于1997年《冼夫人研究》第3期《俚女·蛮妇·圣母·冼夫人》一文，作者是刘佐泉教授。其后，这一名词传遍岭南大地。

2001年5月25—28日，经国家文化部批准，由中国少数民族文化艺术基金会和中共茂名市委、茂名市人民政府共同举办的"首届中国边境城市文化经贸旅游艺术节·冼夫人文化研讨会"，如期在冼夫人的故乡——广东省茂名市隆重举行。国内、省内知名学者和长期在地方上做冼夫人研究的学者、实际工作者共50多人，汇聚一堂，以"冼夫人文化与当代中国"为主题展开了研讨。专家们一致认为："'冼夫人文化'这个选题选得好，选得及时和很有意义，作为文化资源的开发会更加深广，并为今后的'冼学'研究拓展了新的领域。"这次研讨会，会议筹备组编辑出版了论文集和资料集《冼夫人魂》并在会上进行了交流。2002年，广东人民出版社出版了以这次大会主题为书名的论文集《冼夫人文化与当代中国》，影响颇大。就这样，冼夫人文化的传承出现了新的飞跃，从过去的"自发的、自在的阶段"，发展到由当地党委和政府倡导推动其繁荣发展的"自为阶段"。以上种种事实表明，茂名市成为名副其实的"冼夫人文化发祥地"。

2003年，时任中共中央政治局委员、广东省委书记的张德江代表省委提出了建设广东文化大省的战略构想。在广东省委九届四次会议和全省宣传思想工作会议上，张德江书记又指出："广东古代有两大历史名人，一个是包公，一个是冼夫人，这是我省最大的历史文化遗产，必须抓住机遇，把这难得的品牌做大做强，使历史文化成为新的经济增长点。"省委的部署和张德江书记的讲话，为我们弘扬冼夫人文化、打响冼夫人文化品牌指明了方向。

2004年2月9日，中共茂名市委宣传部召开"弘扬冼夫人文化"的座谈会。中共茂名市委宣传部的主要领导在听取专家们的意见后，要求全市各界统一认识，集中力量，弘扬冼夫人文化。其后不久，又拨款支持冼夫人研究者编辑冼夫人文化书刊，以广泛宣传冼夫人文化和弘扬冼夫人精神。

2004年4月19日，《南方日报》刊登《广东历史文化行——冼夫人：巾帼英雄第一人》的专题报道，接着在其发表的跟踪消息报道中，述及茂名市所属各地当天逾百万人争相传阅该报，并给予高度赞扬。2004年4月24日，茂名广播电台首次播出《冼夫人文化访谈录》；9月9日，茂名电视台十二集"冼夫人文化纵横谈"系列专题问答节目开始播出，反响强烈，影响深远。

2005年1月3—6日，广东省社科联、广东炎黄文化研究会、茂名学院、茂名市社科联、电白炎黄文化研究会共同主办的"冼夫人文化与建设广东文化大省"学术研讨会，在电白县水东镇隆重召开，把弘扬冼夫人文化与建设广东文化大省联系起来，深入开展学术研究和交流。与会代表和嘉宾有200多人，气氛热烈。会议不仅大大促进了冼夫人文化研究的深入开展，而且在弘扬冼夫人精神、推动广东文化大省建设中，发挥了积极的作用。

与此同时，茂名市所属的高州市、电白县、化州市和茂名周边的阳江、阳春等地也陆续筹备或举办冼夫人文化研讨会或冼夫人研究会年会和各种有关活动，纷纷发表宣传或纪念冼夫人的文章。

2006 年 3 月 17 日，中共茂名市委召开"茂名市文化建设座谈会"。中共茂名市委有关领导在会上作了《掀起茂名新一轮文化发展潮》的动员报告和《迎接新一轮文化发展潮》的会议总结，又一次发出了打响冼夫人文化品牌的号召。作为茂名市五大特色文化之首的"冼夫人文化"，再一次在当地党政领导的讲话中定格。

为什么近年来冼夫人文化的传承和发展在茂名大地呈现出一浪高于一浪的态势，并且越来越深入人心呢？毫无疑问，这是传统的冼夫人文化在新时期被赋予了时代的新内涵，且得到了省、市领导的大力倡导和支持，从而面貌焕然一新的缘故。

"冼夫人文化热"不仅在粤西及广州等地热起来，在邻省海南也同样如火如荼。

海南省海口市龙华区新坡镇（前身是琼山县）一向有纪念冼夫人的"闹军坡"，即军坡节活动。清代史料记载：新坡于每年农历二月"闹军坡"庙会期间，数百里内赴庙者络绎不绝，每逢诞节，坡圩几无隙地。陈雄在他所著的《冼夫人在海南》一书中记载："1981 年来新坡圩'闹军坡'的人不少于 15 万人次，大小汽车有数千辆，车辆在距新坡梁沙婆庙（冼夫人纪念馆前身）12 公里处便无法行驶。新坡圩 14 口水井全部用干，所燃鞭炮，以车计算。"

2001 年农历二月，军坡庙会 7 天之内，有 20 多万人拥入新坡，欢天喜地闹军坡，虔诚地叩拜冼夫人。可见这闹军坡民俗经过长期岁月的沉淀，时至今日，仍有非常深厚的群众基础。

2001 年 5 月，海南省有几位学者应邀参加了在冼夫人的故乡——广东省茂名市举行的"首届中国边境城市文化经贸旅游艺术节·冼夫人文化研讨会"，该次会议的主题"冼夫人文化与当代中国"给他们带来了启迪。

传统的海南军坡节活动，改为海南省冼夫人文化节。2002 年农历二月，经海南省旅游局等有关部门批准，海口市龙华区新坡镇的军坡节活动定名为"2002 年中国民间艺术游·海南冼夫人文化节"，主要活动有：万人公祭冼夫人；冼夫人逝世 1 400 周年暨新坡冼庙创建 400 周年纪念大会；模仿当年冼夫人率部出征的"装军"仪式；首届海南冼夫人文化研讨会；军坡特色商品展销会等。时任海南省人大常委会副主任的王学萍为此次活动题词："冼夫人的爱国主义精神光照千秋！"

2003 年农历二月，第二届海南冼夫人文化节在海口市龙华区新坡镇举行。主要活动有：声势浩大的"装军"表演；冼夫人爱国主义讲座；冼夫人文化论坛；冼夫人文化大使选拔赛；冼夫人文物图片展；电视连续剧《巾帼英雄冼夫人》首播等，内容丰富，场面热烈。

2004 年农历二月，第三届海南冼夫人文化节在海口市举行。主要活动有：冼夫人文化大使选拔赛；踩高跷、舞龙；方言对歌赛；黎族服饰展；醒狮表演赛；少年武术表演赛；中老年健身球表演赛；"欢庆丰收舞起来"秧歌表演赛；冼夫人书法、摄影比赛；"冼夫人在海南"专家论坛；播放《中国巾帼英雄第一人》电视剧；琼剧（以冼夫人题材为主）演出；焰火晚会；还有民间饮食文化、德胜沙购物一条街促销活动等。他们将冼夫人文化节办成一个既有经济文化效益，又有社会影响力的盛会。冼夫人文化的内涵被拓展得更为宽广，更有深度。

2005 年农历二月初六至十二日，第四届海南冼夫人文化节继续在海口市举行。主要活动有：开幕式暨大型文艺演出；冼夫人文化形象大使选拔赛；民间民俗活动；龙华区首届农民运动会；"四季华夏杯"狮王争霸赛；书画作品展；海南巾帼风采摄影作品展；省老干部艺术团助庆献艺；民间饮食文化活动。还有冼太夫人纪念品展销一条街，琳琅满目，熙熙攘攘，热闹非凡。

2005 年 12 月 17 日，海南省冼夫人研究会在海口市宣告成立。它是致力于冼夫人文化的研究、宣传与开发的一个省级群众性学术团体，王学萍任第一任会长，时有会员 40 余人。

2006 年农历二月初九至十四日，第五届中国海南冼夫人文化节在海口市举行。主要活动有：600 人大型"装军"表演，海南省第一支高桩狮队、"海南省冼夫人龙狮武术团"挂牌成立并作精彩表演；"南狮争霸暨国际精英狮队汇演"，来自中国港澳地区、意大利、马来西亚、新加坡等国内外 11 支舞狮精英队伍狮吼八方，争霸海口；冼夫人文化大使评选；湖南省衡阳杂技团参加了开幕式并进行了文艺献演。这次海南冼夫人文化节的影响扩大到了海外。

海南省几届"冼夫人文化节"活动表达了海南广大干部群众对冼夫人的无限崇敬之情。

除了纪念冼夫人的群众活动外，研究冼夫人、宣传冼夫人的各种读本不断问世。如广东人民出版社于 2004 年 11 月出版了钟万全著的《巾帼英雄冼夫人》；2005 年 7 月，又出版了庄昭、高惠冰合著的《巾帼英雄第一人——冼夫人》；2006 年 3 月再出版了吴兆奇、李爵勋合著的《冼夫人文化》。还有一大批关于冼夫人的小说、电影、书画展等纷纷出现。这些以著作或文学艺术形式传播冼夫人文化的作品相继问世，使冼夫人文化更广泛地走进了普通民众之中。

三、冼夫人文化的表现形式

冼夫人文化底蕴深厚，层面宽广，内容丰富，表现形式也多种多样，并且往往互相交织，很难截然划分。在此，笔者试从非物质文化、物质文化两个角度来分析其表现形式：

（一）从非物质文化的角度看

1. 正史、方志、笔记、辞书、辞典和有关史料整理等对冼夫人的记述

主要有：《隋书》，《北史》，《资治通鉴》，明清《广东通志》、《高州府志》、《琼台志》、《琼州府志》和各县县志，屈大均的《广东新语》，范端昂的《粤中见闻》，谭其骧的《粤东初民考》，李调元的《粤东笔记》，《辞源》，《辞海》，范文澜的《中国通史简编》，《中国历史名人辞典》，《广东百科全书》，《影响中国历史的一百个女人》，《冼夫人魂》（中册）资料集，电白县和茂名市历史学会合编的《冼夫人史料文物辑要》等。这些关于冼夫人的记述文字和条目均属这一范畴。

2. 研究专著

清代茂名县谭应祥编印的《冼夫人全书》，是我国第一部研究冼夫人的专著。1962 年，王兴瑞撰写了《冼夫人与冯氏家族——隋唐间广东南部地区社会历史的初步研究》。1992 年，中山大学出版社出版了陈雄著的《冼夫人在海南》。其后，张均绍著的《冼夫人考略》，莫仑、苏汉材编著的《冼夫人史略》，高州冼夫人研究会编印的《冼夫人研究特辑》，陈祖辉著的《冼夫人问题考见》，茂名市冼夫人研究会先后出版的会刊《冼夫人研究》第一、二、三期，叶春生、卢方圆合著的《岭南圣母文化与信仰——冼夫人与高州》，2001 年"首届中国边境城市文化经贸旅游艺术节·冼夫人研讨会"筹备组编辑出版的《冼夫人魂（上）——冼夫人研究论文选辑》，2002 年蔡智文主编、国际炎黄文化出版社出版的《冼太夫人研究》，同年张磊主编、广东人民出版社出版的《冼夫人文化与当代中国——冼夫人文化研讨会论文集》，这些都是冼夫人研究的新成果，同时也是富有地方特色和时代气息的专著。

3. 学术论文

学术论文是大多数学者研究冼夫人文化最主要的学术成果。其中有关于冼夫人研究刍议的文章，有诸多对冼夫人历史功绩和崇高品德的评价性的文章，有大量从冼夫人的出生地、故里、墓地、存年、故址及其后裔等角度深入探讨的文章，有研究冼夫人在高州、电白、化州、阳江、阳春、海南等地活动情况的文章，还有对冼夫人研究的历史与现状的综述性文章，以及主题直接为研究冼夫人

文化的文章等，百花齐放，异彩纷呈，由于数以千计，在此难以一一列举。

4. 诗词、小说、戏剧、影视

历代文人学士、当今的文坛老手以及写作新秀，有感于冼夫人历史功绩的伟大和品德、情操的高尚，用诗词、小说、戏剧（包括话剧、电视剧等）等文艺形式谱写了一曲曲对冼夫人的颂歌、一部部的文艺新作、一集集的电视剧本，美不胜收。茂名市政协编辑出版的《冼夫人礼赞——历代歌颂冼夫人的诗词、楹联、碑刻选》，白雄奋主编的《冼夫人魂（下）——当代歌颂冼夫人诗词选辑》，均颇有价值。茂名市和国内其他各地在话剧、影视和小说等方面所取得的成果，也颇为丰富。

5. 冼夫人文化节

1996 年 1 月 14 日，高州市举行首届冼夫人诞辰节，盛况空前，影响深远。每年的农历十一月二十四日和正月十七日，即冼夫人的诞辰和忌日。这两个日期的前后数日均是电白县人民纪念冼夫人最隆重的日子，每逢此时，电白当地人山人海，热闹非凡。特别是 2002 年 12 月 27 日（农历十一月二十四日），中共电白县委、电白县人民政府隆重举行了纪念冼夫人诞辰 1 480 周年庆典系列活动，省、市、县相关党政领导和全国各地的冼夫人研究专家，以及冯冼后裔、当地群众，共数千人参加了庆典活动。海南冼夫人文化节从 2002 年起至今，年年举行，成为融纪念、瞻仰、文化娱乐、旅游观光、经济贸易和加强爱国主义教育为一体的富有文化意蕴的大型群众性活动，影响面广，教育意义也大。

6. 冼夫人理论研讨会

除了上面已分别叙述的 1983 年 12 月在粤琼两地举行的"冼夫人学术研究交流会"，2001 年 5 月在茂名市举行的"首届中国边境城市文化经贸旅游艺术节·冼夫人文化研讨会"，2005 年 1 月在电白召开的"冼夫人文化与建设广东文化大省研讨会"等几次大型研讨会外，2002 年 3 月，海南在举行冼夫人文化节的同时，召开了首届海南冼夫人文化研讨会；2004 年 8 月 24 日，海口市委宣传部和电白冼夫人故里建设及管理委员会在海口联合举办了"广东——海南共同打造冼夫人文化品牌研讨会"。高州、电白、化州等地的冼夫人研究会，连年举办年会，探讨和交流有关冼夫人的研究成果，还分别出版了论文集。阳江炎黄文化研究会、冯冼文化研究会定期或不定期召开有关冼夫人的研讨会，这标志着冼夫人文化在精神文化的层面达到了较高的程度。

7. 其他

各地报纸、广播电台、电视台的宣传，全国冼夫人主题书法艺术大赛的举办和主题网站的建立等，这体现着冼夫人文化已经渗透到了人们的平常生活中。

（二）从物质文化的角度看

冼夫人的足迹遍及粤、琼大地，她活动过的痕迹，遗址或文物也遍布其中。

电白县山兜冼墓和娘娘庙，作为冼夫人故里文物被定为省级重点文物保护单位。高州冼太庙及其他各地冼庙也大量散布着很有价值的古碑文、碑刻、额匾等。关于冼夫人的军事遗址，有待考古专家正式鉴定后，再予以保护和开发。冼夫人的文化资源是丰富和宝贵的，应该做好发掘和保护工作，让它多多造福社会。

各地对冼夫人的拜祭和纪念习俗，如做年例等，很有地方特色。它与宗教信仰有某些相同之处，但它本身不是宗教，而是敬仰冼夫人的一种体现，或是冯冼后代对祖宗冼夫人和冯宝的祭拜，以表"慎宗追远"、"敬奉先人"的真切感情。对冼夫人的祭拜、纪念，发展到今天，已经具有时代赋予的新内涵，有爱国主义教育和社会主义教育的内容，不能统斥之为迷信或非法的联宗祭祖。它本身不是坏事，无可厚非。

四、冼夫人文化的基本特征

我们认为冼夫人文化的特征，包括各地与冼夫人有关的文物古迹，与其他文化有明显差异的民俗风情，如二次葬、过年例、祭冼活动等；语言文字有边擦音，有俚语地名如"那"、"洞"等。然而，最重要的是如下一些基本特征：

1. 它是以人物为代表、以名人文化命名的一种与时俱进的爱国主义文化

中国历史上的文化，除炎黄文化外，一般不以某个人物文化作为称谓或命名。"炎黄"是我国古代传说中的炎帝神农氏和黄帝轩辕氏的合称，借指中华民族的祖先。炎黄文化是中华民族文化的核心，这种文化代表了中国的优秀传统文化。中华民族数千年，长久屹立于世界民族之林，靠的是优秀的炎黄文化传统。而冼夫人文化，则是炎黄以后，在历史长河中孕育、培植和发展着的以冼夫人为对象的特有的爱国主义文化。它是庞大的炎黄文化体系中一支正统相传而又不断发展着的，具有时代特色，又与时俱进的爱国主义文化。这种文化，根植于粤西的茂名，覆盖着岭南大地，维持着这些地方的稳定与发展，是全国不可多见的一支很优秀的文化。

2. 它是粤、桂、琼三省区人民共有的精神文化财富，是具有岭南特色的一种文化

冼夫人一生活动于粤、桂、琼，影响着南中国。冼夫人的名字代表着岭南各族人民的风骨和正气，是粤、桂、琼三省区共有的一个文化名牌，是南中国沿海地区优秀文化的代表，是冼夫人留给粤、桂、琼三省区人民的一大笔精神财富。

广东是岭南的基本地域，粤派文化有着自己独特的风格，向来以开放、兼容、创新著称。其文化资源呈现出多样化的特征，包括广府文化、客家文化、潮汕文化、少数民族文化和特区文化等，并反映在语言、地方戏剧、歌曲、民俗风情，民间艺术等多个方面。而冼夫人文化，可以这样说，是俚族汉化的文化，是

龙蛙结合的二元融合文化，是以冼夫人为代表，由与冼夫人相关的事象组成的一种文化，是不断推动社会历史进步的文化。它是岭南文化、粤派文化的组成部分，是以冼夫人为对象的特定的文化。它拥有非常丰富的文化资源，历史底蕴深厚，可供开发和利用，继续造福后代，造福社会。这种具有时代特征和地方特色的进步文化，在建设广东文化大省和茂名文化名市中，起着重要的推动作用。

3. 它是戴着神秘面纱，是要还其本来真面目的一种文化

中国人对故人当中的杰出者，往往"立庙以祀"，以此来表示他们的崇敬之情。民间把岳飞、关羽等英雄人物作为神来拜祭，就是这种情况的体现。至于冼夫人，她的崇高品德和伟大业绩，岭南各族人民世世感恩戴德，在粤西和海南等地立庙以祀到处可见。人们敬爱她，信仰她，尊她为神——保护神，和合神，祖宗神，真理化身的神，万事皆通、有求必应的神。这种真挚的爱戴之情是不容非议的。在今天的高州、电白、化州、阳江、阳春和海南等地纪念冼夫人、拜祭冼夫人，凝聚着人们深沉的爱国、爱乡、爱家、爱己、爱他人的善良愿望和民族情怀，也包含着爱国主义和社会主义教育的内容，有利于群众的心理平衡、社会的和谐稳定和社会风气的好转。但不可否认，各地在祭拜冼夫人的活动中，存在夹杂着封建迷信的落后因素。因此，我们要通过讲科学，大力正面宣传冼夫人，大力弘扬冼夫人的爱国主义精神和民族正气，去掉笼罩在她头上的带有封建迷信的神秘面纱，还其女英雄的真面目。也就是说，要尊重历史，尊重科学，去其糟粕，存其精华，让光辉的冼夫人文化大旗高高飘扬，继续造福人类。

五、冼夫人文化的核心——冼夫人精神

冼夫人精神是冼夫人文化的核心和精髓所在，是一笔十分珍贵的历史文化遗产。它传承千古，光照千秋，更好地发掘它、整理它和弘扬它，才是我们的工作重点所在，才不辜负我们学习冼夫人、研究冼夫人和宣传冼夫人的重大历史使命。纵观冼夫人一生的社会实践，其精神可以概括为四个方面：爱国统一精神、爱护人民精神、民族团结精神和改造社会精神。

1. 爱国统一精神

爱国统一精神，是冼夫人精神的主线。爱国主义是人们的理想、情操、气节、胆识在精神世界中的最高表现，是中华民族几千年相继传承、永不褪色的民族美德。中华民族屹立于世界民族之林，其中一个重要支柱，就是我们祖先代代相传的爱国主义精神和美德。冼夫人常年生活在战乱的年代，一生念念不忘国家统一，并为此而坚忍不拔，勇往直前，斗顽凶，惩叛逆，以谋求国家的统一。她请建崖州，使多年弃置的海南岛重归朝廷，在中央王朝直接统治下，外国不能染指。她智败李迁仕，支持陈霸先平定侯景之乱；她讨伐欧阳纥，使叛军土崩瓦

解；她处在王者的地位，但不称王，而是寻求时机，归于国家的统一；她打败王仲宣的叛乱，维护祖国南方边疆的安宁。其伟大的爱国主义精神光照千秋。

2. 爱护人民精神

爱护人民是冼夫人精神的突出特征。幼年时，她就能安抚部落民众。她常常劝告族人要与人为善，多做好事，不做坏事。她多次规劝哥哥冼挺，不要侵扰、掠夺周围郡县。与冯宝结婚后，她告诫约制本宗族的人，要他们顺从"民礼"；每当与冯宝一起评议裁决案件，首领中有犯法的人，即使是亲族也决不宽恕。她一再痛剿逆军的叛乱，让岭南安宁，群众安居乐业。她视民若子，恩爱有加。她限制酋长贵族的特权，下决心铲除贪官酷吏，为岭南人民造福。她的爱国主义精神与爱民精神是统一的，爱国爱民是她的思想最高尚之处。她十分爱护人民，人民也十分拥护她。即使在"文革"时期，各地造反派的头头，多数不愿也不敢毁灭她神圣的雕像。她爱民之深、人民敬她之重亦可见一斑。

3. 民族团结精神

民族团结精神，是冼夫人精神的重要支柱。作为高凉俚族首领的她，摒除民族偏见，带头与汉官冯宝结婚。她消除民族隔阂，实现俚汉融合，带头促进岭南各族之间的民族融和。她把实现民族大团结作为自己毕生的奋斗目标。她压服诸越豪强，不许他们搞民族分裂、破坏国家统一。她一再击败叛军，也是为了维护民族团结。晚年，她巡视诸州，宣谕上意，招慰亡叛，让他们复归故里，重建家园。其满腔的民族团结情怀，日月可鉴。

4. 改造社会精神

改造社会精神，是冼夫人精神的光辉亮点。她努力吸收汉族先进文化，革除俚人社会陋习；她努力发展生产，教民"尽力农事"，改变刀耕水耨、生产落后的局面；她发展文化教育事业、手工业和海洋贸易事业，加速了岭南地区进入封建社会的步伐，使岭南社会的发展与中原社会的发展差距缩小。岭南社会经济发展的加速，也是冼夫人改造社会精神的硕果。

纵观冼夫人一生，其功业之伟大、精神之高尚，早已彪炳史册；在现在和将来，她的精神将为人们长期传承、歌颂、学习和发扬光大。

畲族的发源地与文化影响

陈耿之[①]

一、导　言

马克思主义民族学认为：民族是人们在历史上形成的有共同语言、共同地域、共同经济生活以及表现于共同的民族文化特点上的共同心理素质这四个基本特征的稳定共同体。

畲族是中国 56 个民族之一，是人数不多的一个少数民族，由于具备了上述"四个基本特征"，所以，畲族成为祖国民族大家庭中的成员。畲族古称"山客"、"輋人"或"畲民"，现在全国有三十余万人，分布在福建、浙江、江西、广东、安徽五省六十多个县（市）的部分山区，其中以福建、浙江两省为最多。畲族通用汉文，主要从事农业。他们长期和汉族人民杂居，关系十分密切，曾多次与汉族人民联合起义，以反抗封建统治者和地主阶级的压迫和剥削。新中国成立前，畲族地区处于封建经济阶段。在第二次国内革命战争、抗日战争和解放战争期间，广东、福建、浙江等省许多畲族地区都建立过革命根据地，新中国成立后先后建立了民族县和民族村。

广东省畲族约有 3 200 人，其中有 2/3 以上居住在潮安、丰顺两县境内的凤凰山区（丰顺县潭江镇凤坪畲族管理区在凤凰山西麓），其余则分布在海丰、惠东的莲花山区和博罗、增城的罗浮山区。潮州的畲胞主要分布于凤凰镇石古坪村、凤南碗窑村、山犁村，归湖岭脚村、文祠镇李工坑村、意溪镇雷厝山村等处。在凤凰山还有"高（狗）王寮"、"畲客寮"、"雷家房"和"雷厝田"等地名，都与畲族有关。笔者经过实地考察和对掌握的历史资料进行分析后，得出这样的结论：潮州凤凰山是我国畲族的发源地。

二、畲族发源于潮州凤凰山

《畲族简史》是《中国少数民族简史丛书》中的一种，1958 年由中国科学院

---

①　【作者简介】陈耿之，广东省潮州市委副秘书长、政策研究室主任。

民族研究所、中央民族学院、北京大学、厦门大学、中央音乐学院、福建省文化局等单位建立调查组，历经三年时间，终于完成该书的编写工作。1979 年 10 月，该书由福建人民出版社出版。福建宁德地区（辖罗源、福安、连江、寿宁、周宁、福鼎、霞浦、屏南、柘荣、古田等十一县）在 1979 年人口普查时统计有畲胞约 197 000 人，是全国畲族人口最多的地区。浙江当时也有畲胞约 139 000 人，主要分布在温州、丽水、金华三个地区的十多个县内，其中景宁畲族自治县是全国仅有的畲族县。江西当时有畲胞 4 600 多人，主要分布在上饶的贵溪和铅山县，赣州的兴国县。当时广东的畲胞人数列全国第四，只有 2 500 多人，除凤南山区和凤凰山一带的畲族聚居村之外，在海丰、大埔、增城、惠阳、博罗五县也有畲胞。安徽屯溪（徽州）的宁国县也有 1 000 多名畲胞。潮州修志馆的蔡绍彬先生曾访问过以上这些地方的畲胞，他们都说其祖先来自潮州凤凰山，其妇女先前还打着类似凤凰髻（凤凰山主峰）的发型以示纪念。民国年间修的浙江景宁敕木山蓝氏家族《世谱·原祖广东盘瓠祠序》中记载："子孙之散，处南京、福建、浙江等地者，不能不知其数，家谱不修，安知千支百脉之所自出哉？兹广东潮州府凤凰山重建盘瓠氏总祠，议修家谱。我姓凡为一脉者（都要响应）不致网罗失散。"

由于福建的畲胞占全国多数，所以全国人大常务委员会民族委员会和国务院民族事务委员会就把《畲族简史》一书的编写交给福建方面，故这本书的权威性是无可指摘的。此书的《绪论》中记载："畲族是一个具有悠久历史的民族，至迟在公元七世纪（唐代初年）时，畲族就已劳动、生息、繁衍在闽、粤、赣三省的交界地区（当时未从潮州分出漳州和汀州，故应为潮州）。公元八世纪，唐王朝在福建汀、漳一带设（府）治，强化了封建王朝对畲族地区的统治。畲族是一个朴实勤劳的民族，历史上曾被迫迁徙；明代以后部分迁移到闽中、闽东、闽北、浙南、赣东北、皖南等地。"由此可知，全国各地的畲族同胞都是明代以后从潮州迁徙去的。

据《潮州志·大事记》所载，唐代陈元光在战胜潮州畲族武装之后，曾将俘虏押至浙江定阳江畔放逐（为今景宁一带畲胞之祖先），大部分强迫迁徙。故《畲族简史》中称他"双手沾满畲族人民鲜血的刽子手"，并认为畲族自此从潮州外迁。但笔者认为畲族人当时只是部分迁移而大部分还是留在潮州。因为各省畲胞多是明代以后从凤凰山迁出，加之陈元光之后五百年间，陈吊王、许夫人又在潮州一带抗元，如《大埔县志·人物》记载："许夫人，潮州畲妇也，景炎元年（1276），宋帝趋潮州，张世杰招义军，夫人倡率诸峒畲户应役（勤王抗元）。二年六月，世杰自将淮兵讨（泉州）蒲寿庚，夫人率所部往会，兵势稍振。后帝（宋端宗）泊浅湾（今柘林），夫人复率兵援之至百丈埔，遇元兵与战死焉！土人义而祀之，帝昺封（潮州妇）世代为孺人，盖由夫人之故也。"大埔县今尚存有带"畲"字乡名三十七处，可知历史上这里是畲族聚居之地。

作为唐代初期粤东闽南历史文化的主要开拓者，陈元光是唐高宗时的名将、政治家和诗人。他十五岁到潮州至五十六岁逝世，比韩愈治潮早一百四十八年，也比韩愈治潮八个月的时间长得多。他身经百战，在汉畲纷争中发挥了促进民族团结、安定社会秩序、发展经济、传播中原文化的重要作用，其历史功绩永世不能磨灭。他在《请建（漳）州县表》中言："况兹镇（潮州绥安县即今漳浦平和、云霄、诏安、东山五县）地极七闽，境连百粤，（畲民）左衽居椎髻之半，可耕乃火田之余，所事者搜狩为生。"可见当时畲胞务农主要是"刀耕火种"，即砍树烧草作为肥料，然后再垦荒造田，今云霄县城东北的漳江边有"火田"乡名，就是陈元光建漳州时的州治。

饶宗颐教授在《何以要建立"潮州学"》一文中指出："潮州土著的畲族，从唐代以来，即著称于史册，陈元光开辟漳州，筚路蓝缕，以启山林，即与畲民结不解缘。华南畲民分布，据专家调查，皖、浙、赣、粤、闽五省，畲族保存了不少的祖图和族谱，无不记载着他们的始祖盘瓠的传说和盘王的祖坟均在饶平的凤凰山，换句话说：凤凰山是该族祖先的策源地。"由于当时畲族的耕作技术比较落后，生产力较中原汉族低，加上潮州畲族先民长期居住于靠近荒山野林和野兽出没之地，故偏重于狩猎经济。从当时潮州畲胞能和唐军进行持久的抗争，并多次围困唐军和刀砍陈元光的历史事实来看，当时畲胞已经使用铁器。而从凤凰山东面的饶平浮滨和联饶墓葬遗址出土的大批石制兵器和青铜器，可证明早在商代的潮州先民（应该是畲族）就已有较高的文化层次。另据《云霄县志·古迹》可知，在陈元光建火田州治之前，当地畲胞（志称"蛮民"）已建有五通神庙和西林塔等古建筑。而"五通神"后来也为潮州人继承崇拜，在城区义安路府仓内先前便建有五通神庙，而道教是没有五通神的。

陈元光没有赶走畲胞，他带领汉、畲等族人民开荒种植，发展农桑，传播中原文化和先进的耕作方法，兴修水利，使经过多年战争破坏的社会经济得到复苏和发展，他本人也娶少数民族女子种氏为夫人。因当时潮州的汉族居民很少，一百四十八年后韩愈到潮州时，在《潮州刺史谢表》上称"此州居民万户有奇"，也不过五六万人！所以陈元光对愿意归顺的畲胞则划地安居，让其自治，称为"唐化里"，其遗址还在云霄县。如此看来，陈元光在当时的历史条件下，不可能把潮州畲民赶尽杀绝。《漳州志·兵事》中记载："陈吊眼后入粤归附者甚众，共有五十八寨。"如果潮州畲胞在五百多年前已被唐朝陈元光赶尽杀绝，那宋末元初时哪会有五十八寨畲胞十万众支持陈吊眼和许夫人？

潮州畲胞外迁四省，应该是在元末。康熙《潮州府志·兵事》记载："至正十一年（1351），畲贼陈满等啸聚梅塘，攻陷城池，几二十年。招讨使陈梅至，克之。至正十六年（1356），陈遂（打着陈吊王旗号的畲胞领袖，一说是陈吊王的侄儿）据有揭阳（榕城），分将筑城。"当时的畲族武装大起义坚持达十三年之久，至正二十五年（1365）才被广东省宣慰副使、都元帅陈良甫（福建清流人）残酷镇压。潮州畲胞除少数退回凤凰山外，大多迁于外地，可能是省外畲胞把陈良甫误认为陈元光。今金山上还有"林仕犹纪事"石刻作楷体竖书，刻幅高390厘米、宽330厘米，其中的"三阳兵乱，十有三载，乙巳岁（1365）五关省左丞陈公（良甫）以师克平之"，三阳指海阳、揭阳和潮阳。此时至陈满畲民起义，共十三年。由于潮州汉族居民已从唐代的26 745 丁（成年男子）增至洪武二十四年（1391）的196 748 丁（80 979 户），汉族居民占大多数，不需要畲胞来争耕土地，所以畲胞被迫迁居。

退居凤凰山的畲胞在元末起义失败的四十二年后，终于出山归附明朝。光绪《海阳县志·杂录》记载："永乐五年（1407）冬十一月，畲蛮雷文用等来朝（见）。初，潮州府有称畲长者，即瑶类也。（潮州）卫卒谢辅尝言：海阳县凤凰山诸处畲民遁（逃）入山谷中，不供交徭（役）赋（税），乞与耆老陈晚往招。于是畲长雷文用等凡百四十九户俱愿复业（归顺）。至是（谢）辅率文用等来朝见明成祖，皇帝命各赐钞三十锭彩币，表里细绢衣一袭，赐（谢）辅、（陈）晚亦如之（同样）。又：明（代）设土官以治之，衔曰：畲官，所领又有畲民。畲，《明成祖实录》谓之畲蛮。"149 户畲民看起来为数不多，但永乐十年（1412），海阳（当时包括今潮安、澄海、饶平、大埔、丰顺五县）总共才44 712户，约占3.33%。所以朝廷非常重视并多有赏赐。

三、畲族的史诗与歌谣

从《畲族简史》的《绪论》和《大事年表》可知，我国各地的畲胞都是明代才从闽、粤、赣边的潮州迁去的，畲族最早的记载和大事记都出现在潮州，而潮州古代包括整个粤东和闽西、闽南地区，现在也只有凤凰山存有畲胞，所以"凤凰山是畲族的发源地"这个论点应该是有根据的，因为现在的闽粤边界还未发现有另一座山有畲胞聚居，而广东省最大的畲胞聚居区潮安县凤南（原设镇，现与归湖镇合并），也因处于凤凰山南麓而得名。在原潮州地区有"畲"字的聚落村有九十六个，其中潮安五个（凤凰官头畲、打埔畲、地豆畲、凤南茶畲、归湖麻竹畲）、饶平八个、普宁九个、惠来二个、揭西十二个、潮阳四个、澄海一个、南澳二个、大埔三十七个、丰顺十六个，这些先前应该都是畲胞居住的村庄。

在清世祖顺治十八年（1661）修的《潮州府志·山川部》记载："饶平小记：凤凰山在下饶堡，距县城（时在三饶）西北四十里，上多相思树。虎头山则凤凰山坂头村之右，形如虎踞。陈吊眼屯众处为四壁岭（海拔512米）。"而在清圣祖康熙二十六年（1687）修的《饶平县志·山川》记载："凤凰山在县治西四十里，高压诸峰，山顶翠如凤冠，乘风能鸣，与郡城（潮州）西湖山相应。四壁岭在东洋屯堡潘段村，相传为陈吊眼屯聚处。"四壁岭俗称四百岭，位于凤凰山东部的饶平县新圩镇和渔村镇的交界处，是畲族领袖陈遂的据点，相传他曾带男女义军 3 000 人在岭上驻军，现在北面山坡上还留存校场遗址，约四亩地宽，还筑有环山跑马道。后人建有陈吊王庙，内置有他的塑像，至今古迹尚存。在岭下的长彬乡有"陈元帅爷宫"，宫内也有陈遂和他的妹妹陈吊花的塑像以供民众祭拜，宫联：

百丈埔中昭大勇，四百岭上仰高风。

每年九月初九为陈吊王忌日，七百年来香火不断。

联中提到的百丈埔也在凤凰山东偏南的饶平县钱东镇北部和高堂镇南部交界处的一片埔地，古代为漳州至潮州驿道经过处。相传宋端宗景炎元年（1276）十一月，皇帝赵昰（宋度宗的太子）和弟弟赵昺被元军追逐，走投无路，陈吊眼和许夫人（也称畲大娘）从凤凰山南下救驾，在百丈铺阻击元军，赵昰兄弟得以脱险，一说逃往南澳，一说逃上凤凰山，故有天池太子洞和四脚鱼的传说。由于畲军少而元军众，许夫人为掩护陈吊眼撤退而身受重伤，又因不愿投降而投井就义。人们后来在埔顶修有"娘娘庙"以纪念这位畲族女英雄。1958 年，群众在百丈埔开垦时，曾发掘到"千人坑"和"百人义坑"的遗址，可见当时战斗之激烈和畲军之勇敢。潮州俗语也有用"而（乱）过百丈埔"来比喻场面的狼藉，此俗语流传至今。

在清高宗乾隆二十六年（1761）修的《潮州府志·山川》就有两处关于凤凰山的记载："饶平县：凤凰山距县西四五十里，高六百丈，绵亘百余里，俯瞰诸峰，山头翠如凤冠，与待诏山相接。丰顺县：凤凰山为潮郡名山，东属饶平、南属海阳（今潮安），唯西北属丰顺。崇山峻岭，高百余丈，周围三十里。内山在小瑠隍社，距县（城，时在汤坑）一百四十里。"清德宗光绪十四年（1888）修的《海阳县志·山川》记载："凤凰山距城北（潮州）六十余里，高数百丈，周围百余里，嵯峨郁拔，势凌霄汉，为潮州第一名山。上有天池、石（太子）洞，山麓有太平寺。南属海阳，西北界丰顺、东北界饶平。登荣（归湖）都水一名凤水，又名凤溪，发源凤凰山，合登荣、下约诸山水汇于溪尾，始可能舟。西南流六十里，至月潭分为二，由龟（归）湖沟口入（韩）江。"

凤凰山主峰凤凰髻屹立在其山区的西北部，是潮安和丰顺两县的分界，海拔1 497.8 米，仅比著名的泰山主峰玉皇顶的 1 524 米低 26.2 米，是潮州第一高峰。由于它属于坚硬的花岗岩石山，故从潮州的湘子桥和凤凰台北望去，可见其山势

图1　《国庆五十年》
邮票第二十二枚

嵯峨峭拔，势凌霄汉、雄伟壮丽、云雾缭绕。明代以前的凤凰山区和潮汕平原一带都有畲民居住和活动，他们便把这座雄壮无比的高山当作自己民族的圣山和发祥地，虽然后来在元朝末年由于抗争失败而被迫外迁各省，但他们仍然没有忘记凤凰山。各地的畲族妇女，先前都梳着像凤凰髻一样高高的发型，在1963年6月30日发行的特55《中国民间舞蹈》邮票（第三组）第一枚的"畲族婚礼舞"（浙东景宁）和1999年10月1日发行的《国庆五十年》邮票第二十二枚的"畲族"（闽东宁德）两枚邮票图案上，都能见到这"凤凰髻"发式（见图1）。

而在凤凰溪流经的潮安县归湖镇砚田村对面的凤凰山南麓有陈吊王寨遗址，其海拔为304.6米，周围环绕着牛、狮、虎、龙、鹰、鸟笼、将军搭弓诸山，寨南面临凤凰溪，寨北峰峦叠嶂直接凤凰山，站在山寨上可望见韩江。寨址的开阔地虽然杂草丛生，但还能见东西两面各残存一条宽约二尺、长约百米的寨墙，墙外还挖有深约四尺的壕沟，在寨址还能见到不少宋代瓷器的碎片。由此可知，《畲族简史》中把陈遂作为畲族的英雄，并记述他在潮州的活动并不虚传，可见凤凰山在七百二十多年前的宋代末年还是畲族武装的根据地。

在清圣祖康熙二十三年（1684）修的《潮州府志·杂志》记载："邑之西北山（凤凰）中有曰輋户者，男女皆椎髻箕倨，跣足而行，依山而处，出常挟弩矢，以射猎为生，矢涂毒药、（射）中猛兽，无不立毙者。旧常设官以治之，名曰：輋官。或调其弩手以击贼，亦（奉命而）至。然其俗易迁徙，畏疾病，刀耕火种，不供赋（税）也。"而光绪《海阳县志·杂录》则记载："潮州有山輋，其种二，曰平鬃、曰崎鬃。其姓有三，曰盘、曰蓝、曰雷，皆猺（瑶）族，号白衣山子，依山而居，采猎而食，不冠不履（穿鞋）。三姓自为婚姻，病殁则并焚其室庐而徙居焉。籍隶县官（所管），岁纳皮（毛数）张而已。其曰斗老，与盘、蓝、雷三大姓者，颇桀骜难训。"

以上两则记载，府志上引自明代林大春［1523—1588年，潮阳人，嘉靖二十九年（1550）进士，官浙江提学副使］修的隆庆《潮阳县志·风俗》，县志引用的是清代顾炎武的《天下郡国利病书·广东》。而关于畲族是瑶族的一支，在道光《龙岩州志·卷二十》也有相同的看法。因为有关潮州原住民的最早记载是瑶族，而畲族与瑶族同是盘瓠之后，因此，潮州畲族的来源很清晰。早在公元前1042年周成王姬诵代替周武王姬发即位时，粤东海阳的少数民族便被朝廷送去大蟹，这在《周书·王会篇》中有记载。而1957年1月8日在潮州城西郊陈桥乡后人家村出土的贝丘遗址中的古人骨骼和文物，则是四千多年前潮州已有先民居住的证明。

据司马迁的《史记·高祖（刘邦）功臣表》，又可知汉高祖六年（公元前201年）六月，越将摇毋余（瑶族首领）因抗击项羽而功升海阳侯，食邑 1 800 户。从《汉书·地理志》可知"海阳亦南粤县治"。由此考证，瑶毋余应该是畲族先祖。凤凰山畲族有"招兵节"，而瑶族亦有类似的节日。畲族没有民族文字，只有自己的语言，属汉藏语系。畲语和汉语中的客家方言较为接近，而且广东畲语接近于瑶族的"布努"语。畲族通用汉文，有一些传说和歌谣是用汉文保存下来的。笔者曾深入潮安县凤凰镇的石古坪畲族管理区进行访问和调查，了解到不少情况。该区是凤凰镇唯一的畲族村寨，在凤凰镇政府东十里处，寨东南有大质山，海拔 1 144 米，与饶平县新塘镇的城格厝管理区交界。

石古坪畲村先前以出产"乌龙"茶而闻名。潮州俗语也有"一好乌崇茶，二好石古坪"，赞扬畲胞是种茶好手，其产品质量数一数二。与潮安县凤南镇山犁畲族管理区、文祠镇李工坑畲族管理区和湘桥区意溪镇雷厝山畲寨一样，石古坪也保存了与各省畲寨同样内容的畲族祖图，都是连环图画式、图文并茂的长卷。所有祖图都是明代以后和近代绘制的，如凤南山犁乡雷氏祖图题为"护王出身记"，复制于清宣宗道光二十一年（1841）。各种祖图内容大同小异，都称其祖先是"龙犬"、"护王"、"高（狗）王"和"龙狗"。由于"龙"、"花（华）"和"鸟（凤凰）"是中华民族三大图腾，故畲族称其祖先是"龙犬"且居于凤凰山，从现代考古学来说，这些都是远古居民的图腾（氏族标志）。

马克思、恩格斯认为：远古神话传说是人类历史童年期的创造，是"通过人们幻想，用一种不自觉的艺术方式加工过的自然和社会形式本身"，它经历了口耳相传的漫长岁月（引自《政治经济学批判导言》）。畲族也同其他民族一样创造"图腾"，他们把祖先幻想成为"龙犬"，出世立功建业，经过口耳相传若干代后，便以祖图的形式记录下来，这是畲族与其他民族的不同之举（见图2）。

图2　畲族祖图（局部）

饶宗颐教授在 1948 年《潮州畲民之历史及其传说》一文中，对这个问题也有探讨："石古坪传说：谓驸王至茅山学法游猎，为山羊触伤，在树上攀住一藤，卒以藤断跌死，由猴昇葬于南海山中，故凤凰各村流行畲歌，有石古坪恶畲客藤断石压之语。今（1948 年）石古坪蓝氏祖祠，其龛下有箱二,有长均三四尺之藤,据传为驸王(即盘瓠)之遗物也。"这是一个非常重要的物证,全国各地的畲胞大部分认为"老公藤"保存在凤凰山石古坪,所以,畲族的发源地就应该是在石古坪。

那么,传说中的畲族始祖高王又葬在哪里呢?传说是御葬于通东京的大道上。高王御葬后,三子一女散居南方四省,各有御赐路引,安居乐业。其子孙在汉、唐、宋、明时期累朝护困,不能胜记。潮州修志馆馆长蔡绍彬先生1989年曾到浙江景宁畲族自治县的敕木山访问,当地畲族姓蓝,说其始祖高王葬于潮州凤凰山主峰凤凰髻背阴处的七贤祠。笔者看了他的《潮州俗语故事》后也到凤凰镇凤西管区的金园村进行调查,只见银瀑飞泻,苍松挺拔,奇花异草,无限风光。从凤凰髻南望去,群山俯伏脚下,潮汕平原尽收眼底。当时正是秋收时节,平原上水稻金黄如海岸黄沙,一望无际。但在峰顶的背阴处没找到七贤祠。后来在石古坪听畲胞介绍:凤凰髻背阴(北边)有仙人洞,附近确有畲族祖墓,在金园村(地处凤凰髻之东)东边的棺头畲村相传是地处高王棺头之处而得名,在石古坪北原凤凰墟通三饶镇驿道也有刻着"通东京大道"的石碑。

关于畲族民众纪念高(狗)王的风俗习惯,民国《丰顺县志·风俗》记载:"案邑属东鄙(边)之风吹礁山村(在凤凰山西麓,今潭江镇凤坪畲族管理区),有蓝姓数十户,称为狗头王子孙,即輋民也。村南有钟姓十余户,传其祖为蓝姓外甥,世为婚姻。惟晚近(来)已与四邻族姓通婚,现已同化,非复《利病书》所言之习俗矣!其旧操土音,俗称为蛇罗语,极难(学)解,今能操其语亦少。惟春米用杵臼(汉族用砻磨),以手捣之,犹沿古俗。每岁除夕,举家必席地而食,以为狗喫必在地也。有祖遗匹凌画像一幅,长三尺许,图其祖人身狗头像,自出生时及狩猎为山羊触死,各情事甚详,益千百年古画也。止于岁之元日(春节),横挂老屋厅堂中,翌(隔天)早辄收藏,不欲为外人所见。距该村三十里之潮安县境归湖内山(今凤南山犁),有雷姓十余家,与彼同祖,亦与通婚往来。殆即《后汉书》所云之盘瓠族,考《搜神记》述盘瓠事尤详,晰(说明)近世学者谓盘瓠即盘古之异文,梁任公谓为蛮族中之别一派,即最初之土著,是或然钦。"

传说中的"狗王"同"盘瓠"一样,也是苗族和瑶族共同的祖先,应该是原始社会流传下来的图腾崇拜。这种传说的流行,反映出在一定时期内某些民族的共同心理状态,对探讨畲族的历史来源具有十分重要的参考价值。苗族的神话传说与畲族大同小异,但该族的祖先"盘瓠"则被说成是五帝中的帝喾之后。笔者查阅了张守节的《史记正义》,上面清清楚楚地记述:"帝喾有四妃,卜其子皆有天下。"因为帝喾也叫高辛氏,所以在《魏略》中有一段话可以补充这段历史:"高辛氏有老妇(原配),居王室,得耳疾,挑之,乃得物大如玺。妇人盛瓠中,覆之以盘,俄顷化为犬,其文五色,因名盘瓠。"这段话说明"盘瓠"

乃高辛氏之原配夫人所生。以下，则记述盘瓠"因立有战功，又与高辛氏的一个女儿婚配（远古传说中兄妹可通婚），生子女十二人，六男六女，自相夫妻"。这就说明在有文字记载的历史上，苗族和畲族的祖先是人而不是狗。与此同时，我们从史书上还可以看到：畲族和瑶族在历史上的关系也是密切的，故也有可能把畲族领袖摇毋余当作瑶族，因为唐代以前史书没有分出瑶族和畲族而统称为蛮族。《后汉书·南蛮传》在叙述盘瓠的传说时也认为"今长沙武陵蛮是也"。蛮族崇拜蛇神，畲族的高王出世时也是先虫（蛇）后犬，所以现存潮州的青蛇崇拜也应该是汉族人民继承畲族而崇拜的图腾。

在潮州畲胞中流传的《高皇歌》被称为最早的潮州歌谣，因为盘瓠的故事在汉代以前便已经流传了：

> 笔头落纸字字真，且说高王个出身；
> 当初娘娘耳朵起，先是变龙后变人。
> 高辛娘娘耳里疼，觅尽无有好郎中；
> 百般草药都医尽，后来出来一条虫。
> 虫出来后盘篮装，皇帝日夜勤养繁；
> 二十四味给伊食，后来变身为龙王。
> 番邦造反二三春，杀尽无数好汉身；
> 皇帝无奈出黄榜，谁人退敌好招亲。
> 高辛皇帝发谕时，四门挂榜尽出示；
> 谁人取得番王头，第三闺女结为亲。
> 龙王听知便近前，收下黄榜在身边；
> 便去番邦番王殿，服侍番王二三年。
> 番王乞伊伴身边，凶星为祸也不知；
> 龙王骗他心欢喜，三餐食酒笑眯眯。
> 番王食酒在高楼，身盖锦被铺枕头；
> 文武百官无防备，即时咬断番王头。
> 咬死番王游过海，番邦贼子便赶来；
> 刀枪好像林中笋，不会过海个个呆。
> 龙王取胜一时到，众官跪倒执番头；
> 执了番头入金殿，朝中文武个个愁。
> 君无戏言实行真，皇帝命女结为亲；
> 第三闺女心不愿，叫伊钟内去变人。
> 变身楼内盖金钟，规定七日能变形；
> 那知六日皇后急，看着个头未变成。

第三闺女结成亲，五年生了三个儿；
去向皇帝讨名字，好给天下传古记。
亲生三仔很端正，金銮殿上去讨名；
大仔盘装赐姓盘，二仔篮装就姓蓝。
第三儿子刚一岁，正待皇上赐名来；
皇帝未赐雷先响，金殿就赐伊姓雷。
深房里面女一宫，年纪十八正芳龄；
招来女婿结夫妇，皇帝也赐伊姓钟。
三男一女甚端正，辅助皇上在帝京；
后住潮州名声大，流传世上有美名。
龙王情愿不用田，愿请皇帝赐给山；
高田三丈免纳租，都是皇帝国戚人。
当初龙王无想长，现在伊死各忧伤；
古昔山林免交租，现今应着交公粮。
现在不比当初时，受尽官家百般欺；
当初住在京城内，护幼扶老乐天年。
头是狗王身是龙，好讨皇帝女三宫；
皇帝也惜第三女，养出盘蓝雷子孙。
殿内居住又三年，龙王情愿去分山；
乃因打猎给羊撞，给伊吊死在岩边。
龙王吊死在岩边，七日七夜觅不见；
身尸挂在古藤上，求神问卜正寻得。
广东路上一穴坟，迸出盘蓝雷子孙；
京城人多观觅食，迁入潮州凤凰村。
徙入潮州凤凰山，住在潮州很多年；
自耕山园免纳税，种上三年变做田。
凤凰山头一块云，无年无月水纷纷；
高山种作无好食，无有米粟去换银。
广东路上已多年，蓝雷二姓去做田；
高山做田无好食，赶落别处开田园。
去到别处去开荒，福建浙江还是山；
开山做田无纳粮，四处奔波靠天年。
蓝雷讲话各人知，三姓相好莫相欺；
有事从长来计议，莫可传讲尔又欺。
盘蓝雷钟好结亲，都是广东潮州人；

今日三姓各处去，好事照顾莫退身。

三十条歌纸尾烂，流传世上仔孙看。

"民族精神是一个民族赖以生存和发展的精神支柱。"（引自江泽民在党的十六大上所作的报告）每个少数民族都有英雄史诗作为讲明身世和塑造精神的支柱。畲族的《高皇歌》也是一样。

潮州汉族先民应该是唐朝之后才大批从福建迁来的，因此至少在歌谣上继承了畲族的传唱，所以直至现在，我们还把用潮州方言唱的歌谣称为"畲歌"。"畲歌"应该是因沿用畲族的歌谣而称，其一般格式为七言一句，四句为一条，每条成为一个乐段，亦即一个叶韵单位，唱起来不同于客家山歌而类同于畲族歌谣，而其格式后来全被先前的"潮州歌册"采用。潮州用俗语"潮州人，福建祖"来喻来历分明，但从福建各地特别是莆田来看，除了畲族地区之处，还未有听过与潮州"畲歌"声调类似的歌谣。根据调查，很久以前畲族便有盛大的"盘歌会"节日，以传唱《高皇歌》和《麟豹王歌》为核心内容。就歌唱形式来说，有"祖公歌"、"杂歌"和"斗歌"，《麟豹王歌》也是反映盘瓠王英雄事迹的史诗。其开篇有：

当初出朝高辛皇，出来游戏看田场。

皇后耳痛三年许，挖出金虫三寸长。

挖出金虫三寸长，便置金盘拿来养。

一日三时望长大，变成龙麒丈二长。

变成龙麒丈二长，五色斑斓尽成行。

五色斑斓尽成行，龙眼为作荔枝样。

……

歌中的龙麒"半是麒麟半是豹"，事迹也同高王一样。潮州歌册吸收了畲歌的形式，特别是将"祖公歌"的史诗形式作为"全连本"，把汉族的章回小说改编传唱，其中的重要情节重叠演唱。而在潮剧中也有"帮声"唱式，应该也是受畲歌影响而形成的。

先前潮汕农村的"闲间"还有"斗歌"的遗风，斗歌的序曲都是如下起唱：

畲歌畲嘻嘻，欲斗畲歌行磨边（来）。

一千八百哩来斗，一百八十勿磨边。

或者是：

畲歌畲谐谐，欲斗畲歌行磨来。

一千八百哩来斗，一百八十勿磨来。

而"斗"在潮州话中也有"连接"之义，其意也来自斗畲歌，因为"斗"法像电影《刘三姐》里斗山歌一样，一人或一方先唱一首，另一人或另一方接着唱一首，但不同于斗山歌的是，半畲歌没有问答性质，反正你唱一首，我唱一首，不要重复，能唱和背出太少，接不来就认输。这种斗歌形式起源于畲族的盘诗会。

四、畲族文化对潮州文化的影响

重血缘、重家族、重民族、重社会，是中国传统文化的特色，长期支配着中华民族的意识形态。畲族文化与汉文化的融合，形成了独特的潮州文化，使历史上的畲族和潮州汉族人民持久地享受了人间的温情，并构筑了共同的精神支柱和信仰。我们可以从畲、汉两族共同拥有的节日分析中窥探这个特点。除去春节、元宵、清明、中秋等畲、汉族的共同节日之外，先前潮州还有十月十五拜五谷主和建五通神庙的风俗，由于这两个神灵是潮州和畲族所特有而其他汉族地区没有的，所以应该是继承畲族的崇拜。五谷神在潮州称为"五角母"，据说畲语中"谷"、"角"相同，五谷指稻、黍（小米）、稷（高粱）、麦、豆。其实畲族人民是以狩猎为主的，崇拜高王、盘、蓝、雷、钟五位先人，而苗、瑶、畲、侗、彝等五个民族都以盘瓠为始祖，所以五族都有"五通神"的祭拜习俗。"五通神"是以上五个民族共同祭拜的神明，他们不是道教的神仙和佛教的菩萨。祭拜的时候，要摆五杯茶、五杯酒、五碗饭，一盘有五个柑，还要用米粉做五个头上有五角星的人形粿。从前面提到陈元光治漳之前，云霄县已有"五通庙"来看，五通神应该是畲族及其亲近的少数民族崇拜的神灵。

为什么潮州人至今还在崇拜五谷神呢？

笔者推测：像潮州先民在继承畲胞崇拜青龙之后，又崇拜起五通神。后来，他们又觉得大汉族来祭拜五个少数民族或畲族五先贤不妥，便改称拜五谷来祀神农氏，以纪念他教民耕作的功劳。其实汉族已有神农诞即四月二十八，潮州先民和现今凤凰山畲胞所拜的十月十五"五角主"神人应该是畲族祖先。由此可见，畲族的节日和拜神有的被潮州汉族先民继承了下来，有的则是在继承后逐步更新了内容。

古代畲族还有"招兵节"，相传是高王到茅山学法后，统率五族各路人马扶正压邪，于是畲族就用招兵节来纪念"高王"这一壮举。凤凰石古坪的招兵节每两年举行一次，在农历十二月二十四以前择吉日举行。其仪式为：在公厅搭一高台，台上设神坛，以米斗作香炉，由法师作法、烧香、磕头、掷杯，若掷出一正一反，便是胜杯，表示盘瓠王带各路兵马已到，众人便敲锣打鼓吹牛角，并由几个壮丁各领命旗，到公厅祭祖。由于先前潮州有很多民间祭祀活动是用米斗作香炉，请师公（法师）作法，师公唱的也是畲歌式的请神歌、作法歌和送神歌。所以先前潮州办丧事时请的功德班，也应该是从畲族招兵节的活动中演变而来的。

畲族招兵节对潮剧也产生了巨大的影响。潮剧武戏中的"招马"程式应该也是一种畲俗，而师公在招兵节演唱的"假声"发音，也是潮剧"双拗"、"帮声"和"痰火声"等表演和唱法的来源。因为莆田的"莆仙戏"和泉州的"南曲（正字戏）"都没有以上的表现手法，而这些剧种比潮剧的历史更加悠久。另外，畲胞的每一个家族都有龙头杖以纪念高王，因而龙头杖也被潮剧作为道具使用，如《杨令婆辩本》。而宋代的礼制是没有龙头杖这一项的。把《潮州歌谣集》中关于潮剧《苏六娘·桃花过渡》中《十二月歌》、《灯笼歌》的近代戏文和畲歌进行比较对照，也可知潮剧的一些古老唱段来自畲族歌谣。而且潮州畲歌也影响到台湾的流行歌曲，如《桃花过渡·十二月歌》上了 1988 年台湾十大流行歌曲榜，其歌词为：

（男唱）正月人营（游）安，单身娘仔守空房。
嘴食槟榔面抹粉，手执珊瑚去寻安（夫）。
（女唱）二月立春分，无好老狗撑渡船。
船底食饭船底眠，水鬼拖去无心魂。
（男唱）三月是清明，无好渣牡假正经。
阿伯宛然杨宗保，桃花也是穆桂英。
（女唱）四月是梅天，无好老狗守江边。
一日三顿无米煮，也敢对我相交缠。
（男唱）五月龙船湫，桃花生雅爱风流。
手骑雨伞缀人走，爱着伊雅无法留。
（女唱）六月人收冬，无好狗拖撑渡人。
衫裤穿破无人补，穿盖出汗着生虫。
（男唱）七月树落叶，娶着桃花通身摇。
厝边头尾人爱笑，好比锄头掘着石。
（女唱）八月是白露，无好老狗撑横渡。
贪食唔做着艰苦，船桨拍坏面住乌。
（男唱）九月红柿红，桃花生雅吊割人。
割着阿伯无要紧，割着后生想唔通。

（女唱）十月十日烧，阿伯憨想是抹着（鬼迷）。

日时贪困无人叫，食老无仔卷破席。

（男唱）十一月是冬节，大脚渣牡假幼蹄。

八寸鞋面九寸底，大过阿伯个船板（桨）。

（女唱）十二月是年终，精肉做粿敬阿公。

有安有婿有块爽，阿伯你着煽北风。

唐代大诗人刘禹锡（772—824 年，字梦得，江苏徐州人，进士）的《竹枝词》有：

> 山上层层桃李花，云间烟火是人家。
>
> 银钏金钗来负北，长刀短笠去烧畲。

此诗写出了一千一百八十年前住在高山上的畲胞，戴着短笠，佩着长刀的形象，潮州人把"短笠"称作"廓笠仔"，尖头圆沿，轻便灵巧，为潮州所独有，应该是从畲胞的穿戴中继承而来。此外还继承了竹篾和草编制品，如竹席、草帽、草席等。还有畲胞喜欢刺绣，尤其喜欢在衣服、围巾上刺绣各式图案和花纹，这种爱好可以追溯至其图腾崇拜，他们衣物上的刺绣是用来纪念麟豹王的纹饰，所以也影响其独特的潮绣工艺。

潮州畲胞先前善种染料用的作物，称为蓝靛（青靛），蓝靛直至新中国成立前一直是潮州民间染布的主要原料。蓝靛共有三种：蓼蓝染绿，大蓝染碧（浅蓝），槐蓝染青。其作物称为菁（俗称大青）。由于这种染料不易脱色，先前为潮州和闽浙人民衣着所需。顾炎武在《天下郡国利病书·卷九十五》中还记录了染料的制作方法：每年霜防后刈菁，"浸巨桶中，再越宿乃出其枝梗，纳灰疾搅之，泡涌微白，久而渐青。泡尽靛花与灰俱降，乃澄（清）蓄之，而泻出其水，则靛可滤而染（布、衣）"。潮州俗语也用"大圣爷跋（跌）落靛缸——猴猴青"来比喻人神情慌张。大家都知道染坊的大靛缸中的菁料都是畲胞种植的。

最后还要谈到饮食，潮州菜作为闻名天下的饮食文化，其源流也应该是从凤凰山畲胞而来的，因为韩愈于唐宪宗元和十四年（819）到潮州时写有《初南食贻元十八协律》一诗，这应该是一千多年前的潮州菜菜单：

> 鲎实如惠文，骨眼相负行。
>
> 蚝相粘为山，百十各自生。
>
> 蒲鱼尾如蛇，口眼不相营。
>
> 蛤即是虾蟆，同实浪异名。

章举马甲柱，斗以怪自呈。

其余数十种，莫不可叹惊。

我来御魑魅，自宜味南烹。

调以咸与酸，芼以椒与橙。

腥臊始发越，咀吞面汗骍。

惟蛇旧所识，实惮口眼狞。

开笼听其去，郁屈尚不平。

卖尔非我罪，不屠岂非情。

不祈灵珠报，幸无嫌怨并。

聊歌以记之，又以告同行。

从诗中可知韩愈当年吃到的潮州菜有鲨、蚝（海蛎）、蒲鱼（潮州人称为"悍鱼"）、青蛙、章鱼、干贝和蛇等数十种他在京城当礼部侍郎时从没见过的食物，当时不但注意调节咸味和酸味，还有辣椒汁和橙汁可作蘸料，这也把潮州菜的历史推到一千多年前。从韩愈吃得满头大汗的神态来看，可知当时潮州菜（南食）已有趁热吃的特点。从他把蛇放走，可知当时也是现杀现吃，具有"鲜"的特点。从诗中提及的干贝、青蛙和蛇等清汤的原料，可知当时的潮州菜已注重"清"。从椒和橙是蘸而非放进菜里，也可知当时的潮州菜注意菜的"淡"味，具备了现代潮州菜"热、鲜、清、淡"的所有特点。这是当时全国独有的。当时潮州的汉族居民并不多，韩愈所吃的南食也应来源于畲胞烹饪。

据清高宗乾隆元年（1736）编的《皇清职贡图·卷三》记载："福州府属罗源县畲民力作采薪捕鱼，以供食用。"后来，食生鱼的习惯传至倭国（日本）。由此可知现在日本被称为饮食国粹的生鱼片也是继承畲胞的。而在潮州，明代已有食生鱼片的记载，加上韩愈的南食诗，可见食"鱼生"也是继承凤凰山畲族的饮食方式。此外还有"做粿"，潮州年糕的制作是先捣米为粉，再冲水混合，揉成粿皮，接着用各种香料饭或豆沙为馅，做成粿桃。由于这种独有的年糕制作方式有别于中原地区和福建莆田，所以也应该是畲胞所发明的，现在凤凰山的畲胞还做这样的粿。

以上史实和民俗，生动地佐证了这样一个结论："文化的力量，深深熔铸在民族的生命力、创造力和凝聚力之中。"（引自江泽民在党的十六大上所作的报告）

五、结　论

畲族发源于闽粤赣边区，早已成为定论，但发源于潮州凤凰山，尚未见之专论。这主要是因为陈元光被尊为开漳圣王之后，在福建、台湾、浙江一带名气很大，而昔时潮州人又责怪他把漳浦等五县从潮州版图上割出以置漳州，以致宋代以后，潮州没有为他立庙。所以，《畲族简史》便把他作为反面人物加以描述，认为畲族的祖山在漳州的漳浦和云霄一带，是陈元光把畲胞赶至四省的，如今那一带已经没有畲族了。本文通过以上研究证明：畲胞的祖山是潮州的凤凰山，而不是漳浦的将军山、梁岳山，诏安的大帽山，平和的东屏山等。在陈元光管治漳州的六百多年后，潮州的凤凰山和附近地区还有畲族英雄陈吊王"聚众十万，连五十余寨"，是元末时"朝廷命重臣，征发四省兵讨之，历四载，经百余战"，才把畲民赶出潮州的。所以，我们必须把以上的历史情况弄清楚，而不应以现在潮州境内畲族的人数少就断定潮州不能成为畲族的发源地，我们必须以历史的眼光、求实的精神去分析问题，实事求是地还原畲族"同源异流"的本来历史面目，并通过理性思考和史料论证，求得共识，从而作出"潮州凤凰山是畲族的发源地"的历史结论。

【参考文献】

1. 马克思、恩格斯、列宁、斯大林著，翻译局译：《马克思恩格斯选集》（第 2 卷），北京：人民出版社 1995 年版。

2. 江泽民：《在中国共产党第十六次全国代表大会的报告》，2002 年 11 月 8 日。

3. （西汉）司马迁：《史记》，北京：中华书局 1959 年版。

4. （魏）鱼豢撰，陕西文献征辑处辑：《魏略辑本》，民国二十年刻本。

5. 姜永兴：《民族学基础知识》，广东民族学院、民族研究所 1987 年编印。

6. 《畲族简史》编写组：《畲族简史》，福州：福建人民出版社 1980 年版。

7. （清）刘抃等纂修：《饶平县志》，康熙二十六年抄本。

8. （清）吴颖纂修：《潮州府志》，顺治十八年刻本。

9. （清）周硕勋纂修：《潮州府志》，乾隆二十八年癸未珠兰书屋刻本。

10. （清）王敬勋纂修：《海阳县志》，光绪五年线装本。

11. （清）彭衍堂等修，陈文衡等纂：《龙岩州志》，道光十五年修光绪十六年重刊本。

12. （明）黄一龙修纂，林大春编撰：《潮阳县志》，隆庆六年刻本。

13. （唐）令狐德棻主编：《周史》，北京：中华书局 1971 年版。

14. （明）宋濂等主编：《元史》，北京：中华书局 1976 年版。

15. （明末清初）顾炎武：《顾炎武全集·天下郡国利病书》，上海：上海古籍出版社 2011 年版。

16. （东汉）班固：《汉书》，台北：商务印书馆 1937 年版。

17. （晋）干宝：《搜神记》，北京：中华书局 1980 年版。

18.（南朝·宋）范晔：《后汉书》，台北：商务印书馆 1937 版。

19. 饶宗颐纂修：《潮州志》，民国三十八年铅印本。

20.（明）吴思立修：《大埔县志》，嘉靖三十六年刻本。

21.（清）吴文林纂修：《云霄厅志》，嘉庆二十一年刻本。

22.（唐）韩愈著，马其昶校注：《韩昌黎文集校注》，上海：上海古籍出版社 1998 年版。

23.（清）林杭学修，杨钟岳纂：《潮州府志》，康熙十三年刻本。

24.（清）屈大均：《广东新语》，北京：中华书局 1985 年版。

25. 刘禹轮修，李唐纂：《丰顺县志》，民国三十二年铅印本。

26.（清）李书吉、王恺修：《澄海县志》，潮州市修志馆 2003 年编印。

27.（清）傅恒等纂：《皇清职贡图》，文渊阁四库全书写本。

28.（清）董诰等编纂：《全唐文·请建州县表》，北京：中华书局 1985 年版。

29. 袁珂校注：《山海经校注》，上海：上海古籍出版社 1980 年版。

30. 张伟：《畲族入潮之始》，《广东史志》2002 年第 3 期。

31. 黄挺编：《饶宗颐潮汕地方史论集》，汕头：汕头大学出版社 1996 年版。

论侨批的起源

陈训先[①]

潮州学倡导者饶宗颐博士，是世界上侨批文化研究之首倡者。他在半个世纪前总纂《潮州志》时，便高瞻远瞩、慧眼卓识地别开旧志之生面，特地从《潮州志·实业志·商业》中首辟《侨批业》条目，对侨批的"起源、沿革、业务、同业商号"作了全面的表述，为后来的研究者辟开了一条学术新路。

作为一种行业，侨批是出国谋生的潮人，寄回唐山（家乡）赡养胞亲和禀报平安的一种"银信合封"，即所谓"汇款家书联襟"的民间寄汇；作为一种文化，侨批却是一种以金融流变为内核、以人文递播为外象、以心心交感为纽带、以商业贸易为载体的综合性、流动型的文化形态。

笔者认为，倘若运用"文化多层次说"的理论，对侨批——这一发生于东南亚，递达于故土为海内外潮人共同创造的，可谓潮汕文化特有的特殊文化形态，来一次全方位、多层次的剖析，那么，人们将会发现，侨批是潮人"根"意识的特殊递变、"智"潜能的优化组合、"商"思想的灵活实用。本文就此展开讨论、探索，并请教方家。

一、侨批——潮人"根"意识的特殊递变

侨批源于潮人"根"意识的特殊递变。所谓"根"意识，就是指潮人对自己的生身之本，母亲与地域，从心态上"叶落归根"的感情认同。所谓特殊递变，就是指在这一不可逆转的、坚固的感情认同的基础上，在远居异国的特殊历史背景下，把强烈的"去国怀乡"的思绪，化作为发生，递变为创造。

首先，从"批"字的"俗"、"典"问题谈起。侨史界向来认为，"批"是一种俗称，不是典称。因为在"侨批"一词尚未出现之前，粤东、闽南民间已经习惯把旅居海外的潮人从东南亚委托水客带来的"银、信"函件称为"批"，如"家批"、"银批"、"番批"、"洋批"，出国后头一次寄回唐山家乡的函称"平安批"，复函称"回批"等，这是一方面；另一方面，这种观点得到官方文书的法定确认："民国二十三年，南京邮政总署，以批字不典，改侨批局为侨汇

---

① 【作者简介】陈训先，汕头市潮汕历史文化研究中心学术委员会顾问。

庄。"其实，这是对我国古代文化认识极其肤浅的表现。据笔者浅识，批字并非俗而不典，而是早在唐宋以前乃至汉代，批字就已经由俗入典了。宋代沈括在《梦溪笔谈补》卷三《什志》中就讲得十分清楚："前世风俗，卑者致书所尊，但批纸尾。"① 再，唐诗名句："马上相逢无纸笔，凭君传语报平安。"这两句在蘅塘退士编、吴兴张葶评注的《新体评注唐诗三百首》中诠注曰："情根所系，但批马尾。"② 由此可见，无论是"但批纸尾"的批——书信，还是"但批马尾"的批——口信，都是卑致尊，下呈上，生身对生地的心心交感。情根所系的由俗入典的产物。故"批"，即唐宋时的信之称呼。

《潮州志》记载："潮州对外交通，远肇唐宋"，向誉"海滨邹鲁"。负载深厚历史文化积淀的粤东、闽南，这里潮人出国的历史，恰好与批的称谓年代基本相同，故断其源于唐宋典籍。这可以从汕头市澄海区侨批封收藏家邹金盛先生所珍藏的大量侨批得到有力的印证。其中有一件是迄今全国收藏年代最久远的华侨历史文物之一。该批时间为清咸丰三年（1853），无封，折叠式，收信人定在"纸头"；右一行为地址："由信烦至隆都樟山乡交"（右上角盖如意印）；中间一行为收信人名字："萧名炳乾小儿收阅"；右一行写："外付去洋银拾元由暹英全书"。信的内容"但批纸尾"。这种书信的格式，与沈括在《梦溪笔谈补》中的记述无异，略微不同者，该批系旅暹胞亲萧英全寄给儿子萧炳乾的，属于上辈致下辈。这大概是由于时代演变，其规矩有所放宽罢了。所以，基本结论是：潮人所称之批，并非俗而不典，是承唐宋之典，而还于粤、闽之俗，即文化意义的由典还俗、雅俗共典罢了。

尤其值得指出的是，批另有一个更深层次的文化释义，那便是根。我们常见的侨批封上，其另联印有"批根"二字。本来根是一种存据，但侨批封上的"批根"，不同于一般票证的存据，它还象征着海外赤子对自己生身之邦——唐山本土的"去国怀乡"、"叶落归根"的文化心态，也是一种永恒的、血缘的存根。凡是了解潮汕历史的人都知道，潮人是世界上典型的爱国爱家爱亲人之人。樟林古港遗存的不少民歌都反映了这样一个主题。他们"无可奈何炊甜粿"，冒着生命的危险，冲着海禁而去，是何等不心甘情愿啊！所以，"行到樟林港嘴泪汪汪，何日才把家乡还"？但是，到了异国之后，这种心态便发生了特殊的递变，"来到暹罗牵猪哥，驴生拼死耐拖磨，赚有钱银加共减，寄回唐山养公婆"。下述所引的萧英全给儿子萧炳乾的批，也是这种心态的真实写照。这批的内容为："兹是日付信局带去家信一封，外并洋（缺"银"字）拾元，到社照信查收。内抹出银半元，与三兄收用，又抹出银半元，与四嫂收用；又抹银一元，与岳母收

① （宋）沈括：《梦溪笔谈补》，上海：中华书局1941年版。
② 蘅塘退士编，张葶评注：《新体评注唐诗三百首》，上海：中华书局1937年版。

用。余存银捌元，以助家中薪米之需，今蒙神、天福庇，二地平安，喜之幸甚，余言后陈。此嘱。萧英（缺"全"字）书。癸四月二十二日。"这种久居异国，情根长系"三兄"、"四嫂"、"岳母"及合家大小的心态，表现了一个典型潮汕人的爱国、爱家、爱乡的德行与本质。故侨批的产生源于潮人"根"意识的特殊递变，这是无可辩驳的。

二、侨批——潮人"智"潜能的优化组合

侨批产生于潮人"智"潜能的优化组合。世界文化史的进程表明，人类主体意识的每一次发扬，就是改造客观世界的一次飞跃。智慧是力量的源泉，智慧潜能优化组合，能促进新文化的发生和新文明的创造。侨批，从原始水客业到完善的侨批业，大致经历了潮人智慧潜能优化组合的二次飞跃，从而有力地证明了这一文化理论观念。

第一次飞跃。在潮人"根"意识特殊递变的同时，其"智"潜能的初级组合成为水客业的原始助产婆。水客业诞生于何时，虽难作具体界定，但水客业的诞生和潮人出国的历史基本同步，这一点是再明白不过的；就地方志书而言，既然潮人出国的历史可以追溯到唐宋，那么，水客业的诞生，至迟也不会迟于唐宋，这一点恐怕也明确无误。因此，笔者赞同这样一种观点：自唐宋至明永乐年间我国民信局正式出现之间的八百多年时间，是水客业从受孕、怀胎到分娩的历史过程，我们把它叫作原始水客业的时代。

原始水客业是侨批的发端产业。它是一种集商业贸易、金融货币、政治经济、交通运输、人文信息、伦理道德、风俗民情等知识、智慧于一身的个体或个体组合的民间多重性综合服务行业，是潮人智慧潜能初级组合的产物。水客本是指专门为旅外侨胞送批回唐山的那些人。但原始水客业对批的含义远远超过了银和信；它经营的范围主要包括递、带"人、信、财、物"四大类，乃至无所不至，无所不揽。因此，这一行业，如果不具备上述各方面的知识、智慧，尤其是智能的综合发挥，是很难发展起来的。例如，拿侨批最早的发源地马来西亚群岛、苏门答腊、爪哇（印尼）等地来说，在郑和第七次下西洋以后，水客的往返变得频繁起来。但法币远未出现，更谈不上什么金融流通。据潮汕侨乡世代口传资料，那时水客从印尼带回来的，主要是一种能治恶性疟病的特效药金鸡纳霜。曾有一个时期，一盒金鸡纳霜在潮汕侨乡等于一斗白米（约 12.5 市斤）的价值。这样，水客便以白米的价值为换算标准，把药物贩卖后，换成碎银或钱送交侨眷，作为批款。然后，他们又将所挣利润从家乡购进红糖，运往印尼，交换金鸡纳霜。这就涉及对甲乙两地"以物易物"、"以货易银"的间接金融流变价值规律的娴熟掌握。而带人则是清道光以后水客业中一门热闹的生意。妻寻夫，

子找父，新唐过番，生番回国……那时，尤其有趣的是暹罗华侨社会中还出现过一阵回家乡"娶亲热"，于是水客业便相应出现了"包做媒人，包护送至暹完婚"的"喜事双包热"。因此，干这一行的水客，就必须是对我国传统文化伦理和潮汕民俗风情有较丰富的知识，同时还要品德优良的人，才能扮演这种角色。总之，无论出现什么困难，碰到什么情况，水客业中都能发挥各自的智能优势，不断总结经验，改进业务，完善制度，使它迅速形成了"传递手续简单而快捷稳固"的特点而深得海内外潮人的信赖，从而具有永久的生命力。

潮人是善于学习、善于思考、善于发现的人。随着侨运的不断振兴，出国谋生的人与日俱增，银元和法币的相继出现，使国际金融流变有了真正的渠道。这时，原始水客业发生了根本的变化，即从原来的"人、信、财、物"乃至"无所不包"的递、带，转变为"银款家书合封"的侨批。对此，《潮州志·侨批业》有一段概括的记载："因华侨在外，发达地区居留范围极广，而国内侨眷，又多为散处穷乡僻壤之妇孺。批业在外洋，代收方法或专雇夥伴，一一登门，收寄抵国内后，又用有熟习可靠批脚，逐户按址送交，即收回批寄返外洋，仍一一登门交还。减少华侨为寄款而虚耗工作时间，至人数之繁多，款额之琐碎，既非银行依照驳汇手续所能办理；其书信书写简单，荒村陋巷，地址之错杂，也非邮政所能传递；故批业之产业与发展，乃随侨运因果相成，纯基乎实际需求而来，故不能舍弃现实，执泥于一法也。"① 由此足以见得，潮人审时度势的智慧潜能的优化组合能力，是何等的惊人！

第二次飞跃。从原始水客业到成熟意义的侨批业的顺利过渡与接轨，是潮人智慧潜能高级组合的必然产物。这一时期大约是自清代开放五口商埠以后至民国初期。其主要标志是轮船代替了红头船；海内外侨批馆（局）星罗棋布，并初步形成了商贸网络；批的定义真正确立。据《潮州志·侨批业》记载："潮批业这源起，乃由水客递变"，"水客外洋无定所，则闻合设置行馆以居停，名为批馆"，又"其富厚寄款之华侨乃自派人专带，兼收受亲友寄托，久之寝，成正式营业，而批馆之名仍不变"。② 至于后来也有侨批局之称，其实馆、局没有二致。侨批馆挂牌以后，除了一切手续"均属水客旧例"以外，制度进一步完善，如印制批封、批根；开收据、盖印戳；同时设立办事机构，设置东主、主事、襄助等职务，增雇批脚（批递员），并迅速在海内外各地形成通批网络，外递内达，畅通无阻。

据汕头市澄海区侨批界老前辈、前汕头有信银庄总经理芮弼卿先生之子——

---

① 饶宗颐总纂：《潮州志·实业志·商业·侨批业》"沿革"章，汕头艺文印务局 1949 年印刷，潮州修志馆发行。

② 饶宗颐总纂：《潮州志·实业志·商业·侨批业》"沿革"章，汕头艺文印务局 1949 年印刷，潮州修志馆发行。

芮诒埙回忆说，19 世纪至 20 世纪初叶，侨批业已进入了一个崭新的时期，其机构之庞大、制度之完善、经营之广泛、流通之金额创历史高峰。同时，作为金额界之巨子——大银庄，以及作为侨批界之后盾或仲裁——大银行，此时此刻纷纷拍档而出。为他所躬职的，创立于 1921 年的汕头有信银庄就是一例。该庄实收股本为七总银一十六万圆，叻（新加坡）、汕股东各占其半，先后在叻、中国香港设分支机构，另分别委托上海潮帮大户郭乾泰等主营叻、港、申各港之电、信、票、汇，定活期存款、放款和本埠南北行商号往来存款，以及一些土地证券交易及新、马、荷、印的所有侨批。尤其值得指出的是，其中新加坡有信钱庄，更有当地大股东刘鸿泰、黄骏发、林义发和厚丰行等出口商行大力支持，业务发展极其迅速。在吉隆坡、马六甲、槟榔屿、澎哼、霹雳、丁加奴和山打根，以及印尼的巴城、泗水、爪哇、苏门答腊、坤甸和寮内等地均设立分支机构。总和上述各地每月收侨汇，大约为：淡月（阴历 1—3 月）约收港币 10 万元；平月（阴历 4—9 月）约港币 15 万元；旺月（阴历 10—12 月）平均可为平月的两倍以上。侨批业发展之兴盛，由此足见一斑。

常增书在《广东潮汕地区侨批信局的形成和作用》一文中指出，这一时期"凡有潮籍侨胞居留之地，都有商办批馆、批局的分号。据 1946 年调查，东南亚各国的潮帮批馆、批局共有 450 余家，仅曼谷一地竟达 130 家之多……同年统计，潮汕地区设立的总店分号，也有 130 多家，其中汕头市占 70% 以上……平年通过批局的信件一般都在 10 万封以上……1921 年以前，经过批局汇入国内的款项每年达数千万洋元；1921 年以后每年 1 亿洋元，有时高至 2 亿洋元之巨。可见此时的侨批业，已汇成了一股团结和调动海内外同胞爱国爱乡的高度凝聚力量，为促进社会进步，经济繁荣，改变侨乡贫困落后的面貌，作出了不可磨灭的贡献"①。无数的事实证明，潮人智慧潜能的优化组合，是侨批的又一源泉。

三、侨批——潮人"商"思想的灵活实用

侨批发生于潮人商业思想的灵活实用。商业是物件和货币之间的一种中介，一种金融流变的渠道。因此，"既具有传递内外消息的信使任务，又有收付款项的汇兑功能，不少尚兼营运销和收找等业务，因此侨批业被认为是一个多功能的特殊行业"。说到底，其内核就是金融流变，其载体就是商业贸易。饶宗颐总纂的《潮州志》之所以把它归入"商业"，谢雪影编著的《汕头指南》之所以把它归入"商业章·金融类"②，其依据都是实用商业思想的理论。

---

　　① 常增书：《广东潮汕地区侨批信局的形成和作用》，载广东省集邮协会，汕头市集邮协会编：《潮汕侨批论文集》，北京：人民邮电出版社 1993 年版。
　　② 谢雪影：《汕头指南》，汕头：汕头艺文印务局 1949 年版。

笔者认为，早在携带"人、信、财、物"四大类的原始水客时代，潮人的"商"思想已经在长期的学习和冶炼中萌发："水客从事一种特殊的职业，他们经常附船往来国内外，成为侨胞或亲眷还乡的向导；他们随身带批或物件交给侨胞或亲眷……从而灵活地解决了不少商业实用的问题。"例如，在那"以物易物"的年代，水客的服务获得了一些物件作为报酬。由于货币出现的先后情况不同，甲地的物件到乙地可以转化为货币，转化为金融贸易，这就促使其商业思想实用价值观念的萌芽。

随着侨运的不断振兴，世界真正进入了货币流通的时代。尤其是商业、海运业迅速兴起以后，侨批业已完全变为金融流变的一种渠道，故潮人商业思想的实用价值发生了根本的变化，出现了如红头船本身就是经营侨批业的大户，做南北交生意的也是经营侨批业的大户；又如东南亚各地的批馆，利用侨批金融扩大商业贸易，不断壮大自身的财力，使不少小批馆瞬间变成了大批局。据芮治埙先生回忆，20 世纪初叶，新加坡做侨批生意的，一般须备足三套本银："一套由银行押底，一套预先垫付批银，一套在货物销售以前，先发批到侨眷家里，只有如此雄厚的经济实力，才经得起激烈的商战竞争。"① 尤其必须指出的是，银庄的出现进一步使侨汇金融的流变成为服务社会、繁荣经济的新台阶。老汕头埠中心市区——"四永一升平"的形成，就是侨界金融市场竞争的直接产物。

侨批，这个涉及不同历史时期、不同国家、不同民族的多国多元的政治、经济、文化、交通运输、商贸、金融、货币、地理、风土、人情、民俗、伦理、道德、教化等特殊文化形态，远在国际民信、邮政尚未出现之前就产生了，堪称世界民信史、邮政史的先驱！不少外国学者在评价侨批发生的价值时一致指出，侨批是潮人商业思想灵活实用的产物。它的贡献在于：在金融业尚未发生或极端闭塞的时代，它像魔鬼似的，首先在东南亚和中国的经济之间，开凿了一道商贸的运河，接着掀波激浪，涌进世界的经济大潮中。这无疑是智慧聪颖的潮人对国际经济发展作出的一大贡献。②

---

① 芮治埙：《有信银庄（批局）琐忆》，载《广东文史资料》，广州：广东人民出版社 1989 年版。

② 本文原载于《华侨华人历史研究》1996 年第 3 期；1997 年参加饶宗颐学术研讨会，并收入《饶宗颐学术研讨会论文集》（曾完通主编，香港、台湾翰墨轩出版有限公司 1997 年 12 月出版）。2003 年汕头市潮汕历史文化研究中心《侨批文化》创刊号转载。2003 年 5 月被中国管理科学研究会、《发现》杂志评选为"优秀学术成果一等奖"。本文有关侨批定义的表述，被马来西亚著名史学家陈剑虹先生在其编著的《槟榔屿潮州人史纲》（新加坡大学出版社 2010 年版）一书中全文引用。

天后文化在梅州的俗化管窥

房学嘉[1]

一、引 子

天后信仰是粤东地区的民间信仰之一。随着天后信仰的传播和发展，这种信仰逐渐形成了一种特殊的"天后文化"（周濯街，1999）。比如凡天后宫所在地，或是码头、港口，或是交通枢纽，同时也是商贸的交易场所。天后信仰不但在粤东沿海的潮汕平原颇有影响，而且在内陆山区的韩江上游的主要码头、墟市也相继建庙奉祀天后。因此，研究粤东梅州山区的天后信仰，对进一步挖掘历史上沿海与内陆经济文化交流、中外经济文化交流以及古代民俗学、宗教学等的宝贵资料，为现代化服务是极有意义的。

本研究以梅州市为考察重点。梅州位于广东省东北部，属韩江上游之梅江流域。境内多水，有梅江、石窟河、松源河、宁江、琴江、潭江等，水路纵横交错。历史上的梅州在清嘉庆年间从潮州府分治升为嘉应州，下辖程乡县（即今梅县、梅江区）、兴宁县、长乐县（即今五华县）、平远县、镇平县（即今蕉岭县）[2]。梅州的民间信仰相当复杂（房学嘉，1996、1997），其中地方的水神、商业神祇信仰圈与外来的水神天后信仰圈互动，形成与沿海地区同中有异的天后信仰。关于天后信仰在粤东梅州的形成与传播，请参考拙作《天后文化在梅州的形成和传播》，此不赘述。本文是笔者在前文的基础上，结合近年来的田野考察实证，就天后文化在粤东内陆山区俗化，以及地方士绅在潮汕文化与客家文化互动过程中所扮演的角色，作一描述性的分析。一孔之见，请方家教正。

---

① 【作者简介】房学嘉（1952— ），广东梅县人，现任广东省普通高校人文社会科学重点研究基地嘉应学院客家研究院主任、中国客家学专业委员会主任，原嘉应学院客家研究院院长。曾赴美国哥伦比亚大学做访问学者，现为新加坡国立大学中文系客座教授、中国民族学会常务理事。

② 据梅州市统计报告：梅州市下辖梅县、兴宁市、五华县、平远县、蕉岭县、大埔县、丰顺县、梅江区（2001），总人口510万。陆路南距汕头市195公里，西距广州市430公里。四邻为：北及西北与江西省毗邻，东及东北与福建省接壤，西界广东省的河源市，南连广东省的潮州市、揭阳市、汕尾市。

二、梅州地区的水神崇拜考察

在梅州的传统中，民俗保留着极具初民图腾信仰遗俗的地方水神崇拜。崇拜的地方水神主要有"仙人叔婆"、梅溪公王、龙王、水打伯公等，而庙宇或神坛则遍布山区的村村寨寨，并以村社或宗族聚落群形成大小不一的信仰圈与祭祀圈（房学嘉，1996、1997）。关于梅溪公王崇信，学界已有专著介绍（房学嘉，1994；谢剑、房学嘉，1999），此不赘述。下面介绍"仙人叔婆"等地方水神。

1996 年 7、8 月间，笔者在对梅州地区民俗考察时发现，在梅江两岸如蕉岭县的新铺镇、梅县的松口镇等社区、村落有"仙人叔婆"的信众。先是在新铺镇考察，当时得林清水先生帮助，考察其林氏宗祠（位于该镇上南村），但见该祠大门口左侧的墙上供奉有"仙人叔婆之神位"，旋即访问林氏宗族老大。尔后在梅县松口镇考察时，亦在官坪村黄家大围屋炽昌堂发现同样的民俗现象。后来回到学校与学生谈起此事时，听兴宁县、平远县、五华县等地的学生反映，他们家乡也有类似的民间信仰。换言之，"仙人叔婆"信仰在梅州山区比较普遍。

梅州旧时称从事航运行业的人为"船家"，船家敬奉的行业神是"仙人叔婆"。"仙人叔婆"的神坛多建在沿江河口或岸边，每年农历七月十五，凡行驶在同一条河流的船家，都要集体祭拜"仙人叔婆"。此外，船家还往往把"仙人叔婆"请上船奉祀，其神位设在船舱的篷壁上，俗谓"船头伯公"，每逢开航和到达之日以及农历每月初一、十五都要烧香敬拜。

新铺镇地处石窟河中游，聚居着陈、林、曾、邓等 20 余个姓氏的本地居民，也有来自潮汕各县的商户与船家。旧时镇上有以行业分类的米商公会、商会、船员公会等，各业虽未见有统一的组织，但有统一的祭祀活动，那就是崇拜"仙人叔婆"。

奉祀"仙人叔婆"的地方是郭仙宫。宫的建筑规模很小，正堂内神龛无神像，仅一木质神牌，上书"法妙仙人之神位"。在该宫门外竖有两根石柱，两柱间竖起一根长长的旗杆。传说郭仙宫是新铺镇的风水文化中心，因为新铺镇傍山沿河筑店，长长的像条木筏，传说就是靠这旗杆拴住，这些店才不致被洪水冲散，而稳住旗杆者正是"仙人叔婆"。换言之，在俗民的心目中，是"仙人叔婆"保护了新铺镇的安全，促进了新铺镇的兴旺。

商户船家逢每月初一、十五必进郭仙宫上香。而一般信民则主要参加每年正月半后"起福"，十二月"完福"，俗称到宫里"做好事"。凡做好事时，四乡群众亦前往凑热闹，并请和尚或尼姑念经助兴，开桌摆凳，共进午餐。

据笔者综合考察资料分析，地方水神"仙人叔婆"神灵的原型是蛇。"仙人叔婆"信仰是南方原始图腾小龙、青龙信仰的遗俗。传说郭仙宫附近居住着一户曾姓人家，其祖宗为两兄弟，以撑船为业。一次船行至潮州一带，做弟弟的忽然神智不正常，不想吃饭，口里"哥哥叔婆太"、"哥哥叔婆太"念个没完。当时船上出现一条蛇，做哥哥的见了很慌张，对蛇说："你是神，便到我船舱里；是蛇，我就一棍子打死你。"刚说完，蛇钻进舱中。当船撑回新铺镇码头时，蛇旋即从舱里沿跳板上岸向山上爬去，爬至后来作郭仙宫的地方停下，盘在一块岩石下。做哥哥的每天拿蛋喂蛇，蛇每天到该地享受佳肴。兄弟俩因此确信该蛇是神，便在旁边立一小块神牌，点上香烛敬拜。

地方水神"仙人叔婆"的信众初为渔民船家，其功能主要是庇护渔民与航运的安全；后来信众逐渐扩大到附近村民，并增加了财神的功能。传说新铺镇塘福岭村陈某在墟镇上经商，生意惨淡，遂前往该处烧香并许愿："如果能保佑我赚钱，我便给你做个神坛。"陈某果然生意日渐转机，赚了小钱，还愿给修个神坛。尔后陈某又许愿："如果能保佑我打个大仓（指煤矿），我便给你盖个宫。"后来陈某挖到大煤矿，发了财，准备盖座神宫。陈某的祖婆郭氏是一位神婆。郭氏为陈指定建宫的地点、方向。这事被地方官知道了，骑马前去阻止，不料途中马失前蹄，折断马腿，自己也被摔个半死，他认为冥冥中确有神灵，阻挡不得，便同意建宫，并题"镇守东江灵须法妙仙人"，神牌就写"法妙仙人之神位"。而后，"仙人叔婆"进一步扩大变为社区神，到郭仙宫进香的信众不仅有船家、商家及新铺镇人，就是在一些乡村甚至一些宗族的祖堂也到郭仙宫分香火安奉神位。如该镇南山村林姓宗族祖堂大门左边墙上，就装有一个木质神龛，龛内神牌写着"法妙仙人之神位"。传说旧时新铺镇商人侯某曾多次"火烧店"，每次店家老板侯某都跑到郭仙宫请"仙人叔婆"的神牌，捧到八字码头祈祷灭火救灾。此外，俗民小孩有病痛，家长往往前去祈求消灾除病。各船户在船上也安有其神位，船家启航先上香，途中遇大风大雨时更是虔诚地点香祈祷平安。

"仙人叔婆"有特别的纪念日即农历七月十三神诞日，当日俗民除举行祭拜仪式外，主要活动有两个：

一是抬"仙人"出巡，队伍中高灯（两人擎两只大灯笼）、扛彩（两人前后擎一长条红布）、大锣鼓、八音、神轿在前，主持人等紧跟其后。出巡队伍出宫沿河唇街，转鸡子行、柴行街、米行街、潮商会馆，然后经警察局门口、新菜市、镇郊返宫。出巡路线已经组织化。当日参与这一活动者，也有外地在新铺镇的商家，如潮州商人在该镇建有"潮州会馆"，会馆每年都积极参与崇祀"仙人叔婆"的活动，每当神轿巡行到会馆门前时，必停下供潮州商人敬祀一段时间。一些来不及上岸而停在石窟河中的船家则在船头遥祭。

二是娱神演大戏（汉剧），连演10天以上。传说大埔县某戏班七月十三不敢到别处演出，因为有一次在别地演出时，戏箱里出现一条大蛇，戏班认为是"仙人叔婆显灵"，立即赶到新铺镇演出。

梅州地方水神除上述举"仙人叔婆"以外，还有各种各样的水神神祇。以梅州城为例，旧时城内外共有大小寺庙25座，其中有祀地方水神并且信仰圈跨街区跨宗族的大宫庙 3 座：梅溪宫、龙王庙、水打伯公坛。

梅溪宫即安济侯庙，奉梅溪圣王或称梅溪公王，在梅县的梅城镇、丙村镇、松口镇等主要墟市码头都有其宫庙。如松口安济侯庙（又叫梅溪宫）在下店村，祀梅溪公王，清康熙初由里人李椅鼎建。而梅城的梅溪宫就在梅江北岸即今梅江桥桥头故址，祀梅水之神，并祀五谷大帝、花公花母、天地君亲师、风云雷雨诸神，始建于何时不详，但康熙三十年（1691）《程乡县志》载：程乡县城"梅溪宫，在东桥河畔"（刘广聪，1993），估计建于明代以前。传统梅州山区，梅溪宫祀梅溪圣王像。公王宫或坛遍布各个村社，信众或是单一宗族或是多个宗族共奉，信仰圈则各地不一，或一村或多村结成公王信仰联盟等。公王是谁？各地说法不一，既有祖宗神说（房学嘉，1994），也有瘟神说（刘枝万，1966）。相对于"仙人叔婆"来说，安济侯王、梅溪公王的角色却会根据俗民的需要而变，或水神或山神。笔者认为，就梅州的传统来说，公王是具有特色的地方水神或山神。详见拙作《客家源流探奥》及《围不住的围龙屋》等，此不赘述。

龙王庙在梅江河南岸梅江桥头故址，与北岸的梅溪宫隔江相望，始建于明代，旧时逢二、八月上辰日，地方官亦要派相关人员前往致祭。

水打伯公坛在梅州山区水圳、水塘、溪河边，水打伯公坛随处都有，梅州城的水打伯公坛在梅江河北岸。祀水神，尤其是船民及出洋之人在此下船时，必拜祭此神。

三、梅州地区的天后信仰考察

天后信仰在梅州山区的民间信仰体系中，属外来的水神，主要分布在梅江流域主要的墟市码头（见图 1）。

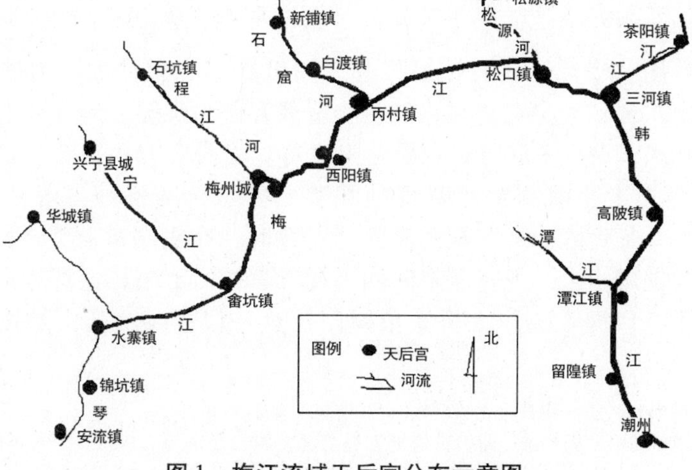

图 1　梅江流域天后宫分布示意图

从田野考察看，外来水神天后信仰已在粤东山区地方化或俗化，俗民已把其当作地方俗神奉祀，每年为其举行特定的纪念活动，其仪规已相当组织化。以下介绍三个个案：

（一）梅州古城的天后宫庙会

旧时，梅州城农历三月二十三的天后圣母诞庙会和五月节的端阳天后宫庙会规模都相当大，独领风骚。

三月圣母诞又称娘娘庙会。天后宫在树湖坪，靠程江河边，主要因为有油罗码头，旧时货运船只多到此处避风和停泊。此处因河上商贸活跃，水上街市异常繁华，有"梅江酒舫，笙歌达旦，俨小秦淮"之称。因此，每逢船只（货船）安全抵梅停泊于此处时，舟人必到天后宫拜祭水神娘娘，答谢神灵的"保护"，这种祭神活动，逐渐变为娘娘庙会，举行迎神赛会。农历三月二十三为天后生日。神诞前，人们便用木辇抬着天后宫的圣母神像，伴着笙歌鼓乐八音，逐队幢幢，沿街游行，接受人间香火，谓之"圣母出巡散福"；各街家家户户则张灯结彩，迎接娘娘的驾临，非常热闹。神诞日，在天后宫内则举行祭神活动，人们都到宫里进香，庆诞求佑。时人梁伯聪有诗云："太平乐岁庆遭逢，逐甲分街彩扮恭。仿取潮安灯景例，游行圣母比青龙。"并注："昔遇丰年乐岁时候，三月圣母诞日，辄仿潮州府迎青龙之例，分街分甲彩扮灯景，非常热闹，其时潮商店多景物多，由潮商迎神后转买而来，装饰整齐生动。"①

五月端阳节庙会。端阳节当地人称五月节，其时瘴雾毒恶，俗谓"恶月"节，故俗民挂葛莆辟恶，祭水神求佑。

端阳节庙会以天后宫为中心，② 在宫前举行龙舟下水仪式，举行赛龙舟游神船活动。初五上午，在天后宫举行祭神和龙舟下水、迎圣母神位到神船安座典礼。其时，神船用红纸写上"天后圣母之神位"，插在香炉上。神船通常有十五六艘，船为六篷的民船，祭者把篷撑起，用纸扎成三层楼阁，遍插五色长方绸旗，配上鼓乐八音；龙舟竞赛时，神船收费载客作为观船；另外还有一些大商号自己彩扮的花船，游弋于河中，观看龙舟竞赛。龙舟竞赛由商会、地方官及绅士组成理事会，并于赛前制定比赛规则和奖励办法，准备好写着"江中第一"、"水上英雄"、"尚武精神"字样的奖旗。竞赛时，在旗端系上奖金，并将其插在天后宫对面的坝尾咀上。龙舟竞赛时间为初五、初六下午；竞赛地点在梅江河的梅江桥至乖子渡口即今嘉应大桥至范屋门口这一段；参赛队伍除按市区分的上

---

① 见梁伯聪未刊诗集《梅县风土二百咏》，该诗集编辑于1944年。

② 据梅县道教协会的杨爵谦、谢银英等老人提供的资料，丘逸的《1935—1936年的赛龙舟》一文（见《梅江文史》第三辑），梁伯聪的《梅县风土二百咏》和梅县商会的片断资料。

市、下市两队外，另有行业性的粮食业、纺织业、航运业等也组织参赛队；参赛龙舟每年最少2条，最多时达6条，分红龙（红色）、黄龙（黄色）、青龙（青色）等；各条龙舟在竞赛之前，均先划向天后宫"参神"，即进行焚香、放鞭炮，遥向水神娘娘参拜，然后又向沿江神祇如龙王、梅溪公王、水打伯公等神"参神"，最后才划去参赛。每条参赛龙舟均有1人主持指挥并跳龙船头。跳龙船头是一项高难度的民间特技，跳龙船头的人要在龙舟快速前进中跳起并落回原立脚位。道具用一鼓（固定在船头）一锣（手持），开赛号令一响，龙舟在跳龙船头人的指挥下，击鼓鸣锣。"咚咚！青！咚青！咚咚青！"有节奏地指挥着龙舟前进。[1] 庙会期间，梅州古城"扬州夜市"，吸引赣南、闽西毗邻地区的人士前来赶庙会，赴会景。商贸活跃，交通、旅馆、饮食、京果、百货、布匹行业等，尤为兴旺，商贾生意兴隆（欧阳英，1997）。

（二）兴宁县的天后圣母宫庙会

天后圣母娘娘宫坐落在兴城镇后街。每年的农历三月二十三为圣母娘娘出行日，城内城郊热闹非常，时人有顺口溜曰："三月二十三，神明来出行，大家出来看，怎歌隆咚参！"（罗康，1996）

出行组织中选"理事"至关重要。由兴城西河背甘葛岭陈氏宗族派出代表，在出行前1个月推选出"总理"（首事），以抽签方式产生理事60至80名，共同承担出行事宜。

圣母娘娘出行前要梳妆打扮，沐浴洁身，更换新衣。据兴城镇百岁老人七娘回忆，她曾亲历其事。她于娘娘出行的前一天到宫里上香念经，催醒娘娘后，端盆清水，用白色毛巾为娘娘洗脸抹身。换下的旧衣服，很快就被人争抢去做衣服给小孩穿，俗谓小孩穿上此衣便能快快长大。

出行队伍前列为两名跑马者开路，紧接着是15至16块上书"肃静"、"回避"字样的牌匾；稻和社、潮州大锣鼓、八音（乐队）；木雕镀金圣母娘娘坐像[2]；"古事"少则5至6架，多则12至15架，每架由8人抬，内容取自《三国演义》、《水浒传》、《西游记》中的片断。

出行在上午8时从天后街神坛起程，经城镇大新街、东街、北街、石光街、金带街、万盛街、河唇街、上下盐铺街、华兴街、西门街、河背街至永泰街后回宫。

俗民为使娘娘吃好吃饱后出行，事前几天就到城镇订购豆沙大麒麟饼，敬奉娘娘出行吉祥如意，保佑庶子平民平安业兴。出行之日，当事人必须吃素，而信

---

① 1935—1936年，上市队（红龙）由乖子渡人范亚火、下市队（黄龙）由新码头人饶导祥主持指挥和跳龙船头。

② 形似靠椅的神座，像前放一香炉，台上摆供奉食品，由四人抬。

众则斋荤自便。

（三）五华县华城镇"三月三"天妃庙会

华城镇天妃庙设于城南天后街，全庙为上下两堂的平房建筑，上堂正厅设天妃神像并立神位牌。庙前筑有固定戏台，为庙会专门演戏之用，称为"天妃戏棚"。天妃庙会是华城镇具有代表性的特大盛会。由于这一庙会以农历三月二十三为"出巡"日，俗称"三月三"、"天妃娘娘生日"①。如下介绍一位地方文化人记述而且亲历的"天妃娘娘生日"庙会，时间为1949年前，整个庙会历时三天三夜（张泉清，1996）。

从三月二十二开始，凡主持本届庙会的总理、首事集中于天妃庙开始正式执事主持庙会，俗叫"起会"。起会除总理、首事到位执事外，其余凡受雇的道士、吹鼓手、戏班、厨师等都必须按时到场，各就各位，各司其职。此外，一切发动工作，亦必须同时全部落实、兑现。其中最主要的是发动商民"彩花街"和发动善男信女组织锣鼓队伍、文艺队伍于二十三日跟随"娘娘出巡"。

"彩花街"就是用幕布把街道上空遮蔽，然后在幕布下挂上各种纸花、彩灯，把街道装饰得如花似锦。天妃庙前红灯（笼）高挂，红联张贴，庙内烛光辉照，香烟缭绕；庙门外空地上搭起的"笛棚"里吹鼓手如期吹打。"天妃戏棚"的戏班②按期开锣演戏：二十二下午2至5时左右做"日戏"，夜晚8至12时左右做"上夜戏"。这种"日戏"和"上夜戏"皆演传统的"三戏周瑜"、"水淹金山"、"唐僧取经"等戏本，称之为"正本戏"。午夜至天亮之前，则演调笑一类的"小品"，称之为"下夜耍戏"。有一个不成文的规矩，日戏和上夜的"正本戏"，男女老幼皆看；"下夜耍戏"则为妇女、小孩所不宜，只许成年男人观看。因此，午夜之后，便是男人的世界。

庙会期间要组织善男信女在天妃神坛前抽签，产生下届庙会的主持者——首事，俗称之为"拈首事"。上表的程序是：凡上表者，先到总理处领取"表文"并交纳"上表费"③，然后把"表文"交与道士，并在道士的引导下开始"上表"。开坛时，上表者必须亲自点烛燃香，跪于神前，道士则"敲当"朗声念诵表文。当念至信士某某某（上表者姓名）时，上表人必须磕头表示虔诚，而整篇表文念完后，上表者则应"三磕头"表示祈求之诚心。最后道士将表文连同

---

① 林美容、谢重光教授点评曰：将天妃神诞农历三月二十三呼为"三月三"、"天妃娘娘生日"，似应五华县之俗。此"三月三"节与玄天上帝的神诞日"三月三"等有无关联？待考。据笔者访问当地长老张泉清等先生，均未闻有何联系。廖迪生教授指出：香港的妈祖诞时间不一，既有三月二十三，也有四月、七月等，具有弹性。

② 多数雇请该县木偶线剧团"林华堂"。

③ 上表费包括上表者所需的香纸费和上表后可在庙中就席一餐的伙食费，以及本次庙会经费支出的部分分担费。

"纸宝"一并焚于神前，并得一"称告"，表示天妃已允诺上表人祈求①。紧接着上表人起身走近神前"斗"中抽签，如果抽出的"红签"纸上写有"首事"字样，那么这位上表人即"当选"为下届庙会的"首事"。

上表从起会至庙会结束前均可进行，不论街道商民或附近城乡居民都可参与②。上表仪式结束后，上表人可随时在庙会即席就餐一次，叫作"坐流水席"。

庙会最重要最庄严的仪式是抬着天妃神像和神位牌到各条街道巡行，因此十分隆重。神童是天妃神的化身③，所以庙会时，他应在"落童"状态下坐着"刀床轿"、"钉床轿"，紧跟在神位牌后参加"出巡"游行。首先，执事们把天妃神像、神位牌从庙中"请"出，置于无篷的"天轿"上，再摆好"阵容"，按序出发④。由于簇拥队伍来自四面八方，且人数众多，因此，行进速度非常缓慢，往往从上午10时至下午4时左右才能结束。天妃出巡时各街道、各行业组织的大小锣鼓班少则几十，多则上百，足见天妃出巡声势之浩大⑤。

四、梅州地区天后信仰俗化的思考

外来的水神天后信仰已在梅州完全地方化或俗化。换言之，天后在梅州山区落地生根以后，俗民已把其当作地方俗神奉祀，每年为其举行特定的纪念活动，其仪规已相当组织化，与当地的俗神祭祀活动相比并无不同，主要理事人要沐浴更衣，祭典时要杀猪、鸡或鸭等荤腥。如兴宁的天妃出巡那天，理事人要素食，群众自便斋荤结合。天后信仰地方俗化的另一表征是当天后出巡时，作为天后神童的人要坐刀轿陪巡。但与天后原乡福建湄洲或其他沿海地区相比，地方俗化的痕迹是相当明显的。如在湄洲，每年的农历五月二十六俗民要用神轿抬妈祖"回娘家"；在天津东门外的天后宫，因无法"回娘家"，就象征性地送到天津的"闽粤会馆"小住（周濯街，1999）。而在梅州山区的天后纪念活动中，不但无送天后像归宁之俗，且鲜见农历五月二十六有其他的纪念活动。

---

① 关于在天后信仰中，俗民的许愿、还愿是宗教仪式的重要部分，可参考房学嘉主编的《梅州地区的庙会与宗族》、《梅州河源地区的村落文化》等，在此不再展开。

② 上表时家长不必亲往，但填表时则必须以家长领衔填写，这是因为上表后必须抽签，而签赐首事又必须以家庭负担经济之故。

③ 庙会时，道士不参加出巡，因为道士不是神的化身。

④ 为使出行有秩序，各街道、乡村队伍，须在出发前派代表在"神"前抽签，排定次序并严格执行，以免争先恐后。

⑤ 天妃出巡时，锣鼓队伍分大锣鼓班和小锣鼓班。大锣鼓班少则十余人，多则几十人，敲打大鼓、高锣、大小钹等几十件打击乐器，并配以海螺、唢呐吹奏，旋律高亢时如疾风骤雨，十分雄壮；缓慢时如泣如诉，十分悠扬。

（一）从历史变迁看，天后是从沿海地区向粤东内陆山区扩散的水神与商业神

粤东梅州地区的天后信仰形式一如上举，与福建湄州相比已相当地方化或俗化。

从妈祖到天妃再到天后的演变轨迹以及地方文献的记载分析发现：天后传入梅州地区当在妈祖封天妃之后、封天后之前，即元、明两代之间。自宋、元、明时期以来，随着国家有关经济政策的调整，集水神与财神于一体的天后信仰亦通过贸易与航运从沿海传入梅州山区后落地生根，形成有别于传统地方水神、财神的完全地方化的水神。在梅州的传统中，俗民崇祀与水有关的俗神从"仙人叔婆"、梅溪公王等到大规模兴建天后宫庙、举办天后庙会等文化变迁说明，民间信仰不但随着历史的演进而变化，而且随着山区地方经济的变化而变化。

在梅州的传统中，"仙人叔婆"、梅溪公王与天后虽是不同神祇，各有其信仰圈，但又相互交融甚至重叠，形成客家地区与沿海地区同中有异的水神崇信特色：首先表现在活动内容，如"回娘家"内容就未见，而是当作行业神来巡境；其次是庙会的时间也不相同；最后是天后的功能产生变异。比如：沿海渔民视天后为护航之神，农耕者视其为水源之神。据林美容研究，台湾地区的天后信仰有向山区传播的趋势，凡遇天旱，水源受到影响时，俗民就祈求天后降雨。而在梅州地区的天后信仰中，却未见有此降水功能。实际上，这种变迁不属于天后信仰，却显示了民俗文化地方化的痕迹。比如在清代，梅州城有五显华光宫庙3座[①]。华光本是南方火神（刘志文，1993），梅州人忌水患，故祀奉华光火神以消灾，但梅城商界却把它当财神[②]崇奉，其庙会都是地方商会在参与主导。

---

① 一是华光古庙（即梅城最早建的华光庙），又称五显宫、西门宫，在西门路月宫巷。二是华光老庙（比古庙后建），在今中华路17号梅县工商联址，祀华光大帝。清末（1908）梅县商会成立后，会址一直设于此庙。三是华光新庙，在罗卜坪即今中华路与辅庭路交叉处（温仲和，1898）。逢九月二十八日五显神诞，梅城三处华光庙均举行道场活动，尤以商会所在地之老五显宫为活动中心，并集中在树湖坪演戏庆祝，整个活动时间为10天至2个月，每年有所不同。时人梁伯聪有诗云："三宫五显逢诞，九月终秋戏演棚，商藉摄财民快睹，一年盛会树湖坪。"五显神诞由梅县商会主办，另有其他行帮协办。庙会前2个月，理事会即开始筹办有关事宜。先是派人去潮州与梨园公所（属剧团行业帮会）洽订戏班来梅为庙会演出；而后在树湖坪搭好戏台、看台、赌摊、茶馆、食品摊、神坛等。庙会的第一天即九月二十八日，各商号代表（每店一人）均到老五显宫集中，对财神（五显大帝）行大礼，祭神祝福，后由乐队（八音班）吹吹打打伴送财神像行到树湖坪，在戏台正对面的临时神坛安坐，安坐后即举行开幕式演戏，然后各商号代表举行总聚餐。当天上午开幕式仅演一出"打八仙"，以示庆祝；下午才正式演戏，其中首二三场剧亦有规定，首场要演"杀四门"（取杀四方煞气意），次场演"郭子仪拜寿"或"万历登基"（取祝诞意），第三场演"复中兴刘秀登基"，以后各场则不作规定，任意演出。

② 在梅江流域沿江主要墟市，除梅州城外，其他如松口、高陂等市镇把五显华光大帝奉为财神的很普遍，亦是地方民间信仰特色之一。

（二）从功能变迁看，天后不仅是水神，而且是"四海江湖著大功"的江海河湖之神

从功能变迁看，一是天后不仅是水神，而且是"四海江湖著大功"的江海河湖之神，故天后信仰传入客家地区之后，其"航海安全"的主要功能首先被改造成主"航运安全"。二是天后宫不仅是安奉天后神像的殿堂，而且是社区族群的议事中心，比如蕉岭县新铺镇的天后宫内的墙上就嵌有几块关于保护河堤、保护山森竹木的禁示碑即是证明（见附录）。进入 20 世纪 80 年代以后，梅江流域受生态环境的影响，河道严重淤塞，其航运功能已逐渐被日益现代化的公路、铁路、陆路交通所取代，沿江墟市贸易经济重心亦随之旁移。但俗民对天后的崇信依旧，并且追加了保胎护婴、保境安民、扶助功业、减灾救灾、防旱防涝等多种功能，天后仍然是拥有广大信众的地方俗神。

（三）从文化互动看，地方文化与外来文化常常在圈内与圈际间互动

所谓圈内互动，就是指各俗神在信仰圈内的独立活动。一如上举，无论是传统的地方水神、财神，还是外来的集水神、财神于一体的天后，在梅州山区都有其特定的信仰圈与祭祀圈，每年都定时举行圈内的祭拜活动。如五华县华城镇每年的三月二十三为天妃娘娘生日，当天社区领袖除要组织信众举行抬天妃"出巡"外，四年一次的天后醮会也要举行集体的祭拜活动。而在梅州城，民间每年有两次天后纪念活动，一次是在三月二十三的天后生日；另一次是五月初五的龙舟竞赛活动，以天后圣母宫为主办单位，各行各业均可参与。

所谓圈际的互动，就是指各俗神跨信仰圈的文化互动。作为一种外来文化，在进入新的社区后，必须融入当地的文化中才有其生命力。融入的办法，一是加强沟通，二是加强自身文化的传扬。天后作为外来文化传入梅州山区后，频繁而且组织化的圈际互动，加速了自身文化的传播，因而吸引了广大的信众。如在梅县的松口镇，天后为地方五大神祇①之一，足见天后在传统俗神中的地位与影响力。社区绅商民等每年要举办俗神跨信仰圈互动的"做福首"活动（房学嘉，1996；房学嘉，2002）。其中已具有组织化的活动有元宵节、端午节、中元节等，其时社区要邀请天后娘娘、五显宫公王老爷、王显宫公王老爷、王镇宫公王老爷及关帝老爷 5 尊神灵参与。这 5 尊神灵中，五显公王老爷（即五显华光大帝）、关帝老爷属全国性的神灵，王镇公王老爷与王显公王老爷是松口镇的地方神灵，而天后娘娘则是从沿海地区传入的水神。被邀的神灵先巡境，然后在公亭街王镇宫广场集中团聚，俗民叫"做福首"。活动时间长达三四十天，上举具有组织化

---

① 梅县松口镇五大神祇为天后、五显公王、王镇公王、王显公王、关圣帝君。参见拙作《梅县松口镇郊区的神明信仰》。

的三大节日中，元宵节"做福首"的活动时间最长，从正月十五至三月十五，前后历时两个月。

诸神排列示意如下：

```
天  王  关  王  五
后  显  帝  镇  显
娘  老  老  老  老
娘  爷  爷  爷  爷
```

"做福首"促进了社会各个层面的互动。梅州山区天后信仰的俗化活动虽因各地社会结构不同而异，但通过"做福首"促进社区族群间的互动，有利于平息矛盾，这一点是显而易见的。首先，从官绅这一层面看，每年举行春秋两祭已组织化，不但经费有保证，而且制定范文"祝文"；官绅通过组织化的活动加强了与社会不同层面的沟通。其次，从民间俗民这一层面看，俗民是根据民俗节令不定期组织活动，相对组织化的活动是元宵、三月二十三、五月端阳节等，其时都要举行抬天后神像出巡等纪念活动。松口镇"做福首"的场所并不固定，但多选择在墟市广场进行。期间，正值农闲季节，不但四乡民众前往看热闹，而且吸引了相邻社区如该县隆文、松源、桃尧、白渡、雁洋、丙村等乡镇，大埔县的英雅、潭江、三河等乡镇及福建省永定县、上杭县、武平县等地的商贾纷纷前往赶集做生意。俗民通过这样的活动，既获取了大量的信息，又促进了社区经贸的互动。庙会客观上能给俗民心理以及文化艺术上的满足。因此，无论是商，还是农，都较乐于接受。尤其是在绅商这一层面，通过"做福首"，有利于外地绅商与地方人士的接触，比如上举潮州会馆积极参与地方民俗活动，既加强了外商与地方商民的沟通，又扩大了新的商业网络。这正是传统梅州民间民俗文化中各俗神的圈际互动经久不衰的原因之一。

对天后信仰俗化的考察引起笔者思考的另一个问题是：从田野资料来看，天后信仰作为一种文化是神圣的，它象征善良。天后信仰的原型是一个善良勇敢的人，其所以发展成为俗民信仰之原动力，也就是善。俗民希望社会上善良的人多一些，人与人之间要和善相处，事物虽是一分为二的，但俗民最终求的，是和为贵。这也是儒家思想的精髓。然而天后在梅州地区俗化的资料反映出，俗民已将天后信仰世俗化了，俗民去拜天后也失去了初民纯真的信仰文化，行为变得越来越不虔诚，俗民对神灵的祈求包括升官发财、升学考试金榜题名等，无所不包，充分展示了人的本性。

【附录】新铺镇天后宫护堤碑

钦加同知衔署理镇平县正堂加十级记录十次刘为出示严禁事

现据金沙乡监生陈万青、生员陈卓鸿、陈长林、陈怀清、陈育仁、训导陈钟岳、五品诰职陈步云、生员陈恭虞、陈嗣绪、陈绍曾等联名禀称，生等罗田坝河堤，前蒙各大宪拨款□丙午始行修复，并种竹木，迄今均□茂盛。本年春夏交接，河水不时暴涨，生等再行设法捐资数十金及□烟户派工加筑。择本初七日兴工，现已工竣，然生等村中，常有不法之辈及无知妇女，牧牛牵□堤所踏坏，行堤崩颓，及砍伐竹木芒草，时有所闻。生等迭次悬贴严禁，仍蹈古辙，置论不耳，蛮抗难堪。若不联吁示禁，将来效尤日益，宪天下关心民瘼，无微不烛，通得联叩恩准示禁等请到县。据此除批揭示外，合行出示严禁，为此示谕该处附近居民人等知悉。尔等须知罗田坝河堤系保卫村中田园庐墓，今堤中竹木芒草茂盛，无论何人，均不准在堤砍伐竹木芒草，纵畜践踏，如敢故违，定即拘案究办，其各凛遵毋违，切切特示：

一议砍伐竹木竹笋者，每条罚银贰大元，指证报知者赏银壹大元正；

一议砍伐芒草等者，不论老幼，罚银壹大元，报知指证者赏银半元正；

一议纵畜践踏河堤者，罚银壹大元，报知连牛羊带到者赏银半元正；

一议风吹倒之竹木务要报众查明，始得方砍，如不报明，即照砍伐竹木之罪而罚。

宣统元年五月初八日示
告示发贴天后宫

【参考文献】

1. 刘志文：《广东民俗大观》，广州：广东旅游出版社 1993 年版。

2. 刘枝万：《台湾之瘟神》，《中央研究院民族学研究所集刊》1966 年第 22 期。

3. 刘枝方：《台湾民间信仰论集》，台北：联经出版事业公司 1984 年版。

4. 刘枫：《梅县畲江镇太湖洋村落文化》，"99 嘉应大学客家学研讨会"会议论文。

5. 汪毅夫：《客家民间信仰》，福州：福建教育出版社 1995 年版。

6. 宋龙飞：《台湾地区妈祖庙进香的两个实例》，《中央研究院民族学研究所集刊》1971 年第 31 期。

7. 房学嘉：《客家源流探奥》，广州：广东高等教育出版社 1994 年版。

8. 房学嘉：《梅州地区的庙会与宗族》，香港：国际客家学会、海外华人研究社、法国远东学院 1996 年版。

9. 肖文评：《梅州河源地区的村落文化》，香港：国际客家学会、海外华人研究社、法国远东学院 1997 年版。

10. 房学嘉：《粤东古镇松口的社会变迁》，广州：花城出版社 2002 年版。

11. 林美容：《与彰化妈祖有关的传说、故事与谚语》，载《中央研究院民族学研究所资料汇编》，台北：自立晚报社文化出版部 1990 年版。

12. 林美容：《台湾人的社会与信仰》，台北：自立晚报社文化出版社 1993 年版。

13. 林美容：《彰化妈祖信仰圈内的曲馆》，南投：台湾省文献委员会 1997 年版。

14. 林清水：《蕉岭县新铺镇徐溪镇民俗》，载房学嘉主编：《梅州河源地区的村落文化》，香港：国际客家学会、海外华人研究社、法国远东学院 1997 年版。

15. 周濯街：《妈祖》，北京：团结出版社 1999 年版。

16. 欧阳英：《粤东梅州古城的寺庙及庙会概况》，"97 第五届客家民俗田野考察报告会"会议论文。

17. 罗康：《粤东兴宁市庙会琐谈》，载房学嘉主编：《梅州河源地区的村落文化》，香港：国际客家学会、海外华人研究社、法国远东学院 1997 年版。

18. 张珣：《妈祖信仰在两岸宗教交流中表现的特色》，载灵鹫山般若文教基金会国际佛学研究中心主编：《两岸宗教现况与展望》，台北：台湾学生书局 1992 年版。

19. 张珣：《大甲妈祖进香仪式空间的阶层性》，载黄应贵主编：《空间、力与社会》，台北：中央研究院民族学研究所 1995 年版。

20. 张珣：《台湾的妈祖信仰——研究回顾》，《新史学》1995 年第 6 卷第 4 期。

21. 张泉清：《粤东五华县华城镇庙会大观》，载房学嘉主编：《梅州河源地区的村落文化》，香港：国际客家学会、海外华人研究社、法国远东学院 1997 年版。

22. 郑志明：《台湾妈祖祭典的现象分析》，载郑志明：《台湾民间的宗教现象》，台北：大道文化事业有限公司 1996 年版。

23. 郑志明：《文化台湾》卷二，台北：大道文化事业有限公司 1996 年版。

24. 谢剑、房学嘉：《围不住的围龙屋——记一个客家宗族的复生》，衡阳：南华大学出版社 1999 年版。

碉楼：一个时代的侨乡历史文化缩影

——中山与开平碉楼文化的比较和审视

胡　波①

中国碉楼的产生年代，上溯当追汉唐。② 西方的碉楼亦可回望到 10 世纪至 12 世纪欧洲教堂兴建的塔楼。③ 但是，现代意义上的碉楼如雨后春笋般地集中出现在中国东南沿海的侨乡，则是在动荡不安的 20 世纪 20—30 年代。特别是广东珠江三角洲的五邑（包括今新会、开平、恩平、台山、鹤山）和中山县（包括今中山、珠海、澳门）等著名的侨乡，其碉楼的数量、规模、结构、功能、风格、特征等，在国内几乎没有任何地区可以与之媲美。数以千计且各具风格的碉楼建筑，耸立在珠江三角洲的侨乡，在当时和今天，都可以说是侨乡一道最亮丽的风景。

侨乡的碉楼和碉楼文化，因时势变迁而成为历史，但其价值和意义却在历史与文化的积淀中渐渐凸显出来。近年来，一些热心于侨史和侨乡文化的专家学者，开始了碉楼文化研究之旅。④ 五邑中的开平碉楼和碉楼文化，甚至进入了世界文化遗产评审人员的视野。但遗憾的是，同样曾经拥有数以千计的碉楼的中山市，其丰富的碉楼文化资源，不仅没有受到社会各界应有的关注，反而今日仅存的几百座碉楼在现代化的浪潮冲击下，时刻都有被破坏和被毁灭的危险。

从总体上看，中山碉楼在数量、规模、结构、功能、建筑风格和建筑艺术等方面虽然没有五邑碉楼那样集中和突出，但它同样具有自身的特点和历史、科学及艺术价值。像五邑侨乡碉楼文化那样，中山碉楼也是侨乡历史的一种记忆，是华侨历史文化的一朵奇葩。如今，历史已经尘埃落定，散布在都市和乡村中的碉楼，经历了动荡年代的风风雨雨后，依然丰姿绰约，楚楚动人。在当今城市现代化和农村城市化的浪潮中，侨乡中山、珠海等地的碉楼所蕴含的历史价值和文化

---

① 【作者简介】胡波，电子科技大学中山学院人文社科系教授。

② 张国雄：《开平碉楼》，广州：广东人民出版社 2005 年版，第 4 页；李葳：《侨乡文化探析》，广州：广东人民出版社 2004 年版，第 154 页。

③ 张国雄：《开平碉楼》，广州：广东人民出版社 2005 年版，第 5 页；张国雄、李玉祥：《岭南五邑》，北京：生活·读书·新知三联书店 2005 年版，第 101 ~ 130 页。

④ 张国雄、梅伟强等在《开平碉楼》、《岭南五邑》、《五邑文化源流》、《五邑华侨华人史》、《侨乡文化纵论》等著述中已作了专题性或系统性的论述。陈泽鸿、郑德华、邝积康、司徒尚纪等亦在他们相关的论文中对碉楼建筑作了初步探讨。

意义更加凸显出来。

一、历史与现状：中山碉楼文化的生态分析

中山地区何时出现碉楼，目前尚无定论，但可以肯定的是，大规模高密度地兴建碉楼，则是在清末至民国年间。

清末民初，珠江三角洲地区受西方商品经济的冲击和华侨汇款等因素的刺激，商品经济较前代又有了新的发展，中外贸易也比过去显得更加活跃。尤其是宁阳铁路落成和香洲商埠建立，给五邑和香山地区（今中山、珠海、澳门）的经济社会发展增添了活力。当时就有外国人预言："至宁阳铁路已观阙成，香洲开埠亦日起有功，就此二事观之，耽该处人力资财诸臻丰备，能善用之，将来成效卓著商务自必流通矣。"① 1909 年香洲商埠开幕之后，亦如宁阳铁路落成一样，对珠江三角洲的香山等地区的经济社会发展，的确产生了一定的影响。一方面，工商业受外贸的刺激和侨汇的支持，有了新的起色；另一方面，侨乡侨眷富裕的经济生活，也招来了不少盗匪。而当时政治腐败，官匪勾结，更加助长了盗匪嚣张的气焰，民众的生命财产安全因而不保。

中山地处珠三角的南端，毗邻港澳，北连顺德、广州，古代便是"海上丝绸之路"的要冲，中外贸易十分频繁。② 清末民初的中山地处中国封建王朝政治统治的边缘，王权统治和社会控制相对薄弱，地方豪强和盗匪因此横行乡里。翻开历代香山县志，就有不少关于盗匪杀人越货、无恶不作的记录。③ 在清末至民国时期，中山的盗匪危害地方民众生命财产安全的记录更是屡见不鲜。《拱北关十年报告》中就有大量的记述。《宣统三年（1911）拱北口华洋贸易情形论略》中说："当夫未靖之际，治人既往，治法潜消，警察暂失秩序，不法之徒难免狡焉思逞，陆路则恐掳拐攘夺，以致多数银款权停交易，转汇港澳，以保平安。复有眷属多人，抛离家乡，暂托外人宇下。各商亦停办新货逗家，即有折阅，亦欲将货脱手。海面则群盗批猖，民船生意大受牵累。"④ 但是到了 1915 年，中山地区仍然是："海盗批猖，终岁如故，民船多遭劫掠。海外华侨回粤，被掳者数见不

① 拱北海关志编辑委员会编：《拱北关史料集》，1998 年，第 110 页。

② 蒋祖缘、方志铭编：《简明广东史》，广州：广东人民出版社 1987 年版；徐德志、黄达璋、梁郁荣等编著：《广东对外经济贸易史》，广州：广东人民出版社 1994 年版；胡波：《人文香山》，广州：广东人民出版社 2005 年版；程浩：《广州港史（近代部分）》，北京：海洋出版社 1985 年版；〔美〕马士：《中华帝国对外关系史》，上海：上海书店出版社 2000 年版；中国第二历史档案馆藏：《最近三十四年来中国通商口岸对外贸易统计》，南京国民政府实业部国际贸易局 1935 年版；黄启臣：《澳门通史》，广州：广东教育出版社 1999 年版。

③ 拱北海关志编辑委员会编：《拱北关史料集》，1998 年，第 124 页。

④ 拱北海关志编辑委员会编：《拱北关史料集》，1998 年，第 139 页。

鲜。虽政府派委兵舰多艘，四出截缉，而盗匪仍悍然不顾。"① "附近地方，被其侵扰者，则有新会之烂大船，香山之三灶，与广福沙及崖门一带乡落。下四府亦有多处城镇，俱受其害。勒索行水，视船之大小，分别收取，始免攻击。更有无数商民，被掳待赎……其时内地情形，仍无甚振作。所有丰收之田禾，亦为盗贼掠夺烧毁。田畴之远融在舍者，罹祸弥烈，因农人畏惧掳勒，不敢前往收割地。"② 1923—1924 年，在内河活动的盗匪十分猖獗，港澳的沿岸及邻近水域也不能免受威胁，如 "竹洲头附近地区乃匪徒之温床，许多船只在那里被炸沉，船员丧生。帆船在我关（拱北关）交纳货税之后，一定要由全副武装的士兵乘坐汽艇护送，才能够驶往目的地"③。尽管地方政府也曾试图打击盗匪，维持地方社会秩序，但复杂的政治斗争和战乱频繁的社会环境，使地方政府难以改变局部地区民众的生存和安全状况，结果仍然是盗匪猖獗，民不聊生。

但恶劣的生活环境并不能从根本上决定民众的生存和发展。适者生存，智者生存，勇者生存，也是不争的事实。人们在既定的条件下，还是能够找到自己的生存发展之道。求生求存的本能和求强求富的愿望，激发了人们的想象力和创造力。在晚清和民国时期，中山一些出外谋生人员比较多的乡村，迅速崛起了数以千计的、具有抵御盗匪劫杀和保护生命财产安全的新式建筑——碉楼。据说在民国时期，中山的碉楼建筑有 3 000 余座。目前，中山依然拥有碉楼 510 余座。④其中碉楼比较密集的村落有南朗的沙边、大岭、濠头、库充、环城等地。如大岭村就有公私碉楼 17 座，计有 "祝祥、少海、沛轩、大只康、保田、桂章、寿欢、泽霖、同昌、天玉、全柳、爱祥、翰芬、可惠洋楼及东区、南区和北区三座公众碉楼，公众碉楼为护寸之用"⑤。民国初年，库充村民和华侨侨眷为防盗贼抢劫、标参（既掳人），村民陈余兴、陈万胜、陈驹、陈旺在侨胞的支持下建起了碉楼。随后村民又先后在村子的四周建起了东、西、南、北、中五座碉楼。整个民国时期，库充村在村中各处共兴建了大小碉楼 38 座。⑥ 沙边村到 1949 年已建成钢筋混凝土结构的五层碉楼住宅约 99 座，数量十分可观。目前，在沙边调查登记的 A、B 级碉楼仍然有 28 座。⑦ 新中国成立初的张家边区 30 个行政村就有 372 座碉楼。⑧ 在中山的三乡白石村，亦先后建成近 30 座四层、五层的钢筋混凝土结

---

① 拱北海关志编辑委员会编：《拱北关史料集》，1998 年，第 145 页。

② （清）祝维修：道光《香山县志》八卷；（清）田明曜修：同治《香山县志》二十二卷；（民国）厉式全修：《香山县志》续编十六卷。

③ 拱北海关志编辑委员会编：《拱北关史料集》，1998 年，第 373 页。

④ 甘建波：《香山钩沉》，《中山文史》第五十五辑，第 76、89 页。

⑤ 欧阳洲：《中山大岭村侨史》首卷，2003 年，第 21 页。

⑥ 中山市东区侨联会、东区库充村委会合编：《侨乡库充村史》，1999 年，第 13 页。

⑦ 中山市地方志编纂委员会编：《中山市志》（上），广州：广东人民出版社 1996 年版，第 47 页。

⑧ 中山市张家边区志编写小组编：《张家边区志》，广州：花城出版社 1994 年版，第 138 页。

构的碉楼，其目的都在于防盗匪抢劫和外敌入侵。

相对于五邑地区的碉楼而言，中山地区的碉楼总量较少，分布比较零散，建筑规模不大，建筑的时间较晚。晚清时期中山碉楼数量较少，绝大多数碉楼都是在民国时期兴建的，有的碉楼还是在抗日战争胜利后才由华侨集资共同兴建的。抗日战争时期，侨汇中断，经济凋敝，民生多艰，故碉楼不兴。在清末至民国时期，中山海盗横行，各处土匪，雄霸一方，打家劫舍，俘虏羊杀（人质），勒收行水，截劫渡船，无恶不作。① 防匪防盗，成为中山碉楼产生的主要动因，也是中山碉楼群形成的唯一原因。

中山碉楼主要分布在富裕地区和出国谋生人员较多的侨乡，也与这些地区土匪侵扰频繁有关。中山的南朗、张家边、环城、大涌、濠头、库充、竹秀园、恒美、渡头、三乡等地，是碉楼比较集中的村落。而这些地区在晚清和民国时期恰恰是出外谋生人数较多、村民生活相对比较富裕的乡村。1948 年，《竹秀园月报》复兴版第 19 期就刊登了《竹秀园的妇女》一文，该文指出："在中国争雄的几大公司，恐怕要首推'永安'了。而创设永安公司的人，谁都知道就是竹秀园的郭氏昆仲。因为他们在商界上取得了令人瞩目的成就，开了乡人出洋谋生的风气。为此，竹秀园的男人出外营商的特别多，这就造成竹秀园的居民女多男少的现象。在妇女群中，有好些是'金山客'的眷属，她们的儿子或丈夫，都远涉重洋在外国经商，每年汇回来的款子，倒是一笔数目相当可观的美钞或叻币。总之，这可以令株守家园的妻儿老母不致冻饿；而且还可以过悠悠的岁月，这些有福气的太太们，只要收到一次'金信'，那就必定做点茶果之类来酬谢神恩。假如是慷慨好客的话，更会来一次家宴。这一种妇女，往往是被人羡慕的。这种家庭保有新建不久的楼房和娇生惯养的孩子这两个特点。"② 由此可见，碉楼的产生与当时的政治、经济和社会文化环境有关。而华侨是建筑碉楼的主要力量，碉楼则是侨乡历史文化的缩影。

抗日战争和"文化大革命"两个时期，以及在改革开放后农村城市化的过程中，中山的碉楼又多被炸、被拆、被荒废，如今中山的碉楼的总数量就没有五邑任何一个市县多。散落在各乡村里的大约 510 座碉楼又没有得到很好的保护和利用，被废弃、人为毁坏的现象比比皆是。作为一段历史的记忆和建筑文化载体的碉楼，其未来的命运实在令人担忧。

---

① 余和宝遗著：《二十世纪上半叶中山兵匪见闻录》，载广东省中山市政协文史编辑会编：《中山文史》第五十四辑，2004 年。

② 广东省中山市政协文史编辑委员会编：《中山文史》第五十一辑，2002 年，第 254 页。

二、结构与特征：中山碉楼文化的特质分析

中山碉楼的产生、形成、演变的过程，已经显示了中山碉楼文化的性质、功能和特征。

首先，中山碉楼兴建的动因比较单一，主要是为了防御盗匪的侵袭，保护私人财产和生命安全。而开平等五邑地区的碉楼，除了防匪防洪外，还与乡村民众相互攀比、露财显富、标榜荣耀、讲求排场的社会心理有关。① 《开平县志》中对此现象就有很具体的描述："道咸之际，红客交讧，水灾并作，邑民疲悴至斯而极，然风尚勤朴，工商营业年得百金，可称家肥。是时，海风初开客乱，难民纷走海外，阅时而归，耕作有资，于愿已经足。……至光绪初年，侨外寝盛，财力渐张，工商杂作各有所营，而盗贼已息，嗣以洋货大兴，买货者以土银易洋银，以洋银易洋货，而洋银日涨，土银日跌。故侨民工值所得愈丰，捆载以归者愈多，而衣食住行无一不资外洋。凡有旧俗，则门户争胜；凡有新装，则邯郸学步。至少宣统间，中人之家虽年获千金，不能直支矣。而烟赌陷之，盗贼乘之，掠赎惨杀，樵采不宁，穷民无告，未知与道咸间相去几何也。"② 当时曾有华侨对此风气不以为然，并用略带批评的语气说："勤俭之风本为族人之特色，自族人往美洲及南洋各处经商而后，收入颇丰，此风渐失。至于今日，无论男女老幼，都罹奢侈之病。昔日多穿麻布棉服者，今则绫罗绸缎矣；昔日多住茅庐陋巷者，今则高楼大厦矣。至于日用一切品物，无不竞用外洋高价之货。就中妇人衣服，尤极华丽，高裤革履，五色彩线，尤为光煌夺目。甚至村中农丁，且有衣服鞋袜俱穿而牵牛耕种者。至每晨早，潭溪市之大鱼大肉，必争先夺买。买得者视为幸事……其余宴会馈赎，更为数倍之奢侈。"③ 但与开平等五邑人不同的是，其时中山人虽喜奢华，但做事比较谨慎，不喜张扬，注重实际，讲求实惠，追求家族和村内的团结和睦，互相攀比之风气尚不明显。更为实际的是，其时中山的侨眷并不十分富裕，侨汇也没有五邑地区那么普遍和数额巨大，许多村民生活还处在温饱阶段，奢靡之风因而不易兴起。即使建造房舍，也以满足居住为主，而较少大肆铺张。华侨集资兴建碉楼，目的主要在于防卫和保护，便于生产和生活，而不是用来炫耀自己的财富和显示自己的身份地位。20 世纪 20 年代，中山的竹秀园东北临山近水，时有盗贼打劫，于是村民有兴建碉楼之举。在郭顺、郭全等华侨的赞助下，碉楼于 1921 年建成。当时，碉楼因照明用的煤油灯不够光亮，华侨将在澳大利亚购置光亮的手灯寄回使用，并组织自卫民团。在碉楼上悬

<hr>

① 张国雄：《开平碉楼》，广州：广东人民出版社 2005 年版，第 29 页。
② 张国雄：《开平碉楼》，广州：广东人民出版社 2005 年版，第 29～30 页。
③ 张国雄：《开平碉楼》，广州：广东人民出版社 2005 年版，第 30～31 页。

有警钟，日夜鸣钟报时，若发生火灾或匪劫，则按规定鸣钟示警。后因警钟不够响亮，澳洲悉尼华侨又购赠一个数百斤重、声音响亮的铜钟送回。此外，修桥整路，改变村容，设立洁净局负责清洁卫生，创办书报社，设置消防水车等，亦由华侨捐助完成。1920 年出版的《良都竹秀园月报》就有报道："吾乡侨商，素称慷慨，如建筑碉楼，创设街灯，筹办学校，数万巨款一鼓而集。""月前元板君由澳洲返国，带有建设路灯费八百金之多，于是在石岐定造铁杆玻璃灯，沿街树立。从此，乡中大放光明，无复昔日之黑暗世界矣。"① 同时，中山华侨也不像五邑华侨那样人数众多和相对富裕，他们大都是以小本经营和出卖苦力来维持生计，受孙中山民主革命的影响，发财致富者亦大都回国寻求更大的发展，相继投资近代新式工商企业。② 因此，他们在经济尚不发达、生活还不够宽裕的情况下，即使有心筑碉楼以自卫，却也因经费不足而难圆保家卫国和光宗耀祖之梦。故中山碉楼在楼高、式样、设施、功能等方面，没有五邑碉楼那样千姿百态、富丽堂皇，处处透露出一股中西文化融会后的现代气息和美学意蕴，③ 在功能上也没有五邑地区的碉楼那样"既可防匪徒、防洪水，又能居家生活，办学校"④。它主要起着防御盗匪的侵袭，保护家庭或村民生命财产安全的作用，功能上显得过于单一。

其次，中山碉楼在结构、造型、装饰方面，基本上都简单粗糙、朴实无华，缺乏美感和文化内涵。五邑地区的碉楼，尤其是开平碉楼，汇集了东西方多种建筑风格，造型多样，装饰复杂，结构巧妙，富丽典雅，具有审美趣味。而中山碉楼虽然也有砖木结构和钢筋混凝土建筑结构，但碉楼规模不大，造型单一简约，没有太多的装饰。其型制多是三层方形、长方形、梯形、圆形等建筑风格，而且基本上是与原竹筒屋或明字屋等祖屋并连在一起，形成一组庭院，平常碉楼多作为储藏房屋来使用，人们住在祖屋，有盗匪来抢劫时才躲进碉楼。其门窗多为两重门，中间还有粗大的铁枝，每层楼梯都设置有铁板作门，防盗防火，在楼顶和二楼的墙壁上，都设有枪眼，可以射击企图靠近碉楼周围房屋的盗匪。在造型和内部结构，以及外部装饰上，中山碉楼没有开平碉楼那样美观、大方、复杂、多样，也没有像开平等五邑地区那样自觉地将中西文化融合在一起，而是有所创造，形成自己独特的建筑风格。张国雄博士谈到开平碉楼文化时曾指出："碉楼最大的变化，或者说最能够反映其建筑风格的还是在碉楼的上部；这是碉楼造型最复杂、变化最多样、装饰性最强、表现力最丰富，而且最能够发挥其防御作用和彰显楼主人财力、情趣的地方。碉楼的上部基本上都是悬挑凸出的，楼体和挑

---

① 广东省中山市政协文史编辑委员会编：《中山文史》第五十一辑，2002 年，第 255~256 页。
② 林金枝：《近代华侨投资国内企业概论》，厦门：厦门大学出版社 1988 年版，第 248~268 页。
③ 张国雄《开平碉楼》、《岭南五邑》等论著中均有较详细、深入的分析。
④ 张国雄：《开平碉楼》，广州：广东人民出版社 2005 年版，第 34 页。

出的上部之间都建有多个卷草的拖脚，这既有结构力学上的考虑，也增加了美学上的视觉效果，起到了过渡的作用。"① 据他研究，开平碉楼有柱廊式、平台式、城堡式、泥合式四种不同建筑造型，而且它们都汇集了中西方多种古典建筑风格，将中西方建筑的富贵华丽、雄健稳重、轻巧雅致等建筑风格有机地结合起来，并与珠江三角洲优美的自然生态环境融为一体，使以开平为代表的五邑碉楼超越了最初的防御功能和居住、防水功能，从而洋溢着传统与现代交融互摄、相得益彰的时代文化气息，从而具有审美的价值与意义。而这些具有文化和美学意义的特点，在中山却难得一见。

中山碉楼与五邑碉楼的区别还在于，中山碉楼不太讲究选址，但比较重视布局。五邑地区以开平为代表，其碉楼一般是建在整个村子的后面地势较高的地方，与整个村子的风水格局相配合，有着强烈的象征意义。碉楼在村落风水格局中的地位和作用都是极其重要的，它既是一个优化风水环境的手段，又是村落的文化标志和文化符号。它有安全保护的作用，也是风水文化的象征。② 而在中山，碉楼一般分布在村落的东、南、西、北四周和中间位置。如中山石岐东区库充村，归侨及公众集资在村内四周建起了五座坚固的大碉楼。建在市场附近的叫镇东楼，在自头的叫镇南楼，在观音庙附近的叫镇北楼，在牛栏场附近的叫镇西楼，在后山的叫太平楼。③ 这种碉楼选址和布局特点，在中山并不少见。在火炬区的沙边、大岭，三乡的白石，以及环城的北台、竹秀园和沙涌等村的碉楼布局也都是集中分布在村子的四周和中间地带，他们考虑的首先是碉楼对村民的保护作用，而并不刻意地强调碉楼在本村风水格局中的主导作用。而且中山碉楼单立的情况较少，尽管比较分散，但大部分与村民住屋和村子的民居建筑连在一起，基本上是就地取势来选择碉楼的位置，使其与祖屋或住房连成一体，方便躲避和逃生，讲究的是实用而不是审美。它不同于开平碉楼的地方除了防御的需要外，它还被中山人作为表现家族、家庭经济实力和社会地位以及个人情趣爱好的重要手段。在建造碉楼时，中山人考虑的仅仅是目前防盗防匪的需要，而缺乏更加超功利的审美追求。因此，中山碉楼虽然最盛时亦有 3 000 多座，但因过于分散而不成规模，过于简约而不成体系。在国泰民安的年代，这种仅仅具有防御功能而缺乏审美意义和文化内涵的碉楼建筑，被人们所遗忘也是理所当然的事情。这也就是曾经为数众多的中山碉楼，今天并没有引起人们注意的原因之一。

从总体上看，中山碉楼的特点是：分布集中、格局合理、结构简单、形式多样、中西合璧、文化多元、小巧玲珑、朴素实用。

---

① 张国雄：《开平碉楼》，广州：广东人民出版社 2005 年版，第 52 页。
② 张国雄：《开平碉楼》，广州：广东人民出版社 2005 年版，第 45～50 页。
③ 中山市东区侨联会、东区库充村委员会合编：《侨乡库充村史》，1999 年，第 13 页。

三、思考与评价：中山碉楼文化的价值与意义

碉楼是一种建筑文化，也是一个地区历史与文化的载体。中山碉楼固然没有五邑地区的碉楼，特别是开平碉楼那样千姿百态、生机盎然，具有浓郁的中西文化水乳交融的色彩，但它们毕竟是中山特定历史时期的产物，也有自己独特的文化魅力和美学意蕴。

从整体上看，中山碉楼既有承袭中原文化，吸纳邻近地域文化和海外文化的痕迹，又有保持本土文化特色的品质。它集中地折射出中山近现代社会发展的历史轨迹，积淀着中山的文化思想和民俗风情。

首先，中山碉楼是特定历史时期的特殊产物。近代以前，中山社会虽然不算太平，但盗匪猖獗、官场腐败、地方失控的严重现象还不常见。晚清至民国年间，中山官匪勾结，地方不靖，是碉楼产生的直接原因。而华侨汇款增多，中外通商速度加快和西方现代建筑材料大量进口等，则是中山碉楼产生的基础和条件。《拱北关（1912—1921年）十年报告》中就说："本十年的末期，用铁条与碎石子和水泥浇成的切割平板进口量猛增了四倍，这说明了建筑业的发展。珠江三角洲的每一座重要城镇都在发展建筑业，其中许多城镇近十年来已建起大型的百货商场和其他一些西式楼房，建筑用石料的进口量大量增加。采石纷纷到远离香山县海岸，风景如画的九洲岛上开采，因而每月都有数千吨切削成块的花岗岩从该岛运往各地。"① 西方新式建筑材料的引进，也加速了包括中山、五邑在内的珠江三角洲地区碉楼和居民建筑的发展。因此，晚清至民国时期中山碉楼大量兴建的历史现象，同样反映了中山社会经济、政治和文化发展变化的历史进程和基本特点。中山碉楼的兴衰，折射出的恰恰是中山近现代社会变迁的曲折历程。

其次，中山碉楼是晚清至民国时期，中山大众社会心理的一种反映。在晚清至民国年间，修建碉楼并不是一件轻松的事情。能够建碉楼以自保的乡村和家族，其经济条件一般都比较优越。经济宽裕、生活殷实、财富增加、社会地位提高，往往使人产生安全危机和自我保护意识。尤其是在清末民初这段时期，中山地方盗匪成灾，社会并不太平，村民的安全危机和自我保护意识比过去更加强烈。出于安全的考虑，家族集资或村民集体筹资兴建碉楼的现象比较普遍。从实际情况看，中山在晚清至民国时期虽然已成上等县，但暴富巨富的家族并不多见。即使有如澳大利亚华侨马应彪、郭乐兄弟、蔡昌兄弟那样的富有者，也因长期受孙中山民主革命和实业救国等思想的影响，率先积极捐资支持革命和兴办实业，真正用于家庭和个人消费的资金比重并不大。辛亥革命胜利和中华民国成立

---

① 拱北海关志编辑委员会编：《拱北关史料集》，1998年，第335页。

后，大批中山华侨精英纷纷返乡，寻求更大的发展。据《檀山华侨》一书不完全统计，1929 年前，檀香山、中山华侨回国从事政治、经济、文化、教育等方面工作的大约有 45 人。① 而澳大利亚华侨马应彪、郭乐、蔡昌、李敏周、刘锡基等则先后携资回国创办近代意义的百货公司和投资兴办实业。② 在他们的影响下，中山人要么活跃在中国政治舞台或地方行政领域，要么从事工商业。他们思想比较开明，眼界比较开阔，务实而不狭隘，积极吸引同宗同族同村同乡的亲戚朋友到中山之外去发展，留在家乡的也大部分是一些老弱病残和妇幼之人。让他们的生命和财产得到保障，是华侨的共同心愿，修建碉楼也就是当时较理想而又实际的选择。所以，在中山修建碉楼仅仅是为了防御盗匪和自我保护，居住性和炫耀性的碉楼建筑因而不兴。从中山碉楼的外观造型和内部结构，以及功能作用等的设计来看，就可以对当时中山人讲求和睦、注重实际、追求效用，以及思想观念、相对保守的文化性格和社会心理状态有所了解。

应该说，碉楼不仅仅是中山地方政治经济和大众社会心理的一种反映，还是中与西、古与今的不同时区、不同地区、不同特质的文化相互碰撞、相互融合的缩影。中山碉楼固然没有以开平为代表的五邑碉楼那样绚丽多彩，也不像专家们所说的那样"从古希腊建筑到古罗马、欧洲中世纪的拜占庭和哥特式建筑，一直到文艺复兴时期的欧洲建筑，资本主义革命时期的建筑；从基督教建筑到伊斯兰教建筑，从欧美建筑到亚洲印度次大陆建筑，都可以在开平碉楼中找到它们的影子"③，开平"汇集了世界各地不同时期、不同宗教、不同流派的建筑艺术"，"是一幅外国建筑艺术的长廊"④。中山碉楼同样是中西古今文化碰撞与融合的产物。碉楼建筑采用的材料钢筋混凝土、碉楼内部结构和顶部装饰，以及内部的设备如探照灯、枪眼、警钟等，无不显示出古今中外不同特质的文化相互融合的迹象。中山碉楼没有像五邑碉楼那样规模大、结构新、功能多、装饰雅、风格异、文化浓，却有自己的质朴、粗拙、简单、小巧、明快、实用和文化合成的乡土韵味。自近代以来，中山人在不断地向海外寻求出路的同时，也积极主动地将海外先进的文化带回家乡，选用进口的建筑材料和外国建筑设计理念，结合家乡自身的社会环境和自然条件，将中国传统文化、中山地方民间文化和海外各国文化有机地结合起来，创造性地而不是模仿地修建具有防御性的碉楼，这本身就是一个文化吸收和创造的过程。因此，中山碉楼在本质上就是文化的和社会的。

另外，中山碉楼还与名人、重要的历史事件有关，有的本身就是名人的故居。三乡白石村和南朗翠亨村等地的碉楼，曾是珠江纵队抗日斗争的阵地。这里

---

① 中山市华侨历史志会编：《中山人在夏威夷》，1995 年，第 28～29 页。
② 郑嘉锐：《中山人在澳洲》，中山文史资料。
③ 张国雄：《开平碉楼》，广州：广东人民出版社 2005 年版，第 69 页。
④ 张国雄：《开平碉楼》，广州：广东人民出版社 2005 年版，第 69 页。

的碉楼外墙上还保留着当年日本侵略者攻打碉楼时留下的弹痕。还有一些碉楼直接用作当铺，如石岐的"利民楼"和小榄的"源泉当"，就是用作当铺的。它们中有的是中山人民保家卫国的历史见证，有的是中山经济社会发展的时代记录，有的是中山名人文化的宝贵遗产，具有一定的历史、科学、艺术价值。

碉楼是岭南建筑的重要组成部分，碉楼文化亦是岭南建筑文化的代表。中山碉楼在其历史形成和变化过程中，亦烙下了本土文化和外来文化融合的印记。它们是一个时代的缩影，也是中山华侨文化的写照。审视中山碉楼建筑，我们看到的不仅仅是20世纪初期中山的历史与文化，而且也从碉楼的历史变迁中感受到中山的过去和未来。曾经呕心沥血、节衣缩食、集资兴建碉楼的人已经作古，但他们曾以一种积极进取和顽强拼搏的精神，创造性地改变了自己的生活环境和居住条件，为我们建设"两个适宜"城市提供了智力和精神上的支持。

总而言之，碉楼承载的是错综复杂、千变万化的自然与人文交织的社会景观，积淀的是思想和文化，凝聚的更是一个时代民族和民众的特定的心理情结。它们是中山建筑文化的重要篇章，亦是侨乡文化的历史记忆。经过时间的过滤、岁月的锤炼、历史的沉淀，融合地域人文、风俗民情、民族习惯、伦理道德、宗教信仰，让居住者感到精神上的自由，让审美者得到心理上的愉快，消释生理上的疲劳，实现身心的和谐，这也许就是碉楼建筑文化的魅力所在，是往日侨乡民居的灵魂所在，也是具有历史文化特色的城市和乡镇的精神所在。保护和解读它们，无疑具有历史价值和文化意义。

南雄牛子寨赖姓村民俗探析

赖井洋①

牛子寨因"牛子石"得名，所以又称"牛子石"。它位于广东南雄的东北部，是南雄赖姓族人较集中的居住区，主要包括庙前和孔塘两个行政村及周边赖姓村落。本文之所以以牛子石赖姓聚居地为调查地点，是因为以它为中心，向东、向南、向北延伸，形成了一个较为广阔的赖姓宗族的聚居区域。该区域是乌迳、界址、新龙（现为坪田）三镇的交汇区，区域内耕地稀少、贫瘠，高山耸立，交通不便且闭塞，水源不足，经济相当落后。但区域内的自然村保留了客家人独特的民俗传统，这种民俗传统能反映出该区域民俗的共同特点及周边地区相近的民俗特征。

一、历史源流与"牛子石"传说

赖姓历史，源远流长。据《赖氏族谱》记载，赖姓族人尊叔颖为始祖。叔颖乃轩辕黄帝十九世孙、周文王第十三子、周武王之弟。公元前 11 世纪，周武王克商有天下，封弟叔颖于赖国，后之子孙以国为姓，以国土颍川为郡（颍川为河南旧汝宁、陈州、汝州之地）。赖氏之发祥于此，遂以"颍川"为赖氏之别称。传至第十四世添公时，赖国为楚国所并，裔孙为避杀戮，纷纷外迁。至汉文帝时（公元前 179 年），赖先公事汉有功，官至户部主事、交趾太守、大司马，始复兴世系，赖先公为一世祖，此为颍川赖氏。其曰"松阳"者，因东晋时，十六世祖遇公（发臣）官任东江知府，诰受"中宪大夫"，奏请松阳为郡，而得安帝御笔亲书"松阳郡"三字赐之，后世子孙遵依松阳，人称"松阳望族"，故赖氏有"松阳旧家"之称。而称"西川"者，则以清康熙年间，御制百家姓，列赖氏为西川，因文王都西岐，西岐即西川，乃以"西川"为称。故，赖氏堂又有颍川堂、松阳堂、西川堂之称。

牛子寨赖姓族人乃赖氏第五十三世——永诚公之后裔。清嘉庆二年（1797），三修族谱时尊永诚为基祖［永诚为赖氏第五十三世，明正德己巳年（1509）生，

① 【作者简介】赖井洋（1964— ），广东南雄人，韶关学院政治与公共事务管理学院副教授，主要从事哲学原理和中国哲学史的研究。

罗兜有祖祠]。基祖永诚一支，本源河南颍川，祖居福建古田，迁江西会昌，徒信丰罗兜，后裔遍信丰、南雄牛子石、赣县、南康、大余、崇义等地。永诚祖后裔修谱始于清康熙元年（1662），以明正德至嘉靖年间福建古田所修族谱为据。据清康熙五十四年（1715）翰林院教习吏部观政侯王大年于《赖氏族谱·序文·赖君福茂公墓志铭》记："公讳福茂，字浩信［生于弘治元年（1488），殁于嘉靖三十九年（1560），葬于杨梅岗］，其先世系出闽地，公之世祖汝文，自闽而迁于雄郡之牛子石，见其山环水聚，遂家焉。数传至公，疆宇渐启，生齿日蕃，其本支各择名胜富庶……赖姓之望遂甲于郡邑。"可见，永诚支脉迁至牛子石，始于永诚之子——汝文（尊称高祖），至其孙辈——浩信（福茂公）而昌盛。由此可证，牛子石赖姓当从明朝中叶天顺至成化年间迁至，后裔多自称"牛子石"人。

传说牛子石之谓有二：其一，据清嘉庆丁卯年候选儒学司训叶龙渊《赖氏族谱·序文·君霞公字彤一夫妇家传》记："雄城东去百余里有胜地焉，曰牛子石。夫石则石矣，胡为冠之以牛子？盖其地势奇伟，峭壁偏多奇石，其连续而降者，宛若牧人驱犊……山之下惟赖姓环聚而居。"其二，该地有一巨石山峰，为该区域最高峰，峰顶有一巨石，形似石牛，首南尾北，浑然天成，故名"牛子石峰"，当地人称"牛子石"。牛子石山腰有一庙为"朝天庙"，曾经香火鼎盛，远近闻名，而今败落已久。山的正南有一石峰，为"媳妇背老倌（家公）峰"，因两巨石相倚，前低后高，酷似人形，故名。

"牛子石峰"和"媳妇背老倌峰"的来历，源于当地一个传说：牛子石峰的东南面山脚有大片良田，边上原住有两位老人，夫妻共生七子，以耕种为生，子孙众多。不过，好景不长，妻子、儿子等家人相继离世，只剩下七媳妇和老人孤苦相依，他们的惨象令神仙动容。神仙派仙牛下凡帮他们耕种，但仙牛贪吃，晚上竟偷吃完禾苗，庄稼无收。不得已，七媳妇背着老人上山采野果吃，不久双双饿死，神仙一怒，把仙牛化为石牛，并请雷神劈掉其尾，把老人和七媳妇化为仙石，看守石牛。此为"没尾石牛"和"媳妇背老倌"的传说。

该区域现为当地正在开发的旅游风景区——"牛子石景区"，包括"牛子石峰"、"朝天庙"和"媳妇背老倌峰"三景。

二、同姓聚居成片的典型特征

牛子石赖姓族居区，位于乌迳镇的东南面，东接界址镇，南连新龙镇（现并入坪田缜），北靠孔江镇。以牛子石为中心，东及东南有大迳村、孔塘村、吉九坑村、齐石村、实竹坑村、张岭村、新江村；南有岗背村、满坑村、飞鹅塘村、火烧桥村、山下村、庙前村、八角岭村、南坑村；西有布庄村、高排村、鸭子口村、麻脐塘村、孔夫岭村、叟里元村；北有汶井村、岗子脑村、杉头下村等二十多个自然村，面积约 30 平方公里，人口 2 万余。这样山水相连、村落相望、田土相邻、聚居成片的庞大的家族聚居区域在南雄市的其他地方是没有的。流传至今的"董（姓）就董条坑，赖（姓）就赖一片"的俗语，较好地反映了这种区域的聚居的特点。

现在，赖姓永诚脉下子孙聚居较集中的地方有江西信丰、南康、大余、赣县和广东南雄，又以信丰的小河片、南雄乌迳的牛子石片为族居集中区域。

三、同宗同姓同言同俗和相同的民居结构

（一）同宗同姓同言同俗

该区域自然村所住人口具有四同特点，即同宗、同姓、同言、同俗。

同宗——据族谱记载，该区域的赖姓族人，尊叔颖为始祖，尊永诚为基祖。永诚支脉，根深叶茂，从福建发展到江西。永诚之子汝文携族人经江西信丰的罗兜来到牛子石。这从该村祠堂中的对联"发迹自松阳迨芳公笃生七歧星罗棋布枝枝秀，迁居由信邑看福祖培植一本麟趾螽斯蛰蛰兴"及族谱排辈中的"裕垂钦祖泽，庆衍纪松阳"都可以得到证明。现该区域所住人口源于同一祖宗、共叙同一族谱，辈分可排，现存族谱的辈分排序为：德太永汝万茂济，爵奎惟君启世昌；隆盛时方发，荣华日正长；雍和敦一本，爱敬植三刚；礼义诒谟善，诗书绍述光；家声钟鼎重，国士玉金相；绩著朝廷伟，明传史策香；裕垂钦祖泽，庆衍纪松阳，共 74 代。原先，男丁的"大名"（即正式用名）都以辈分取之（现不限）。

同姓——现该区域所住人口（除齐石村有 3 户别姓人迁入外）都姓赖，不杂居，同姓禁婚。不管历史如何变迁，至今为止，没有改姓之人，也再没有别姓人再迁入，举家外迁的也没有。而因当兵转业、读书就业、经商打工落户他乡的却不少，最远的是因国民党当初征兵而落户至台北市的吉久坑村的赖荣福。现在，他与家人彼此间偶有联系。

同言——现该区域所住人口所讲的地方方言，在语音、语调上完全相同，与周边村落的人所讲方言在语音、语调上存在着明显区别。

同俗——现该区域所住人口在建村、节日、婚庆、祭祀、丧葬等风俗方面也是完全相同的，这也是本文将要重点介绍的内容。

（二）建筑风格相同的民居

该区域的村落属于聚族而居的建筑群，各村建村时间也不相同，大约建于明朝中叶。

　　从最初建村的布局来看，各自然村建村时所选位置皆坐北朝南，依山傍水，村前有小溪、池塘，视野开阔；三面靠山，堪称左青龙右白虎，村后山稍高（称后龙山或屋背岭），整个村落布局呈"凹"字形，村中房屋均为土木结构（祠堂、大厅为砖木结构）。这里，如果不考虑自然因素的话，就能反映出他们拥有的共同心理和情结。现代村民建房却使这种结构发生了巨大的变化。

　　各村均建有分祠堂，以纪念建村者。村中住户以祠堂为中心向东、南、西、三个方向依次建住房，排列有序，形成完整的村庄。

　　祠堂地处村庄的中心，是村里举行重大活动的场所。各村祠堂的占地建筑面积均在 500 平方米以上，孔坑村、孔塘村和庙前村的祠堂达 800 平方米，各村祠堂大小视该村世系位置和具体财力而定，但各村祠堂的布局则基本相同，都由前门坪、前门庭、中坪、祠堂四部分组成。下面以孔坑村祠堂为例加以说明。

　　孔坑村祠堂，前门坪面积约 200 平方米，是村民闲时的户外活动场所。孔塘村的祠堂前门坪上还建有"进士及第"牌坊和贞节牌坊。"进士及第"牌坊纪念该村的赖堂于乾隆十九年（1754）进士及第。赖堂官至廉州府教授、花县训导（《南雄府志》、《直隶南雄州志》、《保昌县志》均有记载）。

　　前门庭位于中坪的正南方，是该村的大门庭，庭门顶墙上刻有"赖氏公祠"字样，门两侧有石刻对联（今存），并置石刻麒麟（已损毁）。

　　中坪为前门庭与祠堂之间的空坪，东侧建有耳房，供守祠者居住，南侧建有厨房以供村中遇大事时烹调之用，中坪东、西面均开有小门方便出入。

　　祠堂内则呈"三厅两井一龛"布局，即前厅、中厅、后厅，中天井、后天井，神龛。前厅原先搭有戏台，为过年、过节请戏班子来唱戏之用；中厅为祠堂中的最大活动空间；后厅是祭祀场所；设有神龛，敬奉祖先；后厅面积稍小，两边建有耳房，用来存放公物；后厅与中厅之间有木制隔墙。祠堂为二层砖木结构，底层高大宽敞，为主要活动场所；顶层狭小，主要用于存放村中的贵重物品，如装饰祠堂的旗、幅、幡（已损毁）等饰物及族谱、锣鼓（今存）等。四面青砖砌墙至顶；整个祠堂由 8 根柱子支撑，后厅两根为木柱；中厅、前厅、祠堂大门前廊由 6 根高 6 米、横切面积为 0.6 平方米的方形饰边石柱支撑，石柱正面均刻有对联（今存），上面架设整木横梁，雕有饰物；祠堂大门两边开有左右两耳门，平时只开耳门，遇重大事情才开大门，大门两侧置有石狮（已损毁），傲视村外。祠堂的前门和大门前均建有石级，要进村或进祠堂都得拾级而上。

　　各村除祠堂外，还建有"议事厅"（一般简称为"厅"），厅的建筑面积比祠堂小，是村民平时聚会、议事之处，也是村中族长接待客人之处。其建筑布局为"一井一厅一龛"，设有神龛，敬奉祖先。

　　沧海桑田，各村祠堂及堂内之物均遭破坏。近年来，在族人的捐助下，各村对本村祠堂及厅进行了修葺，但也只能保留其基本结构，难复其全貌。这是历史的隐痛。

四、与周边地区相同、相似又相异的习俗概要

（一）节庆

1. 过年

当地过年的时间从腊月二十四至正月十五，主要活动有"过小年"、"赴浪荡墟"、"闹酒"、"过大年"、"拜社官年"和年宵"打香火龙"等。

其一，过"小年"及备年料。

一入腊月，家家户户都在为过年而准备。腊月二十四为"过小年"，小年夜，全家在一起吃顿较丰盛的小年饭。从腊月二十四开始至除夕，主要是备年料、打扫卫生。在备年料方面，家家舂米粉，炸糍粑；磨豆子做豆腐，也炸一些豆腐；准备鸡鸭鱼肉。在打扫卫生方面，主要是清洗台凳等家具，粉刷墙壁，修整瓦面（"检漏"），"捅烟筒"，"洗尿缸"等。

其二，"赴浪荡墟"及"闹酒"。

腊月二十九、三十（除夕）两天，大部分的男女老少都去赶集（当地叫"赴浪荡墟"），或卖或买，或会友或相亲；有的纯属闲逛、看热闹，车水马龙，热闹非凡。该区域较大的圩场有乌迳圩、界址圩。

"闹酒"主要在除夕夜和年初二夜进行。在这两个时间里，家家自备糯米酒一壶，凉菜四盘。参加人员主要是男丁，集中于祠堂或厅，互相品尝酒菜，谈一些趣闻逸事，调和矛盾，规划生产，这也是传授家族历史的最佳时机。

其三，过大年（春节）。

当地过年的时间主要是指除夕至年初四。除夕当天午饭后，家中主人就在为年夜饭而准备，通常15点左右开始杀鸡，贴对联、门神画（"门神纸"）和"灶神纸"。沐浴之后家中长者带领子孙，提着装有白饭、糍粑、豆腐、茶水、米酒和三牲贡品的篮子，拿上香、烛、爆竹，到祠堂、厅去"奉神"、祭祀祖先、祈福，之后，还要到牛栏、猪栏去"奉神"祈福，然后回到家门口敬天地，到厨房里敬灶神。不管是哪种形式，当地人都统称"奉神"（当地方言为"唱耶"）。当地对灶神不进行"请"和"送"的形式，只在除夕年夜饭前要敬"灶神"，在灶神位贴上写有"灶神之位、挑柴童子、运水郎君、上天言好事、下地降贞祥"字样的红纸（如右图）。

这些事做好后，全家大小换上新装，围坐在一起准

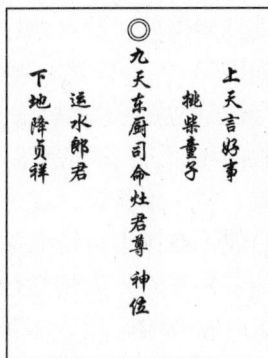

◎九天东厨司命灶君尊　神位

上天言好事　挑柴童子

运水郎君

下地降贞祥

备吃年夜饭了。饭前要放爆竹，此时是全村最热闹的时候，爆竹声此起彼伏。家家户户的年夜饭是丰盛的、热闹的，菜式上讲究"九碗四盘"、"十二碗四盘"，多的达"十六碗四盘"（当地以大瓷碗盛热菜、小盘盛凉菜，故有此说）。饭后，还要摆上四盘凉菜、花生、瓜子等，至亲这时会串门喝酒。夜深时，家长要在灶台上放上灶神的压岁钱，并给小孩压岁钱，开始"守岁"。

"初一斋一斋，初二吃毛斋，初三饮老酒，初四隆咚嚓"，这四句话真实反映了当地过年的活动。

"初一斋一斋。"意思为年初一当天全家老少不能吃荤，只能吃斋，以蔬菜、豆腐为主。当地名菜"酿油豆腐"（即把芋头、萝卜、冬笋等切碎，调匀酿进油炸的豆腐里面，蒸熟后可吃，与其他客家地方酿水豆腐不同）和"包君达菜"（即把芋头、萝卜、冬笋切碎，调匀，然后用君达菜包成四方形，蒸熟后可吃）是主菜。男丁全天不干活，聚于祠堂闲聊；初一上午不能扫地，不能挑水，不能打人，不能洗衣服，不能睡懒觉；家中主男、主妇更不能睡午觉（若睡，意寓庄稼倒伏，收成不好，还会挨老一辈人骂）；下午挑水时，要先敬"井神"，后取水。

"初二吃毛斋。"年初二早上要杀鸡，鸡尾要留有一定数量的鸡毛，不得拔光，把鸡脚塞于鸡腹中，定型于匍匐状，整鸡放于锅中煮熟，主要用于敬神及"拜社官年"之用，然后再食用。年初二才允许吃荤。晚上有的村会请戏（主要为赣南采茶戏，即唱"灯子"）。

"初三饮老酒。"年初三主要是把年夜饭至年初二的剩菜、剩酒吃完。

"初四隆咚嚓。"年初四开工干活。"隆咚嚓"是该区域流行的鼓点的最后一节。意为过年的主要活动结束了，要开始为一年的生计劳作了。

其四，年初二"拜社官年"。

"拜社官年"（与拜土地神不同），当地也叫"出行"，于年初二早饭后进行。拜祭路线为：祠堂——厅——社官。全村男丁、小孩参加。吃完早饭，村的锣鼓队便于祠堂的门前坪集齐，敲锣打鼓以烘托节日之热闹气氛。锣鼓队由四人组成，使用鼓、钹（当地称"嚓盘"）、小锣（当地称"噎锣"）、锣（当地称"大铜锣"）四种乐器。锣鼓乐主要有两种，一是"赖氏鼓法之大锣大鼓乐"，二是"赖氏鼓法之走路牌子乐"。前者主要用于较盛大的场面，后者主要用于行进过程的场面；"大锣大鼓"节奏复杂，且锣和鼓特大，鼓队要走动时须由两人抬着鼓，两人抬着锣，以方便鼓手和锣手敲打；敲打"走路牌子"所用的锣、鼓小，由鼓手或锣手自持而敲便可，节奏简单。各家准备好敬神的物品，在村里锣鼓队的带领下，先到祠堂敬祖先，然后在祠堂门前大坪集中，待鸣"三响礼炮"（隆重时鸣九响）后，根据年成利向，选定出行方向，从利方出发去拜祭"社官"，有的村一个"社官"，有的村两个"社官"。有的村因血缘亲疏不同而会组成多个拜祭队伍，如孔坑村分两队。到达"社官"所在地，各家尽已之心意，虔诚地插上香、烛，燃放爆竹。来回的路上，队伍一路鼓声、一路爆竹声，很是热闹。敬完后便各自回家敬天地、灶神。"拜社官年"之目的是祈福。出门求财的生意人，求学的读书人，串门的亲戚，回娘家的媳妇，只有在拜完社官年后，才愿意或才被允许出行。

其五，"过年宵"与"打香火龙"。

正月十五是年宵，年宵的活动集中在晚上的"打香火龙"上。香火龙主要有五节龙、九节龙之分。制作时，节与节之间可相连，也可分开，每节用稻草捆扎而成，顶面插香。舞动前，把香点燃，先在祠堂由族中长者率众举行"请龙下凡"仪式。后便沿村庄龙脉由龙头山舞到龙尾山（谓"腾龙亘"），再回到祠堂，在祠堂里要舞出一定的花样，如"上上大吉"等字样。舞完之后，还要把各节龙身放在一起烧掉，并放爆竹、鸣礼炮，谓之"送龙升天"，祈求丰年。

其六，吃"汤碗"。

春节期间，走亲戚、会朋友，甚至随朋友去到陌生人家中，都有吃"汤碗"习俗。一般来说，"汤碗"以粉、面为底，上覆炒肉片和两个或四个煮熟去壳的鸡蛋。人越尊贵，鸡蛋越多，招待新媳妇尤其隆重。

2. "七月初七，赖屋佬过节"

过姓氏节，是南雄市湖口镇往东北至赣南的部分姓氏才有的"特色"节日，南雄姓氏节 2009 年已申报并获批准为韶关市"非物质文化遗产"。南雄姓氏节以乌迳、界址、坪田、孔江四镇为盛，各姓过节时间不同，较集中的时间是农历八月，有"赵十三、董十四、众家十五（中秋节）、叶十六"一说，流传至今。

牛子石赖姓人以七月初七作为自己的姓氏节，源于何时、何因无从考证，只有一二传说。其一，纪念武王封国赐姓日。公元前 11 世纪，武王感念叔颖的开国功勋，把他所居的赖地封为赖国，并赐侯爵，这为后世开创了一个著名的姓氏，同时叔颖的生日被定为赖姓的节日（年份无从考证）。其二，纪念叔颖母亲的生日。其三，纪念基祖永诚公的生日。节期为三天两夜，主要活动为请菩萨、敬祖先、唱大戏。现重节之风日盛。

除此之外，赖姓和其他姓一样，也过清明、端午、中秋、重阳、冬至等节。

3. "请菩萨"

每逢过年及姓氏节，当地都要举行"请菩萨"的活动。大年初一及七月初七当天上午要把菩萨从神龛上接下来，放在祠堂中庭的高台上，上边挂上九层绘有神仙、龙马的各色"虹彩"，两边插彩旗。中午把菩萨请进彩轿，由八个年轻人抬着，前面由两个佳人开路，后由两个手执香盘的童子相随，乐队随后，挨家挨户赐福，各家各户都送上糍粑、糯米酒等，晚上要把菩萨请回神龛。整个过程带有一定的佛教色彩。

4. "圆工酒"

"圆工酒"是指庆祝修建房屋完工的酒宴。房屋完工当天为"圆工","圆工酒"是屋主宴请亲朋好友、参与施工的所有人员的晚宴。

5. "三朝"及满月酒

"三朝"及满月酒主要是为长子长孙而摆的。谁家长子长孙出生,家长都要择日宴请"同房"(三代内同祖为"小房",超过三代为"大房")的族人、至亲、好友。宴期有的一天,有的连续三天,时间、规模视家长的财力而定。

(二)嫁、娶

当地嫁、娶的习俗基本相同,以"六礼"为主要程序,现繁简不一。

古代男女结合成为夫妻,仪式分六个阶段即"纳采"、"问名"、"纳吉"、"纳微"、"请期"、"迎亲",称为"六礼"。"六礼"多见于贵族豪门,民间则因陋就简,主要有挑日子、铺房、暖轿、行开眉礼、催妆、送亲等仪式。

牛子石赖姓人的婚嫁程序:嫁女的程序为先由男方请媒婆到女方家中提亲,女方及家长要详细了解男方及家中情况,同意后由女方提出见面(相亲)的时间、地点,一般选择圩日;选定某饭店由男方做东,宴请媒婆及女方和女方的陪同人;如果双方同意,男方就要选定一个吉日,由媒婆陪同到女方家去正式提亲,女方也会在媒婆的陪同下到男方家去看看(称"哨家风"),主要考察男方家的住房、家产情况,还要考察男方及男方家人在当地的口碑如何;经过几次这样的相互考察,男女双方在征得父母同意后就确定关系,男方家长就要到女方家,双方家长为他们互换"庚帖"即交换生辰八字,商定婚期和彩礼,彩礼主要包括礼金(女方的"身价银")和物品。嫁妆一般由女方自定。

婚期一般定在冬季,主要是农闲时有空操办。婚期一到就要宴请八方亲朋,热闹三天,第一天"入客",第二天"出嫁",第三天"散客"。出嫁日最为热闹,一大早,出嫁女就要开始"哭嫁",村中儿童把祠堂前门拴上,男方来迎亲的队伍在这里先要鸣炮,抛洒糖果、"银子",抛洒得越多门就会越快打开,否则就要折腾半个小时以上男方才能进到迎亲的地点——祠堂。午饭后,迎亲队伍中的长者就把礼物——"利是"打点女方家的相关人员,礼物越全越重,女方家的"出亲"时间就越早,否则就越迟。出亲前,在祠堂的前门坪,女方要请裁缝把嫁妆一一绑好。出亲时,出嫁女要跪别父母,感谢父母的养育之恩,并由亲戚中长得"大富大贵"的妇女从闺房背到祠堂,然后由迎亲队伍中"背新娘"的人背进花轿(后来没花轿就由人背或走或坐车),最后,队伍高高兴兴地把"新娘子"迎娶回去。三天后,娘家要派人去接新娘子"回门"。

(三)丧葬

丧葬,当地主要是土葬(现为火葬),丧事繁简不一。老人在家正常死亡要葬于祖坟山，重病时要通知在外的子孙赶回，守于病床静待老人临终咽气，老妇人死后要立即派人至娘家报丧。选定出殡日期、时辰、方向，入殓前需净身、换衣，入殓地点在祠堂，一般不设灵堂。送葬子孙披麻戴孝，手执哭丧棒，直送至墓地，等入土后才回，殷实之家会请"乐生"即乐队，做道场。原先族规要求守孝七七四十九天，现基本不守孝。不得好死者，如感染传染病而死、上吊而死、投水而死、雷击而死、被打而死、被伤而死、夭折者等不入祖坟。对于饿死、病死他乡者，就地掩埋，即"半路死半路埋"之说。

五、尊崇儒学，敬奉神灵的泛神论

毋庸置疑，牛子石区域赖姓人深受儒家文化影响，底蕴深厚，推崇"万般皆下品，唯有读书高"之理念。赖姓人尊崇儒学，秉承儒家纲常礼教，这一点可以说是客家人的典型情结。但由于地处偏僻的山区，交通不便，自古至今，中子石区域经济都很落后，受外界文化及信息影响有限，历代少有读书致仕之人。据《赖氏族谱》及《南雄县志》记载，有孔塘赖堂于清乾隆十九年（1754）进士及第，官至廉州府教授、花县训导，而其他能"识字断文"者很少。

牛子石人敬奉神灵，是典型的泛神论者，充分表现出中国民间信仰的性质——多神教和偶像崇拜的色彩。

他们信仰菩萨（主要是观音菩萨）、社官和祖先。其一，牛子石赖姓族人信佛。牛子石山脚原建有山寨，故又称"牛子寨"，寨内有庙，名为"朝天庙"。庙内供奉佛祖、罗汉、观音等，曾经香火鼎盛，现已败落。其二，当地人自古至今，逢年过节（农历七月初七），初一、十五必敬神。其三，当地人相信鬼魂、因果报应和轮回，认为人有灵魂，魂散而人死，死后会变鬼，鬼的种类与人的死亡方式相同，如淹死的人会变成淹死鬼，上吊死的人变成吊死鬼，摔死、跌死的人变成"创伤鬼"等。当地至今还有"喊魂"一事。"喊魂"即把人走散的魂喊回来。人受到大惊吓，尤其小孩晚上"惊叫"严重，便认为小孩的魂被吓走了，家中年长女眷要为之"压惊"，还要到其受惊吓的地方为之喊魂；人得重病，家中年长女眷也要去为之喊魂。否则，人便会死去。

总之，牛子石赖姓族人聚居区域的民俗，内容丰富，值得研究。

论雷州石狗崇拜变迁与民族格局之关系①

刘　岚　李雄飞②

雷州市位于雷州半岛中部，东临南海，西濒北部湾，南接徐闻，可通海南岛。在封建时期，雷州一直被作为郡府道治所在地，因战略位置重要而享有"天南重地"之称。文物遗存相当丰富，经国家、省、湛江市及雷州市颁布保护的文物单位就有 128 处。③ 石狗就以其庞大的遗存数量和丰富的文化内涵被学术界誉为"南方的兵马俑"。目前，关于石狗的研究成果主要集中在雷州石狗的年代鉴别，造型艺术分类和雷州石狗的文化起源、演变、影响及文化价值等方面。基于前人的研究成果，笔者认为雷州石狗崇拜是以原始图腾崇拜为根源，以生殖崇拜、守护神崇拜为后续生成主体，具有多重性的、特征鲜明的区域民俗文化事象。从图腾禁忌的角度来看，石狗作为雷州人的图腾，是应得到尊崇和膜拜的，杀狗、吃狗肉应被禁止。但事实上，雷州存在既崇狗又吃狗肉的现象，本文将结合有关史料、文物发现及相关传说，从民族变迁的角度对这一现象作一诠释。

一、民族的变迁

讨论雷州民族变迁的问题应注意两个方面：一方面是雷州古代少数民族变迁的情况，另一方面是汉族入迁的情况。雷州古代少数民族的变迁可以概括为两条道路：其一是外迁，其二是汉化。汉化是随着汉族的不断迁入而完成的。

（一）雷州少数民族的变迁

雷州，唐虞时为南交之地，夏商周三代为百越族聚居之地，春秋战国为越、楚共同居地④。秦之前，生活在这里的部族被统称为"百越"族，秦时称"西瓯"、"骆越"，汉代称"乌浒"，晋代演化为"俚"、"僚"两个部族。后"俚、僚"又继续分化出"黎"、"僮"、"侗"、"苗"、"瑶"等部族。黄现璠等合著的《壮族通史》认为

---

① 本文原载《广西社会科学》2008 年第 8 期。
② 【作者简介】刘岚，广东海洋大学文学院副教授，广东省雷州文化研究基地研究员；李雄飞，广东海洋大学文学院教授，广东省雷州文化研究基地研究员，文学博士。
③ 牧野：《雷州历史文化大观》，广州：花城出版社 2006 年版，第 2～4 页。
④ 牧野：《雷州历史文化大观》，广州：花城出版社 2006 年版，第 3 页。

"僮"是由"俚"、"僚"发展而来，"俚"、"僚"由"乌浒"发展而来，与笔者看法一致。1965年经国务院批准，改称壮族。明朝末年，邝露在《赤雅》中就提出"狪（即侗）亦獠（即僚）类"。侗族由僚族演化而来亦可证。"苗"源于"僚"。古"僚族"擅长织布，《汉书·地理志》载："粤地……今之苍梧、郁林、合浦、交趾、九真、南海、日南皆粤分也……处近海，多犀、象、毒冒（即玳瑁）、珠玑、银、铜、果、布之凑，中国往商贾者多取富焉。"又《魏书·獠传》称僚人"岁输租布"。苗族亦擅长织布。据此推断苗族从僚族发展而来应当不谬。黄金龙、高伟所著的《岭南地名文化的特色与地名管理》一文认为：瑶由俚僚演化而来。[①]"僚"、"僮"、"侗"、"黎"、"苗"、"瑶"等少数民族曾共同生活在雷州。这里有丰富的出土文物及民俗遗存可证。首先，雷州出土了少数民族用于祭祀、娱乐及作战的乐器——北流型铜鼓，明《雷祖志》亦绘有其他铜鼓图[②]。其次，雷州地名中有大量以壮黎语命名的地名。比如以壮语"南"、"那"、"塘"、"板"等命名的地名有南坑、南田、南六、南塘、南畔、南兴、那胆、那卜、那毛、那平、那岭、那澳、那宛、边塘、邦塘、塘头、那停塘、西塘、南塘、东塘以及调板等，其中尤以"那"、"南"命名的地名为多。统计数字显示：以"那"命名的地名有30个[③]，以"南"命名的地名有50个[④]，又海康县志地名办在对雷州县地名的普查中发现，以壮语命名的村落占到调查总数的23%[⑤]。以黎语"黎"、"包"、"保"、"抱"、"宝"、"番"、"毛"、"迈"、"调"、"茂"等命名的地名也不少，如乌黎、黎家、黎郭、黎家陈、黎家伍、黎上、黎中、黎下，包金，保田、保禄仔、博抱、宝蓄、番昌、毛斋、迈哉、迈坦、迈港、调罗、调铭、调和、茂莲、茂胆等。再者，今天雷州话在语音、词汇、语法方面还保留着许多被壮族、侗族、黎族影响过的痕迹。又如，雷州在游艺、婚嫁、丧葬、村落管理方面，亦多保留壮侗风俗，如对歌、哭嫁、爬刀梯、采火场等[⑥]。另外，雷州还流传着与苗族、瑶族、黎族等族祖先神盘瓠的传说故事情节完全相同的神狗故事。故事的基本情节是说神狗给皇帝的女儿治病，后与皇帝的女儿结婚，繁衍后代。[⑦] 资料显示苗、瑶、僮、侗、僚、黎与雷州之间存在着深刻的文化及地缘关系。

---

① 黄金龙、高伟：《岭南地名文化的特色与地名管理》，《广州师院学报》2000年第11期。
② 牧野：《雷州历史文化大观》，广州：花城出版社2006年版，第217页。
③ 司徒尚纪：《广东文化地理》，广州：广东人民出版社1993年版，第358页。
④ 海康县地名委员会编：《海康县乡镇地名登记表》，1984年。
⑤ 蔡叶青：《雷州半岛古代民族考》，《湛江史志》1988年第2期。
⑥ 蔡叶青：《雷州半岛古代民族考》，《湛江史志》1988年第2期。
⑦ 广东省海康县民间文学集成领导小组编：《中国民间故事集成·广东卷·海康资料本（一）》，1998年10月打印稿。

雷州少数民族外迁的历史很早，可以追溯至新石器时代，那时已有迁入海南岛者①。自那时起，外迁之事不断发生。何光岳《南蛮源流史》说："自汉至唐宋时，有一部分俚人自雷州半岛陆续南迁至海南岛，成为黎人的一支，称加茂黎。"②《海康县志》及《海康县续志》中就记载了两次比较有影响的与外迁有关的事件。

南朝陈太建三年（571）陈文玉出任雷州刺史后，雷州土著少数民族因畏惧其威严而集体逃亡。梁成久《民国海康县续志》"坛庙"条载："贞观五年③（陈文玉）出就荐辟，官本州刺史。旧有猺（即瑶）、獞（即僮）、峒（即侗）、獠（即僚）与黎诸'贼'"，皆惧，归峒远去，自是雷无贼患。"笔者认为"归峒远去"包含了"归峒"、"远去"两层意思，这样理解更切合当时少数民族外迁的实际状况。"归峒"的意思就是回归到原来所住的山谷、山野。据清嘉庆十六年（1811）陈昌齐编《海康县志》"雷州府全图"④可知，雷州南北西三面环山，分布着一些大大小小的山岭，愿意听命的少数民族大概就归向了这些山岭之间继续居住。不愿意听命的那些少数民族则"远去"到了海南岛、广西及云南等地。

五代后梁开平四年（910），居留雷州的少数民族因不满"地方官吏的欺凌"以及"风俗习惯遭到严重的干预"⑤而发生叛乱。康熙《海康县志》"雷祖志"载："五代后梁开平四年庚午（910），黎族首领发符孟喜等倡乱，钦差都知司马陈襄发十二戈船讨平之。"此次平乱，必定引发又一次的民族集体逃亡。那些逃离家园的少数民族又反过来对雷州进行骚扰和破坏。宋元明清之际，此类事情常

---

① 广东省民族研究所《黎族简史》编写组编：《黎族简史》，广州：广东人民出版社 1982 年版，第 14 页。

② 何光岳：《南蛮源流史》，南昌：江西教育出版社 1988 年版。

③ 《旧唐书》卷一百九列传"冯盎传"记载："武德四年（621，《新唐书》作五年），（冯盎）始以地降，高祖（李渊）析为高、罗、春、白、崖、儋、振八州。授盎上柱国、高州总管，封越国公。拜其子智戴为春州刺史，智彧为东合州刺史"。据《旧唐书》卷四十一所记："武德四年（621）置南合州，贞观元年（627）改为东合州，八年（634）改东合州为雷州。"既然"武德四年置南合州"，那么"武德四年"，冯智彧只能是任南合州刺史而不能是任东合州刺史。或许是修史者以为"南合州"就是"东合州"，所以才出现"智彧为东合州刺史"的说法，又或许是随着贞观元年"南合州"更名为"东合州"，冯智彧继任为东合州刺史，所以修史者才不加区分地直接将冯智彧说成是"东合州刺史"。按照史料所记推断，贞观五年（631）出任东合州刺史的应是冯盎之子，洗太夫人曾孙冯智彧而非陈文玉。陈文玉是在何时任雷州刺史的，可以从"雷州"作为州名说起。"雷州"作为州名，并非在"贞观八年（634）"首次被使用，据南宋绍兴戊寅（1158）郡守何庾《重修威德王庙碑》及元刘应李《大元混一方兴胜览》所记，南朝陈太建年间及隋代都曾使用过"雷州"作为州名。陈文玉后裔所居东里东海仔、下井等诸村落族谱中都有关于陈文玉"陈太建二年（570）登黄甲"，"（陈太建）三年（571）任雷州刺史"或"本州刺史"的较为一致的意思表述。因此，笔者认为陈文玉不是在贞观五年（631）出任州刺史，而是在陈太建三年（571）出任州刺史，且为首任雷州刺史，其任职时间也远比洗智要早。

④ 牧野：《雷州历史文化大观》，广州：花城出版社 2006 年版，第 7 页。

⑤ 胡守为：《岭南古史》，广州：广东人民出版社 1999 年版，第 258 页。

有发生，颇让朝廷苦恼。《广东通志·前事略》载："宋景祐二年（1035）五月，瑶僚寇雷、化州，诏桂广会兵讨之。"①"（元）延祐中，广西瑶贼掠雷州，都元帅贾闾相机制御，雷民赖之。时有平河军校王成奋勇战死，军民堡（同"塑"）象祀之。"②"（元）至正末，盗贼并起，海北、海南宣慰司府金都元帅张戊发兵擒其首，贼徒皆溃。"③"（明）景帝景泰二年（1451）二月，山瑶寇廉、雷二府。"④

少数民族外迁的原因，可以归结为两个方面：一方面是人为因素，另一方面是自然因素。古代雷州被作为近海军事要地，战事频繁，寇匪常至，朝廷管压，民不自由，形成了民族外迁的人为因素；另一方面，雷州近海，地处热带，宋之前原始森林覆盖面积大⑤，因此多飓风、雷震、碱潮、干旱、水灾、虫灾、瘟疫、瘴毒等自然灾害，形成了民族外迁的自然因素。在这两方面因素的共同作用之下，外迁事件不断发生，结果导致雷州的人口越来越少。据乐史《太平寰宇记》，宋初，雷州府人口已经锐减到106户。雷州几乎要变成一座空城。这为宋以后汉人的迁入提供了"天时"和"地利"。以少数民族为主的民族格局至此要发生根本性的转变，以汉族为主的民族格局正在酝酿形成。

（二）汉族的入迁

秦始皇出兵征讨百越拉开了汉族入迁雷州的序幕。秦、汉、晋三朝，出于戍守边疆、流放罪犯、贬谪官员、逃避战乱、商人逐利、文化治理等的需要而带来的移民潮，亦曾波及雷州，但移民数量不大⑥。唐五代经宋至清，汉族一直没有停止过入迁的脚步。唐代朝廷出于开发的需要曾"徙闽南之民于合州"⑦，五代亦有中原汉人为避乱迁徙至此。苏轼《伏波将军庙记》云："自汉末至五代中原避乱之人多家于此。"由于宋初雷州人口的锐减，宋之后，移民的步伐明显加快。移民的原因是多样的，既有戍边屯垦，也有赴任官员任满卜居，还有官员流放、商人逐利等。其中，最主要的是封建王朝戍守边防和发展农耕需要之下的戍边屯垦。

汉代，随着海上丝绸之路的开发，徐闻港被开辟为对东亚及东南亚重要的中

①　（清）阮元监修，李默校点：《广东通志·前事略》，广州：广东人民出版社1981年版，第105页。

②　（清）阮元监修，李默校点：《广东通志·前事略》，广州：广东人民出版社1981年版，第146页。

③　（清）阮元监修，李默校点：《广东通志·前事略》，广州：广东人民出版社1981年版，第154页。

④　（清）阮元监修，李默校点：《广东通志·前事略》，广州：广东人民出版社1981年版，第166页。

⑤　中国自然资源丛书编撰委员会编：《中国自然资源丛书·广东卷》，北京：中国环境科学出版社1986年版。

⑥　郭天祥：《外来移民与雷州半岛的土地开发》，《湛江师范学院学报》2000年第21卷第2期，第86~90页。

⑦　湛江市志总编室编：《湛江两千年》，广州：广东高等教育出版社1993年版。

转贸易港，同时方便了东南沿海省份海上交通往来。宋元时期，闽潮地区人口高度密集。在政府戍边及屯垦政策鼓励之下，闽人及闽潮人开始沿着海道涌入有大量土地可耕的雷州。司徒尚纪在其所著《岭南历史人文地理——广府、客家、福佬民系比较研究》一书中说："宋元时期，福佬系已自发展为一个族群以后生齿日繁，人地关系越来越紧张，除部分人留在当地谋生外，大批福佬人远走他乡，开始了大规模的民系迁移潮，首选之地即为地理环境相类似的雷州半岛和海南岛沿海，继及东南亚各地。"① 相关的诗文、方志和族谱文献则记载了雷州移民的具体情况。北宋绍圣四年（1097）被贬雷州的文学家苏辙在《和子瞻〈次韵陶渊明劝农诗〉小引》中云："余居海康……其耕者多闽人也。"宣统《海康县志·金石》载："海康鹅感村官民，由闽入雷，自宋末梅岭公始。"此外，民国《曹氏族谱》载："远祖讳相公……由闽之建阳，于南宋乾道七年（1171）移居吴邑曹家村。"② 两宋时期，由于朝廷减免赋税、大兴水利等惠民措施的实施，农业发展很快。到南宋时期，雷州已经成为"多平田沃壤"、商贾云集、交通便利的富庶之地。道光《广东通志·雷州府》引宋《图经》指出雷州"多平田沃壤，又有海道可通闽浙，故居民富实，市井居庐之盛，甲于广右"。在南宋国威不振、战事频繁的情况之下，雷州又自然成为众多达官显贵理想的安家之所。不少在高凉、雷琼任职的闽籍官员在任满后都相继卜居雷州。如宣统《海康县志·金石》之《莫公亚崖祠田跋》云："余西自莆田之武盛里，十一代特奏公判高凉，卒于官，其子因家焉。季有冬公迁雷，盖宋理宗末年也。"同书《金石》之《陈韫之先生墓志铭》云："先生讳其玮，字韫之，行二，其先闽人也。始祖以宋进士官于琼，有政绩。任满，卜居于雷之北隶，延世滋大，乃迁岭东乾塘村。"另该书《人物志》载："吴日赞……府城东关人，先世系出八闽。始祖竑，宋淳熙初官雷州通判，因家焉。"又"邓仁爽……闽人也，发迹于福州之潮阳里，为宋进士，官光禄大夫，继守雷州路。性癖山水，择得郡西南七十里而家焉，庄名潮阳，殆不忘其祖乎"。

　　宋元闽人及闽潮人移居雷州的道路被打通之后，明清时期，闽人及闽潮人继续掀起向雷州移民的高潮。明代时出于戍伍的目的，大批的军户入驻并定居雷州。根据宣统《海康县志·疆域志·户口》记载：明天顺六年（1462）全县民户13 790户，军户3 711户，军户占全县总户的21%。出于垦荒目的的移民则成为移民的主潮流。《明实录》载："广东左布政使罗荣奏：高、肇、雷、廉所属州县地多抛弃，流民、土瑶易为啸聚，请募民垦荒，劝课农桑。"明代在雷州府

　　① 司徒尚纪：《岭南历史人文地理——广府、客家、福佬民系比较研究》，广州：中山大学出版社2001年版，第49~50页。

　　② 司徒尚纪：《岭南历史人文地理——广府、客家、福佬民系比较研究》，广州：中山大学出版社2001年版，第51页。

的福建人已经达到22.6万人，占人口比重的9.8%。清初广东掀起了垦荒运动潮，高雷廉三府是可垦土地最多的地区，"粤民踊跃争垦其荒"。康熙、雍正、乾隆朝都给予政策上的引导和鼓励，比如蠲免赋税，把垦荒多寡作为考核地方官员政绩大小的标准，对垦荒有功的地方官员主要加以任用等，这些措施都刺激了移民的大量涌入。雍正朝，雷州府垦荒由知府王铎负责。为了调动垦荒的积极性，乾隆时朝廷给予更加优惠的政策，如乾隆十一年（1746）诏谕三府："听该地民人垦种，免其升科，给与印照，永为世业。"这些举措吸引了大批垦荒者到雷州来。据吴建华《雷州传统文化初探》一书引1986年地名普查资料，原海康县重点调查的18个乡镇、494个村、103个姓氏中，有90%以上的姓氏分别自东晋至清代从福建莆田和福清两县前来。从北宋元丰三年（1080）开始，雷州人口呈迅猛增长的态势。至清嘉庆十五年（1810），雷州人口的密度已由每平方千米2.6人左右增长到每平方千米78.6人[1]。

　　宋至清时期，既是移民的高潮期，也是汉化的高潮期。这一时期雷州已经由原来的少数民族聚居地转变为汉人的集中地。民族格局发生了重大的变化。大量移民的迁入，不仅改变了雷州当地的生产面貌，促使雷州的农业、手工业、盐业、渔业、采珠业、航海业获得全面快速的发展，而且大大改变了当地的民风民俗。

二、石狗崇拜的变迁

　　古代雷州山峦瘴气盛，"民苦瘴毒"[2]，飓风、碱潮也常常来袭，还有兵寇不息、人口凋敝等问题。在这些现实生活困难面前，石狗图腾崇拜中所包含的生育意义和保护意义因适应了地理气候环境、人口稀少以及治安状况不佳的现实情境而获得了新生，并随着"九耳呈祥，雷祖诞降"的奇异传说被发扬光大。据《中国地方志集成·雷州府志》卷四十三中记载，这一传说最早见于北宋真宗大中祥符二年（1009）出任雷州知府之职的吴千仞所写的《英山雷庙记》："有居民陈氏，无子，尝为捕猎。家有异犬，九耳而灵。凡将猎，卜其猎耳，动者所获数亦如之。偶一日，九耳齐动，陈氏曰：'今日必大获矣！'召集邻里共猎，既抵原野间有丛棘深密，犬围绕惊匝不出。猎者相与伐木，偶获一卵，围尺余，携而归，置之仓屋。良久，片云忽作，四野阴沉，迅雷震电，将欲击其家，陈氏畏，抢其卵，置之庭中。雷乃霹雳而开，得一男子……其雷雨止后，陈氏祷天而养之。既长，乡人谓之'雷种'……陈文玉是也。"这一传说的来源在中唐传奇作家沈既济（生于750年左右，卒于800年）的《雷祖传》中有记载："昔陈氏

<hr />

　　[1]　郭天祥：《外来移民与雷州半岛的土地开发》，《湛江师范学院学报》2000年第21卷第2期，第86~90页。

　　[2]　（清）阮元监修，李默校点：《广东通志·前事略》，广州：广东人民出版社1981年版，第105页。

因雷雨昼冥，庭中得大卵，覆之数月，卵破有婴儿出焉。自后日有雷扣击户庭，入其室中，就于儿所，若哺乳者。岁余，儿能食，乃不复至。遂以己子。"① 此段文字所记述的主人公不是陈文玉，而是另有其人，为牙门将陈义。又"尝有雷民畜畋犬，其耳十二，每将猎，必笤犬，以耳动为获数，未尝五动。一日，诸耳毕动。既猎，不复逐兽，至海旁，是中噪鸣，郡人视之，得十二大卵以归，置于室中。后忽风雨若出自室，既霁就视，卵破而遗甲存焉。后郡人分其卵甲，岁时祀奠，至今以获卵甲为豪族"② 两个互不相干的传奇故事，被吴千仞合在一起，变成了雷祖陈文玉诞降的神话。

明代庄元贞则将吴千仞的"雷祖诞降"的传说敷演得更为详尽。其《雷祖志》云："州（指雷州）西南七里，有村曰白院，其居民陈氏，讳铤者……业捕猎，养有九耳异犬，耳有灵机。每出猎，皆卜诸犬之耳，一耳动则获一兽，二耳动则获二兽，获兽多寡，与耳动之数相应，不少爽焉。至陈太建二年辛卯九月初一出猎，而犬之九耳俱动，陈氏喜曰：'今必大获矣！'鸠其邻十余人，共随犬往，至州北五里许地名'乌仑山'，有丛棘密绕，犬自晨吠至日昃，无一兽出。猎人奇之，伐木而视。犬挖地开，获一大卵，围有尺余，壳色青碧，众俱不知为何物。陈氏抱而归家。次晨，乌云忽作，风雨雷电交至。陈氏大恐，置卵于庭，盛以小棹，遂为霹雳所开，内出男子，两手有文，左曰'雷'右曰'州'。陈氏将男子与卵壳禀明州官，官收卵壳寄库，男子交还陈氏养育，名曰文玉。"③ 在文中，不仅陈氏的籍贯、姓名、捕猎地点一一具体讲清楚，而且陈文玉也与"雷州"之名联系到了一起。

清代郑俊、刘邦柄的《海康县志》则又在此基础上，增加了陈文玉仕宦为官及殁后灵应等细节。卷八《艺文》载："州之二里英灵村有居民陈氏无子。尝捕猎，家有异犬，九耳有灵。即将猎，卜，其耳动者，所获数亦如之。偶一日，九耳齐动，陈氏曰：'今日必大获矣。'召集邻里共猎，既抵原野间，有丛棘深密，犬围绕惊，匝不出。猎者相与伐木，获一卵。围尺余，携而归。置之仓屋，良久，片云忽作，四野阴沉，迅雷震。将于击其家。陈氏畏惧，抱其卵，置庭中，雷霹雳而开，得一男子。两手皆书异文，左曰'雷'右曰'州'。雨止后，陈氏祷天养之。既长，乡人谓之雷种。至太建二年（570），颁乡举，继登黄甲。赋性聪明，功业冠世，授州刺史之职，陈文玉是也。殁后，神化赫奕，震霹一

<hr />

① 梁成久纂修，陈景菜续修：《中国地方志集成·民国海康县续志》（影印本）卷四十四，上海：上海书店出版社 2003 版。

② 梁成久纂修，陈景菜续修：《中国地方志集成·民国海康县续志》（影印本）卷四十四，上海：上海书店出版社 2003 版。

③ 梁成久纂修，陈景菜续修：《中国地方志集成·民国海康县续志》（影印本）卷四十四，上海：上海书店出版社 2003 版。

方。郡民就州之西南隅中，置立庙堂三间。"

宋元明清时移民在来到新的环境之后，为了生产生活的需要，必然会入乡随俗，视石狗为生育神和保护神而大加崇祀，祈求在神狗的庇护下，风调雨顺，五谷丰登，子孙昌隆，人丁兴旺等。"在博物馆征集到的石狗中，有不少石狗都雕刻有云雷纹饰，大多为宋元明清时代的文化遗迹，刻有'石敢当'的石块或石狗所属年代都在宋后，雷州石狗融入闽人文化，迹象非常明显。"① 民间流传的关于狗有灵性、惩凶救难、治病降敌、石狗显灵、勇斗水鬼、显灵送子、祈雨显灵、忠心护主的传说故事，把石狗崇拜推向了高潮。石狗被放置在村口、路口、河边、门口、巷口、山坡、祠庙、坟前，承担起人们赋予它的一切职责。但如今，石狗崇拜盛况不再，只在一些偏僻的农村还有所保留。

在宋代之前，以少数民族为主的民族格局时期，石狗崇拜作为图腾信仰大行其道。狗作为他们的图腾，必定是忌杀忌食的。司徒尚纪在《岭南历史人文地理——广府、客家、福佬民系比较研究》一书中说："狗是古越人处于渔猎时代的崇拜对象。现今岭南有些地区仍禁吃狗肉，保持'视犬为珍'的风俗。"② 今天，以狗为图腾的苗族、壮族、瑶族仍延续着禁吃狗肉的古老信仰习俗。这一时期，既崇狗又吃狗肉的习俗不可能同时存在。宋代之后，随着民族格局的改变，吃狗肉的禁忌被打破，吃狗肉的习俗伴随着汉族移民适应环境、强身健体的需要而兴起。雷州地处热带，常年气温偏高，近海，湿气重，人的体力因此易消耗，且易便秘等。狗肉性温，加药材水煮，可"大补元气"，治疗"脾胃虚冷"、"腹满刺痛"、"浮肿屎涩"等病症。汉族素有吃狗肉的习惯，在他们到来之后，为了满足环境、生产对身体的消耗的需要，必定选择吃狗肉进补身体。当地的民众以"九耳呈祥，雷祖诞降"的神话为基础，创造了"啖狗肉求子"的传说，最终将吃狗肉习俗与求子生育信仰糅合在一起，使吃狗肉的习俗与崇狗信仰的习俗并行不悖地发展。据传"雷祖降世后，雷州民间以狗为呈祥灵物更加崇敬，不但不杀狗，而且不再骂狗、打狗。石狗前常常红烛高照，香火鼎盛。不久，到了十二生肖的狗年，偌大雷州半岛，没有一声婴啼。雷祖文玉察知，急忙奏上朝廷。唐太宗李世民也觉纳闷。适逢第二年，太宗头向南瓜，神游地府。阎王见太宗驾临，忙备酌款待。太宗忽记起雷州刺史上奏之事，便问道：'雷州狗年为何没有婴孩降生？甚是怪事。'阎王答道：'十二生肖均为畜物，在人间生存只有受尽苦难，任人屠杀，才能转世为人。雷州人崇狗为神，再没捕杀，哪有狗崽转世投胎呢！'太宗神游归来，在灞桥送唐僧取经后，急招雷州刺史陈文玉进京接旨，狗肉经肠过，神灵

---

① 李日星、林迪、刘钟王、刘少珠、黄莉莉：《论雷州石狗的文化价值》，《五邑大学学报》2007 年第 9 卷第 2 期，第 11～15 页。

② 司徒尚纪：《岭南历史人文地理——广府、客家、福佬民系比较研究》，广州：中山大学出版社 2001 年版，第 372 页。

心中留。从此，雷人啖狗肉与崇狗为神两者可兼得。到了狗年，雷州大地，与以往其他生肖年一样，婴啼之声村野可闻，雷人喜将小孩乳名叫狗崽，并制狗崽帽、狗崽鞋、狗崽铜像佩戴之，以保安康。自此，雷州啖狗之风更盛，人丁更旺"①。

由上可见，雷州"啖狗肉"的习俗与崇狗的信仰习俗不太可能在以少数民族为主导的民族格局中共同存在，换言之，汉族人民的融入为这种风俗的存在提供了较强的现实可能性。改革开放之后，随着人们生活水平的改善，科学意识的加强，崇狗的习俗已经不再流行，但吃狗肉的习俗却随着人们保健意识的不断增强而呈走强之势。

综上所述，从狗图腾崇拜到吃狗肉风俗的转变，是石狗崇拜变迁的一种表征。从根本上讲，石狗崇拜的变迁与宋代之前少数民族的大量迁出及宋以后汉族大量迁入所带来的民族格局的变化有着密不可分的关系。

---

① 张鼎：《雷州人为何崇狗又食狗肉》，《湛江日报》，2005 年 7 月 19 日。

粤西地区的刘三姐文化印迹及产业化研究

彭祖鸿①

　　电影《刘三姐》、文化创意《印象·刘三姐》、歌舞剧《刘三姐》等多种形式的文化产品让刘三姐成为广西壮族自治区最为重要的文化品牌之一，大众心理已形成条件反射，说到刘三姐便自然而然地将其与壮族文化联系在一起，反之亦然。不过现实情况是，刘三姐以及刘三姐崇拜不只是广西独有，与广西有着深厚历史文化渊源的广东，特别是粤西地区，也有着并不逊于广西的深厚的刘三姐文化积淀（有趣的是粤西地区基本没有称刘三姐的，而称之为刘三妹的居多，另有刘三姑、刘三娘、刘仙姑等其他称谓，本文为了方便，统称为刘三姐，引其他文献时则按原文称谓）。不少学者在他们的论述中提到广东地区也有刘三姐，徐松石在他的《粤江流域人民史》中写道："《舆地纪胜》和《广东考古》等书，均指三姐为广东人。邕宁与绥渌交界处，流传一个山歌说：'你系广东刘三妹，我是南山吕洞宾。'这又似乎刘三姐不是广西所产。"又引《广东新语》所载，并评价说："以一女子而为两广民谣粤讴木鱼歌龙船歌采茶歌的远祖，他的历史竟然这样不明，真是可惜。"②此处仅为考证刘三姐的出处，最终结果是不甚了然。钟敬文在他的《刘三姐传说试论》中亦引宋代王象之《舆地纪胜》和清代屈大均《广东新语》③，但仅为捎带提及，重点是放在广西地区刘三姐民间传说的分析上。另还有一些广东学者如叶春生、沈丽华等人④试图论证刘三姐为广东人，并对广东地区的刘三姐现象进行简略的介绍。

　　虽然上述论者注意到了广东地区也存在刘三姐文化现象，但或是一笔带过，或是粗略、零散地对现象进行介绍，基本上未对其进行较为系统的梳理和分析。为了避免涉及面太广，本文并没有全面考察广东地区的刘三姐文化现象，仅以与广西相邻的粤西地区的刘三姐文化现象为研究对象，从文献资料、民间文艺等方面考察刘三姐在当地文化中的印迹，分析刘三姐信仰的文化蕴涵，期望为粤西地

---

　　①　【作者简介】彭祖鸿（1980—　），江西余干人，硕士，讲师，任职于云浮市南江文化研究中心、罗定职业技术学院，研究方向：叙事研究、南江文化研究。

　　②　徐松石：《粤江流域人民史》，上海：中华书局 1939 年版，第 298～299 页。
　　③　钟敬文：《钟敬文民间论文集》（上），上海：上海文艺出版社 1992 年版，第 95～96 页。
　　④　可参看叶春生主编：《岭南民俗事典》，广州：南方日报出版社 2001 年版，第 111 页；沈丽华、邵一飞主编：《广东神源初探》，北京：大众文艺出版社 2007 年版，第 156～158 页。

区及广东其他地区挖掘发扬地方文化提供借鉴。

一、粤西地区文化产品中的刘三姐

要论证粤西地区有着深厚的刘三姐文化积淀，就有必要考察刘三姐人物形象在当地文化产品中所留下的印迹。虽然有人力图证明刘三姐在历史上实有其人①，但都没有最有力的排他性证据作为支撑。本文赞同钟敬文先生在《刘三姐传说试论》中所持观点："从文化史之角度观之，广西等省区少数民族喜欢唱歌及赛歌风俗，起初并非某个人所发起、创造；反之，乃居住其地之民族，开始由于为满足众人之生活需要，而集体创造之，又经过各时期民众之传袭、丰富及改变而成今日之状态者。"② 故本文将不对刘三姐的归属再作争辩，仅引当地文化产品作为刘三姐对当地文化产生过重要影响的证明。

（一）官方文献中的刘三姐印迹

1. 文人著述中的刘三姐

宋人王象之所撰《舆地纪胜》为现今发现的最早记录刘三姐事迹的文献，其《卷九十八·广南东路南恩州》记载："三妹山：刘三妹，春州（今阳春）人，坐于岩石之上，因名。"③ 这段文字传达了两个信息：一是他认为刘三姐是春州人，二是三妹山之所以得名是因为刘三姐坐在那里。清人屈大均《广东新语·卷八·女语》记载："新兴女子有刘三妹者，相传为始造歌之人……千里闻歌名而来者，或一日，或二三日，卒不能酬和而去……尝来往于两粤溪峒间，诸蛮种类最繁。所过之处，咸解其言语，过某种人，即依某种声音作歌，与之唱和，某种人奉之为式。尝与白鹤乡一少年登山而歌，粤民及瑶、僮诸种人围而观之，男女数十百层，咸以为仙，七日夜歌声不绝，俱化为石。土人因祀之于阳春锦石岩……三妹今称歌仙……"④ 此处较为详细地描述了刘三姐的活动范围遍及两广地区，当地汉族居民（原文中称的粤民齐民，应指生活于粤地的汉族居民，而区别于原文中狼、瑶、僮、山子等少数民族）及其他民族居民，同时也反映了两粤作歌、对歌的风气非常兴盛。值得注意的是，地处粤西的阳春成为见证刘三姐人生最辉煌（化石、成仙）时刻的地方。稍晚时期，范端昂所撰《粤中见

---

① 可参看肖平《历史上刘三姐真名叫刘三妹？》（《半月选读》2009 年第 22 期，第 67 页）中"历史上的刘三妹是梅县松口人"等句；梅竹松《歌仙刘三姐出贵县西山》（《广西社会科学》1988 年第 1 期，第 212~217 页）以《歌仙刘三姐传》、《粤风续九》、《池北偶谈》、《粤述》等六种材料为据，指刘三姐出贵县西山。还有其他多种论述也试图论证刘三姐出处。

② 钟敬文：《钟敬文民间论文集》（上），上海：上海文艺出版社 1992 年版，第 116 页。

③ （南宋）王象之：《舆地纪胜》，扬州：江苏广陵古籍刻印社 1991 年版，第 807 页。

④ （清）屈大均：《广东新语》，北京：中华书局 1985 年版，第 261 页。

闻·卷十九·仙媛》描述刘三姐语言的第一部分多与《广东新语》同，应为引
屈氏语而略改，第二部分举其歌为例，并评价其歌曰"微言精义"，第三部分先
说"粤俗多好歌。歌以不露题，而语多双关，其中有挂折①者为善，亦有用俚言
土音衬贴，曼节长声，不肯一往而尽，使人喜悦、悲酸不能已已，此其为善之大
端也"。然后介绍诸如长调、短调、歌仔、秧歌、踏月歌等诸种粤歌形式及好歌
风俗②。此处语言更为繁复，介绍也更为详尽，比屈氏更进一步的是他依照刘三
姐歌例指出了其特点，并列举了粤地诸种民歌以证粤俗好歌的观点。又有李调元
《南越笔记·卷二·阳春岩洞》载："又北六七峰曰铜石……岩，刘仙蜕所也。"③
其言甚简，仅传达出刘三姐是在铜石岩得道成仙的信息，表明了刘三姐由人到仙
的转变。

　　清代其他著述中提及刘三姐的文献据说还有"李调元《粤风》、《粤东笔
记》、黄遵宪《人境庐诗草》"④，笔者未亲见，暂不引之。前述民国徐松石先生
皆引前人之语考刘三姐出处，钟敬文先生亦引前人之语介绍刘三姐，今人如叶春
生等人的著述基本是在前人基础之上的成果，此处不作引述。

　　2. 官方史料中的刘三姐

　　乾隆《新兴县志·卷二十五·仙释》载："刘三姑，不知何时人，府志（即
肇庆府志）区怀瑞为《铜山记》有云刘本新州（明以前为新州，明以后为新兴
县）女真，而春（阳春）之峒岩多载其遗迹，铜石为刘仙修道脱化处。"⑤ 康熙
《阳春县志·卷四·山川·岩类》载："铜山岩，在城北八十里思良都，岩有石室
向西，高三四丈，深广丈余，高明轩豁，内有古佛，相传新兴一女子刘三妹于此
修，行得道而去。宋胡铨经游有题咏，周濂溪亦按部有石刻。"⑥ 另《艺文》卷
录南海人梁佩兰诗《铜石岩访刘仙遗迹》一首，并附"论曰……铜石岩，自李
宪台题咏，诸君子和之，至今游咏不绝"⑦ 语。民国《阳春县志·卷十一·女仙
（附）》载："刘仙姑，不知何许人，或云产于广西贵县，《仙经》所谓：'白石山
刘三妹者，唐景龙间人也。'邑之铜石岩有方石，正如案，俗名唱歌台，闻刘仙

　　① 挂折：有引起悬念或联想之意，《广东新语》："挂折者，挂一人名于中，字相连而意不相连
者也。"
　　② （清）范端昂：《粤中见闻》，广州：广东高等教育出版社1988年版，第218~219页。
　　③ （清）李调元：《南越笔记》（影印本），扬州：广陵书社2003年版，第310页。
　　④ 沈丽华、邵一飞：《广东神源初探》，北京：大众文艺出版社2007年版，第158页。
　　⑤ （清）乾隆《新兴县志》，载《中国地方志集成·广东府县志辑》第四十八册，上海：上海书店
出版社2003年版，第422页。
　　⑥ （清）康熙《阳春县志》，载《中国地方志集成·广东府县志辑》第三十九册，上海：上海书店出
版社2003年版，第39页。
　　⑦ （清）康熙《阳春县志》，载《中国地方志集成·广东府县志辑》第三十九册，上海：上海书店出
版社2003年版，第205页。

姑修真于此，后飞升云。"① 有趣的是，一方面说刘仙姑不知何许人，另一方面在《古迹》卷中又有这样的记载："刘仙祖父墓，在县北八十里思良都，铜石岩东之半峰，相传为李唐时刘三仙女祖父坟，今尚存，春夏不生草。"② 一方面刘仙姑"不知何许人"，另一方面刘仙祖墓却在这里，说法看似相矛盾，但这恰恰反映了县志编撰者严谨的治史态度。与前面文人似言之凿凿地说刘三妹是春州人或新州（新兴）人有所不同，新兴县志和阳春县志或是用"闻"、"相传"、"或云"等无确凿引用源头的方式，或是用某人"有云"等有确凿引源的方式表明了自己中立的态度，只照实录，正是史家应有的态度。两地县志均言刘三姐"不知何许人"，对刘三姐的归属不下定论，只是表明刘三姐在当地文化中有特殊的地位。

道光《广东通志·卷三百二十九》引《粤中见闻》语："刘三妹，新兴人，生于唐中宗时，年十二，善为歌，游戏得道，往来两粤溪峒间，解诸蛮语，后与白鹤乡一少年登山而歌，人环观之，七日歌声不绝，俱化为石。"加按语云："谨案：《粤中见闻》载刘三妹事，当出《刘三妹传》，《舆地纪胜》有刘三妹歌仙石，是宋以前已有此说矣。"③ 文中《刘三妹传》有人直指即为清初张尔翮的《刘三妹歌仙传》④，此非本文考察重点，故不作进一步考证。道光《肇庆府志·卷二十·人物·仙释》介绍刘三妹时文字与通志同，应是据通志所言，不过按语与通志有所区别。"按旧府志载：刘三妹，新兴人，世传在开建水石岩中修行得道，风晨月夕机声达闻，入岩视之则莫见其形，今岩内有机杼石……《粤中见闻》云生唐中宗时，必有所据……"⑤ 两志为何不以《广东新语》为引文出处？府志云刘三妹"世传在开建水石岩中修行得道"，开建水在哪里？府志《卷二·舆地·山川》中引《大清一统志》语："潭霜水，一名开建水，又名龙潭水，在开建县（古开建县现属封开县，两广交界处，毗邻广西梧州）北二十八里，自怀集县西南流入县界，经万三石岭，又三十里经潭霜山下，又西入封溪。"⑥ 这与前面所引诸文献都不同，即刘三姐修行得道之处非铜石岩，另外刘三姐似在岩

---

① （民国）《阳春县志》，载《中国地方志集成·广东府县志辑》第三十九册，上海：上海书店出版社 2003 年版，第 118 页。

② （民国）《阳春县志》，载《中国地方志集成·广东府县志辑》第三十九册，上海：上海书店出版社 2003 年版，第 421 页。

③ （清）道光《广东通志》，载《续修四库全书·史部·地理类》，上海：上海古籍出版社 2002 版，第 702 页。

④ 参见陆凌霄《〈刘三妹歌仙传〉的历史内涵与文学价值》（《民族文学研究》2007 年第 1 期，第 33～37 页），作者与本文所引虽均为《广东通志》，文字也都相同，但出处似有不同，应是通志版本不同。

⑤ （清）道光《肇庆府志》，载《中国地方志集成·广东府县志辑》第四十六册，上海：上海书店出版社 2003 年版，第 751 页。

⑥ （清）道光《肇庆府志》，载《中国地方志集成·广东府县志辑》第四十六册，上海：上海书店出版社 2003 年版，第 95 页。

中织布，所以才会有机杼之声"达闻"。

上引的文人著述和官方史料最远的有近千年，最近的也都有一百六七十年，有的描述了刘三姐所留下的仙迹，有的还详尽地描绘了刘三姐在粤西地区传歌时的盛况（当然刘三姐的活动范围不局限于粤西地区，而是遍布两广少数民族山区），以及在刘三姐的影响之下内容丰富、形式多样的山歌以及好歌传统。其中特别值得注意的是阳春的铜石岩，在多数文献中，铜石岩为刘三姐"修真"之地、唱歌传歌之所、成仙之处（除《肇庆府志》按引旧志说是在开建之外），在刘三姐文化中应该具有重要的地位。这些都表明了粤西地区是刘三姐非常重要的活动区域，当地的文化也深深地打上了她的烙印。

（二）民间风俗中的刘三姐印迹

1. 民间文学中的刘三姐

仅以公开出版发行罗定、郁南和肇庆的民间故事为例，可以看到粤西地区普遍流传着关于刘三姐的传说和故事。《罗定民间故事》收录了两则与刘三姐有关的传说：其一《刘三姑石》主要讲阳春刘三姑经常到罗定来对歌、传歌和织麻种田，对歌时人山人海，有几个青年山歌手爱上了刘三姑，但总也爬不上石山顶，后来按刘三姑的指点终于爬上山顶，刘三姑却不知去向了，只见到三姑用过的麻篮、水碗和几块石田，这就是在罗定苹塘洞清岩里的刘三姑石。① 另一则《刘仙姑庙的传说》讲的是广西的刘三姐唱歌来到罗定的分界垌，得知两个强盗黑牛、二虎为害乡里，决心为民除害，于是假作张常之女，挑动黑牛和二虎争斗。在二人斗了很长时间之后想除掉二人，于是与两人打斗，最终与他们同归于尽，人们为纪念女英雄，在葬刘三姐的地方建了一座庙，这就是在罗定分界石鹰山和石鹰洞旁的刘仙姑庙。② 《郁南民间故事》亦收录了两则与刘三姐有关的传说，其中，《刘三岩》记载：刘三妹居住在东坝镇根竹山的岩洞里，每天对着铜鼓山唱歌，当地老百姓甚至雄鸡、铜鼓山、山冈的老百姓也都加入进来和刘三妹对歌。后来财主禁止他们唱歌，还要抢刘三妹做小老婆，刘三妹只得离开那里，到其他地方唱歌，但都被赶走，最后只得到广西落脚。广西人也跟着她来学唱歌，并且人越来越多，大家就称她为刘三姐。③ 《肇庆民间故事》收《歌仙刘三妹》一则，说的是唐时新兴女子刘三妹来到七星岩居住，不顾官家不准汉人与僚人交往的禁令，主动与僚人交往，很快学会了僚话和僚族的歌舞，并成为最出色的歌手，还不顾官吏和乡绅的阻挠与破坏，与白鹤乡的僚族少年相爱，在阳春铜石岩和阆风岩顶唱歌，歌唱汉僚一家亲和他们的爱情，鞭挞官吏豪绅，一直唱了

---

① 徐东：《罗定民间故事》，广州：广东人民出版社 1989 年版，第 97～98 页

② 徐东：《罗定民间故事》，广州：广东人民出版社 1989 年版，第 107～111 页。

③ 丘均：《郁南民间故事》，广州：广东人民出版社 1988 年版，第 80～81 页。

七天七夜，最后乘鹤飞走不知去向，但她的歌声融入了当地的山水风雨中。①

除上述公开出版的民间故事之外，前引阳春地方志中刘三姐在铜石岩（通真岩）得道成仙、刘三姐祖父墓无人能盗等传说故事至今也流传于阳春的春湾一带，其他如新兴、电白、高州、云浮等地亦有刘三姐的故事流传。

2. 民间习俗中的刘三姐印迹

"粤俗好歌"的说法可见于诸种文献（如《粤中见闻》有"粤俗好歌"条），诚然如徐松石、钟敬文先生所言，这种好歌传统不可能是由刘三姐一个人（存否尚待进一步证明）所能造就的，应是人民群众集体创造的结果，但是不争的事实是，尽管各地的许多民歌与刘三姐无关，但人们愿意将造歌的功劳归之于刘三姐，粤西地区也不例外。虽然粤西地区尚未如广西那样发现刘三姐歌本或是编选《刘三姐传世山歌》②（是刘三姐所创抑或是民间假托刘三姐之名创作的，我们也没有必要深究），但是题材丰富、形态多样的山歌却大量存在。仅以南江流域的罗定、郁南为例，在两地流传最广、影响最大、数量最多的山歌种类当属连滩山歌，其中有一部分据传为刘三姐所唱，或是歌颂刘三姐的③。另有泷水山歌、咕歌、字眼调等，还有半文人创作的泷洲歌，南江流域自古以来就好结社唱酬。吕永光《泷州歌初探（代序）》注释二记载："泷水地区民间历代编印传抄的歌谣集，可谓不胜枚举，其歌谣品种则有三十余种。凡喜庆节日，泷人皆好举行赛歌活动，至今长盛不衰。"④吕先生亦收录南江流域的山歌数万首，罗定、郁南至今每年都还举行山歌邀请赛。粤西地区歌风之盛由此可见。

在粤西地区的许多县市盛行（或者曾经盛行）的一种风俗跳禾楼（或称禾楼舞、禾楼歌）也深深地打上了刘三姐的烙印，民国《阳江县志·卷七·风俗》记载："六月，邨落中各建小棚，延巫女歌舞其上，名曰跳禾楼，用以祈年。俗传跳禾楼即效刘三妹故事，间神为牧牛女得道者（按《舆地纪胜》所称春州女仙即刘三妹者，刘三妹善歌，故俗效之）。各处多有庙，今以道士饰作女巫，持扇拥神簇趋，沿乡供酒果，婆娑歌舞，妇人有祈子者曰跳花枝。"⑤化州北部"分端四角楼式、八角楼式两种。楼堂上端正地挂上刘三仙（刘三妹）的画像，安置一张小巧的书桌子、椅子，楼堂宽度一般只容二至四人对歌跳舞……一对男女青年打扮成刘三仙和牛歌的化身登上楼堂……连当年刘三妹驻足的高山也改名为刘仙顶，山巅上的炼丹石也叫仙人碓了……但也突出了颂扬刘三仙……等生

① 肇庆名城与旅游研究会编：《肇庆民间故事》，北京：中国文联出版社1999年版，第23~26页。

② 李海峰、邓庆主编：《刘三姐传世山歌》，南宁：广西民族出版社2002年版。

③ 叶旭明：《连滩山歌的传说》，载赖斌主编：《南江旧事》，广州：南方日报出版社2006年版，第66~70页。

④ 罗定政协文史委编：《罗定文史·〈泷州歌〉选辑》，2005年，第38页。

⑤ （民国）《阳江县志》，载《中国地方志集成·广东府县志辑》第四十辑，上海：上海书店出版社2003年版，第240~241页。

产、生活主题"①。罗定跳禾楼巫师在结束了跳神舞蹈仪式之后，"接着便是村民的山歌擂台。山歌擂台由男巫师扮歌伯，由棚上观众与之对歌，内容包括民间生活的各个方面。巫师拜过刘三姐神像后便正式开始，时间延续到深夜或天明，甚至数天数夜不停"②。郁南跳禾楼是因为歌仙来到郁南后告诉灾民要"唱歌来倾诉生活的不幸，用跳舞来感动'禾花仙女'，祈求风调雨顺，人畜平安"③。这种跳禾楼的习俗或是直接以刘三姐为崇拜的偶像，或是效仿刘三姐的歌唱，刘三姐在这里不仅仅是歌仙，也俨然成了保一方平安的巫神了。

　　除了上述的习俗之外，刘三姐还在粤西地区留下了不少仙迹，供人瞻仰和祭拜。据阳春市政府网站《〈阳春〉导读·副刊》载，宋真宗将铜石寺赐名为通真岩，并赐御书及楹联于此，今尚存，当地人在每年二月十五"刘三诞"做醮会并齐集庆祝（今已不存）④。另现还存光绪年间"歌台暖响"石刻，在封开文德乡杏花斑石村的大斑石顶上还有刘三姐留下的"对歌台"⑤，下有圣妃宫，是供奉刘三妹仅有的祠堂，"修建于唐宋之前，明嘉靖年间重修。明重修的圣妃宫，为两进合院式砖木结构建筑，前座为硬山顶并配马鞍工风火墙，后座为单檐布瓦歇山顶墙，柱基为覆盆式，前后座均有对联，其中一联为：'枕巨石千寻，天生凤阁；面平田百亩，地见龙文'"⑥。除了这些之外，还有上引资料中提到有确切地点的刘三岩、刘三姑石、刘仙姑庙、刘仙顶等。

　　从民间文学的刘三姐成仙到民间习俗的祭拜刘三姐的事实来看，刘三姐的文化印迹深深地影响了当地的文化，渗透了人们生活的许多方面，刘三姐也由一个善歌女子的形象逐步上升为民间信仰，也完成了由人到神的蜕变和升华。不仅如此，刘三姐民间信仰的角色也由普通的歌仙逐步转变为既是歌仙又是能保一方平安、确保当地风调雨顺的农业保护神。

二、刘三姐信仰的文化探究

　　刘三姐信仰的形成，与粤西地区好歌的传统是密不可分的，这种好歌的传统又是粤西地区独特的历史文化造就的。首先是刘三姐信仰的精神文化基础。虽然我们现在说劳动人民是历史的创造者，但古代劳动人民的命运却是悲惨的，特别是像粤西山区（还有粤北山区）以及广西山区这样生存环境比较恶劣的地方，

---

① 刘志文：《广东民俗大观》（下卷），广州：广东旅游出版社 2007 年版，第 190～191 页。
② 刘志文：《广东民俗大观》（下卷），广州：广东旅游出版社 2007 年版，第 192 页。
③ 刘志文：《广东民俗大观》（下卷），广州：广东旅游出版社 2007 年版，第 192～193 页。
④ 植建隆：《刘三姐在春湾》，http://www.yangchun.gov.cn/yangchun/article.asp? art=12539。
⑤ 于敢勇：《刘三姐其实是封开人》，《信息时报》，2004 年 5 月 8 日。
⑥ 肇庆旅游：《圣妃宫》，http://www.zqdcn.gov.cn/tour/ShowArticle.aspx? ArticleID=2144。

劳动人民要付出比平原地区百姓更为艰辛的劳动才可能有所收获。加之劳动人民特别是当地的少数民族居民，处于社会的最底层，一方面要承受来自统治阶级（还包括统治阶级的帮凶）以及有钱的商人在精神上的蔑视，另一方面更要承受来自他们的种种压迫和剥削。精神和物质上的双重压迫使得劳动人民不得不奋起反抗，但每一次反抗所得到的是更加残酷的镇压以及更加恶劣的生存环境（我们从官方的史书中可以看到粤西地区自古以来就是"獠乱"、"猺乱"频发的地区，除少数时间段统治者采取安抚政策之外，基本上都是采用民族高压政策，残酷地镇压当地各民族的反抗），与现实反抗相对应的是对统治者的精神反抗（与现实反抗的失败形成对照的也是精神层面的反抗）。歌谣和故事传说就成了最有力的精神武器，"很多边缘群体使用音乐是为了自我认同——把整个群体集合到一起来，在很多情况下，则是针对一种强势文化的冲击而提出他们自己的文化形式"[①]。揭露统治者的贪婪和残暴，讽刺统治者及其帮凶的愚蠢和无知就成为民间文艺的一大主题，劳动人民在精神反抗层面取得了胜利，保持了自己的精神尊严。其次是刘三姐信仰的民族文化基础。粤西地区自古以来就是少数民族聚居的地方，几千年前百越先民就在这里生息繁衍，也存在过许多少数民族政权如南越国、骆越、西瓯、乌浒、大泷等，六祖慧能北上学佛时五祖弘忍戏称其为"獦獠"，宋史称当地少数民族为"蛮猺"。元明清时期，粤西地区更是瑶、僮（今称壮族）等少数民族最重要的聚居地之一，其中影响最大的应属"罗旁瑶"。前引《广东新语》、《粤中见闻》均在《人语》卷中辟"瑶人"条作详细介绍，各地所修地方志亦有瑶山的记录，这些少数民族均有好歌的传统。对于他们好歌的原因，民国刘锡蕃《岭表纪蛮》归为五点，大抵为：一是善歌者可以获得美满的爱情和婚姻；二是赛歌的胜负决定了他们的荣辱；三是善歌者可以得到他人的尊重和赞美；四是他们居住在蛮荒之地，生活痛苦，工作繁重，借唱歌去除烦恼，怡悦心情；五是他们没有文字，用歌词记录传诵历史。[②]虽然作者似有些民族偏见，但他的分析还是比较准确的，少数民族的好歌必然影响作为外来者的汉族劳动人民的信仰。可以看到，粤西地区的刘三姐不仅是当地少数民族的神，同时也是当地汉族的神，是各族人民共同的神。

刘三姐在民间信仰中也经历了一个由代言神到文艺神再到农业巫傩神，由低到高逐渐上升的过程。最为基本的是代言神，从上述的文献资料以及当地的民间传说当中，刘三姐代言角色主要体现在三个方面：一是通过自己的歌声，让劳动人民在辛苦的劳作中获得精神上的愉悦；二是将劳动抬高到至高无上的地位，也将劳动人民抬高到至高无上的地位，歌颂劳动和劳动人民，瞧不起不劳而获的地

---

① ［美］威廉·A. 哈维兰著，瞿铁鹏、张钰译：《文化人类学》（第十版），上海：上海社会科学院出版社 2006 年版，第 437 页。

② 刘锡蕃：《岭表纪蛮》，上海：商务印书馆 1934 年版，第 155 页。

主、秀才以及轻视劳动的商人；三是敢于站在广大劳动人民的立场上，为受压迫的劳动人民伸张正义。她正是通过自己的歌声和实际的行动，成为劳动人民心目中的英雄，在当地老百姓心目中获得了神的地位。第二个层面是文艺神（这似乎是刘三姐本来的身份），上述文献资料中很多将刘三姐视为"始造歌之人"，民间似乎也很愿意将造歌归功于刘三姐。综合上述资料来看，刘三姐之所以能成为文艺神，除第一个层面的原因外（历史上很多有才能的人之所以不能成为老百姓心目中的神，往往都是没有站在劳动人民的立场上为百姓伸张正义），还有两个原因：一是她有着高超的音乐技巧、语言学习和应用技巧，在这个多民族混居的地区，要想获得各民族的共同认可，不仅要学会各民族的语言，更重要的是要认同这些民族各自的文化。刘三姐能够迅速学会各少数民族的语言，并依照他们的习俗与之进行交流对歌，结合她通晓音律的情况，难怪她所到之处"某种人奉之为式"，成为各民族山歌的艺术典范；二是她的歌声在劳动人民中获得广泛的共鸣，取得良好的艺术效果。刘三姐的歌并非《阳春白雪》、《高山流水》那样的高高在上的所谓雅乐，而是植根于民间、想百姓所想、言百姓所言的民间音乐，这种民间性就让她获得了广大的听众。难怪出现上引《广东新语》中"粤民及瑶、僮诸种人围而观之，男女数十百层"的壮观场面，刘三姐成为当地百姓心目中的歌仙就再自然不过了。第三个层面是农业巫傩神，跳禾楼习俗本是"稻作文化的遗存"①，所供奉的是农业神，早期多为禾谷夫人（或称禾花娘娘、禾花仙子等），但是从前述阳江、化州、罗定、郁南等地的跳禾楼习俗来看，似乎刘三姐已经与禾谷夫人合二为一或是干脆取代了禾谷夫人的地位（原因应是生产力的发展使跳禾楼习俗的巫术功能逐渐消退，而娱乐功能不断增强，另外当地的好歌传统使得刘三姐的地位不断上升），其角色和功能不断发生变化，神力不断增强。在跳禾楼习俗中，刘三姐就不只是歌仙，还承担了保佑当地风调雨顺、农业丰收的功能，仪式参与者通过歌舞不仅是在向歌仙刘三姐致敬，更是祈求农业神刘三姐保佑他们平安、富足，刘三姐已身兼艺术神和农业保护神的双重功能了。像刘三姐这种由人而神、由单一神向综合神的变化与中国其他地方的许多民间神灵走的是同样的路子，是符合中国民间造神运动规律的。

三、广西刘三姐文化旅游产业运作的启示

虽然刘三姐文化在粤西地区有着深厚的积淀，但是由于历史和现实的多种原因，前面提到的各个刘三姐文化分布地在行政区划上分属四个不同的地级市，除新兴、罗定、郁南同属云浮市外，阳春属阳江市，封开属肇庆市，化州属茂名

---

① 费师逊：《"跳禾楼"——远古稻作文化的遗存》，《中国音乐学》1997 年第 1 期，第 31~41 页。

市。如此，想要将粤西的刘三姐文化做大做强，在政策层面上的难度比较大，这方面广西的许多做法值得我们借鉴。广西地区的刘三姐文化旅游产业运作相当成功，综合起来大致有以下几点：一是在定位上，将刘三姐定位为壮族山歌文化的代表；二是在宣传策略上，充分利用现有的各种宣传手段：电影、歌舞剧、著名导演张艺谋的文化创意、电视剧、各种形式的广告等；三是在旅游产品的开发上，除上述电影、电视剧、歌舞剧以及《印象·刘三姐》表演之外，另有农历三月三的歌节，还有刘三姐景观园、刘三姐公园、刘三姐茶园等。①

广西地区的运作方式能带给我们很多启示，但是要想做出自己的特色来，就必须采用与之相区别的运作方式。此处在学理上探讨刘三姐文化旅游产业发展的可能性和可行性，以资参考。

1. 刘三姐文化旅游产业的命名

所谓名不正则言不顺，刘三姐的名声很响，但"广西有个刘三姐"的说法已经是中外皆知，如再用刘三姐文化，则有抄袭、山寨之嫌。粤西地区对于刘三姐的称谓尽管不统一，但较为普遍的称谓是刘三妹，可以用刘三妹统携其他的各种称谓，打造"刘三妹文化"。

2. 文化品牌的定位与宣传

没有必要过早地给刘三妹文化进行品牌的定位，可以通过专家研讨的方式确定刘三妹文化的品牌定位（这本身就是一种宣传），再请专业的策划公司进行创意策划，宣传刘三妹文化。

3. 现有文化产品的开发和利用

一是充分利用现有的刘三姐景观，充分利用铜石岩经过官方认证过（宋真宗的赐书与题字，还有历代的石刻）的优势，以铜石岩、通真寺为轴心，刘三姑庙、刘三岩、大斑石、圣妃宫等自然文化景观为依托，设计开发刘三妹文化景观旅游线路，还可设计相应的旅游纪念品，如微缩的石刻拓片、竹编的麻篮等。

二是开发与刘三姐相关的民俗，充分开发阳江、化州、罗定、郁南的跳禾楼习俗。虽然郁南、化州的禾楼舞、跳禾楼已被列入国家和省的非物质文化遗产名录，但阳江、罗定以及化州的跳禾楼习俗几已不存，所以有待开发。从前引文献来看，各地跳禾楼习俗虽有诸多的共同点，但区别性的特征还是相当明显的，所以在开发时一方面要顾全刘三妹文化的主题；另一方面更要保存各自的独特之处，将这些民俗上升为表演项目（这方面可以沿用郁南禾楼舞的一些运作模式）；还要充分依托通真寺、圣妃宫相关的民间祭拜民俗，形成相应的节庆民俗。

三是弘扬刘三姐的山歌艺术，利用当地丰富的山歌资源，举办各种形式的山歌大赛，最好能将山歌艺术融入当地的民俗活动之中，一方面使山歌艺术得到弘

---

① 郑丽莲：《刘三姐文化的艺术表现》，《艺术探索》2010 年第 4 期，第 119～121 页。

扬，另一方面也让民俗活动的内容更加充实。

化州、阳春、新兴、罗定、郁南、封开等地虽分属四个地级市，但这些地方相互接壤，形成连在一起的片区，因此文化产业运作起来没有过多的地理跨度，只要各地方共同协作，从长远利益出发，一定能将刘三妹文化旅游产业做大做强。

总之，文人的著述、官修的史料以及民间传说、民间习俗的大量关于刘三姐的记录是粤西地区刘三姐文化深厚积淀的最好注解。刘三姐在当地民间特殊地位的形成与她深入各族劳动人民之中，并为他们代言是密不可分的。弘扬刘三姐为老百姓谋福的精神和刘三姐文化也成为我们今天必须面对的一大课题，我们有义务做大做强传统文化，提升自身的文化软实力，进而推动社会的全面发展。

凤凰山畲族"招兵节"之"上屋奏表"探析①

石中坚②

"招兵节"是原生态的民族文化③。它集凤凰山畲族传统民俗文化之大成，是凤凰山畲族丰厚文化底蕴的大展演，是居住在畲族祖居地凤凰山区的畲族同胞世代相传、沿袭着的具有浓厚民族特色的传统民俗节日。它是广东省非物质文化遗产，现正在申报为国家级非物质文化遗产保护项目。

"上屋奏表"是"招兵节"中特色最鲜明、内涵最丰富、寓意最深邃的仪式。然而，种种的限定因素使本来是"招兵节"仪式之一的"上屋奏表"常常"缺席"。只有在各方面条件都能满足的情况下才能出现在"招兵节"中，或单独举行，因而"上屋奏表"显得更加稀缺。如今正当国家全力抢救和挖掘民族非物质文化遗产之际，挖掘和抢救畲族"招兵节"的同时，加强对"上屋奏表"的研究，探析其活动的组织形式、内容以及化解矛盾的文化价值内涵等的意义显得十分重要。

一、文献综述

作为我国民族大家庭的成员之一，畲族有其独特的民俗文化。在畲族祖居地的潮州凤凰山一带独存的传统民俗节日"招兵节"特色鲜明、内涵丰富、寓意深邃。它集畲族宗教信仰、神话传说、语言、民歌、音乐、舞蹈、武术、服饰等文化之大成，可以说是畲族文化原生态最突显的表现形式。值得一提的是，凤凰山区以外的其他畲族聚居地也有"招兵节"的说法。如广东省河源市东源县樟溪畲族乡就把民俗活动"蓝大将军出巡"称为"招兵节"，但这与凤凰山原生态的"招兵节"有很大的差异。④

据本地区畲族的一些零散的遗存信息和族人回忆："招兵节"活动历史上每

---

① 本文原载《广西民族大学学报》2013 年第 2 期。

② 【作者简介】石中坚，男，1962 年生，广东潮州人，现为韩山师范学院陶瓷学院经济管理部主任，副教授。主要研究方向：社会学、企业文化和民俗文化。

③ 凤凰山畲族招兵节与其他地区的"招兵节"有很大的差别。

④ 笔者于 2007 年 4 月 8—9 日到东源县樟溪乡考察，观摩了"蓝大将军出巡活动"即樟溪畲族乡的"招兵节"。活动从内容到形式都与凤凰山原生态的招兵节有很大的差异。

年都要举行一次，可是后来因受政治、经济、文化等诸多因素的影响，凤凰镇石古坪畲族村在 1951 年、文祠镇李工坑村在 1952 年相继举行过较大规模的活动之后，便一直处于沉寂状态，只有地处凤凰山区北侧的凤坪畲族村（今属梅州市丰顺县）尚一直以较小规模的活动方式沿袭着这一古老的宗教性民俗节日。畲族祖地凤凰山以外的人们，包括粤外畲族同胞对"招兵节"知之甚少。直至 1993 年，潮州文祠镇李工坑畲族村才将其复活，连续举行了四次较大规模的"招兵节"活动，至此畲族祖地又兴起"招兵节"活动之风，且活动规模呈越来越大之势。（时间：2010 年 8 月 23 日；地点：文祠镇李工坑村；访谈对象：81 岁畲族歌手雷楚良）

对于畲族文化的研究一直都有专家在进行。中央民族大学的施联朱与厦门大学的蒋炳钊两位教授在畲族文化研究上成果丰硕，影响深远，是畲族文化研究的"标杆"；畲族人数较多的闽、浙两省的畲族文化研究成果也颇为丰硕，影响广泛。蓝炯熹教授的《畲族家族文化》、郭志超教授的《台闽民族史辩》等从不同角度对畲族文化作了精辟的论述。还有浙江畲族文化研究会 2008 年出版了《畲族传师学师书文》和《畲族做功德书文》两本资料汇编，为凤凰山畲族民俗文化研究提供了不可多得的资料。

由于畲族历史上只有语言而无文字，"招兵节"这类传统民俗活动唯有通过族人（特别是法师）口耳相传才能得以传承。加上这一活动仅限于潮州凤凰山祖居地一带时断时续的存在，且其典籍等活动仪式资料又不允许轻易示人，以至于外界对其了解甚少。研究者往往又因难有机会亲身参与和体验而导致面世的研究成果十分有限，史料普遍缺乏，对"招兵节"有过特别关注和有所研究的畲族文化研究者较少。最早开展凤凰山"招兵节"研究的当推广东民族研究所的朱洪和马建钊两位研究员。观摩了 1993 年李工坑村举行的"招兵节"后，他们对"招兵节"文化进行过探索性研究；1999 年出版的由关东升主编的《中国民族文化大观·畲族编》中对凤凰山畲族"招兵节"也有所提及；2007 年，畲族文化专家雷楠的《凤凰山畲族招兵节的文化内涵》对"招兵节"文化做了深入研究，概括出"招兵节"十个方面的文化内涵，堪称是"招兵节"文化研究的代表性成果；2010 年，笔者与雷楠合著的《畲族祖地文化新探》一书对"招兵节"文化作了较全面的介绍和探讨；2011 年，笔者与中山大学黄韧博士合作的《粤东畲族招兵节研究》一文则把重点放在对"招兵节"的经书《奉请招兵书》的研究上，从表层和深层探析"招兵节"经书《奉请招兵书》的文化价值，并以岭南文化走廊理论为指导，探索文化互动的特征。而本文介绍的"上屋奏表"可以说是一块学术的处女地，在此之前还未有人涉足，资料也缺乏。

在王建新教授的悉心指导下，笔者以 2011 年 12 月 26 日凤凰山区李工坑畲族村举行的"招兵节"中的"上屋奏表"仪式为背景，结合田野调查中掌握的材料，以及对经书《上屋奏表套语》的解读，探析"上屋奏表"的文化特征、调和矛盾的功能以及其作为非物质文化遗产方面的价值。

二、"上屋奏表"的活动过程与内涵

历史上盛行于粤东畲族聚集地区的"招兵节"是一个以祭祀、祈祷为主要形式的具有图腾崇拜和祖先崇拜相结合性质的民俗活动。其组织活动设计及执行主要由畲族自己世袭的"法师"（俗称师公）完成，并以自然村为基本活动单位来展开。活动中因各村既各显丰富内容，又互相联系呼应而形成举族联动情势。

"上屋奏表"通常都被视为是"招兵节"中的一项内容。但由于这一仪式的特殊性，并非在所有的"招兵节"中都有"上屋奏表"这一仪式。尽管如此，这一仪式的"缺席"却没有影响到"上屋奏表"在畲族祖地民间信仰体系中的特殊地位。

（一）"上屋奏表"的时间

"招兵节"这种民俗活动在时间上，一般是每两年或三年举行一次。[①] 例如在以前有法师的潮安县石古坪村和今天仍有法师健在的丰顺县凤坪村，活动时间就基本是这样确定的。但每次活动要分两程进行（时间：2007 年 5 月；地点：凤凰山石古坪村；访谈对象：蓝宏，86 岁）。第一程时间在当年农历除夕前一天举行招兵（也称请兵），第二程在农历正月初五前择日举行发兵（也称散兵）活动。而在没有法师的畲村，每隔三五年举行一次，择时在当年的冬至前后 3 天这个时间段举行，为期 1 至 3 天。

通常情况下举行的"招兵节"都没有"上屋奏表"这项内容，即"上屋奏表"比"招兵节"出现的频率更低，更为少见。为何会出现这种"上屋奏表"的稀缺情况呢？其一是作为组织与设计活动的法师这一特殊人才的稀缺。我们前面一再提到的凤坪村之所以能把"招兵节"活动开展得有声有色，且具有一定的持续性，并在某种特殊情况下也有单独举行过"上屋奏表"的情况，其主要原因大概出自目前当地尚有一位本族人公认的，唯一的真正能懂得"招兵节"完整仪式程序、具有从事组织、开展"招兵节"资格的法师蓝金炮（法号法通）。我们认为正是由于他的健在，并积极组织活动，才使"上屋奏表"的活动得以延续承继。"上屋奏表"之所以无法频繁举行，其一是"上屋奏表"活动的要求高，费用大，非一般村庄所能承受；其二是活动的神秘性。是否能举行这一

---

① 1982 年 7 月，畲族文化专家雷楠到凤坪畲族村，专门请第十四代法师法兴演示"招兵节"，法兴当时这样介绍。

仪式，要通过"跋杯"（即掷筊杯）来确定。如果无法取得"胜杯"（即"圣杯"，筊杯呈一阴一阳状），这一活动就不能举行（时间：2011 年 12 月 26 日"招兵节"活动开始前；地点：文祠镇李工坑村；访谈对象：法通法师）。

（二）"上屋奏表"的道场设计

以潮州文祠镇李工坑畲族村 2011 年 12 月道场的设计为例，"上屋奏表"就包含在此次的"招兵节"中，故法坛与"招兵节"共用。祠堂大厅设置招兵"神坛"，其横匾是"闾山法院"，左联：闾山断案集千祥；右联：王母驱邪迎百福。坛中还设福主神位。九祯直联神像挂在祠堂大厅正面和左右两侧。神坛后面插有用不同颜色的纸质旗。① 法师和协助者使用的法鼓②、斗锣、钹、龙角③、木鱼梆④、筊杯⑤、音磬、摇铃、铃刀⑥等法器放在神坛两侧，而法印⑦、印牒等则放在神坛前。比较特别的就是，举行"上屋奏表"前，神坛正中摆上了经书《上屋奏表套语》⑧。

还有，就是在祠堂主厅与门亭之间，拉起一道长约八米，一头连着供桌，一头连着梯子的白布。据法师介绍：此是天上神灵到神坛的通路。这条"路"只供神灵通过，法师和其他协助者只能登梯上屋。这白布的一端用一个装满米的米斗压紧在供桌上。白布的中段用一只桌子撑着，目的是使白布不着地，并用一个装满大米的陶钵压紧。陶钵上面插有太上老君像的红色符牌，一支沾有朱砂的新毛笔，还有一扎用冥币捆着的香，边上放着一把新雨伞。白布的末端同样用一张桌子撑着，也用一个装满米的米斗压紧。米斗下面垫有红色布，上面放有一面镜子、一把扇子、一把尺子和一把剪刀，还有一包槟榔干。

依法师意，镜、尺、扇、剪刀和槟榔干之所以是"上屋奏表"必备物品，

---

①　活动结束后，主持法师法通对旗的内涵作了解释：不同颜色的旗代表所要请的不同营的兵马：东营九夷兵（蓝色），南营百蛮兵（红色），西营六戎兵（白色），北营五狄兵（黑色），中营三秦兵（黄色），左营天仙兵（浅蓝色），右营地仙兵（浅黑色），本地佛祖（即开山祖）（浅红色），雷姓法师（法广）（深蓝色）。

②　有大和小两种，大的放在供桌一侧，小的放在供桌上。活动中法师在大鼓一旁司鼓，小鼓由法师拿在手中击打。

③　龙角为锡制，是弓形的吹号管，活动中多次用到。经书中有"龙角"字眼出现时就要吹此号，可与天神通话。

④　相传已有400多年历史，两面各雕刻有一条鲤鱼。

⑤　铜制，蚶壳状，用一铁链连在一起。

⑥　铁制，刀柄末端穿串着若干铜钱和铁环，抖动时叮当作响。

⑦　铜制，印文为"日月太上老君勅"，上部有狮形印纽。另一印较小，柄平直，年代久远，与笔者江西一古董店买到的道教印一致。

⑧　据凤坪世袭第十五代法号法通的法师介绍，书经是整理成册经文，属于可以公开传授的，吟诵时可大声；心经则是属于那些不可泄漏天机的秘籍，只能通过历代法师的心教、口授才能传承，因而只能默诵。

其原因在于镜可照人鬼，从而使人有明镜般的心灵；尺则可以作为人处事的尺度标准，还有一个作用就是作为桥梁；米、烟、槟榔干等是给众仙享用的（时间：2011年12月28日"招兵节"活动结束后；地点：文祠镇李工坑村；访谈对象：法通法师）。

正厅的供桌上还放有一木桶盘①，底部铺有冥币，上面放着经书、法印、一碗清水和一个作香炉用的装有大米的瓷碗。②

（三）"上屋奏表"的基本程式

"上屋奏表"是"招兵节"中最为特殊的环节。一般情况下，"招兵节"是不包括"上屋奏表"的。只有在非常特殊的情况下才把这一仪式加进去。因而这个环节被放在最后，这样更凸显其独特的地位。

"上屋奏表"开始之前，参加仪式的七位护法便在法师的带领下用温开水净手。接着法师亲自上香，祭拜先师、天公。预定的时辰一到，众人在法师指引下便在神坛奏乐、诵经。法师此时举钹过头行祭拜，然后依次打钹祭先祖、地神、天公。③ 祭拜完毕，法师两手分别拿铃刀和龙角，对神位和天公再行祭拜礼，并开始诵经，说明要"上屋奏表"的缘由，以祈请天神能够降临凡世保佑法会顺利进行。法师诵经完毕，再与分别拿着桶盘、雨伞和龙角的三位协助者一起登上屋顶，在屋顶上完成诵经、念咒、吹龙角等一系列法事活动，留下的四人则分别坐在神坛两侧，敲锣打鼓，配合屋上的法事，直到整个仪式结束。

（四）"上屋奏表"折射的文化

从"上屋奏表"的诸多程式中，可以感受其丰富的文化内涵。"上屋奏表"可以说是"招兵节"活动的精髓。其价值意义在于：其一，在宗教信仰方面，"上屋奏表"体现的是畲族氏族神灵与世俗神灵相结合的多神崇拜宗教取向；其二，在歌曲与语言方面，"上屋奏表"中，法师运用畲歌所具有的旋律，按经文中的叙事、劝世、抒情、神曲等情节，用喜、怒、哀、乐的形式和抑扬顿挫的节奏吟诵，由此构成了我国南方古老的以二、三、四声腔调为主的凤凰山原生态畲歌形式，而法师用畲语吟诵的经文，因其是家族世袭传承，主要靠上辈法师的口授和下辈的背诵传承而来，所以在经文里面，事实上保留了古畲语"底层成分"的最纯部分，其"民族语言"的含量更高；其三，在舞蹈方面，"上屋奏表"融汇了文场和武场两种形式，法师在请神时，是以清唱为主的文场，声音轻柔缠

---

① 当地用于祭祀活动的长2尺、宽1尺、深1寸的长方形木盘子。各种供品放置在其中。

② 仪式开始，法师要将其带上屋顶。在屋顶，这就成了神坛。

③ 这种打钹祭拜的形式很有特色，以前从没有见过。据主持法师讲，之所以要这样打钹，主要是为了表示对神的尊重。

绕，钟鼓相伴，动作幅度小，但在中间"陈情"的部分铿锵有力；其四，在服饰上，法师众人所着的袈裟很有特色，传统的草鞋体现了鲜明的农耕特征；其五，特有的"雷诀"，法师施法驱诸鬼魂幽灵，会采用各种不同的"手诀"（手势）或"雷诀"，① 在"雷诀"中，不同的"手诀"行法功能会有不同；其六，在尚武精神上，"上屋奏表"过程中，始终有两排身强力壮、拳艺高强的畲族男子站在大厅两侧，随时听从法师的调遣，起到"护法"和壮大气势的作用，同时也维持活动的秩序，以确保活动的顺利进行，不时还伴有"猎步"等武术动作。这充分展示出畲族同胞尚武好健的文化传统。

三、"上屋奏表"的特殊限定因素与价值取向

广东省民族研究院与省"非遗"保护中心等部门全面了解"招兵节"内涵，以有利于"国遗"的申报。在 2011 年凤凰山畲族举行的大型"招兵节"活动中，特别提出要求必须有"上屋奏表"这一环节。这是法通法师自受衣钵以来，除在个别专门活动项目中独立开展"上屋奏表"外，作为"招兵节"活动内容而开展的仅此一次（时间：2011 年 12 月 28 日"招兵节"活动结束后；地点：文祠镇李工坑村祠堂前；访谈对象：法通法师）。由此可见"上屋奏表"在"招兵节"这一民俗活动中所处的特殊地位。

（一）"上屋奏表"活动的特殊限定因素

如上所述，"上屋奏表"并非畲族"招兵节"的必备仪式。只有在其时其地出现了大灾难的情境下，或因年景不好而需求天神保佑，或因村中出了大事无法解决时，才会应村民要求而专门举行这一仪式。因此，此项仪式在凤凰山畲族以外的各民族和粤外畲族中鲜为人知，就是凤凰山畲族同胞，对此项仪式也知之甚少。

依畲族宗教文化寓意，"上屋奏表"活动显然具有神灵崇拜的文化价值与内涵，具有人们处在天灾人祸境遇之时，希冀祈请天上神明能够降临凡间，以其无边法力为人间化止纷争，消除祸害，保佑平安。那么，人们这么相信它的神力，为什么又没有使"上屋奏表"成为畲族"招兵节"活动的必备仪式呢？

究其原因，根本上而言是经济和环境条件所限导致。对此，从如下几个方面分析可得出答案。一是举行的程序复杂。此项活动除了要用上经文之外，程序也非常讲究，每个程序，包括决定举行、请神、上屋顶，到下屋等各个程序之前法师都要不停地卜杯（问神），祈问天神这样做是否合适，如果无法取得"胜杯"，

---

① 据法通法师在本次仪式之后介绍："手诀"计有"藏身诀"38 种，"打鬼诀"4 种，"吊楼诀"2 种，"罗房诀"2 种。

则要重新作一次，直至能取得"胜杯"为止。这从某种程度上说明了这一仪式的严肃性和神秘性（时间：2011年12月28日"上屋奏表"仪式结束后；地点：文祠镇李工坑村；访谈对象：法通法师）。二是对活动条件的要求高。首先要求法师对先祖与神灵必须虔诚。举行活动过程的程序仪式必须按规定的要求去做，不得有半点马虎。为表达敬意，法师在准备阶段就要斋戒、净手，参与成员也必须要有真诚的心，早餐必须吃素。比较特别的是，"上屋奏表"的表文内容获得方法不同于其他表文，因为没有固定或现成的格式，法师只能根据自己修道得来的心经内容来书写，而且落笔之后要一气呵成，不能半途中断，否则就要重写，以示对祖先神灵的敬重。三是所需的费用高。"上屋奏表"每次所需的各种用具都必须是新的，祭品也要求格外的丰厚，这对于平时经济状况不好的畲村来说是难以承担的，由此无法进入"招兵节"的必须程序。四是举行此仪式还必须有足够宽敞的地方和施法环境。五是活动的强度大，参加人员的体力损耗大。活动之后，参加人员往往要花上好几天的时间才能恢复体力。此次活动之后，蓝金炮法师在家整整休息了半个月才完全恢复体力（时间：2012年2月16日；地点：丰顺县潭江镇凤坪畲族村蓝金炮家中；访谈对象：法通法师）。

以上这些就从事实上说明了"上屋奏表"极少举行和即使举行也要放在"招兵节"最后一个程序的主要原因。当然，从增强人们对"上屋奏表"的敬畏与虔诚之心的角度来讲，不频繁地展现奏表的内容，自然会增加其严肃性与神秘性，这对于"上屋奏表"尊严和地位的维护显然也是利大于弊，因而"上屋奏表"这个仪式不常用。

（二）《上屋奏表套语》调和矛盾的价值取向

在畲族文化语境中，所谓"上屋奏表"，是指人要到屋顶上诵经文的活动。因为在此仪式中，法师施法的法坛并不是放在地上，而是搁在屋顶上的。《上屋奏表套语》正是法师在"上屋奏表"仪式中所使用的一部专用书经。在法师的特别许可下，笔者已将其复制，并保护起来。

《上屋奏表套语》这部经书是"招兵节"中所使用的24部经书中的使用场合最为讲究的一部。由于稀少，或者是为垄断信息资源和增加神秘性的缘故，法师从不将经书轻易示人，所以在生活中，人们很难了解经书的内容。由于经书成书较早，非常口语化，且经历多次重抄，其中难免有误，所以从整体上看经文内容似乎有粗俗之感。然而，在畲族的"招兵节"特殊文化中，却没有影响经书所发挥的神谕功能。这种原生态除了更具严肃、神秘之感外，更能呈现出其原生态的文化价值。

《上屋奏表套语》共46页，计4 532字（包括89个描述仪式过程的文字符号）。全文以七字为一句，每六对句为一页的格式书写。经文大体可分为5个部分。从内涵上看，《上屋奏表套语》的主旨与我国传统的用道德思想调节人际关系和社会矛盾的方法较为一致。它始终围绕着揭示矛盾存在的必然性这一主题，对产生矛盾的原因进行深入剖析，强调借助神灵说教的办法来解决矛盾，其中蕴含着很深的哲理。

《上屋奏表套语》是一部劝人从善、调和矛盾的劝世经文，其主要思想内容可以归纳为如下几个方面：

1. "奏表上天门"

经书以"吹角上屋噭天地人鬼口牙良愿"作为开端，讲明为何要开此道场，为何要"上屋奏表"。"一声鸣角胜纷纷，弟郎奏表上天门……"开宗明义，提出凡间的诉求。"天门天时星斗现，日月团圆照凡间……"则表达了施法者寄望天神降法乡间，化解矛盾，使人间安居乐业的愿望。接着讲述向天诉求的过程。其寓意是法师此时受事主的委托，为化解矛盾，确保社会和谐而直上天门，从第一道天门走到第十二道天门，经过十二道程序才能最后到达玉皇大帝那里。这里的"十二"除了表示"多"之外，从另一角度似乎也反映了以前在畲村办事的程序（时间：2012年7月10日；地点：丰顺县潭江镇凤坪畲族村蓝金炮家中；访谈对象：法通法师）。最后，最高权力者会凭奏本进行明断……本段以宣读黄表结束请星的程序。

2. "因何有口牙"

"口牙"意为矛盾或纷争，涉及这部分内容的篇幅较大。本章以"阳人前世冤家来解脱，今星分业两分开；家神不正透外鬼，不正公婆害子孙"开始。本部分主要罗列社会中存在的各种各样的矛盾表现形式。如"祖宗三代有冤家；或因相打杀人命，或因户投并粮差；或因官司坐牢狱，或因小事闹官方；或因被人相论告，或因纸笔去相轮；或因打伤人命事，或因摆拈问充君；你告他人人告你，二家便风打官莣……"对于各种矛盾的产生原因、发展过程以及所造成的恶果都作了深入的剖析，同时也对一些不正当行事的小人行为进行了抨击。其表述语言在今天看来有点粗俗，但十分犀利，可谓入木三分，令人信服。本部分经书还通过讲"十怕"的形式，对现实社会存在的种种矛盾及其缘由加以概括，揭示事物之间的因果关系，提醒世人应当清楚地认识到这些问题存在的严重性。要把握好解决问题的最佳时机。有的矛盾如不及早化解，将会恶化，那么解决起来难度更大。如果错过了最佳的解决时机，再想解决，为时已晚，已经无力回天，无可救药了。

3. "冤业尽解脱"

劝世人做好事行善，保平安吉祥是"上屋奏表"的核心内容。经文对人生、亲情与社会作了深入、细致的剖析。"肚里聪明好修善，善佛面前好看经"、"山岭为主人为客，转眼轮流八百年；解尔有钱守本分，有钱莫去讲官方；使尽钱财无心性，日后思量悔一场"等警句旨在劝人，不管你有钱还是没钱，都必须守本分，洁身自好，不与人争，堂堂正正做人，千万不要去惹是生非，这才是正道。同时也反映出了畲族人由于对封建法制的不信任而不主张诉讼之事的思想。经书认为，任何平民百姓惹了官司都是要吃亏的。所谓"赢了官司输了钱"，倡导在出现矛盾时，要冷静应对，通过协商把矛盾化解，这才是治本的办法。这种化解矛盾的方法很值得我们借鉴。

经文甚至对专门帮人写诉状的讼棍秀才也进行了一番说教："莫与他人做状首，莫与他人做状呈；写状他人告得准，回来谢尔做状人；与做人状人情断，笔头指人三世冤。"认为这样帮人不但自己没得到好处，当事人也会因有你的支持而卷入讼事，最后落得个人财两空的下场。从这个意义上讲，讼棍秀才为了自己的蝇头小利，而使人卷入讼事。最终不但没有得到人家的认可，还会受责怪。这是何苦呢？

4. "上仙仝作证"

此段经文的主旨在于告诫人们如果能守本分，那么社会就会和谐，同胞们便能安居乐业，畲乡也会万事如意。"上仙仝作证"讲的就是上仙主持和见证了凡间矛盾化解的全过程。在此力求凭借通圣灵权威来确保各方能接受处理结果，防止可能出现的反悔情况。它清楚地表明了畲族人举行"上屋奏表"的目的主要是通过请上天众仙来化解人间存在的种种矛盾，为社会的稳定、和谐贡献力量。天上众神仙，包括畲族的列祖列宗带着无边的法力降临凡间，为凡间明辨是非，化止纷争。有了上仙的在场见证，只要凡间能"虔心特意"，一切矛盾都能得以消除化解，"祖宗三代本身冤业尽解脱，圣筶落地讨占头"。

5. "退下玉皇前"

这是"上屋奏表"的结尾部分，内容只用84个字来表述。"小鬼子奴鬼鬼儿，尔道休时我不休；打开船桨两边流，上州下县不相见；食茶食饭不相逢"，这意思是说，如今的矛盾已经解决，纷争已彻底化解，人间恢复了太平。"尔是千年诅咒鬼，我是万年奏鬼师；奏尔千年不相见，奏尔万载不离身；只因玉皇赦书到，赦尔奴鬼得分明；啾啾唧唧断根源"，其主旨是借玉皇与众仙法力，确保矛盾不再出现，天下永远太平，人民安居乐业，畲乡兴旺发达。"上屋奏表"以此来作为结束环节，使整个仪式程序完整，逻辑严密，说理透彻，环环紧扣，一气呵成，加上其中注意利用人们敬畏神灵的心理来进行劝诫，从而使得《上屋奏表套语》有了更加强大的说服力和感召力。

四、"上屋奏表"的"非遗"意义

"上屋奏表"是畲族祖地同胞千百年来代代相传的重要非物质文化遗产，是中华民族大家庭的优秀文化遗产的重要组成部分。考察畲族的历史传统与神灵祖先神话，其中都包含着"神力"万能的观念与祖先崇拜共同支撑着的民众的精神世界。在"上屋奏表"活动中，伴随着法师在"上屋奏表"的颂唱和乐舞，祭祀仪式显得庄严隆重，引发人们敬仰先人、恐惧神威等复杂心理，并相信通过祭颂可以取悦祖先和神灵，从而沟通人神关系，化解与调和世俗间存在的矛盾，从中深刻地反映了具有原生态意义的畲族民俗文化的根基。

"上屋奏表"这一民俗文化活动虽然由于种种因素而没有频繁开展，但在凤凰山畲村中仍代代相传的事实，印证了文化功能学派所强调的"任何一种文化现象的存在，一定有其文化功能在起作用"，即"存在就是道理"的观点。因为有其存在的土壤，所以只要环境适宜就会成长。"上屋奏表"在一定程度上所反映出来的其实正是这一民族文化生生不息的功能特征。

"上屋奏表"所倡导的通过"民主法治、公平正义、诚信友爱、充满活力、安定有序，人与自然和谐相处"的理念，达到化止纷争，维护社会稳定的目的。这在构建社会主义和谐社会的历史进程中同样也具有重大的现实意义。

《中华人民共和国非物质文化遗产保护法》指出：对于少数民族地区的非物质文化遗产保护，国家和政府要给予特别的支持。国家级"非遗"保护专家、中央民族大学祁庆富教授指出："中华文化是多元的民族文化，各个民族都对中华文化作出自己的贡献。保护各个民族的文化是全体民族共同的事业……畲族文化不仅仅是畲族人民自己的文化，而且是属于中华民族的文化。对于畲族'招兵节'的保护，不仅仅是畲族人民的事，更是中华民族的事。"[1] 显而易见，在专家眼中，以"上屋奏表"为代表的畲族"招兵节"活动仅仅作为广东省非物质文化遗产保护项目还不够，应当被提高到申请国家级"非遗"的高度来对待。既然如此，挖掘与保护这一独特的非物质文化资源，并且采取有力措施使这一传统民俗活动得到恢复发展，意义的重大显而易见。

以文化传播论学派的观点而论，一般情况下，民俗文化的成长、变化和发展都源于或者选择一个中心，而后由这个中心向外扩散和传播。这样一来，处于文化圈边缘的地区可能因为地域距离的关系，和中心的文化状态会有所区别。特别是在中心文化不断发生蜕变和断裂的情况下，处于边缘地带的文化传统反而会得到保留和承继。从我国区域民俗文化发展来看，也验证了这一认知，即相对封闭的地区往往是民族原生态文化保持较好的地方，而今天凤凰山的畲族村文化生态，正是这一认知的真实写照。如今，凤凰山是畲族文化的发祥地和祖居地已为广大学者和全国各地畲族同胞所认同。

但是由于种种原因，历史上畲族同胞因大量向外迁徙，文化中心也随之向外

---

[1]　摘自 2011 年 12 月 26 日祁庆富教授在李工坑"招兵节"的开幕式上的讲话。

迁移。今天的广东潮州凤凰山区只有畲族同胞 2 000 多人，占全国畲族总人口千分之三不到，以至于作为畲族文化的发祥地却远离畲族族群的文化中心，处于畲族文化圈的边缘地。凤凰山畲族"上屋奏表"正是在这种被文化圈边缘化的地区才得以保存的优秀传统文化的最好例证，弥足珍贵，应当引起社会各界的重视。

然而，从现存畲族文化的传承实际看，"上屋奏表"的前景令人担忧。随着社会的变革和经济的发展，包括畲族同胞在内的人类群体的观念和现实生活实际情形正在发生变化。一方面，经济的发展能够为大规模民俗文化活动的开展提供经济支撑，使满足畲族同胞的文化心理需求成为可能；另一方面，在中国民间信仰问题上存在"为利而信"的利益特征，使得人民在强调对神灵的原理与说教信任的同时，更关注的是现实世界的人神互惠的生活体验，这很难在单纯的"上屋奏表"仪式中体验得到。而且由于民俗文化活动的开展同时也是一种"烧钱"的行为，像"上屋奏表"这样的仪式，经费投入大，人们因为很难直接从中获得明显的经济收益而感到做此事得不偿失，很多参加者由于收入少而不愿参与，参加者越来越少，从而影响这一民俗活动的承继和正常开展。最为严重的是"上屋奏表"这一活动后继无人，至今还没有一个能顶替蓝金炮主持这一仪式的年轻法师。年近古稀的蓝金炮法师如果找不到接班人，包括"上屋奏表"在内的"招兵节"活动就要在畲族祖地消失了。如何保护与弘扬"上屋奏表"折射出来的畲族文化，很值得社会的关注。

【参考文献】

1. 饶宗颐总纂：《古瀛志乘丛编》第八册《娱乐种别》，潮州市地方志办公室编印，2005 年。

2. 朱洪、姜永兴：《广东畲族研究》，广州：广东人民出版社 1991 年版。

3. 关东升主编：《中国民族文化大观·畲族编》，北京：民族出版社 1999 年版。

4. 游文良：《畲族语言》，福州：福建人民出版社 2002 年版。

5. 游文良、雷楠、蓝瑞汤：《凤凰山畲语》，长春：吉林人民出版社 2005 年版。

6. 石中坚、雷楠：《畲族祖地文化新探》，兰州：甘肃民族出版社 2010 年版。

龙母文化在当代南中国的传播[①]

——基于国家—市场—社会视角的分析

苏 常[②]

一、引 言

在中国，龙母文化的影响力不在妈祖文化之下。透过每年诞期悦城龙母祖庙前的参拜盛况，我们便可窥见龙母文化在当代的流传之广、影响之大。适逢诞期，龙母祖庙内必是人声鼎沸、香火缭绕；庙外，搭载各方香客而至的车队则往往延绵数公里，蔚为壮观，"成为华南地区、港澳乃至东南亚的一大文化事象"[③]。这一文化现象已然引起不少前辈学者的关注，他们分别从文学、民俗学、建筑学、人类学的角度去研究龙母文化：或归纳龙母传说的类型特点，或分析龙母信仰的传承演变，又或阐释龙母祖庙的建筑风水。

本文力避上述研究视角，试图从传播学的角度去研究龙母文化这一中国传统民俗在当代中国的传播。而我们的分析着力点不在民俗传播的特点、方式与类型上，我们着重关注的是民俗传播生成背后复杂的权力关系图景。正如民俗传播学者仲富兰所言："旧时代的民俗，有的已随着那个逝去的社会所淘汰，有的则在新的历史时期被种种复杂的因素所影响、所裹挟并得以强化。"[④] 历史久远的龙母文化穿越两千多年的时光隧道，缘何非但没有销声匿迹，反而在当代社会越发璀璨夺目？是什么复杂的因素造就了这样的传播现状？不同的传播推手又是如何发挥作用和发挥了什么样的作用？本文将龙母文化的传播放在当代中国社会的广阔背景之中，运用国家—市场—社会的三元分析框架，基于 2010 年和 2011 年的文献研究和田野工作[⑤]，试图去剖析不同权力主体对龙母文化在当代传播所产生的作用和影响，以及存在于它们之间微妙的互动关系。

---

① 本文原载《广西民族研究》2012 年第 2 期。
② 【作者简介】苏常，肇庆学院文学院讲师，传播学博士。
③ 蒋明智：《悦城龙母：从传说到信仰》，《文化遗产》2008 年第 2 期。
④ 仲富兰：《民俗传播学》，上海：上海文化出版社 2007 年版，第 5 页。
⑤ 田野工作包括 2010 年和 2011 年两年间在悦城、藤县、梧州三地龙母庙的考察调研，在龙母诞期间对三地龙母诞活动的参与观察，以及在三地对政府官员、龙母庙管理者、群众、商家、动漫公司负责人的访谈。

二、国家的挪用：新意识形态与仪式传播

国家在龙母文化的传播过程中一直扮演着举足轻重的角色。从某种程度而言，龙母文化在不同历史阶段的发展总是与当时的主流意识形态保持着亦步亦趋的关系。在古代封建社会，龙母因其所承载的"孝道"观念契合社会的伦理道德要求，而被历代帝王所器重，并因此成为国家正祀。同时，中央集权还利用其深厚的民众基础，借以控制地方社会。"文化大革命"时期，国家意识形态在全国上下推动"无神论"，龙母文化因被划入"四旧"之列，地位亦由中心而至边缘，传播戛然而止。改革开放以来，国家对于宗教信仰的政策逐步放宽，无疑为龙母文化的再度登场提供了机会。随着改革开放的深入，社会转型的裂与痛撕扯着民心，国家意识形态需要安抚民众情绪，保持和重建国家政权的合法性。社会转型时期的国家意识形态被称为"威权型的新意识形态"①，较之以往"极权型的旧意识形态"②，它的作用方式"从强制、灌输、控制到同意、咨询与召唤"③。而龙母文化因其所展现的仪式传播的形式特点，适宜于对普罗大众实施的个体，而被新意识形态所借重，被国家所重新征用。詹姆斯·W. 凯瑞认为："传播的起源及最高境界，并不是指智力信息的传递，而是建构并维系一个有秩序、有意义、能够用来支配和容纳人类行为的文化世界。"④ 仪式传播恰是上述传播观的生动展现。从"仪式传播"的视野去审视龙母文化，其在当代的传播功效主要体现在道德教化、社会整合以及认同建构这三个方面。

（一）道德教化

礼仪道德向来是中华民族屹立于世界民族之林的根本，自古以来便流传着"三纲五常"的说法。不过，随着市场化改革在中国的推进，以及西方消费主义意识形态的漂洋过海，享乐主义在社会大行其道，拜金浪潮汹涌而至，婚姻道德败坏，商业诚信缺失，社会伦理沦丧。无论是先前许霆的恶意取款，还是近期十八个路人对小悦悦的漠然冷视，无不昭示着这个国家的道德围墙已然摇摇欲坠，随时面临坍塌的危险。国家为确保长治久安，急需重建这一现代转型社会的道德体系。龙母文化因其所承载的传统儒家伦理的"孝道观"在当代社会的现实意

---

① 潘知常：《新意识形态与中国传媒——新世纪新闻传播研究的一个前沿课题》，《江苏行政学院学报》2006 年第 4 期。

② 潘知常：《新意识形态与中国传媒——新世纪新闻传播研究的一个前沿课题》，《江苏行政学院学报》2006 年第 4 期。

③ 潘知常：《新意识形态与中国传媒——新世纪新闻传播研究的一个前沿课题》，《江苏行政学院学报》2006 年第 4 期。

④ ［美］詹姆斯·凯瑞著，丁未译：《作为文化的传播》，北京：华夏出版社 2005 年版，第 7 页。

义，而适应了国家道德重建的需求。它宣扬母慈子孝、利泽天下、奋发向上、亲和团结、赤子孝道，这些道德思想不仅有利于家庭关系的和睦稳定，更有助于社会发展的和谐有序，符合国家建设"和谐社会"的理念内涵。近年来，政府在社会上大力推广龙母文化，其根本目的正在于把龙母这个古老传说的故事人物包装成现代社会的道德楷模，并希望凭借其在社会民众中的广泛影响力，成为人们道德重建过程中可供参照的学习标杆。一到龙母诞期，尊崇龙母的各方信众纷沓而至，共同参与盛大的祭拜仪式。在参与仪式的过程中，民众一方面通过戏剧、传说重温历史上龙母惩恶扬善的义举，重新学习确立真善美的标准；另一方面则在膜拜龙母，在接受其精神洗礼的过程中，观照反思自身日常道德行为实践的不足。因而，龙母文化的仪式传播实则兼具了道德教化和道德洗礼的双重作用。

（二）社会整合

国外学者认为："仪式庆典的作用在于以一种旨在用王权、神权以及类似的权威来迷惑、威慑广大观众的方式来象征权力；以过去展现等级的方式来表现社会秩序；通过仪式表演与参加庆典的大众的程式化反应之间的仪式化的对话来传输对忠诚的表达；通过表现延续的象征来唤起传统；通过突出社会崇尚的中心价值来强调社会团结。"① 换言之，"集体仪式是社会整合的一种核心媒介"②。社会学家孙立平指出，断裂和失衡已然成为当代中国社会的主要表征。下岗失业、官员腐败、贫富悬殊、城乡差距，这一系列社会问题促使阶层分化越发明显，而随着改革开放进程中人民公社的相继解体和国家单位制的逐渐崩解，国家与民众间的关系亦越发疏离。面对日益原子化的当代社会，国家面临社会整合的重任。龙母祭祀仪式的存在恰好为国家意识形态发挥其黏合剂功能提供了空间和道场。首先，仪式本身就是社会整合的工具。在这个由特定的时间（固定诞期）和特定的空间（龙母庙宇）所构建的特定时空范畴之内，仪式参与者在此时此地拥有一个共同的身份——信众。佛语有云：众生皆平等。信众在龙母面前亦感受到了这种平等，而他们现实生活中事实上存在的不同阶层、职业、民族的差异则在此特定的时空范畴中被暂时抹平。这是国家利用仪式所施行的社会修饰术，它有效地遮掩了社会分化的裂痕。另外，仪式中不断宣扬的龙母"有德于民、有功于国"的善举，体现了国家对社会民众向善之心的询唤，"起到了规劝这个社会桀骜不羁的反抗因素的'和谐'要求"③。

---

① ［美］丹尼尔·戴扬伊莱尔·卡茨著，麻争旗译：《媒介事件》，北京：北京广播学院出版社 2000年版，第 254 页。

② ［美］米切尔·舒德生：《文化和民族的整合》，载［美］戴安娜·克兰主编，王小章、郑震译：《文化社会学》，南京：南京大学出版社 2006 年版，第 28 页。

③ 吕新雨、赵月枝：《中国的现代性、大众传媒与公共性的重构》，《传播与社会学刊》2010 年第 12 期。

（三）认同建构

全球化语境下，民族国家间的边界日趋模糊，各民族国家独特的文化身份正面临前所未有的认同危机。面对危机，"人们总是希冀在民族共同体及本民族的历史与文化中找到民族主义的力量与韧性，建构其文化身份和自我认同"①。而仪式传播通过"仪式展演与仪式参与人共享文化、宗教、民俗等深层意蕴信息，以达到维系群体价值观的一个过程"②。近年来，各种"祭祖"、"拜祖"大典在神州大地此起彼伏，充分印证了仪式传播所具有的认同建构功效。龙母文化的祭祀大典无疑为所有华夏儿女提供了一个想象的认同空间。仪式朝拜的中心——龙母在仪式当中被转化为民族国家的象征符号和身份代表，民众则通过朝拜龙母再次确认他们身为"龙的传人"的身份标识，并由此体认到"同根同源、龙族荣光"的身份归属感和群体认同感。在这里，国家巧妙地实现了意识形态的话语置换：龙母在仪式中既然充当民族国家的化身，民众对于龙母的朝拜，实则就是对于民族国家的尊崇与认同。通过仪式传播，民族文化身份的边界得以重新书写和确认。民族主义的话语权力也成为新意识形态构建文化认同的最主要力量。

正是基于以上仪式传播的三大意识形态功效，龙母文化在近年的发展得到了广东省、肇庆市两级政府从语言到行动上的全方位支持，包括省委领导对发展传承龙母文化的积极表态，市委领导牵头编撰龙母文化著作，以及政府拨款资助拍摄以龙母为题材的动漫作品。

三、市场的拥抱：旅游经济、文化产业与传媒助力

市场经济是1978年改革开放以来中国现代社会转型发展的主旋律。"市场化"、"商业化"则成为各行各业不断重申和标榜的复调。文化产业被声势浩大的市场化浪潮所裹挟，龙母文化的传播亦不断受此推波助澜。

（一）旅游开发提升龙母文化的知名度

20世纪80年代初，旅游成为人们重要的休闲娱乐活动，而此时龙母文化的光复已不再仅仅是作为一项民间祭祀活动，它同时亦成为重要的旅游文化资源进入旅游业界的开发视野。历史悠久的龙母传说、巍峨绝伦的庙宇殿堂、庄严肃穆的仪式体验，这些得天独厚的旅游文化资源一旦得到精心包装和推广，就可成为吸引游客的闪亮招牌。随着各方游客的口耳相传，龙母文化的名声亦不断向外

---

① 张兵娟：《媒介仪式与文化传播——文化人类学视域中的电视研究》，《现代传播》2007年第6期。

② 徐红、赵禄：《论土家族婚丧礼民俗的仪式传播》，《中国传媒报告》2010年第1期。

远播。

　　进入 20 世纪 90 年代，节庆经济成为地方经济发展的重要手段，地方政府网罗民间仪式资源举办形形色色的地方节庆活动，并以此作为经贸活动的招商手段，生动地诠释了"文化搭台、经济唱戏"① 的深刻含义。旅游业界则从中敏锐捕捉到节庆本身所蕴藏的巨大商机。自农历正月开始至农历十一月止，"龙母诞"共有七个诞期。每个诞期，当地政府都会组织大型的庙会活动，而各方旅行社亦会适时而动，组织大量的游客到此观光朝拜，感受独特的庙会活动。可以想象的是，周期循环的龙母诞期不仅是旅游业界推广旅游线路的黄金假期，也是龙母文化聚集人气的宝贵时刻。

　　新世纪以来，旅游业的产业化转型提速，旅游产业成为各地竞相追逐的新兴产业。广西梧州、广东肇庆等地都紧紧围绕龙母文化，大力发展旅游产业。悦城龙母庙所在地的德庆县政府，更是自 2005 年起与南湖国旅建立合作关系，依靠市场力量助推龙母旅游的发展。熟谙市场化运作规律的南湖国旅不仅依靠各类广告手段展开旅游宣传攻势，还加强市场营销渠道，盘活旅游客源，开发出"龙之旅"黄金旅游线路，使龙母旅游开发真正搭上了市场化这辆快车。数据显示："2010 年，龙母祖庙接待参观人数 133 万，门票收入更高达 3 382 万元。"② 而随着德庆当地旅游的兴旺，同属旅游产业范畴的餐饮、住宿、购物、交通业亦得到不同程度的拉动。龙母祖庙周边商铺林立，这些商铺于 20 世纪 90 年代初由政府兴建，此后一直租赁给当地民众作经商之用，商铺出售的东西多为元宝、蜡烛、香以及各类旅游纪念品。每逢诞期，商铺门前的人群总是络绎不绝，聪明的商家为了招揽顾客，更是想出"买香烛送泊车位"的绝妙招数。龙母祖庙的外墙上，有一排巨幅招贴广告，其中两幅为广州知名生殖专科医院——仁爱医院所设，而在这样一个历史文化旅游胜地投放治疗不孕不育的医疗卫生广告看似不雅，实则却是有的放矢，因为每年到此祭拜的民众中有不少正是为求子求女而来。由此观之，市场化改造的不仅是国家，还有企业和民众。在对龙母商机的把握上，国家、企业与民众居然如此步调一致。

（二）文化产业对龙母文化资源的挖掘开采

　　所谓文化产业，即指"从事文化产品生产和提供文化服务的经营性行业……是社会生产力发展的必然产物，是随着我国社会主义市场经济的逐步完善和现代

---

　　①　"文化搭台，经济唱戏"是 20 世纪 90 年代初某些地方政府在发展经济过程中所提出的一个口号，不过这个口号曾引起过包括著名文化人冯骥才在内的批判。近来，也有不少学者批判其是过时的口号。不过，时至今日，它依然是不少地方政府招商引资的一种重要途径。

　　②　在德庆悦城镇政府调研访谈所得资料，2011 年 7 月 18 日。

生产方式的不断进步而发展起来的新兴产业"①。广东作为中国改革开放的桥头堡，过往经济发展更多地依赖于对外经贸业和密集型加工业。而近年来，在新一轮的布局调整中，政府开始更加关注文化与经济的良性互动，进而提出建设文化大省的规划纲要，文化产业随之被推上前台。如何发展文化产业，各地策略不一，相应共识则是对于地方文化资源的挖掘和开发。岭南文化底蕴深厚，是中国民族文化的重要组成部分。龙母文化隶属于岭南文化一脉，成为广东文化产业发展可资凭仗的文化资源。针对此，广东德庆县政府不仅全力推动龙母文化申报国家非物质文化遗产，更在此基础上，推出《德庆县建设文化强县规划纲要》，其中即包括办好德庆龙母诞文化节、建设以悦城龙母文化等为代表的西江沿岸文化旅游走廊、建设悦城龙母文化村等各项规划措施，实质上已然初步涉足围绕龙母所进行的文化产业开发。而对龙母文化更为深度的产业开发则来源于动漫界。2009 年，广东粤动传媒有限公司开始制作一部名叫《龙母传奇》的动画片，动画片的制作固然有政府居间起牵头作用，但不容置疑的是，动漫产业也早已瞄准了龙母形象在民间广泛的影响力以及进行市场开发所具有的巨大潜力。合作是双赢的，动漫产业可以从中获利，政府则可通过动漫作品这种新型的传播方式吸纳更多的社会民众，并借此带动当地旅游业新一轮的发展。

（三）传媒改革助力龙母文化的推广和宣传

传媒业向来被视为中国从计划经济向市场经济转型过程中的独特组成部分。自改革开放以来，它深刻地感受到了市场化的脉动，而在其自身不断向市场推进演变的过程中，也侧面推动了龙母文化的发展。

首先，是报纸、电视等传统媒体对于龙母文化的传播推广。20 世纪 90 年代，传媒业市场化改革的表征之一是都市报的涌现。较之以往党报严肃呆板的办报风格，都市报在内容和形式上都给人以活泼生动的形象，专版专刊的开设正是此种形象的展现。专版专刊通常用广告软文的方式推介各行各业，其中包括汽车专版、房产专版、美容专版等，旅游专版亦在此之列。旅游专版的出现同时满足了媒体、行业和受众的三方需求：报纸需要旅游资源去填充版面，旅游业试图通过报纸去推广旅游线路，读者则渴望从专版中寻找旅游资讯。龙母文化因其独特的地方历史特色亦获得了旅游专版的青睐，频频跃然纸面。《南方都市报》于 2005年 6 月 6 日推出的旅游专版《商旅时代·德庆游》，围绕德庆"龙之旅"的黄金旅游线路精心打造，不仅包含对龙母文化的详细介绍，还有附近景点的全面推介，各类住宿餐饮资讯亦一应俱全，极大地满足了游客的出行需求。此专版在当年龙母生辰诞前夕推出，大大拉动了当年到此旅游观光的人数增长。与报业的市

---

① 中国文化部：《关于支持和促进文化产业发展的若干意见》，2003 年 9 月。

场化改革同步，电视在当代中国的影响力也与日俱增。进入新千年，广东德庆县政府充分利用珠三角地区的有线电视网络以广告或新闻的方式推广宣传龙母文化，效果显著。

2005 年，凤凰卫视的《文化大观园》栏目走进龙母祖庙，主持人与文化专家设坛开讲，更使龙母文化的影响力辐射海内外。

其次，网络、手机等新媒体的出现使龙母文化有了更广泛的传播网络。与传统媒体比较，新媒体去中心化、个人化的传播特点更符合年轻受众的资讯接收心理和媒介使用行为，因而也更受年轻人欢迎。龙母文化利用新媒体的传播渠道使其传播得以延伸到社会上的年轻族群。德庆县旅游部门一方面利用德庆旅游网上的节庆活动专栏对龙母文化进行网络推广；另一方面则与移动通信商合作，适时进行节庆活动的短信宣传。同时，新媒体还具有跨越时空、即时通信的优势，使传统民俗古老的口头传播方式，可以突破时空的限制，"传递到超地方的领域中，并为不同社群的认同和联谊提供机会"①。在田野调查中，笔者在藤县龙母庙曾偶遇一幕：一位上了年纪的大娘，在接到了外地信众祈福的电话之后，即时便通过手机用藤县土话为那位信众唱经向龙母祈福。电话这端是大娘高亢激昂、绵绵不绝的吟唱，电话那端则是信众诚心诚意、全神贯注的倾听。手机这种新媒体，串联起了龙母文化在两地间的传播。这种"传统"与"现代"的绝妙结合不得不令人惊叹：传媒技术的革新确实在改变着传统民俗传播的方式和边界。龙母文化的传播也因此获得了新的可能和发展空间。

四、社会的呼唤：心灵鸡汤、娱乐消遣与文化寻根

除国家、市场之外，社会民众的呼唤也是龙母文化得以广泛传播的重要因素。

（一）社会民众需要"心灵鸡汤"的滋润

"当代中国的城乡，各种宗教和类宗教以非常快的速度扩散。这是因为传统的组织资源和社会资源处在一个崩解的过程中"②，整个社会正在经历急剧的转型动荡，龙母文化这类"心灵鸡汤"恰好可以安抚民众所遭受的心理挫败和创痛。

一方面，它可以填补当代社会民众的信仰真空。"当下中国，遭遇着文化焦虑和社会治理危机的双重困扰。全球化虽然给中国带来一个开放的，不可逆转的经济体制，但单纯的经济诉求无法为一个几十亿人口的民族共同体提供意义，提

---

① 仲富兰：《民俗传播学》，上海：上海文化出版社 2007 年版，第 451 页。

② 吕新雨、赵月枝：《中国的现代性、大众传媒与公共性的重构》，《传播与社会学刊》2010 年第 12 期。

供一种持续奋斗的精神价值。"① 而龙母文化，它联结民族历史与地气，贴近民众长期生活中所形成的主体心理积淀，因此成为不少当代民众的重要信仰。

另一方面，它满足了人们求福避祸的祈愿心理。通过祈愿，人们既可转嫁现实周遭的苦难和不幸，亦可寄托对未来生活的希冀，一举两得。龙母文化流传着很多神奇灵验的传说故事，传说经过人与人之间的口耳相传，使广大民众相信龙母是一尊庇佑四方的神灵，龙母庙自然也就成为人们祈福的首选之地。祈福者身份各异，祈福愿望也是五花八门，有求富贵安康的，有求官运仕途的，也有求子求姻缘的，充分体现出"中国民间信仰重实用、实惠的一大特点"②。每年龙母水灯节，龙母祖庙都会安排一个特别的放水灯仪式。夜幕降临之时，民众手拎点燃的水灯，从龙母祖庙殿堂出发，携老带幼，穿街过巷，一路前行，最终在西江岸边将水灯放逐，霎时间，江面上泛起点点亮光，寄托着万千民众对未来生活的美好愿望。

（二）龙母文化展演满足了民众的娱乐消遣

除了作为一种重要的信仰，能够满足民众精神皈依的心理需求之外，近年来，龙母文化自身所体现出来的娱乐特性亦使其受到社会大众的欢迎。事实上，自古以来龙母祭祀仪式就和娱神活动相联系，娱神活动包括演戏、跑旱龙、划龙舟等，极大地愉悦了参与者和观看者的身心。现代社会传媒发达，电视、电脑的普及似乎极大地满足了人类对于娱乐消遣的强烈欲望。但是，它们所带来的愉悦却往往是表面和短暂的，现代媒介技术的特性把人类娱乐束缚在狭窄局促的室内空间，非但难以释放人类的娱乐天性，反而桎梏了人们的心性。与现代传媒娱乐相反，传统的龙母文化活动多在室外举行，它有辽阔空旷的场地空间，有数量庞大的参与人群，还有形式繁多的民娱节目，能使民众疲惫的身心得以彻底放松。2010 年在广西梧州龙母太庙的田野调查使笔者对此有深刻体会。2010 年 6 月 18 日龙母生辰诞当晚，太庙庙堂内循例举办了隆重的龙母诞活动，笔者一行亦有幸参与其中。笔者注意到，在当晚持续四个小时的庙会活动中，除了保留节目——祭祀仪式外，还添加了很多娱乐性环节，譬如仪式开始前垫场的粤剧清唱，仪式过程中穿插的戏剧戏曲以及舞龙醒狮表演等。而到场参与者也并非全是祭拜龙母的信众，有不少是过来娱乐助兴的市民群众。活动结束后，不少群众仍意犹未尽，而他们所津津乐道的是当晚精彩的文娱表演，证明他们参与龙母诞更大程度上基于娱乐消遣的考虑。从这个角度去观察，龙母文化在当代的传播，已不仅只是作为一种祭祀仪式，在某些地区，它还成为面向群众的一种文化展演和广场娱乐。

---

① 杨晓民：《全球的时代的地域文化》，《读书》2010 年第 11 期。
② 蒋明智：《悦城"龙母诞"的历史与现状》，《民间文化论坛》2005 年第 3 期。

（三）港澳台同胞及海外华人的文化寻根

如今，龙母文化除了在珠三角地区一带影响广泛之外，其在港澳台同胞以及海外华人中同样具有深厚的群众基础。尤其是港澳各地的堂口，每年都会组团包车到悦城、梧州等地的龙母庙进行参拜，更有不少港澳热心人士捐资赠款以助龙母庙的修缮维护。这种精神和物质的双向支持极大地推动了龙母文化在当代的发展和繁荣。为何港澳台同胞以至海外华人对龙母信仰如此虔诚呢？细究之下，其实还是他们强烈的寻根问祖的文化心理使然。龙母信仰从图腾崇拜到水神崇拜再到祖先崇拜，其间演变经历了两千多年的历史，而祖先崇拜的意义和价值则在当代越发凸显。西江沿岸一直流传着"探阿嫲"的说法，探阿嫲即拜龙母。港澳台同胞以至海外华人年复一年、不远千里地来"探阿嫲"，事实上反映出这些漂泊在外的龙子、龙孙对于故土和祖先的眷恋与怀念。拜祭龙母是认祖归宗，是对于炎黄子孙身份的确认和文化认同的重构。

五、结　语

上述论证是在多重话语中展开的。在多角度的分析棱镜下，我们既看到了国家意识形态对于龙母祭拜这种民俗仪式在新时期的挪用；也看到了中国市场化改革对于龙母文化的塑造；更看到了社会急剧转型中民众对龙母文化这种心灵鸡汤的渴求。在中国处于改革开放转型期这一特殊的历史背景之下，国家、市场、社会这三大权力主体达成了某种程度上的共振与互动，推动了龙母文化在当代的广泛传播。可以预见的是，在未来一段时期内，这些权力主体的推动依然会对龙母文化的传播发生效力。然而，值得警醒的是，在当代社会的语境下，国家、市场固然是文化发展可资仰仗和借重的力量，但是，国家参与抑或市场的开发，其权力行使必须适度有限，否则一旦僭越，就必然形成对文化的破坏和消解。在田野调查过程中，我们观察到一些现象，譬如世界小姐大赛选美佳丽邂逅龙母祖庙所呈现的不和谐，以及龙母祖庙周边部分商铺不道德经商行为对于龙母伦理道德精神的违背。这些现象说明市场开发所导致的某些负面效应已然凸显。从长远来说，龙母文化的繁荣与发展还是应该遵循民俗文化自身发展的规律和特点，唯有如此，它在当代中国的传播才能发出更绚烂的光彩。

张九龄研究中若干重要问题考辨

——兼答顾建国先生

熊 飞

　　数年前，我与顾先生有过一次书信来往。当拙著《张九龄年谱新编》（以下简称《熊编》）出版之后，我便寄了一本给顾先生，没有想到，顾先生的回信竟是他的大作《张九龄年谱》（以下简称《顾谱》）。几乎同时，拙著《熊编》与顾先生的《顾谱》一南一北分别出版，这是张九龄研究近十年来不断深入的标志。收到《顾谱》后，我便将自己对谱中一些重要问题的看法告诉了顾先生。为了向学界朋友介绍张九龄近年的研究情况，我曾与广西师范大学的张明非先生联系在《唐代文学研究年鉴》的发文事宜，但年鉴没来得及采用。这就是顾先生所看到的刊登在《咸宁学院学报》2006 年第 2 期上的《近十年张九龄研究的新进展》一文。不久前，在《淮阴师范学院学报》2007 年第 2 期上，看到了顾先生的大作《张九龄研究中的若干问题商兑——兼答熊飞先生》（以下简称《商兑》）；昨日，又接到顾先生惠赠的新著《张九龄研究》（以下简称《研究》）。但让我感到奇怪的是，在其新著《研究》中，不管是正文还是参考文献，拙著及几篇重要论文均没有出现，如果说其他刊物发表者难以看到，但《学术研究》（广东）、《唐代文学研究》（中国唐代文学研究会编）等刊物，一个博士，不能说没有见到吧？如果说论文没有见到还情有可原，顾先生该不会说《熊编》也没有见到吧？我原以为，两本年谱摆在那里，是非明眼人一看自知，既然张先生不愿意将拙著与其大作放在一起，让世人"共赏"，那我也没有办法。所以只好仿顾先生的样子，一则说我对一些重要问题的看法，二则也算是给顾先生的大作一个答复吧！

一、关于张九龄籍贯

　　顾建国先生在《商兑》中说："对九龄籍贯问题的争论由来已久，熊飞先生说拙作'误赞《始兴张氏族谱》（手抄本）九龄祖上是由曲江迁始兴之说（实则是由始兴迁曲江）'。对此，先需辨明，拙作从未说'九龄祖上是由曲江迁始兴'的，按《始兴张氏族谱》的记载，拙谱在第 7 页明明是说：'由是知九龄曾祖、祖父均居曲江，盖其父宏愈始迁到始兴。'在其《研究》中，亦重申'至九龄时，张氏家族在曲江、始兴两县显然均有第宅，曲江是九龄祖居之所在地，始兴则是九龄故居之所在地。'"① 本来，张九龄籍贯问题在我的《从文化角度看张九龄籍贯》（《学术研究》，2004 年第 9 期）及《张九龄籍贯之争的文化学阐释》（《新文学》第四辑，大象出版社 2005 年版）两篇文章中已经得到彻底解决，拙著《熊编》也将二文观点作了转述，不管顾先生愿不愿意提及，我还是得说清楚。

顾先生也自称他的说法"对历史上的'曲江'、'始兴'有一个说得通的解释"。果真如此吗？其说法至少有以下几点说不通。

首先，说"曲江是九龄祖居之所在地，始兴则是九龄故居之所在地"。第一个无法解决的问题就是萧昕所撰《殿中监张公（九皋）神道碑》（以下简称《张九皋碑》）："公讳九皋，其先范阳人也……晋末以永嘉南渡，迁于江表。"② 如果张九龄祖上南迁是迁于曲江，则曲江与"江表"有什么关系？我说九龄祖籍始兴县，始兴与"江表"就有关系，我从古代政区变化中找到了依据。《三国志·魏书》记载：魏文帝黄初三年"五月，以荆、扬、江表八郡为荆州，孙权领牧故也。荆州江北诸郡为郢州"③。这里提到了"江表八郡"，且是与"江北诸郡"比并而出，显然是指江东及长江以南各郡。其地大约为今江、浙和江西、安徽、两湖长江以南地，也就是三国时东吴孙权所占有的广大地区（"孙权领牧故也"）。而张氏祖上南迁之地，实为南康郡。据《晋书·地理志》，南康为古扬州之地，它原是从汉淮南郡分出豫章郡，又从豫章郡分出庐陵郡，从庐陵郡分出庐陵南部，再由庐陵南部改名南康郡的。而始兴县就是从南康郡分出的，《旧唐书·地理志四》记载："始兴，汉南野县地，属豫章郡。孙皓分南康郡之南乡，始兴置县，县界东峤。"④ 所以，张氏祖上南迁之地为南康郡，始兴县从南康郡分出，南康郡属"江表"，始兴也就可以说是"江表"了。

其次，张九龄三次封爵，两封始兴，一封曲江，从文化角度看，这是光宗耀祖，荣归故里。但其兄弟张九皋却两封南康，死赠扬州广陵郡大都督府长史，据《张九皋碑》记载，这也是"首丘归本"。也就是说，"南康"、"扬州"也与其"本"之所在地有关。这就是张九龄祖先南迁之地为南康之证明，也是始兴为其祖籍的证据，因为始兴是由南康郡分出。

其三，如果像《始兴张氏族谱》和顾先生所说，张九龄"曾祖、祖父均居曲江，至其父宏愈始迁到始兴"。那么，也很难解释他们家的墓葬。现存张九龄及其父母兄弟等共有七个坟墓均在今韶关市市区（原曲江县），却未见其祖父以上亲人的墓葬。合理的解释应是：其祖父以上因搬迁来曲江未久，应葬在始兴祖

---

①　顾建国：《张九龄研究》，北京：中华书局 2007 年版，第 27 页

②　（宋）李昉等：《文苑英华》，北京：中华书局 1966 年版，第 4731 页。

③　（晋）陈寿：《三国志·魏书》，北京：中华书局 1975 年版，第 80 页。

④　（后晋）刘昫：《旧唐书》，北京：中华书局 1975 年版，第 1714 页。

墓；若其四代祖以上均居曲江，而其父已经迁回始兴，则应相反，其祖父以下应葬曲江，而张九龄父母兄弟应死葬始兴才是①。

其四，徐浩撰《张九龄碑》言九龄"曾祖讳君政，皇朝韶州别驾，终于官舍，因为土著姓"。徐安贞撰《张九龄玄堂志》亦言"四代祖因官居此地"。都指居于韶州曲江县。《旧传》记载："曾祖君政，韶州别驾，因家于始兴。今为曲江人。"《新传》记载："张九龄，字子寿，韶州曲江人。"除张九龄自己的著述外，这四个材料应是最可信的，都一致称其为"曲江人"。这个"曲江"，是指张九龄的"占籍"，而非"传统的祖籍"。

正因为《始兴张氏族谱》有以上四点说不通，其为后人伪造显而易见。顾先生为了圆其说法，结果也似乎有些自相矛盾。在《顾谱》和《研究》中都说："但以传统的祖籍论定，张九龄之占籍自然应是曲江人……如果从现代占籍意义上来看，张九龄又应为始兴人了。"张九龄究竟是"曲江人"还是"始兴人"，在顾先生那里，我真有些糊涂。也不知顾先生所谓"古代占籍"与"现代占籍"的区别在哪里？标准是什么？

二、关于张九龄生平

1. "弱冠乡试进士"与"考功郎沈佺期尤所激扬，一举高第"

顾先生在文中说："熊飞先生提出拙谱将谱主'乡贡进士'与'进士及第'混为一谈了。检拙谱'长安元年'谱文明确写的是：'秋间，九龄自韶州赴广州应乡试。乡试中举后，旋被选贡入京应户部试（集阅贡士）。'（第24页）长安二年春，在京应吏部试进士及第。这个过程是清楚的。"不错，顾先生本来是将"乡试进士"与"进士及第"分开了的，但在论述过程中，一是忽视了"弱冠"的界定，将时间混而为一。张九龄经过"本县考试，州长重复。取其合格"取得"乡试进士"资格不是在长安元年（701），而是在二十岁的神功元年（697）；二是在具体论述过程中，将二事混而为一。如《顾谱》在长安二年注释［1］中说："愚以为'弱冠乡试进士，考功郎沈佺期尤所激扬，一举高第'，这是指张九龄于长安二年经过县州两级进士科考试合格后，第一次作为'乡贡'被送到京都应尚书省试时，受到了主持考试的吏部考功员外郎沈佺期的赏识而进士及第的。"后面还说："若依《李谱》所云（指将两试分开），那就意味着沈佺期这次知贡举，并对张九龄等人的赏识和擢拔是在岭南广州，而不是在京都了。这显然是讲不通的。"②

---

① 熊飞：《从文化角度看张九龄籍贯》，《学术研究》2004年第9期；《张九龄籍贯之争的文化学阐释》，《新文学》第四辑，郑州：大象出版社2005年版。

② 顾建国：《张九龄年谱》，北京：中国社会科学出版社2005年版，第28页。

2. 关于"重试"

顾建国先生在文中说："熊飞先生认为神龙二年九龄参加'重试'没有他证，应是再举制科。这实际上是对唐人徐浩所撰《唐故金紫光禄大夫中书令集贤院学士知院事修国史尚书右丞相荆州大都督府长史赠大都督上柱国始兴开国伯文献张公碑铭》（下简称《徐碑》）中'诏令重试，再拔其萃'这句话如何理解的问题。何谓'重试'？我的理解还是再次在京应进士试，而不是再举制科……为使人避免'误觉'，拙谱对张九龄神龙二年'重试'及（进士）第后，神龙三年就应吏部制科试'再拔其萃'（中材堪经邦科）的问题，在拙谱第39页有过分析，认为这是个比较特殊的例子。"按：除《徐碑》言"重试"外，确实还没有见到与九龄直接相关的"他证"，这是事实。《顾谱》在神龙二年（706）［行状］："秋，九龄赴西京应吏部重试及第"①，也没有列任何证据。为了给《徐碑》"重试"相合，顾先生不惜将《登科记考》所记"神龙元年"（705）改作二年（706），但怎么也改不了的事实是，九龄授官是"中材堪经邦科，授秘书省校书郎"。如果说前中进士第是因主考"受贿"作废，若"重试进士"及第仍不授官，恐怕就有些说不通了。所以，对《徐碑》"重试"问题，最好别强加附会，存疑可也。

3. 关于景龙间"为使"

此说不始于《顾谱》。言张九龄官秘书省校书郎期间曾因不得志南归者首为何格恩。他在《张曲江诗文事迹编年考》唐中宗景龙二年（708）《南还湘水言怀》诗下考云："诗云：'拙宦今何有，劳歌念不成。十年乖凤志，一别海前行。归去田园老，倘来轩冕轻……时哉苟不达，取乐遂吾情。'细味诗意，疑为登第后不得志南归途中作，时间约在秋初也。"② 其后，刘斯翰校注《曲江集》后附《张九龄年谱简编》："中宗景龙二年戊申（708）：三十一岁。夏，奉使岭南，就便归省。明年秋还京。有《使还湘水》至《南阳道中作》等七首诗。"③ 后来，刘先生又撰《张九龄未见载的第一次南归考》一文，于1989年3月在韶关召开的张九龄诞辰1 310周年纪念大会暨学术研讨会上宣读并编入论文集发表。在这篇文章中，刘先生似乎没有再提供什么有力的新证据，只是比《校注》说得更加肯定，再将自己对几篇诗文作品的理解进一步细化而已。④《顾谱》对此次为使依次记为：景龙二年（708）［行状］"秋后，南归省亲"；［注释］明言不合常例，却要另寻原因；景龙三年（709）［行状］"秋间，复辞家北上"；景龙四年、景云元年（710）［行状］"六月前，干谒李让侍御史。一者求其提拂；再者

① 顾建国：《张九龄年谱》，北京：中国社会科学出版社2005年版，第37页。

② 何格恩：《张曲江诗文事迹编年考》，《广东文物》1940年第11期。

③ 刘斯翰校注：《曲江集》，广州：广东人民出版社1986年版，第666页。

④ 王镝非主编：《张九龄研究论文选集》，广州：广东高等教育出版社1990年版，第243~246页。

欲随其赴岭南理铨选事，乘便归宁。不料被拒，遂上《与李让侍御书》"。①

　　按：张九龄任秘书省校书郎期间南归或为使事，正如刘斯翰先生所言，"两唐书与杂记均无可征"，都是何、刘二氏从诗文中体味来，很难据信。对此，我曾在《张九龄生平若干问题考辨》（《唐代文学研究》第十一辑，第299～307页）一文中作过专题考辨，这里不想重复。只就顾先生文中提出的"如何理解九龄的《与李侍御书》（《曲江集》卷十六）一文"的问题作答如下：《与李让侍御书》中明言，"昔遇光华启旦，朝制旁求，误登射策之科，忝职藏书之阁。又属朝廷尚义，端士相趋，复以无依见容，不得弃置；所以迟回城阙，感激身名……遂乃甘心附丽，乘便归宁，不然则命非饮冰，幸安中士，又安能崎岖执事之末，还无一级，去且二年"②？张九龄这段话首叙制科及第，授官秘省校书（"误登射策之科，忝职藏书之阁"）；次言玄宗尚义，再次登科，授官拾遗（"又属朝廷尚义，端士相趋，复以无依见容，不得弃置"）；下言"迟回城阙，感激身名"数年；然后再说"遂乃甘心附丽，乘便归宁"，而且还说到"崎岖执事之末，还无一级，去且二年"，在李侍御手下奔走将近两年。因此，此书应写于开元四年（716）弃官南还在家最少一年后，也就是开元五年（717）前后。说写于景龙间，显误。顾先生在文中还说《与李让侍御书》的"要旨明明是'求为从者'、'乘便归宁'。直到书信的末尾九龄还表达了'转当侧听妙选，用息鄙心'的希冀之心，正是基于书信的逻辑联系，《杨谱》和罗韬先生的《张九龄诗文选》等著作，才都认为此封书信是写于九龄在朝供职期间的（详下）。对此，熊飞先生又该如何解释呢"？如果如顾先生所言，此信的"要旨明明是'求为从者'、'乘便归宁'"。那顾先生就应把它置于景龙二年（708）秋前，怎么置于景云元年（710）回京后？岂不自相矛盾？再说，九龄在书中明言"遂乃甘心附丽，乘便归宁……崎岖执事之末，还无一级，去且二年"，即在李侍御手下干了将近两年。所以，我说顾先生等人是"曲解"了《与李让侍御书》的原文，并非妄言。③

　　4. 开元七年（719）"奉使广州祭南海"与十四年（726）奉使祭南岳及南海

　　本来，张九龄一生中奉使祭南岳及南海只有开元十四年（726）一次，《顾谱》硬要说开元七年（719）也曾"奉使广州祭南海"。我说此事没有根据，顾先生好像感觉有些抱屈。实际上，《顾谱》在开元七年［行状］"是年六月，或曾奉使广州祭南海，途中有《奉使自蓝田玉山南行》、《使还湘水》等诗"注释

---

① 王镝非主编：《张九龄研究论文选集》，广州：广东高等教育出版社1990年版，第45页。
② 刘斯翰校注：《曲江集》，广州：广东人民出版社1986年版，第593页。
③ 熊飞：《张九龄生平若干问题考辨》，《唐代文学研究》第十一辑，桂林：广西师范大学出版社2006年版。

[2] 中自己就已承认："是年六月，九龄是否奉使广州祭南海，史无确载。"① 既然如此，那顾先生为何硬要生此一事呢？其所依据的唯一理由就是"开元十四年九龄奉祭南海、南岳一事确无疑义，然《奉使自蓝田玉山南行》等诗确又难于系入此事下。因开元十四年玄宗君臣等皆在东都洛阳"，与"蓝田玉山一线皆无关联"，遂断"何、杨、刘三先生盖皆忽略了九龄开元十四年人在洛阳的这个基点，以至误系了诗篇"②。

张九龄开元十四年（726）六月丁未奉祭南岳及南海前究竟身在哪里，顾先生依据玄宗时在洛阳，遂谓九龄也在洛阳。他说"何、杨、刘三先生盖皆忽略了九龄开元十四年人在洛阳的这个基点，以至误系了诗篇"。实际上，是他自己忽略了一个最基本的事实，这就是开元十四年五月十四日，玄宗已经任命张九龄为"冀州刺史"（集附制、碑与传），从本年五月十四至六月丁未，张九龄是不可能到洛阳任职的。如果说要任职的话，他就应该身在冀州，而非洛阳。再说，此间他已"以庭闱在远，表请罢官"（《张九龄碑》），抗命不去冀州上任。所以，张九龄此时恰应身在长安而非洛阳。后玄宗收回成命，张九龄才能复以原职"太常少卿"奉使。

再说，《奉使自蓝田玉山南行》等诗果真如顾先生所言，"难于系入"开元十四年（726）奉使祭南岳及南海事下吗？非也。对于这个问题，我在谱中已经说得很清楚："五月，出为冀州刺史；未之任，即以旧职奉诏祭南岳及南海……六月初从京城出发。九龄奉诏祭南岳及南海，事在开元十四年，《册府元龟》卷一四四则记曰：'十四年六月丁未，以久旱分命六卿祭山川……太常少卿张九龄祭南岳及南海……壬戌，以旱及风灾，命百官及州县长官上封事指言时政得失，无有所隐。'同上卷二六：'开元十四年六月丁未，以久旱分命公卿祭山川。己卯，河北道及太原、泽、潞等州皆雨，祭北岳使李暠上言。'同上卷一百二：'开元十四年六月，以旱及风灾，命百官及州县长官上封事极言时政得失，无有所隐。'两唐书虽不记十四年大旱及祭岳事，然《旧纪》将玄宗令百官上封事诏亦置于十四年六月戊午，都记为十四年六月。《唐大诏令集》卷七四录《令卢从愿等祭岳渎敕》记载：'敕……太常少卿张九龄祭南岳及南海。'敕文末原有注：'开元十四年正月。''正'应为'五'之误。制为五月中下，九龄从西京出发在夏至前后，'六月丁未（一日）'似是出发之日，而非下制之日。《奉使自蓝田玉关南行》：'是节署云炽'。是节，指夏至。《何谱》、《杨谱》从《大诏令》作正月，未深考也。"③ 无论是出使的时间，还是出使的路线，诗与史均极为吻合。

---

① 顾建国：《张九龄年谱》，北京：中国社会科学出版社2005年版，第91页。
② 顾建国：《张九龄年谱》，北京：中国社会科学出版社2005年版，第93页。
③ 熊飞：《张九龄年谱新编》，香港：香港教育出版社2005年版，第82~83页。

三、关于张九龄交游

（1）九龄诗《故刑部李尚书挽歌词三首》中之"李尚书"是谁，顾先生言："向有'李日知'和'李乂'二说……《熊编》又举出九龄曾有《和姚令公哭李尚书乂》一诗作证云：'故二诗之"故刑部李尚书"为李乂无疑'。事实上，疑问有的是。"下面就对顾先生的"疑问"作答如下。

其一，顾先生言："挽歌词开篇即云：'仙宗出赵北，相业起山东。'据《新唐书》卷七二（上）《宰相世系表》，赵郡李氏为相者共17人。而自神龙三年（707）九龄入仕至开元朝终，细检此十七人中，曾任刑部尚书者，唯有李日知一人，是知所挽者为李日知。《何考》（何格恩《张曲江诗文事迹编年考》，简称《何考》）、《杨谱》均以此诗所挽者为李乂，误。李乂卒官于刑尚，一生从未登过相位，故绝无'相业'可言。"顾先生恐怕是连诗本身都没有读懂，这里明言是"仙宗"们的"相业"而不是"李尚书"的"相业"，若此"李尚书"曾"为相"，九龄此处就不应该称之为"李尚书"，而应称之为"李相"。就如张九龄虽不以宰相终，但徐浩所撰碑文仍称其为故"中书令"、"尚书右丞相"一样，这是一个最起码的文化常识。至于顾先生下面还说："诗题既称'故刑部李尚书'，就更不应指称卒官于刑部尚书任上……的李乂（九龄的《和姚令公哭李尚书乂》的称谓就是明证），而只能称从刑部尚书任上退隐后而逝的李尚书。"这样的说法是很幼稚的。

其二，张九龄与李日知没有所属关系，而与李乂却原有上下级关系。对这一点，我在谱中说："李日知生前所任诸职，与九龄无直属关系，李乂开元初姚崇为紫微令，荐李乂为紫微侍郎，二人均为任左补阙（按，"补阙"应为"拾遗"之误，本人原失检，特蒙顾先生教正）的九龄的直接上司。九龄与姚崇不协，李乂亦受姚崇排挤为刑尚。李乂死，九龄无依，年中便挂冠南归。故二诗之'故刑部李尚书'为李乂无疑。"[①] 张九龄在挽词中说"同盟会五月"，很明显，他与这位李尚书为"同盟"，即曾在一起共事，这说明所挽非李日知。

其三，张九龄与李乂，似乎还有师生之谊。在《和姚令公哭李尚书乂》中，张九龄说："忽叹登龙者，翻将吊鹤同。"在挽词中也说："龙门不可望，感激涕沾衣。"明显可以看出，张九龄的"登龙"，与这位所挽之"故刑部李尚书"有关。《旧唐书·李乂传》："景云元年，迁吏部侍郎，与宋璟、卢从愿同时典选，铨叙平允，甚为当时所称。"关于李乂主持"典选"之事，徐松《登科记考》不录，但李氏在景云间曾参与过朝廷典选，恐不用怀疑。而张九龄同李日知，就没

---

① 熊飞：《张九龄年谱新编》，香港：香港教育出版社2005年版，第37页。

有这层关系了。

其四，顾先生说，据《旧唐书》卷一一八《李日知传》云："先天元年，转刑部尚书，罢知政事。频乞骨，请致仕，许之……及归田园，不事产业，但茸构池亭，多引后进，与之谈宴，开元三年卒。"《新唐书》本传略同。《通鉴》卷二一〇对李日知的致仕时间明确载为"先天元年十二月"。所以他据二人卒时一为在任一为致仕，故断此"故刑部李尚书"应为李日知而非李义。我们知道，张九龄授左拾遗约在先天元年的八、九月间，李日知这年十二月即已经"致仕"，也许张九龄还没来得及认识李日知，李日知就致仕了。

（2）顾先生在文中说："九龄《同綦毋学士月夜闻雁》（四库本《曲江集》卷五）、《在洪州答綦毋学士》（四库本《曲江集》卷二）二首诗中'綦毋学士'为谁的问题，本人赞同近人何格恩、今人陈铁民和葛晓音等先生认为是綦毋潜的观点（唐《集贤院记》：'开元故事，校书官许称学士'），而熊先生提出此綦毋学士应为綦毋昱，确为新见。只是这个綦毋昱仅见《太平御览》（作'綦毋景'）和清人陆廷灿的《续茶经》（作'綦毋昱'）所引，其他史料中皆作毋昱。特别是这则资料的出处《大唐新语》一书中，亦作'毋昱'，如1984年6月中华书局版，许德南、李鼎霞的点校本《大唐新语》中仍作'毋昱'（第166页）。"

按：首先，从版本学角度看，《太平御览》编于宋初，其所使用的材料为宋初五代前所见者，当然十分珍贵可信。今人整理本《大唐新语》"綦毋昱"仍作"毋昱"，一则说明"綦毋"可简作"毋"，二则也可以说明《新语》整理者没有对此问题作深入考校，连《御览》这么重要的引文都没有校过，不知是何原因。不管如何，它也不能作为否定《御览》的证据。

其次，顾先生还说："熊飞先生《开元"綦毋学士"为谁》一文中又提出'书綦毋为"毋"由来已久'。但从其列举的材料来看，就未见綦毋潜或其他姓'綦毋'者，将'綦毋'简称为'毋'的。"这一点我在《开元"綦毋学士"为谁》一文中所论甚详，在此也用不着多费口舌。因为据王湾《哭补阙亡友綦毋学士》诗（唐殷璠《河岳英灵集》卷下）和张九龄《同綦毋学士月夜闻雁》及《在洪州答綦毋学士》三诗，当年被张说收揽在集贤的"十八学士"中，应该有一位姓"綦毋"的学士，这人在唐史中均被记为"毋昱"，甚至他自己所撰之《庞夷远妻李氏志》，也题为"丽正殿修书学士右拾遗毋昱撰"（《千唐》）。所以我说将"綦毋"简作"毋""由来已久"。①

（3）《和崔黄门寓直夜听蝉之作》（《曲江集》卷二），顾先生在《张九龄诗歌系年续考》一文及《顾谱》开元元年中，均曾认同何格恩的说法，认为崔是"崔日用"；后又以二崔现存诗作中毕竟未见"听蝉"诗，所以在开元四年下

---

① 熊飞：《开元"綦毋学士"为谁》，《中国典籍与文化》2006年第3期。

[备考] 言"尚难确考"。这个问题，我在拙谱中言之甚详："按：何、刘均以崔黄门为崔日用，但日用为黄门侍郎在景云元年七月，且前后只有半月。再则，九龄时为小小校书郎，也不可能与参知机务的黄门侍郎在一起寓直或唱和。崔黄门，当非景云间黄门侍郎崔日用。苏颋《唐紫微侍郎赠黄门监李乂神道碑》记李乂'开元丙辰岁仲春癸酉，薨于京师宣阳里第……其夏丙申，卜葬长安细柳原……散骑常侍扶风马怀素、黄门侍郎清河崔泰之、洎紫微侍郎苏颋，祖于延年门外'（《英华》卷八九三）。'开元丙辰岁'为开元四年，其时崔泰之在黄门侍郎任。而九龄时官左拾遗，其官本属门下省，是侍中与黄门侍郎的属官，其与黄门侍郎崔泰之在一起寓直唱和，理所当然。《旧纪》记李乂死于四年春正月。九龄四年秋间即已离京南还，则其与黄门侍郎崔泰之唱和当在四年秋前。从'思深秋欲近'句看，当作于夏六月末。姑系四年。九龄与崔泰之唱和，除此诗外，送张说赴朔方军巡边，也同有唱和作品传世，时为开元十年。也就是说，开元十年前，九龄都有可能与崔泰之唱和。"① 这里还要补充一句，张九龄与崔泰之唱和，还有政治上的原因。崔泰之与李乂亲近而与姚崇疏远，这跟张九龄的政治态度是很接近的，"同气相求"，大约如此。

（4）诗人钱起有《奉和张荆州〈巡农望晚〉》诗，《顾谱》与其《研究》均从傅璇琮先生之说，以为这位"张荆州"即开元二十五年贬荆州长史之张九龄。这肯定是站不住脚的。对此，我在参加中国唐代文学学会第十三届年会暨唐代文学国际学术研讨会时，专门写了篇《钱起生年与张姓人物的交游考辨》的文章（《人民政协报》2006年8月28日"学术家园"大会专版记及此文），我在文章中说："从傅先生的考证看，首先，傅先生在《钱起考》和《唐才子传校笺·钱起传》笺证中，就给我们提到了很多疑点。"

其一，"孟浩然也一度曾在张九龄的荆州幕府，有好几首诗与张九龄相唱和。但我们还没有发现孟浩然与钱起有酬答之作。"既然作为诗人的孟浩然都"不会把钱起放在眼里"，曾经当过宰相的张九龄难道会放下架子与钱起唱和吗？

其二，"《新唐书》卷一〇三《文艺下·卢纶传》把卢纶与吉中孚、韩翃、钱起、司空曙、苗发、崔峒、耿湋、夏侯审、李端列在一起，称为'大历十才子'。实际上，钱起生活的时代要比其他九人早得多"。按常理，既然钱起在时人眼中是"大历十才子"，应该年岁与其他九才子相当才是。但若开元末他已经有二十几岁，他的生年就要"比其他九人早得多"。如果他的年龄比杜甫还大两岁（傅先生认定钱起生于公元710年），难道还可以称之为"大历十才子"吗？

其三，傅先生说："钱起自开元二十六、二十七年荆州之游以后，大约有十余年的时间，他的行迹不可考见。"钱起这十余年的行踪为什么"不可考见"

---

① 熊飞：《张九龄年谱新编》，香港：香港教育出版社2005年版，第38页。

呢？难道不让人怀疑这十余年根本就不存在？

如果进一步考察，还有其他一些可疑之处。比如，张九龄《曲江集》中，没有与钱起唱和的记录，连与钱姓人唱和者都没有。

我又对《钱考功集》中钱起与张姓人物的交游进行了考辨，也不见钱起与张九龄唱和的蛛丝马迹。又通过对此诗文本内容的考证，以为《奉和张荆州〈巡农望晚〉》一诗中没有一句言及张九龄的"相业"，反而说他"郡中忽无事，方外还独往。日暮驻归轩，湖山有佳赏。宣城传逸韵，千载此嗣响（后三字王注本作"谁此响"，无校）"，"方外还独往"与九龄行事也很不符。我又据"宣城传逸韵"句，认为这位"张荆州"当曾作过宣城太守。据此，我便将此诗之"张荆州"锁定为"天宝间作过'侍御'、上元间作荆州刺史的张惟一"。

四、关于张九龄诗文作品考辨及系年：《百煞经》等论断及歌诀十八篇

《顾谱》开元十四年丙寅（726）［行状］云："九龄在太常少卿任，对命相学颇有研究，是年前后，作有《百煞经》等论断及歌诀十八篇。"① 接着又在［注释］中下按语说："九龄是年既在太常少卿任职，后又奉撰《六典》，对命相学的了解、熟悉和阐释亦为情理中事。"② 虽然顾先生在来信及《商兑》文中均说到"我还是倾向于您所说的'当是四库馆臣误抄入《曲江集》者'"，但致误原因顾先生未提及，故在此略作说明。

按：四库本《曲江集》卷十在《敕北庭都护盖嘉运书》"两军作号，首尾邀击，立可诛剪，何为当军自守，信贼公行！来"与"有伤损，去无关键"中间窜入《飞廉煞》至《百煞经》等十八篇作品，显非张九龄作品，理由如下：

其一，从版本学角度看，这十八篇作品，在现存的近二十个《曲江集》善本中，仅见于文渊阁四库本《曲江集》，其他善本均未见，且如顾先生所言，"《温谱》、《何考》、《杨谱》、'刘著'等亦未涉及"，故其可信度首先值得怀疑。

其二，从"书"的角度看，这十八篇作品是从《敕北庭都护盖嘉运书》一文中间插入，将"来有伤损"一句破开；而其最后一篇《百煞经》也是一篇没抄完的作品，抄者只抄至"月上带煞，必损父兄；日上"即止，"日上"后还有"带煞，夫妻必丧"等三十三行共六百余字未抄。且《曲江集》的书迹与这十八篇作品的书迹也有差别，即使是一人所抄，也应抄于不同时间。显然这十八篇作品是书者或是装订者窜入《曲江集》的衍文。

① 顾建国：《张九龄年谱》，北京：中国社会科学出版社2005年版，第133页。
② 顾建国：《张九龄年谱》，北京：中国社会科学出版社2005年版，第141页。

其三，从张九龄这个特殊个体角度看，也非如顾先生所言："既在太常少卿任职，后又奉撰《六典》，对命相学的了解、熟悉和阐释亦为情理中事。"张九龄现存诗文没有"命相学"方面的任何论述，对神秘力量的理解虽然不甚科学，但也跟这十八篇作品有极大差异。

其四，从文献学角度看，这十八篇作品仅见于四库本《曲江集》，此前各种唐代诗文选本、唐以后笔记杂录均未见记为张九龄所撰。此十八篇作品，全见明万民英《星学大成》卷三（四库本），秩序全同。因此我认为，《飞廉煞》至《百煞经》等十八篇作品，当是四库馆臣误抄入《曲江集》者。

近二十年来，顾建国先生发表了一系列研究张九龄及其作品的考辨文章，但与《顾谱》及其后出的《张九龄研究》一样，在张九龄籍贯、生平、交游及作品考辨等方面造成了很多严重失误，其作品系年存在的问题就更为严重了，因限于篇幅，在此就不一一罗列。

以上所论当否，恳请方家及顾建国先生本人指正。

三山国王信仰与粤台关系的互动

吴孟显①

一、研究回顾与问题的提出

三山国王是经粤东先民长时间塑造而成，并逐渐遍布粤东、台湾及东南亚等海内外地区的乡土守护神。近年来，三山国王信仰的广泛性与重要性引起了大量学者的关注，研究队伍不断扩大，研究论著也日益增多。从已有成果上看，可以发现有以下特点：

第一，综合性研究相对薄弱。与妈祖等其他民间信仰的研究相比，三山国王信仰的研究成果较少，且大多数的研究成果都是以论文形式出版，形成专著的为数不多。尽管在林俊聪、仇德哉等人的地方文化著作中都有部分涉及三山国王信仰研究②，但目前仅见吴金夫、贝闻喜、曾庆国、黄子尧等人有专著出版③。

第二，研究的范围和主题分布不平衡。已有成果多集中于台湾和粤东地区，根据学者研究的方向来看，关于三山国王属性的研究曾是争议的焦点问题，但目前"三山国王非客家人特有信仰"的观点（邱彦贵、施添福、李国铭、谢重光等），已在对粤台许多地区的个案研究中不断得到支持。其次，对三山国王神的性质（如黄国汉、陈春声、蔡起贤、吴金夫等的研究）、造神过程及其神话传说故事（如张应斌、潘朝阳、周建新、陈春声等的研究）等方面的研究也有较多成果。再次，关于地方开发史的研究则往往围绕族群关系展开论述（如尹章义、洪丽完、简炯仁、许嘉明、邱彦贵、吕仁伟、卓克华、李国祁、庄兴惠等人的研究）。此外，近年来出现了一些视角较为新颖的成果，如对三山国王庙的匾联（刘燕玉）、签诗（吴幼萍和潘玲玲）、木雕装饰题材（蔡佳纯）的研究，以及对三山国王的崇祀规制、造型、座次、配祀（徐丽霞、邱彦贵、马凤、贝闻喜、江

---

① 【作者简介】吴孟显，揭阳职业技术学院三山国王文化研究所副所长，揭阳职业技术学院讲师。

② 林俊聪：《潮汕庙堂》，广州：广东高等教育出版社1998年版；仇德哉：《台湾之寺庙与神明》（一）～（四），台中：台湾省文献会1983年版。

③ 吴金夫：《三山国文化透视》，汕头：汕头大学出版社1996年版；贝闻喜，杨方笙：《"三山国王"丛谈》，北京：国际文化出版公司1999年版；贝闻喜：《潮汕三山国王崇拜》，广州：广东人民出版社2007年版；曾庆国：《彰化县三山国王庙——客家与福佬客的故事》，台北：台湾书房2011年版；黄子尧：《台湾客家与三山国王信仰——族群、历史与民俗文化变迁》，台北：客家台湾文史工作室2005年版。

志雄）的研究等①。

第三，缺乏系统性的调查分析与比较研究。目前虽然台湾地区已有一些调查数据，但在粤东原乡的田野调查尚未全面展开。两岸虽有一些持续关注三山国王信仰研究的学者并取得不小的成就，比如大陆的陈春声从三山国王的来历故事入手进行分析，并以樟林个案进行与地域社会变迁研究相结合的尝试，又将其与移民社会、国家和社会等问题相结合，进行深入的阐释；台湾的邱彦贵对三山国王的性质、分布，及其与族群、中国大陆、台湾地域社会之间的关系进行了深入的探讨。但由于粤东原乡信仰调查研究工作的不足，两岸学术界又缺少在此领域的对话，以致已有成果中鲜有能从整体上对三山国王信仰进行系统而深入的探讨的论著，不同地域之间的信仰空间比较更是匮乏。

由此可见，有关三山国王信仰的研究大多关注的是其起源、性质、功能和小范围的分布状况，而对于粤台三山国王信仰的整体分布研究缺乏翔实的调查数据作为支撑，对信仰传播的过程和机制缺乏深入的考察，对于信仰在原乡与传播地区的差异也缺乏比较分析。有关庙宇与地方开发史的研究更多的是从族群的角度切入，而缺少将三山国王信仰作为一种文化景观，探讨其与地方社会空间整合的相互关系。因此，有学者认为三山国王的原乡信仰与其在移民社会的演变，可能是未来展开海峡两岸区域比较研究的一个方向。

目前，台湾学者的研究已由对三山国王信仰之起源、性质、功能的探讨转向和地域文化变迁相结合；大陆学者也出现转向较为纯粹的学术研究、更加关注神祇在地域社会文化背景、更加注重实地调查并相对侧重历史人类学方法等趋势。然而，通过众多学者对三山国王文化发展历史脉络的梳理，可以发现三山国王文化在形成与演变的过程中，都离不开中央政府、地方政府与民间力量的共同努力。这也说明民间信仰文化建设不仅仅是国家层面或者中央层面才要考虑的问题，实际上，地方层面与民间层面的努力往往更能加强文化建设驱动的力度与深度。反过来，当政府与民间准备共同发力进行更大范围、更深层次的交流时，三山国王信仰在其中又能起到什么作用？其优势主要体现在哪里？这其实就是三山国王信仰作为一种文化景观与地方社会空间相互整合的现实问题，为此，下文将就此展开论述，以期更为深入地了解三山国王信仰在粤台互动过程中的作用。

二、粤台三山国王信仰的分布状况

三山国王是古粤东先民创造的地方文化神，所谓"三山"，是指在今揭西县

---

① 详参杜立伟：《台湾三山国王信仰研究述评》，《台湾文献》2008 年第 59 卷第 3 期；陈贤波：《近二十年来大陆学者三山国王研究之检讨》，《潮学研究》2010 年新一卷第 1 期。

城河婆附近的三座大山：即巾山、明山、独山。三山国王文化历史悠久，具有1 400多年的历史，最早可以追溯到隋代。与潮汕其他神系不同，三山国王是古粤东先民创造的地方文化神并且被海内外尤其是台湾的潮人和客家人所敬奉，具有很强的本土色彩和地域文化特色。

三山国王信仰自揭阳发祥后，经过几百年的传播与演变，逐渐遍布粤东、台湾及东南亚等海内外地区[①]。作为三山国王信仰的载体和表征之一，三山国王庙传播的时空发展过程在一定程度上反映了三山国王信仰的发展脉络及其信仰人群特征和区域文化、移民社会特征。原揭西县委书记黄陇章称"据不完全统计，目前国内外有三山国王庙6 000多座，主要分布在粤东地区，台湾地区有410多座，新加坡、马来西亚、泰国等国家共140多座"[②]。不过，由于目前三山国王庙在海内外的分布情况并未有详细的调查，此数据也只能是一个简略的估计。迄今为止，调查最多的是台湾地区。早在民国时期，就有日本人专门对台湾地区的三山国王庙进行过调查，至今关于台湾三山国王庙数量的调查统计数据已有多个版本（详见表1）。从1919年日本人调查的119座，到最近部分人士估计的410座，可以发现尽管这些数据有所出入，但从时间顺序上看，总体呈逐步增长态势。

表1　台湾三山国王庙数量统计表

时间（年）	数量（座）	资料来源	备注
1919	119	丸井圭治郎：《台湾的宗教》下，台北：台湾总督府发行，大正八年，第17~18页	
1930	121	刘枝万：《台湾省寺庙教堂名称、主神地址调查表》，《台湾文献》1960年第11卷第2期，第51~55页	此乃日本人的调查数据
1960	124	刘枝万：《台湾省寺庙教堂名称、主神地址调查表》，《台湾文献》1960年第11卷第2期，第51~55页	
1971	129	王世庆：《台湾省通志》卷二《人民志·宗教篇》，台北：台湾省文献委员会，1971年	
1978	135	林衡道：《台湾寺庙概览》，台北：台湾省文献委员会，1978年	

---

①　关于三山国王信仰在海内外的传播情形可参考吴金夫的《三山国王文化透视》（汕头：汕头大学出版社1996年版，第7~19页）；贝闻喜的《三山国王在马来西亚及台湾等地流布情况》（贝闻喜、杨方笙主编《三山国王丛谈》，北京：国际文化出版公司，第194~198页）；贝闻喜的《潮汕三山国王崇拜》（广州：广东人民出版社2006年版，第49~75页）等。

②　黄陇章：《"三山国王"文化价值亟待挖掘》，《南方日报》2008年1月10日。

（续上表）

时间 （年）	数量 （座）	资料来源	备注
1983	135	仇德哉：《台湾之寺庙与神明》，台中：台湾省文献会，1983 年，第 30～376 页	
1983	141	范明焕：《台湾客家三山国王信仰现象初探》，据仇德哉《台湾之寺庙与神明》（台中：台湾省文献会，1983 年，第 30～376 页）修正而得	
1986	168	陈春声：《三山国王信仰与台湾移民社会》，（台湾）《中央研究院民族研究所集刊》第 80 期（1996 年 4 月），第 61～114 页	陈教授于 1995 年统计，据其资料来源应为 1986 年之前数据
1986	近 170	陈春声：《三山国王信仰与清代粤人迁台——以乡村与国家的关系为中心》，载周天游《地域社会与传统中国》，西安：西北大学出版社 1995 年版，第 119 页	
1987	145	台湾省民政厅《台湾省各县市寺庙名册》，1987 年 3 月	
1993	216	吴金夫：《三山国王文化透视》，汕头：汕头大学出版社 1996 年版，第 18 页	书称此数据乃是台湾教授的说法
1994	236	吴金夫：《三山国王文化透视》，汕头：汕头大学出版社 1996 年版，第 18 页	书称此数据乃是台湾进香团反映出来的
1998	135	林俊聪：《潮汕庙堂》，广州：广东高等教育出版社 1998 年版，第 17～73 页	
2008	410 多	黄陇章：《"三山国王"文化价值亟待挖掘》，《南方日报》，2008 年 1 月 10 日	

　　至于粤东原乡的三山国王庙的数量，说法众多①，但都缺乏田野调查资料的支撑，因此也都只是个概数，与实际数字当有较大出入。比如，据郭新志的田野调查，仅揭西县河婆六约一带就有 64 座三山国王庙。② 有学者估计仅汕尾地区就

----

　　① 据林俊聪的不完全估计，粤东三山国王庙超过 360 座（林俊聪：《潮汕庙堂》，广州：广东高等教育出版社，1998 年版，第 17～63 页），黄子尧曾转引林著的说法，但只说"粤东地区各地已知三山国王庙超过 200 座"（黄子尧：《台湾客家与三山国王信仰——族群、历史与民俗文化变迁》，北京：爱华出版社 2005 年版，第 59 页）。

　　② 郭新志：《社会、移民、信仰——三山国王之诠释》，2008 年南昌大学硕士学位论文，第 104～108 页。

有 800 多座三山国王庙，还有数百座庙有配祀三山国王。[1] 还有学者提到海陆丰地区有 4 000 多个自然村，每村至少有两个社，每社有一个王爷宫，或称"社壇"，那么，三山国王庙数可说逾万个。[2] 根据初步考察，在三山国王信仰的发源地揭阳，基本上每个行政村都有三山国王庙的存在。据《揭阳市地名志》载录的数字，全市合计有 1 458 个行政村，以及 152 个居委会。[3] 如果仅以此计算，按照每个基层行政单位有一座祭祀三山国王的庙宇的比例估算，那么仅在揭阳市辖境内，就至少有 1 600 多座祭祀三山国王的庙宇（这还未排除有些村落存在一村两庙或一村多庙的情况）。三山国王在粤台地区不仅庙宇众多，信众也多。据有关方面调查资料显示，三山国王在台湾有信众达 600 多万人，在粤东地区信众的数量也相当多。可见，三山国王庙在粤台地区分布广泛，信众人数众多乃是不争的事实。

此外，揭西河婆三山国王祖庙碑刻所记录的捐款者群体的来源地分布也同样反映了三山国王信仰分布的广泛性。据对三山国王祖庙碑刻所记录的捐款者群体进行统计分析，国内包括港澳台地区在内，共有 17 个省、市、自治区的信众向三山国王祖庙捐款，区域横贯大江南北；来自亚洲、中北美洲、欧洲、非洲、大洋洲等 12 个国家和地区的信众向三山国王祖庙捐款（详见表 2）。

表 2　三山国王祖庙碑刻所记录的捐款者群体的来源地分布情况表

区　域	名称					
中国	北京市	辽宁省	江苏省	四川省	江西省	台湾
	天津市	黑龙江省	浙江省	湖北省	广东省	香港
	上海市		安徽省	湖南省	海南省	澳门
其他国家或地区	文莱	印度尼西亚	泰国	美国	巴拿马	德国
	马来西亚	新加坡	非洲科特迪瓦	加拿大	澳大利亚	日本

就广东省内信众捐款情况而言，全省 21 个省、地级市中就有揭阳市、潮州市、汕头市、梅州市、广州市、东莞市、佛山市、惠州市、江门市、汕尾市、韶关市、深圳市、湛江市、肇庆市、中山市、珠海市、河源市等 17 个市的信众向三山国王祖庙捐款。这充分说明，三山国王信仰在广东省内具有广泛的信众基础，甚至超越了语言、文化、地域的界限。

---

[1]　翁烈辉：《从汕尾地域等有关文化信息中考析三山国王信仰——兼与蔡锦华先生商榷》，《汕尾民俗风情录》第四辑，2011 年。

[2]　蔡锦华：《海陆丰地方社神"三山国王"初探》，载贝闻喜、杨方笙主编：《"三山国王"丛谈》，北京：国际文化出版公司 1999 年版，第 118～132 页。

[3]　揭阳市地名委员会编：《揭阳市地名志》，北京：人民日报出版社 2002 年版，第 11～347 页。

三、三山国王信仰在粤台互动中的优势

发祥于揭阳的三山国王文化远播海内外，尤其是在台湾地区，宫庙众多、信众广泛、影响深远，已成为粤民渡台垦荒的历史印记，成为两岸亲缘的精神纽带，在促进粤台关系发展中具有独特的优势。

1. 三山国王是台湾唯一的粤籍地方神，是粤台民间文化交流的代表

粤台关系发展过程中，在文化领域中有一点特别值得注意的是，台湾地区寺庙主祀神中属于广东地方神的只有三山国王。在台湾，祖籍神往往形成一种强大的内聚力："祖籍神明的信奉，在台湾拓垦初期曾发生极其重大的影响，由于敬拜相同的神明，乃形成一股凝聚力，凝聚了同一祖籍地的移民形成较固定的群体，以应付早期开辟蛮荒的诸多困难，这些群体往往成为今日的村庄、聚落的前身。"① 因此，在三山国王这一纽带的维系作用下，这些群体在粤台交往过程中始终扮演着重要的角色。三山国王文化是粤民渡台垦荒的历史印记，两岸亲缘的精神纽带，发展两岸旅游业的重要项目。② 三山国王已成为大陆尤其是广东省加强对台交流的一大品牌，三山国王的庙际活动成为粤台民间交流的重要平台之一。"近20年来，台湾有'三山国王庙'寻根问祖团及散客近10万人次到揭西祖庙寻根访祖。仅在2006年，台湾及海外就有25个团体。"③ 这些进香谒祖活动，寄托了他们对故土的深深眷恋之情，也使三山国王信仰成为粤台民间文化交流的代表。

表3　粤台三山国王文化交流重要活动一览表

时间	主要成员	人数	主要活动
2001年9月20日~25日	台湾三山国王庙进香团（成员八成是饶平县于明末移台后裔）	308人	前往饶平县大埕国王庙、揭西县霖田三山祖庙进香
2007年5月28日	台湾三山国王宫庙联合进香团	680人	南澳后江象山三山国王庙进香谒拜
2008年3月	台湾宜兰县冬山乡顺安村永安宫三山国王朝圣团	50多人	南澳山顶乡圣王三山国王庙敬神谒拜

① 曾少聪：《东洋航路移民——明清海洋移民台湾与菲律宾的比较研究》，南昌：江西高校出版社1998年版，第167页。

② 林俊聪：《粤台三山国王文化的发源、流播及其意义》，《广东史志·视窗》2008年第2期。

③ 杨选华：《从三山国王信仰看两岸文教交流》，《衡阳师范学院学报》2010年第5期。

（续上表）

时间	主要成员	人数	主要活动
2009 年 10 月 19—11 月 1 日	广东三山国王祖庙会香祈福交流团	77 人	祈福会香
2010 年 8 月 17 日	揭阳市负责人和 15 家在台较有影响的三山国王庙负责人，及广东省经贸文化交流团揭阳市分团的全体成员	100 多人	广东揭阳三山国王祖庙寻根之旅（台北）大型旅游推介会
2012 年 8 月 13 日	台湾三山国王宫庙联合会	32 人	揭西霖田祖庙朝圣进香，共商三山国王祖庙重建工程

2. 三山国王信仰是粤台学术交流的重要对象

三山国王的重要性引起了两岸学者的广泛关注，几十年来他们不断地展开对三山国王的调查与研究，发掘三山国王深厚的历史文化底蕴。1992 年 10 月 4 日至 6 日，在揭阳市揭西县所举办的"首届三山祖庙学术研讨会"使三山国王得到海内外更多学者的注意。此后，关于三山国王的研究论著日益增多。20 世纪 90 年代初，"台湾学者邱彦贵在其所著《台湾三山国王研究目录》中收集关于台湾三山国王信仰研究著作有 58 篇/本，宫庙出版品有 11 本，其中有 4 本是日本学者的研究著作，研究时间从 1934 年至 1993 年，从文章篇名的关键词可以看出，研究范围涉及三山国王的福客族群归属问题、地域分布情况，地区三山国王庙对地区发展、当地民俗和文化的影响，透过三山国王信仰去考究福客移垦关系，还有台湾各地三山国王庙自身出版的庙堂情况简介"①。20 世纪 90 年代之后，随着两岸关系的发展和粤台交往的日趋频繁，越来越多的学者加入到三山国王研究的行列，两岸学者就三山国王文化的研讨日渐深入。

以台湾为例，根据学者研究的方向，大致可以"分类为神祇属性的研究、神祇创制的研究、庙宇与地方开发史的研究以及其他研究"②。其中以邱彦贵的成果最为丰硕，他自 20 世纪 90 年代初以来，发表了一系列的论文，对三山国王的性质、分布，及其与族群、地域社会之间的关系进行了深入的探讨，对台湾的三

---

① 肖亮恩：《潮汕三山国王信仰研究》，2011 年广州大学硕士学位论文，第 2 页。按：邱颜贵的《台湾研究三山国王文章目录》，《揭西文史》1996 年第 11 辑，第 82～85 页。

② 杜立伟：《台湾三山国王信仰研究述评》，《台湾文献》2008 年第 59 卷第 3 期。

山国王信仰研究起到了重要的推进作用。①　此外，黄尚煃对三山国王的人文性格的论述②，曾庆国、杨国鑫、潘朝阳等学者对三山国王性质的考察则与大陆早期的研究学者有着类似的关注角度③。20 世纪 90 年代以来，许多学者深入台湾各地，展开对三山国王信仰的调查与研究，比如台北、宜兰、新竹、屏东、内埔、彰化等县市都有相关的成果出现，这些成果都较为注重信仰的变迁过程，并常与族群、聚落、地域社会、台湾开发史等方面相互结合进行考察。④　还有一些学者将台湾地区的三山国王庙与其他地区进行比较研究，也取得了较好的成果。⑤

从这一群体对祖籍文化的共同热爱与关注，我们可以窥见，能够激发人民心中念祖爱乡情怀的三山国王文化，对于维系海内外华人的心理认同有着巨大的作用。

四、三山国王信仰在粤台关系中的作用

改革开放以来，粤台三山国王信仰的交流和互动，虽然是在两岸大的政治背景之下进行的，但是反过来，在一定程度上又会促进两岸政治关系和社会文化的新发展。

1. 有利于增强两岸同胞的凝聚力

中共中央原总书记胡锦涛在"纪念《告台湾同胞书》发表 30 周年座谈会"上，发表了《携手推动两岸关系和平发展，同心实现中华民族伟大复兴》的重

---

①　邱彦贵的系列论文如下：《三山国王是台湾客属的特有信仰?》，《台湾史田野研究通讯》1991 年第 23 期；《粤东三山国王信仰的分布与信仰的族群——从三山国王是台湾客属的特有信仰论起》，《东方宗教研究》1993 年第 3 期；《台湾三山国王信仰异见》，《客家文化季刊》1992 年第 4 期；《新街三山国王与五十三庄：管窥北港溪流域中游的一个福佬客家信仰组织》，《台湾宗教研究》1994 年第 4 期；《嘉义广宁宫二百年史（1752—1952）勾勒一座三山国王庙的社会史面貌初探》，《台湾史料研究》1995 年第 6 期等。

②　黄尚煃：《苗栗县境内三山国王庙人文性格的研究》，（台湾）"国立"联合大学苗栗学研究中心研究报告，2003 年。

③　这些论文包括：曾庆国：《台湾省彰化县三山国王庙》，台湾：彰化县立文化中心 1997 年版；杨国鑫：《台湾的三山国王庙初探》，《三台杂志》1988 第 18 期；潘朝阳：《粤东原乡"三山国王"神祇的性质》，（台湾）"国立"师范大学地理研究报告 1993 年第 19 期。

④　这些成果有：吴中杰《台北市三山国王信仰初探》，《客家文化季刊》1992 年第 10 期；邱荣裕：《论述客家"三山国王"民间信仰之变迁——以台湾宜兰地区为例》，《赣南师范学院学报》2008 年第 2 期；黄运喜：《新竹县的三山国王信仰》，《宗教哲学》1996 年第 6 期；黄辉阳：《台湾三山国王信仰之研究——以屏东县九如乡三山国王庙为例》，《中国历史学会史学集刊》1993 年第 1 期；吕仁伟：《从社会与文化面向看民间信仰——以内埔地区的三山国王庙为例》，《屏东文献》1991 年第 12 期；吕仁伟：《内埔地区的三山国王庙——一个社会宗教史的考察》，《永达学报》1991 年第 12 期；曾庆国：《三山国王霖肇宫的信仰与其客裔聚落人文发展》，《彰化文献》1996 年第 12 期；简炯仁：《由九如的三山国王庙两块失而复得的石碑论屏东县九如乡九如聚落的开发》，《台湾史料研究》1998 年第 11 期。

⑤　比如简瑛欣的《马来西亚与中国台湾三山国王庙的比较研究》（《广西民族大学学报》2010 年第 3 期）等。

要讲话，就两岸关系和平发展提出了"六点意见"。其中包括两岸共同努力弘扬中国文化，加强精神纽带。揭西霖田三山国王祖庙是全世界三山国王的祖庙，其子庙遍布潮州、梅州、惠州、台湾及东南亚各国和地区，三山国王信仰已经成为粤东地区与台湾及东南亚地区之间的精神纽带。但作为中华民族的优秀文化遗产之一，三山国王文化的系统性研究还相对滞后，这不仅是中华文化研究中的一大缺憾，而且也会影响到两岸关系的发展。因此，进一步发掘粤台三山国王信仰的同根同源内涵，挖掘三山国王文化中的积极因素，有利于加强两岸同胞的精神纽带，增强凝聚力。

2. 有利于增强粤籍台胞对祖籍文化的向心力

粤籍台胞所供奉的神明都是从祖籍地带过去的，因而他们对神明的信仰就不仅是一种精神慰藉，而且也成了他们对故土思念的象征。三山国王信仰也正是起到这样的一种作用，作为体现潮汕文化、客家文化与台湾民间文化之间的某些同源性的特殊文化现象，三山国王信仰在台湾地区的兴盛，反映了台湾同胞对祖籍文化的心理认同。台湾同胞在传承三山国王文化时，尽管有代际和地域的差异，尽管一些显像的东西在文化融合过程中有所变化，但文化的核心，即根植于其体内深层次的精神却被长期保持下来。这种精神支撑他们在当地的生存和发展，同时它还化为一种念祖爱乡的家国情怀，一种延绵不绝的文化情结。因此，进一步加强以三山国王信仰纽带的文化交流，将三山国王文化与地方特色文化融合，有利于增强台湾同胞对祖籍文化的心理认同，增强向心力。

3. 有利于促进粤台学术文化交流

三山神作为一种地方的神祇，却有着崇高伟大的"护国庇民"宗旨，因此三山国王信仰流传千年，历久不衰，并由此形成了许多值得我们深入研讨和借鉴的相关学术文化课题。这种独特的神祇的形成、发展和传播，不仅牵涉粤东地区的开发史、考古学、民俗学等方面的重大学术问题，而且还关系到粤东地区与台湾及东南亚各国之间的移民迁徙、经济、文化、教育、民俗、学术交流等领域的诸多课题，内容相当丰富，具有极高的研究价值。目前，两岸都有一批学者致力于三山国王文化的研究，然而如前文所见，两岸学者之间尽管有共同的关注对象、类似的研究视角，但是却缺乏相互之间的对话与交流。这也从另一方面反映出粤台之间的学术交流还远远不够，以至于遍布于粤台地区的三山国王文化的研究群体之间缺乏沟通。因此，进一步加强三山国王文化的研究，有利于发挥三山国王的粤台学术交流平台作用，为促进两岸的学术文化交流作出更大的贡献。

4. 有利于深化粤台经贸合作

三山国王信仰是在国家正统与地方社会交织互动过程中形成的，是一种具有强烈地域文化特色的民间信仰形态，是地域社会神祇系统的重要组成部分。从社会文化空间的角度上看，三山国王信仰已经在粤东、台湾和东南亚等环南海地区形成一道特殊的历史文化景观。加强三山国王文化研究，可以广泛吸引粤籍的台湾同胞和海外侨胞对三山国王及其祖籍地的关注，激发他们支持家乡建设的积极性。2010 年，广东省政府组织"台湾·广东周"活动，揭阳市政府和广东省旅游厅在台北市举行广东揭阳三山国王祖庙寻根之旅大型旅游推介会，揭阳市旅游协会与台湾三山国王宫庙联谊会，广州广之旅国际旅行社与台湾安迪旅行社签订推动三山国王祖庙寻根之旅框架协议。因此，进一步发挥三山国王在促进粤台经贸合作中的积极作用，可以为粤东乃至广东的招商引资引技作出更大的贡献。

地域诗文研究

泛论潮歌与畲歌①

——从金天民的《潮歌》说开

陈月娟②

　　民间歌谣，是人类历史上最早出现的语言艺术之一，属于民间文学的一种形式，是劳动人民集体的口头诗歌创作，可歌唱或吟诵，多为韵文。我国各民族的民间歌谣蕴藏极其丰富。20 世纪初期，一批先进的知识分子把新文化观念引入民间文化研究，这是传统学术走向现代化的一大盛举。1918 年北京大学发布《北京大学征集全国近世歌谣简章》，收集各地民谣 1 100 多首，陆续在《北京大学日刊》发表。这在知识界引起很大的震动，甚至有人叹息这种"不入流品"的东西玷污了北京大学这所最高学府。把民间歌谣引入高等学府，在当时乃是振聋发聩之举。正是有刘半农、沈尹默、周作人、钱玄同、顾颉刚等一批著名教授的提倡，重新把沉寂已久的民间歌谣带进文学的殿堂，民间歌谣才得以纳入中国文学史和民俗史的教材，改变了人们的传统偏见，推动了新文化运动的发展。当时许多思想激进的民俗文化工作者身体力行，收集、编印民间歌谣，如钟敬文的《客音情歌集》、顾颉刚的《吴歌甲集》。受其影响，潮州有识之士丘玉麟、金天民、林培庐也都很快编出潮州歌谣集子。最近笔者有幸从金天民老先生的长孙金章处得到重印的《潮歌》，仔细研读之后颇为受益。

　　金天民（1879—1943），号雨耕，原籍浙江绍兴，童年时因八国联军侵华，避兵乱随双亲辗转到潮州落户。昔年曾与友人到汕头办报，秘密参加孙中山先生的同盟会革命活动。1933 年他被聘为广东省立第四中学（今金山中学）国文教师，1943 年病逝于兴宁。金天民先生生平喜爱读书、吟诗、制谜，诗文多已散佚，只有由他搜集整理的《潮歌》一书保存下来。金天民先生作为一个移居潮州的绍兴人，能够热心留意潮州歌谣的收集记录，成为潮州歌谣采集和记录的先行者之一，这本身就是一件了不起的事情。

　　值得注意的是金天民先生在《潮歌》一书中，将潮歌（即潮州歌谣）分为谣谚、讴歌、畲歌三大类，内分纪事、规讽、赞美、感慨、诙谐、趣言、谜语、俚歌、观神曲等二十个细目。其中畲歌这一类有家庭之乐观、家庭之悲观、老幼、讥评与叹羡、赠遗、离别、曩之所谓时髦与俊丽、故事、即景论物等细目 9

　　① 本论文是广东省哲学社会科学"十一五"规划 2007 年度地方历史文化特色项目（批准号：07DT03，已结题）阶段性成果，原载《文化遗产》2010 年第 4 期。
　　② 【作者简介】陈月娟，潮州市潮州文化研究中心副主任、副研究员。

个，歌谣 147 首，约占全书总数的四成。为什么要将这部分歌谣称为畲歌呢？为什么要把畲歌归入潮歌里面作为一大类呢？在《潮歌》这本书中，无论是金天民先生本人还是作序的"双泉居　鸢羽"都只字不提，似乎都认为没有必要解释。

在搜集学习的过程中，笔者发现畲歌在潮州人的概念中有两层意思：一是俚歌谣曲的别称；二是指某种形式的歌谣。潮州人往往称谣曲为"畲歌仔"，或把你一条，我一条，互不相让地唱歌仔称为"斗畲歌"。"畲"字有时也会被写成"邪"字，但意思是相同的。最早将"畲歌"写作"邪歌"的是钟敬文先生，他在 1925 年出版的《歌谣》第 81 号上发表了一篇题为"海丰的邪歌"的文章。

萧遥天在《潮音戏的起源与沿革》中说："潮州的土著人，陆为畲民，水为疍民。……畲歌、疍歌是最纯粹的地方性潮歌，也是潮歌主流。今日的潮州民谣，犹称作畲歌。当外来各种戏剧未入潮境之前，关童戏唱的尽是畲歌和疍歌。当诸戏接踵而至、潮音戏萌芽之际，所唱的戏，仍多畲歌。周硕勋辑《潮州府志》和陈坤的《岭南杂事诗集》桃花姐和渡伯斗畲歌的全段，及喜剧中穿插的丑角打诨那种'扣子'调，都是畲歌的形式。"[①]

畲族人民喜爱唱歌，以歌代言，沟通感情，以歌论事，扬善惩恶，以歌传知，比睿斗智。畲族歌谣内容丰富多彩，最为普遍传唱的是长篇叙事歌《高皇歌》（亦称《盘瓠王歌》）。歌中叙述盘瓠非凡身世及其经历业绩和民族起源。畲族歌谣按题材内容大致可分为叙事歌（含神话传说歌和小说歌）、杂歌（含爱情、劳动生活、传授知识、伦理道德、娱乐生活等内容）、仪式歌（含婚仪歌、祭祖歌和功德歌等）。畲族歌谣中数量最多、流传最广、最扣人心弦的是情歌。情歌又称有缘歌，是畲族传统歌谣的重要组成部分，是畲族人民一代代集体创作、积累传唱的口碑文学之一，也是畲族青年倾诉恋情的重要载体。笔者手上就有一本《畲族情歌选》，是由浙江省畲族文化研究会和丽江市莲都区畲族文化研究会编，中国人事出版社 2006 年 5 月出版的三十二开本书籍，四百多页，洋洋洒洒二十多万字。情歌对唱，畲语称唠歌，是具有独特民族风格的文化生活形式，基本上是一男一女对唱，一般由女的主唱，男的根据主唱者的歌词内容随编随唱，作为应和。情歌除野外劳动时对唱外，也有夜间对唱——晚饭后开始，天明前结束。不过作为畲族发祥地的潮州凤凰山畲族居住区，现在却几乎听不到男女对歌声，传唱下来的情歌甚少。

畲族歌俗主要有拦路情歌、来客"比肚才"、"做表姐"、"做亲家伯"等。畲族歌谣的曲调大致可分为山歌调和师公调两大类。畲族歌谣的唱腔、曲调均受

---

① 萧遥天：《潮音戏的起源与沿革》，载广东省艺术创作研究室编：《潮剧研究资料选》，1984 年版，第 153 页。

各自居住地区汉族方言的影响，日渐地域化。据调查，居住在凤凰山区的畲族，歌谣明显地受潮州方言的影响，丰顺县畲族歌谣则受客家方言的影响。《凤凰山畲族文化》一书说："正是由于语言汉化，凤凰山上的畲歌也少了。我们可以在潮州民谣中找到很多'畲歌'，但在潮州现有的畲族人中，能找到的'畲歌'却不多。"① 该书收集了畲歌 66 首，分为历史传说歌、劝世歌、情歌、劳动生活歌和杂歌五大类，其中历史传说歌 5 首、劝世歌 6 首、情歌 24 首、劳动生活歌 24 首、杂歌 7 首，借用汉语潮州方言文字记录，当中的劳动生活歌和杂歌在形式上与潮州歌谣最为接近。

《潮歌》一书中的"畲歌"，全部采用重章叠句手法，如《风大大》② ——"风大大，夫君在许外③；虽然人个仔④，想着无叮哗⑤。雨漏漏，夫君在外口⑥；虽然人个仔，想着挂心头。"再如《乌豆》⑦ ——"乌豆乌靴靴，乌豆开花叶来遮。叫个师父⑧来变化，变做豆腐奉释迦。乌豆乌沈沈（同沉），乌豆开花叶来荫。叫个师父来变化，变做豆腐奉观音。"而"谣谚"、"讴喻"、"附录"三类则极少采用这种手法。嘉庆《澄海县志》卷六"风俗声歌"条第一次用方志的篇幅记录下七首畲歌，最值得留意的是这七首畲歌全是如《诗经·国风》般的往复重叠体。《畲族音乐文化》一书谈及重章叠句、往复重叠这一民歌结构时认为这是畲歌的特点，笔者以为这也许可认为是金天民先生在编书时的分类依据之一。

潮州人民在劳动生产的同时，也创造了自己的文化——潮州歌谣。它犹如《诗经》里的"国风"一样，是一部可贵的"潮风"。潮州歌谣（以下简称"潮歌"）是一种来自普通百姓、具有浓郁地方特色的民间歌谣。它没有文士的"雅气"，却有纯真朴质的情怀和清新率直的语言。潮歌的主要风格是平易自然，流畅委婉，富于幽默感。从内容看，有的采撷地方风物，有的触及家庭伦理，有的罗织童稚趣语，有的展现时代风云，多寓人世哲理。不过，天地虽宽，唯独情歌，在潮州歌谣中却极少看到。原因有三：一是受封建礼教的束缚，二是畲民的迁徙，三是近现代潮州歌谣主要传唱者是儿童。乡村中的老婶、老姆，边纺织、缝补，边随口教孩儿唱歌；为人母者哄孩子、催眠，也用潮州歌谣。这样，早期那些以男女相爱为题材的潮州歌谣就逐渐地稀唱、罕传了。多数的"潮歌"，都

---

① 雷楠、陈焕钧：《凤凰山畲族文化》，深圳：海天出版社 2006 年版，第 92 页。
② 金天民：《潮歌》，新加坡：南大书局 1928 年版（2002 年重印），第 156 页。
③ 许外：外边。
④ 人个仔：别人的儿子。
⑤ 无叮哗：没奈何。
⑥ 外口：外边。
⑦ 金天民：《潮歌》，新加坡：南大书局 1928 年版（2002 年重印），第 177 页。
⑧ 师父：匠人。

贯穿着两条思想主线：一是赞美祖国和家乡，追求真理和幸福，讴歌勤劳、勇敢、俭朴、热情的人民；二是讽刺社会上的一些弊端，比如贪婪、胆怯、懒惰、嫉妒，或鞭挞卑污、奸诈、残暴的人等。一褒一贬，体现了人民群众爱憎鲜明的思想感情，是时代的回声、历史的映象。

在艺术手法上，"潮歌"运用诸如《诗经》的"赋"、"比"、"兴"等手法。"赋者，敷陈其事，而直言之者也。"① 赋法用得恰到好处，则行文直白平实，形象饱满。例如《某家阿爷》② ——"某家阿爷嘴阔阔，尺二辫仔须二撇。交屪③烟友三十人！每夜轮流各一宿。入门尚未食烟茶，倒落烟铺④气就喝⑤。左畔四口右畔三口，好似咸鱼双畔爛⑥。烟瘾过足有精神，说起书史大喝叱。半夜听见卖鱼生，想食鱼头熬番葛。食到醉饱返回归，八字脚马蹀呀蹀⑦。阿四持灯头前行，去到门脚屎就溢⑧。阿奶开门骂一声，'夭是你这狗血泼'！虽是簧门一秀才，算来人品太过拙！"这首歌谣讽刺有钱人家少爷滥交烟友、抽烟喝酒、滥饮滥食、不知节制的丑态，有外貌、细节、语言描写，是何等的生动、诙谐。

"比，以彼物比此物也。"⑨ 如《刀》⑩ ——"刀着潝⑪，媌⑫着喝。鼎⑬着锹⑭，翁（安）⑮着咒。"以刀要磨比拟妻要多呵斥，鼎要刮灰清洗比拟夫要多咒骂，虽嫌粗俗但何其生动。又如《花仔》⑯ ——"花仔开花赛金枝，少年不爱爱何时？竹仔上节节节老，黄金难买少年时。"以"花仔开花，竹仔上节"比喻珍贵的少年时，多么恰切。再试想一下，用"做天难做四月天"，比拟"如人难做半中年"（《做天》）⑰，突出人到中年的难为，是多么形象！

"兴，先言他物以引起所咏之词。"⑱ 比如，由"天乌乌"唱到"挈枝雨伞等

---

① （宋）朱熹：《诗集传》卷一，北京：中华书局1958年版，第3页。

② 金天民：《潮歌》，新加坡：南大书局1928年版（2002年重印），第22页。

③ 交屪：相与。

④ 铺：榻。

⑤ 气就喝：就打呵欠。

⑥ 双畔爛：两面煎。

⑦ 脚马蹀呀蹀：脚步迈得慢，一踏一跨的形状。

⑧ 溢：泻。

⑨ （宋）朱熹：《诗集传》卷一，北京：中华书局1958年版，第4页。

⑩ 金天民：《潮歌》，新加坡：南大书局1928年版（2002年重印），第23页。

⑪ 潝：念huo，刀与磨刀石等物相着发声。

⑫ 媌：念mou，妻。

⑬ 鼎：镬。

⑭ 锹：刮去。

⑮ 翁：夫。

⑯ 金天民：《潮歌》，新加坡：南大书局1928年版（2002年重印），第31页。

⑰ 金天民：《潮歌》，新加坡：南大书局1928年版（2002年重印），第29页。

⑱ （宋）朱熹《诗集传》卷一，北京：中华书局1958年版，第1页。

阿姑"①；由"鸡雏仔，跳上椅"唱到"伶俐新妇早走起"②；由"客鸟客客声"唱到"地人要共阿奴做亲情"③，都引得自然，并且渲染了各自的特定氛围。其他如用"天顶一粒星"、"月娘月光镜"一类句子兴起的，都各有其情致。

当然，"赋"、"比"、"兴"不是机械的划分，有的一篇内容就用上两三种手法，也有的一句兼及两种手法。

此外，参看上文所举例子可知，"潮歌"多采用富于生活气息和地方特色的口语，句式不拘，七言、五言的最常见，二字到九字灵活构句入篇的也不少，句法参差多变，便于淋漓酣畅地表情达意；"潮歌"的用韵，一般是偶句末字押韵，有一韵到底的，有两句或四句转一韵的，朗朗上口，颇具音乐美。

畲歌中也有采用"赋"的手法，如妻子对丈夫倾诉衷曲的《共君》④ ——"共君坐床头，共君细呾⑤目汁⑥流。在家受尽兄嫂苦，受尽柴糟⑦灸我头。共君坐床边，共君细呾垂垂啼。在家受尽兄嫂苦，受尽柴糟及铁钳。"由于直接摆出事实，就远胜于浮华的辞藻或空洞的说辞。用"比"的手法，如以"老叶缠老枝"比拟"亲仔唔如亲夫妻"（《老叶》）⑧，正说明了"少年夫妻老来伴"的道理。而"蚯蚓叫吱吱，要食果子在园边"（《蚯蚓》）⑨、"天顶一幅云，昨夜牛母生牛群"（《天顶》）⑩ 等则是"兴"的手法的运用。

畲歌中还有不少潮州风习、故事，如《溪水》⑪ ——"溪水涠干干，一涠二涠到桥脚。陈三骑马来砌塔，五娘骑马砌桥脚。溪水涠悠悠，一涠二涠到潮州。陈三骑马来砌塔，五娘骑马砌塔洲。"讲的是《陈三五娘》的传统故事。《砧叠砧》⑫ ——"砧叠砧，爬上砧顶叫卖盐。嫑嫌我个盐仔细，盐仔细细正会咸。刀叠刀，爬上刀顶叫卖蚝。嫑嫌我个蚝仔细，蚝仔细细正有膏。"这是在叫卖海产品盐和蚝。再如《君去南海》⑬ 中提到的"麦生"、"糖葱"是有名的潮州小食品。

笔者还注意到在《潮歌》一书中，有些题材内容在"畲歌"类别出现，也

①　金天民：《潮歌》，新加坡：南大书局1928年版（2002年重印），第14页。
②　金天民：《潮歌》，新加坡：南大书局1928年版（2002年重印），第26页。
③　金天民：《潮歌》，新加坡：南大书局1928年版（2002年重印），第98页。
④　金天民：《潮歌》，新加坡：南大书局1928年版（2002年重印），第119页。
⑤　细呾：详细告诉。
⑥　目汁：眼泪。
⑦　柴糟：烧着的柴。
⑧　金天民：《潮歌》，新加坡：南大书局1928年版（2002年重印），第140页。
⑨　金天民：《潮歌》，新加坡：南大书局1928年版（2002年重印），第159页。
⑩　金天民：《潮歌》，新加坡：南大书局1928年版（2002年重印），第169页。
⑪　金天民：《潮歌》，新加坡：南大书局1928年版（2002年重印），第165页。
⑫　金天民：《潮歌》，新加坡：南大书局1928年版（2002年重印），第168页。
⑬　金天民：《潮歌》，新加坡：南大书局1928年版（2002年重印），第155页。

在其他类别出现，而且极为相似，不知孰先孰后，说不清谁影响谁。如《一丛松柏》这首歌谣，在《潮歌》"讴歌"类是这样："一丛松柏湾湾倒落山，行孝新妇①敬大官②；挈起银瓶温烧酒，挈起牙箸夹鱼肝。鱼肝夹起答答撑，捹③衫捹裤来过坑④。渡公渡妈问娘去的块⑤？'阮要南山来做斋⑥。'一丛松柏湾湾倒落坑，行孝新妇敬大家⑦；挈起银瓶温烧酒，挈起牙箸夹虾生。虾生夹起答答吞，捹衫捹裤落渡船。渡公渡妈问娘去的块？'阮要南山来礼血盆⑧。'"⑨ 出现在《潮歌》"畲歌"类的《一丛松柏》，则是："一丛松柏倒落坑，行孝新妇敬大家；提起银瓶温烧酒，提起牙箸夹虾生。一丛松柏倒落山，行孝新妇敬大官；提起银瓶温烧酒，提起牙箸夹鱼肝。"⑩ 这两首歌谣内容一样，都是讲孝敬公婆的故事；行文也几乎一致，只是归入"讴歌"类一首描述更详细、具体、生动，内容扩展，主题提升；同时值得一提的是这一首潮歌采用的是畲歌特有的重章叠句手法。而在《潮歌》"畲歌"类的另一首《一丛松柏》，却是从反面来讲："一丛松柏倒落坑，不孝新妇打大家。行孝新妇来相劝，劝到屉桃跤落坑。一丛松柏倒落山，不孝新妇打大官；行孝新妇来相劝，劝到屉桃跤落山。"⑪

从《潮歌》这个窗口，我们可以明显地看到潮州汉族文化与畲族文化是互相影响、互相渗透乃至互相融合的。这很好地说明，潮州自古以来，汉族和畲族人民一直和睦相处、团结友爱、互相学习、取长补短。潮州汉畲两族歌谣在内容、形式、手法等方面互相影响、渗透、融合，达到了你中有我、我中有你、难以分辨你我的程度，甚至于人们有时也把潮歌称作畲歌。这或可看作是一种民族融合的现象。但潮歌作为一个地域的歌谣总称，既包括本地区的畲歌，也包括其他歌谣。应该说，过去流传的畲歌、秧歌、歌仔均属之。这也许正是金天民先生在编《潮歌》时收集分类的主要依据。金天民先生在《潮歌》一书的"编辑大意"中也说："是编专采潮属各处，妇人及孺子，用福老语言，所咏叹的长言片语，有天然音韵的，纂辑成编，故名《潮歌》。"⑫ 翁辉东《潮州风俗志》（稿本）（1956）有收录歌仔，也将之分为畲歌、童谣、山歌。有论者甚至认为畲歌就是劳动人民在开畲劳作时所唱的，并不同于普遍意义上的畲族民歌。至于秧

---

① 新妇：媳妇。

② 大官：公公。

③ 捹：抠。

④ 坑：小溪。

⑤ 的块：何处。

⑥⑧ 做斋、礼血盆：阳生功德。

⑦ 大家：婆婆

⑨ 金天民：《潮歌》，新加坡：南大书局 1928 年版（2002 年重印），第 44 页。

⑩ 金天民：《潮歌》，新加坡：南大书局 1928 年版（2002 年重印），第 102 页。

⑪ 金天民：《潮歌》，新加坡：南大书局 1928 年版（2002 年重印），第 120 页。

⑫ 金天民：《潮歌》，新加坡：南大书局 1928 年版（2002 年重印），第 2 页。

歌，诚如屈氏所述："农者每春时，妇女以数十计，往田插秧。一老妇挝大鼓，鼓声一通，群歌竞作，弥口不绝，是曰秧歌。"① 它与畲歌都是于劳作中众口竞唱的歌，只是具体地点不同罢了。这种说法不一定完全正确，但从某个角度来说是不无道理的。

当然，更重要的是如何对包括畲歌在内的潮歌进行整理和保存、传承和发展。潮歌，是生活的反映、时代的产物。潮歌不尚雕琢，不刻意讲究文采，却充满着方言趣味和乡土情意；潮歌反映了不同时代人民生活的实况，具体描写了他们的社会结构、价值观念、意识形态、行为规范以及风俗习惯。一部《潮歌》，就是一幅洋洋大观的潮州人民生活发展的历史画卷，表现出潮州人人生旅程中的思想心路变化。民俗文化工作者有责任做好扎实的收集、研究、推介工作。金天民、丘玉麟先生等就是这样一群很有眼光的民俗文化工作者。1929 年 1 月 21 日，《潮州歌谣》（第一集）问世时，丘玉麟先生便给在北京的周作人先生写了一封长信，字里行间，倾注着作者强烈的历史责任感。信中说："大规模的机器工业代替了家庭手艺工业，社会制度改变，家庭组织改变，新生活的反映的歌谣或将产生，至于能像旧歌谣一样多量与否还是疑问。而反映旧生活的歌谣将渐不在妇孺的红唇白齿间婉唱则是一定的断论。十年、二十年后，旧歌谣将消灭，无复能流传，岂不是一大可惜的损失！我不愿这反映潮州生活的流动文学的歌谣消灭，我当把这些歌谣抄写编印成书，为固定文学，以保留我们这个农业化的旧时代的潮州生活之残影。"②《潮歌》、《潮州歌谣集》等的出版流传，就是金天民、丘玉麟先生等的一大贡献。我们应沿着金天民、丘玉麟等先驱者的足迹，担负起历史的责任，继续做好潮歌的整理、传承工作。

笔者认为，对潮歌的保护，除了搜集、整理、记录，使其作为文化遗存流传于世之外，更重要的是从娃娃做起，从校园入手，进行教唱传诵，编印一些适合少年儿童读唱的潮歌简易读本，组织一些演唱活动、竞赛活动等，使其流行于孩子们的口中，存活于我们的生活当中。

我们知道，以往潮州人自幼就在听、唱潮歌中长大，母亲、祖母、外婆甚至阿姨、姐姐带幼儿的过程中，常要唱些儿歌给幼儿听。如抱幼儿催眠时爱唱《摇篮歌》："唪呀唪，唪金公（去声）。金公做老爹，阿七阿八来担靴；担靴担唔浮，饲猪大过牛，黄牛生马仔，马仔生珍珠……"③ 又如与幼儿拉着双手玩的时候就常唱："挨呀挨，挨米来饲鸡，饲鸡来当更，饲狗来吠夜，饲阿弟来落书斋，饲阿妹来雇人骂！"再如给幼儿洗澡的时候，母亲把幼儿衣服脱光后，在浴盆里，总要以掌舀些水向幼儿胸脯轻轻拍一拍，唱道："一二三，洗浴免穿衫；三四五，

---

① （清）屈大均：《广东新语》，北京：中华书局 1985 年版，第 361 页。
② 丘玉麟：《潮州歌谣集》，香港：香江出版有限公司 2003 年版，第 4、5 页。
③ 金天民：《潮歌》，新加坡：南大书局 1928 年版（2002 年重印），第 183 页。

洗浴健过老石部！"大人带小孩在月下乘凉的时候，也唱歌谣，如"月娘月光光，秀才郎，骑白马，过阴塘……"[①] 这样，每个潮人在少年时代，都会唱些本土歌谣。现代的人们也可学学前人，在带小孩的过程中多唱些这样的歌谣，既可哄哄孩子，也可在不知不觉中灌输传统的文化，让孩子从小受到潮州传统文化的熏陶。报纸、广播、电视，还有网络，都可广为宣传、演绎。学校，特别是幼儿园和小学，均可教唱些合适的、有益的潮歌，如有一首《天乌乌》："天乌乌，挈雨伞，待阿姑。阿姑来，掠鸡创。鸡还细，掠鸭代。'鸭唅鸭！人欲创你怎呢咀？''一夜生粒卵，一月成大堆，剺创我，去创牛。''牛唅牛！人要创你怎呢咀？''上丘是我犁，下丘是我耙，剺创我，去创马。''马唅马！人要创你怎呢咀？''上昼骑阿官，下昼骑阿娘，剺创我，去创羊。''羊唅羊！人要创你怎呢咀？''一日在外口，一夜食抱草。剺创我，去创狗。''狗唅狗，人要创你怎呢咀？''上更是我巡，下更是我吠。剺创我，去创着肉坠。''猪唅猪，人要创你怎呢咀？''嘴食米渍脚踏槽，剺创我，去创老鼠雏。'"[②] 采用拟人化手法，以小朋友的语气与鸡、鸭、牛、马、羊、狗、猪等动物对话，生动有趣，朗朗上口，既教会小朋友一些动物常识，又让他们学会爱护动物。

又如有一首《正月》："正月正，新仔婿，来上厅。二月二，老妈仔，入庵寺。三月三，桃仔李仔够你担。四月四，桃仔李仔够你臂。五月五，扒龙船，溪中橹。六月六，尖担仔，四处凿。七月七，倒捻乌，龙眼裂。八月八，抽豆藤，摘豆荚。九月九，风禽断线半天走。十月十，新米饭，胀盈目。十一月十一，冻到阿奴脚襞手亦襞。十二月十二，冻到阿奴脚硬手硬……"[③] 杨方笙在《潮汕歌谣》一书中说："这是一首以儿歌为形式，以传播生活知识为内容的歌谣，节奏明快，句式简单，念起来非常顺口，在短短百来个字里，既帮助儿童习数字，又帮助儿童识时令。"[④] 再如："潮州八景好风流，十八梭船二十四洲，二十四楼台二十四样，二只鉎牛一只溜。潮州八景好踢跶，十八梭船二十四朵，二十四楼台二十四样，二只鉎牛一只无。"这些歌谣都很适合儿童少年传唱。

据了解，在这方面潮州市绵德幼儿园就做得很好。笔者在父母家时，经常听到就读于绵德幼儿园的侄女哼唱潮州歌谣，如"潮州八景好风流，湘桥春涨鉎牛溜。西湖渔筏水上流，韩祠橡木景色优。鳄渡秋风古渡涛，金山古松埋忠烈。北阁佛灯是航标，龙湫宝塔龙喜柱。凤凰时雨凤来景，名胜八景永传留"和"韩江两岸是名城，街头巷尾尽歌声。元宵佳节人同乐，百屏花灯唱恁听。活灯看完看纱灯，头屏董卓凤仪亭。貂蝉共伊啰戏耍，吕布气到手捶胸……"等。一问才

① 金天民：《潮歌》，新加坡：南大书局 1928 年版（2002 年重印），第 58 页。
② 金天民：《潮歌》，新加坡：南大书局 1928 年版（2002 年重印），第 89 页。
③ 金天民：《潮歌》，新加坡：南大书局 1928 年版（2002 年重印），第 11 页。
④ 杨方笙：《潮汕歌谣》，香港：艺苑出版社 2001 年版，第 44 页。

知道是幼儿园老师教的。在与该园老师的交流中，笔者了解到绵德幼儿园一向重视潮州文化的传承、弘扬，把宣传潮州文化写进工作计划和教案中，经常结合一些重大节日和大型活动开展潮州文化教育活动，如在传统的元宵佳节来临时组织小朋友们游花灯、唱歌谣，冬至日全园小朋友们还有家长们一起边搓汤圆边唱歌谣，真是其乐融融。这样的活动开展多了，小孩子们自然对潮歌耳熟能详，开口就唱。

另据中国国际广播电台华语台报道，汕头的林锦城先生一直在思考如何传承和发展传统的潮歌，他在继承原来传统文化的基础上，结合当前的形势和时代特点进行了一些创新，把旧歌仔变成新儿歌。他举了个例子："我最近就创作了一首歌仔叫《点灯笼》：'点啊点灯笼，一点红彤彤，红红灯笼照四方，四乡六里点灯笼，灯笼照耀明礼人，做人做事心堂朗！'这是根据传统的歌谣进行创新。我们以前的《点灯笼》是：'点啊点灯笼，一点红彤彤……'然后就转到别的地方去了，所以我就取其中的某些起兴，作为创作的切入点，切入之后引出灯笼照耀明礼人，做人做事心堂朗。因为灯笼是一条芯的，灯笼的芯点着了，就亮堂了，而灯笼是照耀明礼人、知书达理的人的，所以就给《点灯笼》这首传统的儿歌赋予一种新的具有时代感的内容，使得儿歌更有亮点。"林锦城先生根据传统潮歌创作的很多儿歌现在都编入幼儿园的教材，孩子们听了都很高兴，都乐于传唱。这就是对潮歌这一传统文化很好的传承与发展。

地域文人集群与地域诗派的形成①

——以南园诗社与岭南诗派为例

陈恩维②

地域文人集群的存在，是地域诗派形成的一个必要条件，但是地域文人集群，并不必然会发展成为诗派，地处弱势文化区域的文人集群尤其如此。元末明初的南园诗社，地处文化边缘的岭南，既缺乏领袖文坛的领军型人物，又没有号召群伦的理论旗帜，甚至作品留存也较少，何以能形成一个在岭南延续数百年且在全国也有一定影响力的地域诗派？本文不揣浅陋，试对南园诗社发展成为岭南诗派的过程进行考述，兼论地处文化边缘的地域文人集群发展为地域诗歌流派的条件与路径。

一、诗人结社与文人集群

地域文人集群的存在，是地域性诗派形成的前提条件，因为后者有赖于前者提供发展的土壤和氛围。

明代以前，岭南诗坛虽出现过张九龄、崔与之、李昂英、余靖等大家，这些诗人虽足以引领一方，但因为只以个体、散点的形态出现在当时的文坛笔苑中，故而难以在当时开宗立派。元末明初，以孙蕡（字西庵）为代表的南园前五先生，在广州南园结社吟诗，汇集了当时岭南大地的著名文人，形成了一个地域性文人集群，从而使岭南诗派的形成有了现实的可能。

关于南园诗社的结社时间以及组成人员，孙蕡与王佐《琪琳夜宿联句一百韵》序有记载：

因思年十八九时，承先人遗泽，得弛负担，过从贵游之列。一时闻人，相与友善，若洛阳李长史仲修、郁林黄别驾楚金、东平黄通守庸之、武夷王征士希贡、维扬黄长史希文、古冈蔡广文养晦、番禺赵进士安中及其弟通判澄、征士讷、北平蒲架阁子文、三山黄进士原善，皆斯文表表者也。共结诗社南园之曲，

---

① 本文原载《学术研究》2010 年第 2 期，为本人主持的广东省哲学社会科学"十一五"规划地方历史文化特色项目"南园前五先生研究"（批准号：07DT02）阶段性成果。
② 【作者简介】陈恩维，文学博士，博士后，教授，广东省广府文化研究基地副主任，佛山科学技术学院科技处副处长，主要从事岭南文学和汉魏六朝文学研究，已出版专著 3 本，发表论文 60 余篇。

豪吟剧饮，更唱迭和。

孙蕡、王佐均出生于元顺帝元统二年（1334）①，则他们首次结社当在元末至正十一、十二年（1351—1352）间。此次结社的参与人员，除了孙蕡、王佐、李德、黄哲外，另列了 9 人，而赵介（1344—1389）则因为年龄尚幼而没有参加。南园首次结社大约持续了三四年便因战乱而解散，直至元至正二十三年（1363）左右才得以重开。这一点黎贞《临清先生行状》有记载：

（介）十三、四，善作诗，与五羊群彦相颉颃。弱冠从黄士文游，授诗、书、易三经，至子史百家，靡不撷其芳而咀其华。迨长，宽厚寡言，喜怒不形于色，与黄庸之、孙仲衍、李夷白、黄楚金、王彦举、赵汪中、明中、李仲秀（疑为仲修，即李德）诸公，结南园诗社，极一时之英杰也。

黎贞所提到的南园结社有赵介参加，而且时间是在赵介成年之后，据此可以推测结社时间当在元至正二十三年（1363）前后。与南园首次结社相比，第二次结社参与人员增加了赵介、李韡（号夷白）、郑御史（即郑毅）等人。南园诗社的第二次结社，一直延续到明洪武三年（1370）孙蕡、李德等人相继出仕才解散。陈琏《临清集序》指出："入国朝，诗社诸公，若孙翰林、王给事、郑御使、李长史，相继从仕中外，惟先生韬隐于家，守约处晦，内自足而无所营于外，益得肆力于诗。"② 因此，南园诗社的诗歌活动虽时有中断，但存在时间将近二十年。这在时间上保证了南园诗社能够在相当长的一段时间内，成为一个聚集岭南文人的阵地。

南园诗社在频繁的文学竞赛中自发形成了一个"领导集体"——南园五先生。孙蕡、王佐是南园诗社的始倡者。孙蕡《南园歌赠王给事彦举》曰："昔在越江曲，南园抗风轩。群英结诗社，尽是琪琳仙。南园二月千花明，当门绿柳啼春莺。群英组络照江水，与余共结沧洲盟。"同时，他们凭借豪放的性格和高超的诗才，在当时的文学竞赛中脱颖而出，自然成为诗社的领袖人物。黄哲《王彦举听雨轩》指出："当时雄笔谁更好？孙公狂歌君绝倒。横眠三日醉复醒，梦见池塘生春草。"李德《王彦举南雄省亲》云："王郎气酣走马去，三尺龙泉拂流水。玉壶愁破酒如兵，鹅管呜呜咽不鸣。"这两首诗形象描绘了孙蕡、王佐的豪放意气及其在诗社中的领导作用。当时南园诗人中有"构词敏捷，王不如孙，句

① 有关南园五先生的生卒年的考证，详参拙作《元末明初南园五先生生卒年考证补》，《古籍整理研究学刊》2010 年第 5 期。

② 梁守中、郑力民点校：《南园前五先生诗》，广州：中山大学出版社 1990 年版，第 15 页。本文所录南园五先生诗，除注明出处者外，皆见此书，不再出注。

意沉着，孙不如王"的说法。孙蕡、王佐、黄哲、李德、赵介五人过从甚密、才遇相仿，又都是南园诗社的积极分子，并且共同加入何真幕府，其创作又能"度越流辈"，故而在南园诗人群中脱颖而出，形成了"南园五先生"的称号。葛征奇指出："五先生之才遇，差相仿佛，而更造霸于吴四杰、闽十才子之间，亦犹山之宗罗浮、星岩、番峡云。"① "被用名号加以概括的诗人文士容易受到注意"②，南园五先生名号的出现，使元末明初的岭南文人集群有了自己的形象代言人。

南园诗社是一个充满青春气息和平民性的诗社，呈现出一定的辐射性和开放性。南园首次结社时，其组织者年纪不过十八九岁，都是一些风华正茂的年轻诗人，这从年龄上保证了诗社的持续时间。从参与者身份看，组织者和参与者虽然是岭南"斯文表表者"和"一时英杰"，但是当时尚未出仕，多为布衣平民，这实际上降低了入社的身份门槛。从成员的籍贯来看，他们以南海、番禺为主，但也有广东其他地区（如江门、东莞）甚至包括流寓广州的外省人（如福建武夷），在一定程度上打破了狭隘的地域藩篱。同时，南园诗社还不断辐射诗社外的成员，这既包括当地一些有名望的文士，也包括一些有意隐居的乡村诗人。前者如彭通，字万里，南海人。早失怙恃，力学工诗，元末隐居教授，从之游者常数百人。明初出仕，官至山西参政。③ 孙蕡与他有三首诗唱酬。后者如梁谨，佛山石湾莘墟人，"讲明经术，有隐德焉。时值元乱，偕友人孙仲衍相与盘桓"④。又如刘梓，字粹之，自号采薇生，南海人，与孙蕡友善。⑤ 刘乐善，山中人，年八十余，以吟咏自适，与赵伯贞辈相唱和。⑥ 青春期气息、平民性、开放性和辐射性，使南园诗社汇聚了一大批岭南诗人，打破了诗社的狭小交际传播圈，在更广泛的乡邦地域范围内传播，形成了一种文雅宏焕的当世氛围，为南园诗社发展成为岭南诗派准备了条件。

总之，通过南园结社，元末明初的岭南形成了一个地域文人集群，并出现了"集体领导"。如果说吴越和江西地域诗派的崛起是因为有号令一方、权高位重的文坛领袖，那么，地处文化边缘和弱势文化区域的岭南诗人主要是通过南园结社，集合一定数量的地域诗人，以群体性诗歌活动为岭南诗派的形成准备了条件。

---

① 梁守中、郑力民点校：《南园前五先生诗》，广州：中山大学出版社 1990 年版，第 10 页。

② 王钟陵：《文学史新方法论》，苏州：苏州大学出版社 1993 年版，第 226 页。

③ 《广东通志》卷四十五，四库全书本。

④ 上引诗文《全粤诗》不载，见莘墟梁氏族谱，载《梁氏家庙》，同治三年抄本。

⑤ 唐朝晖：《南园诗社新探》，《湖南城市学院学报》2010 年第 1 期。

⑥ （清）陈昌齐：《广东通志》卷二百七十一，北京：华文书局股份有限公司 1968 年版，第 4498 页。

二、群体活动与地域特质

一个地域文人集群能否发展成一个地域性的诗派，主观上取决于他们在文学主张、审美情趣上是否具有一种独特性，客观上则取决于其地域特质能否在创作中得到有效的凝定与呈现。

从创作方式看，南园诗人喜欢群体性的诗歌活动，其创作方式包括集句（如孙蕡、王佐二人共同创作《琪林夜宿联句一百韵》）、分题（如黄哲《分题赋罗浮山赠何景先百户》）、分韵（如李德《同诗社诸公游白云寺，分韵得“千”字》）、次韵酬唱（如黄哲《次韵仲衍〈巫峡秋怀〉》）、同题共作（如孙蕡、李德《峡山寺》诗）。上述创作方式，虽然难免会产生一些庸俗之作，但是形成了一种群体创作和文学竞赛的氛围，有利于创作、批评和传播的繁荣。更重要的是，作家在这种集体创作的氛围中，容易相互影响，有利于形成共同的审美情趣和文学主张。例如李德诗歌本来取法晚唐李贺，后在孙蕡的影响下，改走汉唐雄直一路。史载：“德为诗多效长吉、太白。孙蕡笑之曰：‘子真浑元皇帝远孙也。’德乃力追古作。”《南园前五先生诗》所录孙蕡古诗有模拟汉魏古诗的《拟古诗十九首》和模拟曹丕《燕歌行》的《秋风辞》以及诸如《短歌行》、《将进酒》、《梁父吟》等众多模拟汉魏六朝古乐府的作品，近体诗有《骊山老妓行，补天宝遗事，效白乐天作》；黄哲则有模拟建安作家徐干的《自君出之矣》以及诸如《战城南》、《临高台》、《雉朝飞》、《乌栖曲》等模拟乐府古题作品；李德则有七古《十二月乐章》模拟李贺同题作品，五古《留题郎步山庄》、《闲居》等作直接化用陶渊明的诗句，七律《春兴六首》模仿杜甫《秋兴八首》；赵介五古《步虚词》为乐府古题，近体瑶池则效法了李商隐、刘禹锡的咏史之作。李威指出：“粤东自曲江开正始之音，嗣后作者继兴，至前后五先生创立南园以提倡风雅，古诗必综汉魏，近体必效盛唐，皆能兴复古昔，蔚为辞章之华。”① 南园五先生的诗歌创作，通过“古诗必综汉魏，近体必效盛唐”，形成了一种富有特色的“雄直气”。这也显示当时南园诗社的酬唱活动，使原本风格迥异的诗人们的审美文学情趣趋向一致，从而具备了形成共同文学主张的可能。

从传播环境看，南园诗社依托广州的城市环境，呈现出一种世俗的城市审美情调。元末，中原与江南地区的抗元农民起义已经风起云涌，但广州由于偏处一隅，呈现出相对安定的局面，广州奢华富丽的城市生活，深刻影响了南园诗人的活动方式和审美情趣。孙蕡《广州歌》对广州的繁华景象有所描绘，屈向邦《粤东诗话》指出：“广州自南越立国、南汉建都以来，以地势重要，交通便利，

---

① （清）温汝能纂辑，吕永光等整理：《粤东诗海·序》，广州：中山大学出版社1999年版。

故名物殷繁，商贾荟集，蔚然岭南之大都会。重以物既阜饶，景尤优美，绿杨城郭，风月无边，视古扬州未遑多让。孙西庵特为之歌，读之，昔日风光，令人神往。"① 南园诗社的作品，或以城市生活为背景，或以豪门少年生活、青楼女子为题材，反映了一种都市审美趣味。如孙蕡的《南京行》、《长安篇》、《上京行》、《湖州乐》、《蒋陵儿》、《紫骝马》、《唐仙方伎图》、《骊山老妓行·初天宝遗事戏效白乐天体》，王佐的《唐仙方技图》、《美人红叶图》，李德的《青楼曲》、《房中思》、《出城》、《梅花曲》，黄哲的《临高台》、《白苎词》、《乌栖曲》、《将进酒赠彭生秉德》、《王孙挟弹图》，赵介的《长门怨》等，多以城市景象为题材，多诗酒唱和之作，带有浓厚的都市文化情调。另一方面，南园诗人也追求一种幽雅的园林山水意趣。南园结社虽然因南园而得名，但结社地址并不限于南园，还有其他园林别业，如孙蕡有白云山房，王佐有听雨轩，黄哲有听雪篷，萧止庵有得闲亭，后来加入诗社的赵介则有临清轩等。这些园林别业的存在，使南园诗社跳出了南园的限制，有了更大的活动、创作与传播的空间。如孙蕡的《白云山》、《光孝寺》、《雨中寄友》、《罗浮游息》，王佐的《题桑直阁江山胜概图》，黄哲的《题蒲涧读书处》、《与伯贞、彧华二友会》、《杨氏湛碧轩》，李德的《题留郎步山庄》、《宿栖云庵》、《栖云庵》，赵介的《寓山家题壁》，或以名山古寺，或以江山胜概为题材，表现出一种怡情山水、醉心自然的审美意趣。清代文人恽敬指出："粤东之诗，始盛于南园五先生，王彦举题其集曰听雨，黄庸之构听雪篷，而题其集曰雪篷，盖诗人于萧闲廖阒之时，多所慨寄，故名之于是。"② 不过，应当指出的是，其他地方的此类诗歌，通常是隐居避世的产物，在价值判断上通常是以对城市世俗生活的否定为前提的，但是在南园五先生的笔下丝毫看不出对城市生活的逃避和否定。《南园前五先生诗》中保留的南园诗歌，充分体现了南园诗人把园林意趣和城市之乐，精神追求与物质享受，完美地融合在一起。

从艺术情趣看，南园诗社的群体性诗歌活动，常常伴随着书画创作与评鉴、音乐弹奏和歌舞欣赏等其他的艺术活动。黄哲的《王彦举听雨轩》对此有所记载："当窗涤笔写《黄庭》，亮声散落鹅池水。竹外淋漓芳砌寒，檐端飞洒落花残。先生掷笔向予笑，如此宫商真可欢。况复交游尽文雅，倾倒对之情不舍。银觥夜酌凉葡萄，琵琶嘈嘈急如泄。"孙蕡的《南园歌赠王给事彦举》也有类似记载："青山日落情未已，王郎拂袖花前起。欢呼小玉弹鸣筝，醉倚庭梧按宫徵。哀弦泠泠乐未终，忽有华月出天东。裁诗复作夜游曲，银烛飞光白似虹。"吴升的《大观录》说孙蕡"书体圆熟，入褚河南堂奥，精妙绝伦"，又说王佐"书体

---

① 屈向邦：《粤东诗话》，香港：龙门书店 1968 年版。

② （清）恽敬：《大云山房集》，民国四部备要本，第 100 页。

端劲，绝似王安礼"①。今存南园五先生诗作中题画诗蔚为大观，如赵介有《怀仙吟题〈玉枢经〉卷后》，孙蕡有《题高彬白云山房手卷》、《题黄万户德清〈罗浮图〉》、《题钱淑昂潇湘图》、《题苏名远画竹图》，王佐有《题桑直阁江山胜概图》、《题李谷清〈雪景〉》、《百马图》、《美人红叶图》，李德有《题陶渊明像》、《柳塘书舍图》、《题扇》，黄哲有《题刘千户英武舟卷》、《王孙挟弹图》等。南园诗人的乐府、歌行等音乐性较强的作品较多，且艺术水准高，这与南园的音乐艺术活动息息相关。这些作品虽然并不都是结社期间创作的，但是无疑受到结社期间所进行的书画艺术活动的影响，既反映了南园诗人的生活与审美情趣，也反映了他们的艺术修养。此外，这些艺术活动，加强了不同艺术门类如诗歌和书画、诗歌和音乐之间的沟通，提升了南园诗歌的艺术水平，增强了南园诗社的艺术氛围和文化辐射力，对于诗社诸人作品的流传和诗名传播，无疑有积极的影响。陈永正指出："南园诗社自成立时起，即将诗、书、画铸于一炉，为粤中文化作出贡献。"②

从地域文化的构建看，南园诗人不仅对岭南自然风物进行了诗意的发现和表现，还着力于岭南人文传统的构建。南园诗人多选择岭南绝佳的自然形胜和具有深厚文化传统的历史古迹为描写对象，进行多方面的描绘和礼赞。如孙蕡的《荔湾渔隐》、《广州歌》、《白云山》、《光孝寺》、《峡山寺》、《景泰寺》、《灵洲》、《西樵》，王佐的《戊戌客南雄》，李德的《同诗社诸公游白云寺，分韵得"千"字》、《宿栖云寺》、《峡山寺》，黄哲的《题蒲涧读书处》、《王彦举听雨轩》、《小塘山居》，赵介的《怀仙吟题〈玉枢经〉后》、《寓山家留壁》等。这些作品，多选取岭南具有代表性的山川景致、自然风物和历史人文景观，以欣赏和自豪的心态加以典型呈现。南园诗人对岭南自然和人文胜迹的题咏，加深了岭南自然的人文化，也构建了具有岭南地域特色的文化意义空间。南园诗人对于岭南人文传统的构建，既包括对于儒家文化大传统的精心构建，也包含对于特色浓厚的地方小传统的自觉承续。就儒家大传统而言，地处边缘的岭南文化并无特别值得书写的地方，但是南园五先生却着力精心构造。例如，曲江张九龄，是明代以前岭南文化代表性人物之一。孙蕡曾写《张曲江祠》赞美张九龄。在他的笔下，张九龄的正直形象就像大庾岭上挺拔的青松一样，标志着岭南文化的耸立。甚至，他还挖掘出一些边缘的乡贤事迹，以弘扬乡土文化。如孙蕡为学者区仕衡作《上舍公墓表》，"故蕡也不揣无文而缕述之，以表其墓，亦欲使五岭以南万世知有上舍先生而已"③。相比对于文化大传统构建的勉为其难，南园诗人对于岭南

---

① （清）吴升：《中国历代书画艺术论著丛编30·大观录》，北京：中国大百科全书出版社1997年版，第466、467页。

② 陈永正：《岭南书法史》，广州：广东人民出版社1994年版，第327页。

③ （明）孙蕡：《上舍公墓表》，载区仕衡：《九峰先生文集》附录，《粤十三家集》本。

源远流长的宗教传统的构建则显得游刃有余了。岭南是佛教和道教的中心，安期飞仙、葛洪炼丹，这些发生在岭南大地的神仙传说和罗浮山、西樵山的五百零四峰以及遍布其中的道观寺庙，一起飞入了他们的笔下。如洪武元年，征南将军廖永忠的军队驻扎在五仙观，不幸引发火灾，导致五仙观被毁。孙蕡耐心地向廖永忠说明五仙观对于广州的特殊意义，劝他修复五仙观，五仙观修复后，孙蕡作《重修五仙观记》记其事。南园诗人对于岭南独特自然与人文景观的表现与构建，也可以视为一种自身乡邦文化的特色呈现。

综上所述，南园诗人虽然没有像闽中诗人林鸿、高棅那样树起"师法盛唐"的理论大纛，但是他们通过群体性的诗歌活动和有意识的地域文化构建，形成了共同的审美情趣，实现了自身地域文化特质的凝定和呈现。一旦这种特质得到了有效的传播和传承，岭南诗派就自然而然地形成了。

三、乡邦酬唱与代际传播

一个具有鲜明的地域文化特质的地域文人集群，能否发展成一个地域性的诗派，取决于这一文人集群能否突破自身时空的局限，在更大的时空范围内传播。一个地方文人集群的影响如果仅仅局限于当代而无法实现代际传播，则有源无流，无法发展为一个流派。

南园诗人首先以家族传承来实现代际传播。黄哲之子，字德舆，辑其诗文十余卷，行于世。李德之子孚，字底信，亦能诗。赵介不喜交游，其诗学主要在家族内部传播。他在临清轩旁辟一室，集诸子诸生，教其读书作诗，勉其成立。其四子皆善诗文，有文名。次子赵绚，字怀璨，筑思训斋，佩父亲临终所诫格言，终身不忘，隐居有父风。赵绚请当时著名文人黎贞为父亲撰写《临清先生行状》，赵绚则为父亲编订文集，并请陈琏撰写《临清集序》，传播父亲的道德文章。赵绚还曾为孙蕡作传，称其"究极天人性命之理，濂洛关闽之学，为岭表儒宗。历任虽不显，而所至有声，出处穷达一致"①。南园五先生子嗣对他们诗集的传播，对于岭南诗派的形成的重要性是显而易见的。

师门传唱，较之家族传承，突破了血缘的限制，因而是南园诗人代际传播更为重要的方式。南园五先生中孙蕡、黄哲都先后担任地方教谕，故而培养了一批学生和追随者，因而其诗歌传播突破了血缘的限制，在更大的范围内传播，使南园诗歌实现了代际的传承。黎贞，字彦晦，新会人，性格坦荡不羁，乐以酒自放，故号陶陶生。晚更号秫坡，学者称之为秫坡先生。少从孙蕡游，故学所成就，非一时流辈所及。发而为诗文，滔滔自胸中写出，无斧凿痕。洪武初举邑训

---

① （宋）黄佐：《广州人物传》卷十二，续修四库全书本，上海：上海古籍出版社 1996 年版。

导，不就，坐事戍辽东，寻放归。著有《秣坡集》、《古今一览》、《家礼举要》。洪武三年，孙蕡游峡山寺作《峡山寺》诗，黎贞有同题次韵之作。可证黎贞当随孙蕡参加过南园第二次结社。后来孙蕡流放辽东，黎贞正好也被流放到那里，二人也颇多赠答之作，黎贞有《观猎西苑呈西菴孙先生》、《从西菴孙先生出使高丽》、《沙门渡海吟》与孙蕡酬唱。孙蕡被杀，黎贞抱持其尸，以衣里之，殡殓如礼，奉柩葬于安山之阳典衣营，作《哭西庵孙先生前翰林典籍吏科孙给事》追悼，读者莫不堕泪，其笃于友义如此。后来，黎贞还收集孙蕡遗文，整理而成选本《西庵集》，这是最早的孙蕡诗集。四库馆臣称："贞少从孙蕡学诗，蕡集即其所编次，虽所造未深，而风格尚为遒上。"① 黎贞与南园五先生之一赵介之子赵绚友善，曾应邀为赵介撰写行状，表彰其德行与文学。② 黎贞与王佐、黄哲也有交往。洪武八年秋，黎贞自京师辞官归，王佐、黄哲分别作《金陵赠别诗送彦晦先生南归》。③ 总之，作为南园弟子，黎贞对南园诗人的推介是不遗余力的。黎贞的弟子梁继灏，字行素，号澹斋，新会人，博学有行谊，有《澹斋集》十卷。尝以书授生，徒其弟子知名者有鲁能、吴韬、邝慈，但最著名的是陈白沙。陈白沙说："吾邑以文行教后进百余年，秣坡一人而已。余生也晚，不及秣坡之门。及长而与澹斋之子益游，始拜澹斋。澹斋诲余以秣坡之事缕缕，此岂一日忘其师者耶。当时在秣坡之门者不少，独澹斋传其学，教授罗山之下，使弟子有所矜式焉。"④ 由此可见，陈白沙可被视为黎贞的再传弟子。在《陈献章集》中，有众多诗文提及黎贞，而黎贞的道学思想中有关"道"、"理"、"气"等的阐述被陈白沙接受并发挥，从而使陈白沙思想在道学基础上向心学转化。⑤ 而黎贞的理学思想和诗歌风格，则又是得之于被称为"究极天人性命之理，为一时儒宗"⑥ 的孙蕡。而孙蕡——黎贞——梁继灏——陈白沙一脉相承的理学与诗学交融，则被称为"江门诗法"。

周尚文，香山人，初游邑庠，以颖俊选入郡学。时翰林待制黄哲解官家食，尚文从游，读书番山，清苦赅博，哲称重之。洪武甲子领解额第一，乙丑登进士。⑦ 黄哲曾有《折桂歌赠周尚文会试》："番山亭亭读书屋，萧森古桂屯云绿。可怜芳树着秋花，西风吹吐黄金粟。周郎今年二十余，筑屋花边勤读书。古诗研磨正风雅，志节矫矫非凡儒。秋来折得亭前桂，攘袂先趋棘闱试。襕袍真带广寒香，名冠群英三十二。持书好去登春闱，朝天拜舞生光辉。洪恩更许南归省，载

---

① （清）四库馆臣：《秣坡诗稿提要》，《四库全书总目提要》卷一百八十九，四库全书本。
② （明）黎贞：《秣坡先生文集》卷七，四库存目丛书本，济南：齐鲁出版社 1996 年版。
③ （明）黎贞：《秣坡先生文集》附录，四库存目丛书本，济南：齐鲁出版社 1996 年版。
④ （道光）《广东通志》卷二百七十五，道光二年刻本。
⑤ 王颋、倪尚明：《论陈献章与黎贞的思想渊源》，《湖南农业大学学报》（社会科学版）2006 年第 2 期。
⑥ （宋）黄佐：《广州人物传》卷十二，四库全书存目丛书本，济南：齐鲁书社 1996 年版。
⑦ （明）郭棐：《粤大记》卷二十四，明万历刻本。

酒花间荣绣衣。"① 在黄哲的精心栽培下，周尚文"诗文皆妙悟有法，以韩柳李杜为宗。一时才子也"。不仅如此，周尚文家族的文学，也颇有传承，"其孙慈坚，读书儒雅，有祖风致，社中士子多师之"②。

黄裳，字迪吉，番禺人，少从李韡游。明经学，善文辞。洪武二十六年（1393）癸酉乡贡进士，卒业大学，永乐初授福建政和知县，后历任礼部主事、郎中，刑部郎中。有学识，多所著述。（按，李韡与南园五先生之赵介、黄哲友善，曾参与南园诗社，黄裳既然从李韡游，因此可视为南园后学，其诗当受到南园诗社的影响。）其他人也与南园诗人有直接或间接的联系，如杨肇初与孙蕡有交往。《西菴集》卷四录有《题杨肇初墨菊图》。潘耒则明显受到黄哲的影响。其《读雪篷集》回顾黄哲生平，称赞其杰出才华和忠心报国、勤政为民的品质及其在岭南文学史上的地位："弟子谁为宋玉招，故人独有山公在。愁来翘首怅东津，海水潺潺海上昏。惟有白云山万叠，百年从此忆清尘。"③ 可见，他们确实以南园后学自命。南园诗社的影响，甚至通过后学的师友酬唱，实现了跨地域的传播。又如时任广州府学训导的东莞人陈靖吉，也在训士之暇，与上述诗人"相唱和"，④ 而陈靖吉所宗主的东莞凤台诗社，与南园诗社"相望而兴"⑤，其"风格遒上，欲追唐人而气韵稍逊，然宋元弱调至此一振起矣"⑥。

黄佐曾指出："时承南园诗社之后，广人多工诗。"⑦ 南园诗社构筑了一个诗社、家族、乡邦的文学传播网络，通过集合力量，培养后学，实现了地域和代际传播，不仅构成了当时一种文雅宏焕的氛围，而且形成了风流标映的承传系统，岭南诗派在岭南大地终于得以形成。

四、四海诗声与南园情结

一个地域诗歌流派能否取得全国性的影响，取决于这一文人集群能否走出地域的藩篱，参与中央的和其他地域的文化和文学活动，从而使其精神文化与审美特质在更大范围内传播。

洪武三年（1370），南园诗人相继出仕，南园五先生中有四人离开了岭南，南园诗社和岭南文学的名声开始传播四海。最早参与明廷文化活动的南园诗人当

---

① （明）邓迁修，黄佐纂：《香山县志》卷七，明嘉靖二十七年刻本。

② （明）郭棐：《粤大记》卷二十四，明万历刻本。

③ （明）钱谦益：《列朝诗集》甲集第二十一，北京：中华书局2007年版。

④ 《宣统）《东莞县志》卷五十五，民国十年铅印本。

⑤ （宣统）《东莞县志》卷三十八，民国十年铅印本。

⑥ （宣统）《东莞县志》卷五十五，民国十年铅印本。

⑦ （宋）黄佐：《广州人物传》卷十三，续修四库全书本，上海：上海古籍出版社1996年版，第521页。

为出仕最早且担任翰林待制的黄哲。《殿阁词林记》（卷十三）载："丙午年六月，旱，上祷雨钟山，获应，赋七言《喜雨》诗，命待制黄哲等赓和。""丙午六月左丞相徐达北伐捷闻，上命黄哲赋《北捷应制》，称旨。"① 担任黄门给事的王佐，也参与了当时朝廷的重要文化活动。如洪武九年（1376）七月，明太祖朱元璋赐翰林承旨宋濂白马，"又诏太子赐濂良马，复为制良马歌一章，亦命侍臣和焉"。宋濂《潜溪录》（卷五）收录华克勤、虞泰、孙杰、王佐等人作《应制赋赐宋承旨黄马歌》②。王佐诗中有"臣骑黄马当赤心"之句，朱元璋"览之而喜，赐钞一锭"，后来"或遇会心处，多命赋诗"③。孙蕡则是参与此类活动最多的人。如其《钟山应制》、《驾游钟山应制》、《新春从幸天界寺次詹冢宰钟山应制韵》、《驾幸天界寺和朱太史芾韵》、《圜丘大祀》、《诸王之国观礼有作》等诗，都是他作为翰林典籍时随皇帝出游、观礼、祭祀时所作。上述诗歌活动，具有很强的政治色彩，可能对于提高诗歌创作水平并无多大帮助，但是对于传播他们个人诗名和岭南诗歌，都是大有好处的。

　　南园五先生还积极参与其他地域诗派往来唱酬，在频繁的文学交流中实现了全国崛起。如黄哲初入京陵时，遇当时名士朱文昭、涂颖，于是握手吟咏、共相唱和。在他们的揄扬下，黄哲"自是益有名"④。李德虽然一直在地方任官，但他一篇有关迁都的论文，获得士林普遍赞誉。王佐则尝与江西诗派诗人刘三吾同咏署中桂，刘三吾"惊其才语高妙，以为名世之作"⑤。"吴中四杰"之一的徐贲曾作《题王彦举听雨轩》⑥，闽中诗派的林弼也曾作《题听雨轩图》⑦，雅赞王佐。其为名流所重如此。孙蕡则因为得到越诗派代表人物宋濂的奖掖栽培而名声大噪。刚入京陵时，孙蕡撰成《孝经集善》，宋濂为之序，认为"蕡通经而能文辞，采择既精，而又发以己意，其书当可传诵"⑧。后来，宋濂又吸收孙蕡参与编撰《洪武正韵》。宋濂退休归金华，朱元璋赐他《御制文集》一部并绮帛若干。当时名流纷纷作诗赠别，如答禄与权的《送宋承旨还金华》，史靖可的《送宋学士》，中书舍人叶宁、朱芾赋绝句三首⑨，苏伯衡作《送宋起居还金华》⑩，汪广洋有《宋景濂承旨致仕还金华》⑪。但最引人注目的还是孙蕡。他先后作了

① （宋）黄佐：《殿阁词林记》，四库全书本。
② 罗月霞主编：《宋濂全集》，杭州：浙江古籍出版社 1999 年版，第 2290、2350、2608 页。
③ （宋）黄佐：《广州人物传》卷十二，四库全书存目丛书本。
④ （宋）黄佐：《广州人物传》卷十二，四库全书存目丛书本。
⑤ （宋）黄佐：《广州人物传》卷十二，四库全书存目丛书本。
⑥ （明）钱谦益：《列朝诗集》甲集第十卷，北京：中华书局 2004 年版，第 28 页。
⑦ （明）林弼：《登州集》，北京图书馆古籍珍本丛刊，北京：书目文献出版社 1991 年版，第 468 页。
⑧ 罗月霞主编：《宋濂全集》，杭州：浙江古籍出版社 1999 年版，第 623 页。
⑨ （清）陈田：《明诗纪事》，上海：上海古籍出版社 1993 年版，第 115～118 页。
⑩ （元）苏伯衡：《苏平仲文集》卷五，文渊阁四库全书本。
⑪ （明）汪广洋：《凤池吟稿》卷七，文渊阁四库全书本。

《饯宋承旨潜溪先生致仕归金华》七首、《送翰林宋先生致仕归金华》二十五首，以三十二首诗将"潜溪一生事业荣遇，综托略尽"①，也将自己与宋濂的个人情谊表现得淋漓尽致。孙蕡自称宋濂门生，其《送翰林宋先生致仕归金华》有"门生日日侍谈经，独向孙蕡眼尚青。几度背人焚谏草，风灰蝴蝶满中庭"之语。而宋濂也曾作诗高度赞美孙蕡的风神与才华："潇洒自流行，光华不隐没。问谁可与俱，秋天一轮月。"② 一代文宗宋濂的揄扬，对孙蕡诗声的传播无疑是大有裨益的。孙蕡在当时就获得了"岭南才子"的美称。如黄瑜指出："洪武中，西庵孙典籍仲衍蕡，号岭南才子。"③ 叶盛也指出："我朝诗道之昌，追复古昔。而闽浙吴中尤为极盛。若孙西庵，号岭南才子，国初著大名。"④ 顾起纶《国雅品》指出："孙翰籍仲衍、黄待制庸之、李长史仲修，旧称'广中四杰'，并有盛才，特闲于七言。如孙之《蒋陵儿》、《次武昌》，黄之《战城南》，李之《秋晴》等篇，能自迥出常境，绮崭处亦类初唐语。《楚》、《骚》云：'南州炎德，桂树冬荣。'三君子之谓也。"⑤ 胡应麟《林贞耀观察覆瓿草序》指出："国初称才之盛者，无若吴下四杰、岭南五子，咸彬彬合轨一时云。"⑥ 南园五先生走出岭南，积极参与官方和民间的各类文化和文学活动，与其他地域诗派展开文学交流，不仅传播了个人的诗名，塑造了岭南才子的形象，无疑也会提升岭南诗歌的整体形象，有利于岭南诗派的全国崛起。

南园五先生的"南园情结"，则从内部形塑了岭南文人的文化人格和岭南文学的精神文化传统。洪武三年（1370）以后，南园诗社因为诗人们仕宦各地而无法结社了，但是在南园五先生之间，存在一个挥之不去的"南园情结"。他们之间往来寄赠，念念不忘南园结社。洪武八至九年间（1375—1376），孙蕡、王佐曾有重开南园诗社的打算。孙蕡作《寄王彦举》，念念不忘南园，"梦入南园听夜雨，不知身在蒋陵西"。洪武九年（1376）冬，王佐南还，孙蕡倍感孤独，归乡之情日浓，作《寄王给事佐》。王回赠《酬孙典籍仲衍见寄》相约归乡结社。不久，孙蕡如约自钟山还，孙蕡作《南园歌赠王给事彦举》，回忆当年结社往事，重游南园故地，相期重开南园诗社。黄哲也作《王彦举听雨轩》和《喜故人孙仲衍归》，欢迎南归的王佐和孙蕡。但是，由于孙蕡的归期很短，王佐不久即病逝，黄哲则因在郡诖被误杀，则此短暂的会面，竟成永久的诀别。洪武十年（1377）春，孙蕡外补为山东平原簿，赴任途中经黄哲曾任县令的东阿县，想起已经凋零的故人，作《过东阿怀雪篷》怀念亡友。李德自洪武三年出仕后，一

① （清）陈田：《明诗纪事》，上海：上海古籍出版社1993年版，第116页。
② （明）孙蕡：《孙西庵集》题词，桂馥堂孙氏藏版，清乾隆三十五年刻本。此诗《宋濂全集》失收。
③ （明）黄瑜：《双槐岁钞》卷一，北京：中华书局2006年版。
④ （明）叶盛：《水东日记》卷二十六，四库全书本。
⑤ （明）顾起纶：《国雅品》，历代诗话续编本，北京：中华书局1983年版，第1090页。
⑥ （明）胡应麟：《少室山房集》卷三十二，四库全书本。

直未曾南归，孙蕡曾作《罗浮歌寄洛阳长史李仲修》、《南园怀李仲修》寄给他，李德则回赠《寄孙仲衍典籍》。自洛阳转任济南后，李德又作《济南寄孙仲衍》，表达了对南园结社的回忆和希望回到故乡、再开诗社的愿望。赵介参与南园诗社晚，而且性格狷介，再加之足不出岭南，所以有关南园的酬唱就很少了，但是从其子赵绚对于南园诗歌的传承，则可知赵介与孙、王、黄、李一样，其"南园情结"是一日不曾消退的。

"南园情结"，在南园五先生身上是一种温馨的文学记忆和文化选择，在岭南后学则被视为一种独特的地域精神文化传统。"南园十二子"之一的黎遂球在《岭南五先生诗选序》中曰："岭之南人人言诗，其在国朝，盖有五先生。窃尝论之如孙仲衍视嵇中散、谢康乐先后一辙；王彦举乃得比汉二疏、唐贺季真；黄庸之为政有韩退之徙鳄风；李仲修不愧太白、长吉称，其治义宁，则文翁化蜀；赵伯贞自拟渊明，诚孟浩然所不能及。虽出处各殊，然于唐诗有张文献，于我明有五先生，粤昔者称之，盖无异词云。"光绪《广州府志》（卷一百六十一）也指出："前五子当草昧之初，遭逢未偶，孙典籍窘踬百端，卒婴大戮，赵御史隐居避世，其藏固矣，亦以累逮，道殂南昌，岂雄文见采，虽入深林，难免哉。然五先生不徒以文重也。李仲修遂于经学，晚更潜心伊洛，王仲翔天性孝悌，终身事廖元正如父，以报殡葬之恩，其高风懿德尤可仰云。"[1] 诚然，"南园五先生"呈现了岭南士人典型的文化性格，也塑造了岭南诗歌的文化传统，而南园后学则衣钵相承。朱彝尊曾指出："当是时吴有北郭十子，粤有南园五先生，名誉实相颉颃。其后吴中之诗屡变，而闽粤独未之改。梁公实名列七子，诗犹循南园遗调。"[2] 明中叶之"南园后五先生"，明末之"南园十二子"，清中叶的学海堂文人南园雅集，清末丘逢甲主持的南园诗钟会，梁鼎芬主持的"后南园诗社"，直至民国的"南园今五子"和当代的"南园新五子"[3]，岭南诗派自南园五先生而一脉相承，南园亦成为岭南文学的圣地。

① （光绪）《广州府志》卷一百六十一，清光绪五年刊本。
② （清）朱彝尊：《丁武选诗集序》，载朱彝尊：《曝书亭集》卷三十七，四库全书本。
③ 陈永正：《南园诗歌的传承》，《学术研究》2007 年第 12 期。

"西园诗社" 史实考①

李婵娟②

由广东诗人屈大均创立的 "西园诗社" 是清初岭南遗民诗社中较有影响且颇值得关注的个案，但目前学术界并无人对其进行整体和系统的研究，所见的零星记载也简略粗浅，时见矛盾错讹，严重影响了对西园诗社真切面貌及确切地位的认识。重新考察西园诗社的基本情况，还原诗社和成员面貌，是很有必要的。

一、成立缘起

研究西园诗社，首先要解决的问题是弄清 "西园" 究竟指何地，这对探究西园诗社的成立缘起、判定社集活动、确认诗社成员等意义重大。对于 "西园" 所在，《岭南文化百科全书》云："南汉时广州城西统称为'西园'，地在西关一带，即今荔湾区。"③ 这个 "西园" 是否就是诗社社名所指呢？屈大均《广东新语》（卷十七）"名园" 条云："广州旧多名园。……其在城西者，曰西畴，为吴光禄所筑，梅花最盛。又五里有荔枝湾，伪南汉昌华故苑，显德园在焉。又五里三角市中为花田，南汉内人斜也，刘鋹美人字素馨者葬其中。鋹多植素馨以媚之，名素馨斜。……其在半塘者，有花坞，有华林园，皆伪南汉故迹。逾龙津桥而西，烟水二十余里，人家多种菱、荷、茨菰、蒍芹之属，其地总名西园矣。"④ 另屈大均《西园》诗云："瓜菜西园最有名，芳华苑外竹田平。菱香藕脆家家有，粳稻香吹暑气清。"⑤ 可见，"西园" 当是广州城西 20 余里 "种菱、荷、茨菰、蒍芹" 的空旷之地的总称，在今广州荔湾一带。此与《岭南文化百科全书》的说法一致。

诗社为何以 "西园" 命名？首先，西园是诗社首创者屈大均、王邦畿熟悉之地。屈大均、王邦畿均为广东番禺人，而明清时期的番禺县在广州府城西，即

① 基金项目：广东省哲学社会科学 "十一五" 规划 2010 年度地方历史文化特色项目（GD10DL03）；2010 年广东高校优秀青年创新人才培育项目（WYM10005）。

② 【作者简介】李婵娟，博士，佛山科学技术学院中文系副教授，广东省广府文化研究基地副研究员。

③ （清）王钊宇：《岭南文化百科全书》，北京：中国大百科全书出版社 2006 年版，第 255 页。

④ （清）屈大均：《广东新语》，北京：中华书局 1985 年版，第 471 页。

⑤ （清）屈大均：《翁山诗外》卷十三，载《续修四库全书》集部第 1 411 册，上海：上海古籍出版社 2002 年版，第 731 页。

西园附近。汪宗衍《屈翁山先生年谱》云："西园在广州城西半塘附近，与先生居址相近也。"① 其次，由下文可知西园诗社创立于广州城再次沦陷之后，诗社以"西园"命名，可以表达诗人们对旧日家国特别是广州城的怀念。此外，"西园"这一涵括极广的地域概指在当时险恶的政治局势下能对诗社活动的持续开展起到保护作用。

关于西园诗社的结社缘起，屈大均《广东新语》（卷十二）有较为直接的表述："慨自申、酉变乱以来，士多哀怨，郁郁难宣。既皆以蜚遁为怀，不复从事于举业，于是祖述风骚，流连八代，有所感触，一一见诸诗歌，故予尝与同里诸子为西园诗社，以追先达。"② 这段文字说明西园诗社的成立至少基于两点：其一，倾泄郁塞之气，寄托故国之思，抒发遗民情怀。杨凤苞《秋室集·书南山草堂集后》云："明社既屋，士之憔悴失职、高蹈而能文者，相率结为诗社，以抒写其旧国旧君之感，大江以南，无地无之。"③ 结社吟诗是明清之际文人活动的主要形式，更是岭南这一特殊地域明朝遗民联络同志、砥砺民族气节的重要方式。其二，传承《诗经》、《离骚》以来的诗歌传统，有意识地继承和发扬岭南诗风，即"祖述风骚，流连八代"，"以追先达"。这种思想与南园诗社是一脉相承的。

二、成立时间

关于西园诗社的结社时间，学界存在分歧，集中表现为两种观点。

一种观点认为是在清顺治元年（1644）。此说最早见于汪宗衍《屈翁山先生年谱》。该谱"清顺治元年"条云："（屈大均）自言'自甲申变乱以来，予尝与里中诸子为西园诗社'。"④ 文后注明其依据为《广东新语》（卷十七）。汪宗衍《屈翁山先生年谱》在学界影响很大且有较强的权威性，此后学者大多从其说。如邬时庆《屈大均年谱》也认为："自甲申变乱以来，（屈大均）尝与同里诸子为西园诗社。"⑤ 此外，欧初、王贵忱主编《屈大均全集》附《屈大均年谱》、李君明《明末清初广东文人年表》⑥、何天杰《清初爱国诗人和学者——屈大

---

① 汪宗衍：《屈大均年谱》，载沈云龙编：《明清史料汇编七集》第 9 册，台北：文海出版社 1984 年版，第 143 页。

② （清）屈大均：《广东新语》，北京：中华书局 1985 年版，第 357 页。

③ 谢国桢：《明末清初的学风》，上海：上海书店出版社 2004 年版，第 182 页。

④ 汪宗衍：《屈大均年谱》，北京：人民文学出版社 1996 年版，第 142 页。

⑤ 邬时庆：《屈大均年谱》，广州：广东人民出版社 2006 年版，第 25 页。

⑥ 李君明：《明末清初广东文人年表》，广州：中山大学出版社 2009 年版，第 135 页。

均》①、王富鹏《岭南三大家研究》② 均将屈大均结西园诗社的时间定于顺治元年。

但笔者翻阅几种不同版本的屈大均《广东新语》，发现汪宗衍所引"自甲申变乱以来，予尝与里中诸子为西园诗社"之语并不在卷十七，而是在卷十二，且文字与汪宗衍所引稍有出入（屈文为"申酉"，汪谱引为"甲申"）。可见汪谱转引失误。

另一种观点认为是在清顺治七年（1650）。较有代表性的是端木桥《清初岭南三大家》："永历四年（1650），清兵再陷广州。甫届弱冠的大均为逃避迫害，于番禺雷峰海云寺削发为僧……时值乱世，不少文人学士隐居不出。大均与一些志同道合的文友组成西园诗社。"③《岭南文化百科全书》"西园诗社"条也将西园诗社创立的时间定为清顺治七年。④

那么西园诗社究竟创于何时？要回答这个问题，很有必要认真解读《广东新语》（卷十二）的那段文字，因为这是目前能找到的唯一一条论及诗社成立的材料。这段文字谈到两个比较模糊的时间段。其一是"自申、酉变乱以来"。其中"申"即"甲申之变"，"酉"应指清顺治二年乙酉弘光帝被杀之事。可见诗社的成立至少应在清顺治二年（1645）之后。汪宗衍《屈翁山先生年谱》将"申、酉"误记为"甲申"，并由此将西园诗社成立的时间定为清顺治元年（1644），这显然与原文不符。其二是"既皆以蜇遁为怀，不复从事于举业"。这句话至为关键，却一直为人忽视。"蜇遁"即逃遁、隐退之意。可见诗社的成立应当在诗社成员皆避乱、退隐，且完全放弃科举仕途之后。这是西园诗社成立的另一个重要前提。而考史料知西园诗社的主创者屈大均、王邦畿在清顺治元年（1644）并未放弃科举，更未有逃遁之举。清顺治元年（1644），屈大均师从陈邦彦学于越秀山。清顺治二年，即明绍宗隆武元年（1645），王邦畿中举人，屈大均补邑诸生。将西园诗社的创立时间定于清顺治元年（1644）明显与历史不符。

那么西园诗社是否成立于清顺治七年（1650）呢？首先来看看屈大均的行踪。据《翁山文外》卷七《先考澹足公处士四松阡表》⑤ 可知，清顺治三年（1646）十二月，广州城沦陷，屈大均随父母自广州返番禺沙亭，奉父命不仕。但清顺治六年（1649）春，屈大均又奉父命赴肇庆行在，上《中兴六大典书》。以大学士王化澄荐引，将得服官中秘。后闻父寝疾遂归。清顺治七年（1650）十一月，广州城再陷，屈大均逃于禅，礼释函昰于番禺雷峰山海云寺为僧，名所居

① 何天杰：《清初爱国诗人和学者——屈大均》，广州：广东人民出版社2006年版，第156页。
② 王富鹏：《岭南三大家研究》，北京：人民文学出版社2008年版，第57页。
③ 端木桥：《清初岭南三大家》，广州：广东人民出版社2006年版，第24页。
④ 王钊宇：《岭南文化百科全书》，北京：中国大百科全书出版社2006年版，第255页。
⑤ 欧初、王贵忱：《屈大均全集》（三），北京：人民文学出版社1996年版，第137、138页。

曰死庵。可见屈大均彻底放弃科举仕途是在清顺治七年（1650）出家为僧之后。其次再看看这一时期王邦畿的行踪。《胜朝粤东遗民录》云："（王邦畿）举隆武乙酉乡荐。广州拥立绍武，以荐官御史……及桂王复都肇庆，邦畿与陈恭尹寓肇庆一年……及桂林倾覆，邦畿遁归，乃避地于顺德之龙江。后礼僧函昰于雷峰，名今吼，字说作，居罗浮西樵间。"① 桂林失陷也在清顺治七年（1650），即广州沦陷后不久，故王邦畿遁隐概与屈大均同时。

　　另外，考屈大均清顺治七年（1650）后的行踪可知，顺治九年（1652）屈大均"为飘然远游之举"②，至顺治十二年（1655）才返粤。屈大均在清顺治七年（1650）十一月逃禅后至顺治九年（1652）远游之前，一直在番禺雷峰山海云寺为僧，而海云寺离西园不远。可见，西园诗社的创立很可能就在这段时间内。另王邦畿《暮春羊城社集诸公诗成寄示并索赋，赋此答和》诗云："屋角黄莺竟日啼，竹枝高处柳枝低。风流大雅还开社，山泽遗民亦寄题。草色绿深春已暮，梨花白尽叶初齐。城西古寺无多路，惆怅东风惜马蹄。"［《耳鸣集》（卷七）］诗题表明此诗作于暮春的一次广州社集之时，由诗中提及的"山泽遗民"及"城西古寺"来看，此诗很可能就作于西园诗社创立之时。因为当时西园诗社的主创者屈大均、王邦畿已于番禺雷峰山海云寺礼函昰为僧，故西园诗社第一次的活动场地很可能就是诗中提及的"城西古寺"，即海云寺。因此，在没有其他更有说服力的论断之前，本文姑且将西园诗社的创立时间定为庚寅惨案爆发之后的次年即清顺治八年（1651）暮春，因为惨痛的心灵创伤与强烈的心理刺激很可能就是诗人们创立诗社的直接推动力。此处特需说明的是，在"庚寅之劫"惨案的余悸之下集会结社，是冒着很大风险的，而僧人这一特殊的身份应该是对他们秘密结社的最好的保护。

三、诗社活动

　　在西园诗社结社史上，规模最大且在清初岭南诗坛上造成很大影响的集会主要有两次。一次是在清顺治十七年（1660）。"张穆《铁桥年谱》，有庚子秋七月，同岑梵则、陈中洲、王说作、梁器圃、何不偕、梁颙若、陈元孝、梁芝五集高望公西园旅舍诗。"③ 庚子即清顺治十七年（1660）。另张穆《铁桥集·西郊同岑梵则、王说作、陈乔生、梁药亭、陈元孝集高望公客斋赋》诗云："青山野水

---

　　① （清）陈伯陶：《胜朝粤东遗民录》卷一，载周骏富辑：《清代传记丛刊》第70册，台北：明文书局1985年版，第90、91页。
　　② 邬时庆：《屈大均年谱》，广州：广东人民出版社2006年版，第40页。
　　③ （清）陈伯陶：《胜朝粤东遗民录》卷一，载周骏富辑：《清代传记丛刊》第70册，台北：明文书局1985年版，第54、55页。

各栖迟，世乱相逢喜复悲。地似新亭余草莽，心随落日向天涯。尊前雨气侵高堞，原上秋风吊古祠。白首壮怀消已尽，谁家明月夜吹篪。"① 另王邦畿《秋郊谯集》诗云："欢聚今宵岂偶然，十年难得此周旋。况逢江草秋堪把，莫叹山堂月未圆。潮上雷声疑动地，日沉霞影若烧天。当樽有酒何妨醉，霜气侵入鬓发边。"② 诗中描写的景色与张穆诗相似，且西园诗社自顺治八年（1651）成立以来至顺治十七年（1660）正好十年，此与诗中"欢聚今宵岂偶然，十年难得此周旋"句相合，疑此二诗均作于西园诗社社集之时。另由诗题知此次社集地点在高俨（字望公）西园旅舍，参加雅集的有王邦畿（字说作）、张穆、陈恭尹（字元孝）、梁佩兰（字芝五，号药亭）、岑梵则、陈子升（字乔生，号中洲）、梁琏（字器圃）、何绛（字不偕）、梁观（字颙若）等人，除梁佩兰外，其他皆为明朝遗民。

另一次影响较大的西园社集是在清康熙元年（1662）。据邬庆时《屈大均年谱》可知，是年屈大均北游归来，中秋与陈恭尹、王邦畿、梁佩兰等西园诸子雅集于广州西郊草堂，分韵赋诗。由陈恭尹《独漉堂诗集》卷二《秋日西郊宴集，同岑梵则、张穆之、家中洲、王说作、高望公、庞祖如、梁药亭、梁颙若、屈泰士、屈翁山，时翁山归自塞上》诗可知当时参与者之多。其时西园诸子多有诗记之。陈子升《中洲草堂遗集》卷九《喜翁山道人归自辽阳》、《秋日西郊宴集，时屈道人归自辽阳》诗及卷七《崇祯皇帝御琴歌》，陈恭尹《独漉堂诗集》卷二《崇祯皇帝御琴歌》，张穆《铁桥集·西郊社集同岑梵则、王说作柬屈翁山、高望公诸子》，屈士煌《屈泰士遗诗·喜翁山归自辽东》等诗均作于此时。

西园诗社在清初诗坛影响很大，甚至吸引了很多外省诗人积极参与。清顺治十四年（1657），朱彝尊来粤，先后与西园诗人高俨、陈子升、张穆、屈大均赋诗酬唱。朱彝尊《曝书亭集》卷三《赠高俨》、《羊城客舍同万泰、严炜、陈子升、薛始亨醉赋》、《同陈五子升过光孝寺》、《赠张山人（穆）》等诗即作于此时。清顺治十七年（1660）秋，"易堂九子"之一魏礼来游岭南，西园诗人梁佩兰、陈恭尹、何绛、梁琏、陶璜（字苦子）等与之偕游，共宿灵洲山寺，后各吟诗纪其事。梁佩兰《六莹堂集》卷八《宿灵洲山寺同魏和公、何不偕、陈元孝、陶苦子、家器圃，因寄王说作、东村》、陈恭尹《独漉堂诗集》卷三《同何不偕、梁器圃、魏和公、梁药亭、陶苦子宿灵洲山寺柬王说作、王大雁》、魏礼《魏季子文集》卷五《晚游灵洲寺同何不偕、梁器圃、梁芝五、陈元孝、陶苦子》、王邦畿《耳鸣集》卷八《酬和公芝五宿灵洲寺见怀病中》等诗均作于此次雅集之时。同年九月十一日，浙江山阴诗人张雏隐来粤，张穆、何绛、陈恭尹、

① （清）张穆：《铁桥集》，香港何氏至乐楼丛书本，中山大学图书馆藏。
② （清）王邦畿：《耳鸣集》卷八，载《四库禁毁书丛刊》集部第87册，北京：北京出版社2000年版，第81页。

陶璜、高俨、林梧（字叔吾）等人与之集于梁佩兰西园草堂，彼此酬唱甚欢。张穆《铁桥集·重阳后二日同张雒隐、何不偕、陈元孝、陶苦子、高望公、林叔吾集梁芝五斋中》①诗即作于此时。

　　由于时局动荡，西园诗社的活动场所多有变化。吕永光先生认为"诸子吟社，初无定址，多集于西园丛桂坊、六莹堂、梅花村等处。康熙乙卯后，则多集于新迁法性寺"②。还有人认为西园诗社曾设于番禺化龙细圩的龙山庙。③据考证，西园诗社的社集场所远远不止上述诸处。由前文可知，西园诗社曾结社于广州西园、海云寺、高俨西郊旅舍、广州西郊草堂、灵洲山寺、梁佩兰西园草堂等地。此外，西园诗社还在广州海幢寺、梁佩兰六莹堂、陈恭尹独漉堂等地集会唱和。如王邦畿《耳鸣集》卷八《浴佛前四夜与周量、芝五、震生、元孝订游海幢寺先柬阿首座，分得城字》即作于海幢寺雅集之时，陈恭尹《独漉堂诗集》卷十三《同宁都魏和公、昆山徐原一、同里王震生、高望公、湛用喈、程周量、何不偕、梁器圃、陶苦子集药亭六莹堂得真字》诗则记载了在梁佩兰六莹堂举行的社集。其时参与雅集的还有外省诗人徐乾学、魏礼等。另外，王隼《大樗堂初集》卷九《秋夜与梁药亭先生、陈亹石、刘汉水、梁王顾、家东村宿陈元孝独漉堂读其先大司马遗集感赋》、梁佩兰《六莹堂集》卷五《秋夜宿陈元孝独漉堂读其先大司马遗集感赋》、陈恭尹《独漉堂诗集》卷二《秋夜王东村、梁药亭、刘汉水、王蒲衣、梁王顾、家亹石过宿独漉堂读先司马遗集有诗赋答二首》等诗则记载了西园诗雅集于陈恭尹独漉堂，研读陈邦彦遗集的活动。

　　西园诗社发展至康熙初年盛极一时，但随后曾一度衰落。清康熙七年（1668），诗社重要创始人王邦畿去世，此为诗社一大损失，以梁佩兰为首的诗社成员均作诗以示哀悼。梁佩兰《六莹堂集》卷五《挽王说作》、王邦畿之子王隼《大樗堂初集》卷九《酬梁药亭先生暨同社诸子挽先府君之作》诗即作于此时。自清康熙十一年（1672）开始，诗社主要组织者屈大均、梁佩兰等开始出游，行踪不定，社集活动受到更大影响。屈大均积极投身于复明战事，直至康熙十五年（1676）始返家。梁佩兰则于康熙十一年（1672）开始赴京应试。康熙十二年（1673）程可则、梁琏相继去世。康熙十三年（1674），吴三桂、耿精忠等相继叛乱，三藩之乱起，广东受到战乱影响，东西交愊。康熙十七年（1678），陈恭尹因曾为尚之信延览而下狱，次年才事解出狱。屈大均因曾入吴三桂军中，于康熙十七年（1678）开始避乱，次年携家度岭，再次出游，直至康熙十九年（1680）始归。梁佩兰也于康熙十七年（1678）避乱于弼唐。可见自康熙十一年（1672）至康熙十九年（1680）期间，由于诗社重要成员行踪不定，加上政局动

　　① （清）张穆：《铁桥集》，香港何氏至乐楼丛书本，中山大学图书馆藏。
　　② 吕永光：《梁佩兰年谱》康熙三年条，中山大学古文献研究所藏手稿本。
　　③ 李小松、梁翰：《禺山兰桂》，番禺县政协文史资料研究委员会1986年版，第69页。

荡，诗人们无法或无心组织、参与诗社活动，社集活动基本停歇。

在经历了长达 8 年的消歇之后，康熙十九年（1680）西园诗社再次兴起。陈恭尹说："庚申（康熙十九年）而后乃稍得晏然，复理诗书，有同人唱酬之乐。"① 诗社复兴后的第一次社集活动在梁观住所西山草堂举行。陈恭尹《邑中同人招饮西山草堂即事》诗记载甚为明确："名园重得聚英豪，暑月杯盘敢告劳。匝水松阴铺地阔，出墙山色带城高。时光老去深知惜，笔砚愁来渐懒操。同是少年吟啸地，新霜看上鬓边毛。"[《独漉堂诗集》（卷四）] 王隼《夏夜集西山草堂》一诗亦可为佐证："置酒临南湖，残月尚堪把。芙蓉如江妃，荡影竹声下。矧乃集良朋，凉飔变炎夏。宿云抱回溪，流萤穿破瓦。游鳞泛菰蒲，繁星漾杯斝。览物动今怀，抚景追昔者。仿佛山阿人，冷泪不能洒。瑶琴识性情，哀丝为予写。"② 其后，诗社又迎来一大盛事。康熙三十年（1691）上巳日，王隼之女王瑶湘新婚，诗社诸人前往王隼湿庐宴集，即席分赋以贺。据梁佩兰《上巳日谯集西山草堂，屈翁山、陈元孝、林叔吾、吴山带、侄王顾，时李孝先就昏于王蒲衣湿庐，分得风字二首》[《六莹堂集》（卷五）]、陈恭尹《上巳日燕集西山草堂分得青字二首》[《独漉堂诗集》（卷十一）] 诗可知，当时参与宴集的有屈大均、梁佩兰、陈恭尹、林梧、吴文炜（字山带）、梁无技等。

关于西园诗社的最终消亡时间，目前尚无确切的说法。考史料及诗文集知，屈大均于清康熙三十五年（1696）逝世之后，梁佩兰成为诗社组织者，其与陈恭尹、王隼依然多有酬唱。如康熙三十六年（1697）正月，梁佩兰作《元日》、《人日》诗 [《六莹堂二集》（卷七）]，陈恭尹次韵和之（《独漉堂诗集》卷十三有《元日次梁药亭韵》、《人日次梁药亭兼简川南长寿》诗）。康熙三十七年（1698）冬至，梁佩兰、岑徵等人集六莹堂分赋，梁佩兰作《冬至岑霍山吴承云周大樽过六莹堂分赋》诗 [《六莹堂二集》（卷七）]，当时陈恭尹未赴会，后亦补诗《至日遥和梁药亭夜集之作同用东韵》相和。这些均是诗社活动的延续。本文认为随着西园诗社重要诗人陈恭尹、王隼于康熙三十九年（1700）相继去世，西园诗社才彻底消亡。

四、诗社成员

通常诗社都编有社诗总集，这是考察诗社活动及成员的重要文献依据。但西园诗社由于创立于动荡之时，且明清之际岭南诗人的流动性与结社的随意性较

---

① （清）陈恭尹：《独漉堂诗集》卷四，载《四库禁毁书丛刊》集部第 183 册，北京：北京出版社 2000 年版，第 436 页。

② （清）王隼：《大樗堂集》卷五，载《四库禁毁书丛刊》集部第 166 册，北京：北京出版社 2000 年版，第 488 页。

大，故没有社诗总集传世，这给社员身份的判定带来了一定的难度。迄今为止无人对西园诗社的成员进行过完整确切的统计与考证。唯陈永正先生《岭南诗歌研究》有所提及："顺治年间，梁佩兰、陈恭尹、岑梵则、张穆、陈子升、王邦畿、梁琏、何绛、梁观等人就常集于高俨的西园旅舍唱和，后结为西园诗社。参与雅集者尚有程可则、邝日晋、王鸣雷、彭钎、潘梅元、屈大均、王隼、梁无技及释达津、释愿光等人。"① 他认为先后参与西园诗社雅集唱和者共 20 人，惜文中并未明确指出其判断所本，也没有对西园诗社的成员进行确切的界定，使得参与雅集者的身份较为模糊。本文从现存的诗文作品及诗社聚会的相关记载出发，以广东籍贯作为限定西园诗社正式成员的基本条件，并根据其参与诗社雅集的频率及与诗社其他成员的亲疏关系，将参与西园诗社雅集者具体分为诗社主创者、诗社核心成员、诗社一般成员及积极参与诗社雅集之诗友四类。以下一一予以说明：

第一，诗社主创者。西园诗社由屈大均及同乡王邦畿二人发起创办，这已是学界共识。如屈大均曾自述"予尝与同里诸子为西园诗社"［《广东新语》（卷十二）］，陈伯陶《胜朝粤东遗民录》云："时乱后，士多蠹遁，大均因与同里诸子为西园诗社。"② 又云："时同里屈大均为西园诗社，有举邝露诗贵声律语者，邦畿论诗则谓必敛华就实……乃为可贵。"③ 谢国桢《明清之际党社运动考》亦云："西园诗社为屈大均、王邦畿所主办。"④

第二，诗社核心成员。在诗社组织的几次重大雅集活动中都有参与且多次参与过诗社组织的各种小型集会的诗人无疑应是诗社的核心成员。在前文提及的清顺治十七年（1660）高俨西园旅舍雅集及康熙元年（1662）宴集中，除主创者屈大均、王邦畿外，两次雅集均参与的诗人有岑梵则、陈子升、梁佩兰、陈恭尹、高俨、张穆、梁琏、梁观 8 人，且此 8 人在诗社组织的各种小型集会中多次出现，故无疑应是诗社的核心成员。另外，参与了清顺治十七年（1660）雅集的何绛虽未参与康熙元年（1662）的大型社集，但因其在西园诗人的小型聚会中也频频出现，故也可认定为诗社的核心成员。另外，只参与过清康熙元年（1662）雅集的屈士煌（字泰士）及庞嘉鳌（字祖如），其身份将在下文进行甄别。

第三，诗社一般成员。关于一般社员，本文主要从以下两方面进行认定。

一方面，因受时局影响，西园诗社大规模的雅集并不多，更多的聚会是由诗

---

① 陈永正：《岭南诗歌研究》，广州：中山大学出版社 2008 年版，第 54 页。
② （清）陈伯陶：《胜朝粤东遗民录》卷一，载周骏富辑：《清代传记丛刊》第 70 册，台北：明文书局 1985 年版，第 83 页。
③ （清）陈伯陶：《胜朝粤东遗民录》卷一，载周骏富辑：《清代传记丛刊》第 70 册，台北：明文书局 1985 年版，第 92 页。
④ 谢国桢：《明清之际党社运动考》，上海：上海书店出版社 2004 年版，第 164 页。

社核心成员组织的小型雅集。而多次参与过这些小型雅集活动且与已知核心社员关系密切的诗人，可视为诗社的一般成员。这方面的资料较为零散，目前可搜集到的重要的小型雅集如下：

（1）清顺治十四年（1657），浙江诗人朱彝尊来粤，先后与西园诗人高俨、陈子升、张穆、屈大均赋诗酬唱（详见前文）。

（2）清顺治十七年（1660）秋，魏礼来游岭南，西园诗人梁佩兰、陈恭尹等与之偕游。由上文梁佩兰《宿灵洲山寺同魏和公、何不偕、陈元孝、陶苦子、家器圃，因寄王说作、东村》诗题知当时参与雅集者除已知核心社员何绛、陈恭尹、梁观、王邦畿外，增加了陶璜、王鸣雷及外省诗人魏礼。

（3）清顺治十七年（1660）九月十一日，山阴诗人张雏隐来粤，与西园诗人雅集于梁佩兰西园草堂。由上文张穆《重阳后二日同张雏隐、何不偕、陈元孝、陶苦子、高望公、林叔吾集梁芝五斋中》诗题知此次雅集除已知核心社员外，增加了陶璜、林梧及外省诗人张雏隐。

（4）清康熙二年（1663）夏，西园诗人定游海幢寺雅集酬唱。由前引王邦畿《浴佛前四夜与周量、芝五、震生、元孝订游海幢寺先柬阿首座，分得城字》诗题知此次雅集增加了程可则（字周量）、王鸣雷两人。

（5）清康熙二年（1663）秋，西园诗人集会于梁佩兰六莹堂。据前引陈恭尹《同宁都魏和公、昆山徐原一、同里王震生、高望公、湛用喈、程周量、何不偕、梁器圃、陶苦子集药亭六莹堂得真字》诗题知此次又增加了王鸣雷、湛凤光、程可则、陶璜4人及外省诗人徐乾学。

（6）西园诗人曾雅集于陈恭尹独漉堂研读陈邦彦遗集。由前引陈恭尹《秋夜王东村、梁药亭、刘汉水、王蒲衣、梁王顾、家夔石过宿独漉堂读先司马遗集有诗赋答二首》及王隼《秋夜与梁药亭先生、陈夔石、刘汉水、梁王顾、家东村宿陈元孝独漉堂读其先大司马遗集感赋》诗题知此次增加了王鸣雷、刘汉水、王隼、梁无技及陈夔石5人。

（7）清康熙三十年（1691）上巳日，王隼之女王瑶湘新婚，诗社诸人前往祝贺并雅集。由前引梁佩兰《上巳日谯集西山草堂，屈翁山、陈元孝、林叔吾、吴山带、侄王顾，时李孝先就昏于王蒲衣湿庐，分得风字二首》诗题知此次又增加了王隼、林梧、吴文炜（字山带）、梁无技4人。

综合以上7次雅集，可得14人。其中，王鸣雷出现4次，陶璜出现3次，程可则、王隼、梁无技、林梧均出现2次，且此6人均与已知的核心社员关系密切，如王鸣雷为王邦畿从子，陶璜与陈恭尹、何绛同为"北田五子"之一，往来密切，程可则与屈大均曾同学于陈恭尹父陈邦彦门下，王隼为王邦畿之子，梁无技为梁佩兰族人，林梧与陈恭尹、梁佩兰辈相友善，故本文将之视为诗社的一般成员。此外，在小型雅集中仅出现过一次的湛凤光、刘汉水、陈夔石、吴文炜4人及朱彝尊、魏礼、徐乾学、张雒隐4位外省诗人，其身份将在下文进行说明。

另一方面，已知的诗社成员认定的其他诗人也应被视为诗社的正式成员。已经确认身份的诗社成员，有时会在作品中提及其他诗人与西园诗社的关系。如程可则《海日堂诗集》卷三《送彭嵩玉、潘亚目、麦盛标、林叔吾、邝词薇还粤，兼寄王震生、陈乔生、邝无傲、梁药亭、陈元孝、陶苦子诸同社》一诗。诗题称邝日晋为同社，且与之并提的诗人中，陈子升、梁佩兰、陈恭尹为西园诗社核心社员，王鸣雷、陶璜为西园诗社的正式成员，则邝日晋也应是西园诗社的正式成员。另据《粤东诗海》卷六十一所收邝日晋《王东村、梁药亭、唐朴非过集，时北道方归》诗及程可则《海日堂诗集》卷一《晓起与邝无傲作》、卷三《怀邝无傲园亭》等诗可知，邝日晋曾与王鸣雷、梁药亭、程可则等西园诗人酬唱密切，这也可作为其社员身份之佐证。

第四，积极参与诗社雅集之诗友。在西园诗社的雅集活动中，有些诗人仅在雅集活动中偶尔出现，且与诗社核心成员的交往酬唱并不多，其社员身份的可信程度相对要弱一些，因此，在没有充足材料证明其社员身份之前，本文暂且将之视为积极参与诗社雅集的诗友。如曾参与过清康熙元年（1662）重大雅集的庞嘉鳌、屈士煌，虽然与诗社创立者屈大均及诗社核心成员陈恭尹关系密切，但二人仅在此次雅集中出现，在其他多次西园集会活动中均不再出现，其社员身份难以令人信服，故本文将之视为积极参与诗社雅集之诗友。另外，在上述小型雅集活动中仅出现一次的湛凤光、刘汉水、陈爕石、吴文炜4人及前文提及的外省诗人朱彝尊、魏礼、徐乾学、张雒隐4人，也可被视为积极参与雅集的诗友。

以上合计，目前可确认参与过西园诗社雅集的诗人共有28人，其中包括诗社创立者2人（屈大均、王邦畿），核心社员9人（岑梵则、陈子升、梁佩兰、陈恭尹、高俨、张穆、梁琏、梁观、何绛），一般社员7人（王鸣雷、陶璜、程可则、王隼、梁无技、林梧、邝日晋）及10位积极参与诗社雅集之诗友（庞嘉鳌、屈士煌、湛凤光、刘汉水、陈爕石、吴文炜、朱彝尊、魏礼、徐乾学、张雒隐）。其中，陶璜、林梧两位正式社员及10位参与雅集之诗友是陈永正先生未曾提及的。从社员身份看，除梁佩兰和程可则外，其他正式社员均为明朝遗民。可见，西园诗社是清初岭南遗民的典型社团之一。

此外，对陈永正先生所提及的彭钎、潘梅元及释达津、释愿光等4位西园雅集的参与者，本文持不同观点。彭钎，字嵩玉，广东番禺人，彭孟阳之子。隆武乙酉举人，明亡后礼函昰为僧。著有《梦草堂集》，不传。据《海云禅藻集》卷四所收其《与程舍人周量过海幢寺访阿字大师》诗"春雨昨夜霁，春风偕好朋。言寻海边寺，来访定中僧。塞北游多苦，崖南险独凭。万回看足下，猊座尚辞登"① 可知，他与程可则交往密切。另据《胜朝粤东遗民录·彭孟阳传》知彭钎之父彭孟阳年轻时曾与西园诗社的主创人王邦畿、西园诗社核心成员陈子升之兄陈子壮交好，则彭钎有可能在父亲的影响下，与王邦畿、陈子升等人交往。潘梅元，字浣先，广东番禺人，生卒年无考，清康熙十五年（1676）被荐为广州府儒学教授，著有《广州乡贤传》4卷，今存诗数首。据《广东通志·王隼传》知，潘梅元之女潘孟齐嫁王隼为妻，故潘梅元与王邦畿父子关系非比寻常。另据同治七年《番禺县志·潘梅元传》知，陈恭尹曾为他撰《行状》（陈恭尹文集未收录该行状），故二人当有所交往。但目前尚无充足的材料证明二人曾参与过西园诗社的雅集活动，故本文认为此二人的社员身份存疑。

释达津，字远布。少出家，住法性禅院。著《蕾葡楼稿》，未刻。释愿光，字心月。住法性禅院，著《兰湖稿》。二人多与西园诗人梁佩兰、陈恭尹酬唱往来。如陈恭尹《独漉堂诗集》卷八《闰七夕后一日远公招同潘稼堂、张损持、梁药亭、毛行九，余未及赴，诸公分韵见及得心字》一诗记载了诸人的雅集，由《法性禅院倡和诗》卷一梁佩兰《己卯闰七夕后一日集西郊远公蕾葡楼分得石字》诗可知诸人的雅集时间当在清康熙三十八年（1699）己卯。另陈恭尹《独漉堂诗集》卷八《初秋日梁药亭招同沈詹山大令、家山农、隐君潘稼堂、检讨张损持……远布、心月二上人雅集六莹堂分得阡字》也记载了诸人的另一次雅集，李君明《明末清初广东文人年表》也将之系于清康熙三十八年。可见，释达津、释愿光与梁佩兰、陈恭尹的雅集活动多在康熙三十八年左右，其时西园诗社主创人屈大均、王邦畿均已逝世，西园诗社的社团活动已接近尾声，且同时参与雅集的诗人也不再以西园诗人为主，故本文认为这些集会活动并不是西园诗社的雅集，释达津、释愿光也不能算是西园诗社的成员。

此外，屈大均、王邦畿、陈恭尹、梁佩兰等西园核心诗人曾多次与其他友人结社雅集，如结浮丘诗社、东皋诗社及兰湖诗社等，但这些雅集活动中西园诗人在与会成员数量上不占优势，且无论是从组织者的身份还是雅集主题来看，均与西园诗社的初衷与宗旨大相径庭，故本文认为这些雅集不属于西园诗社的社团活动，参与雅集的诗人也不是西园诗社的成员。

---

① （清）徐作霖、黄蠡等辑：《海云禅藻集》卷四，1935年逸社石印本，中山大学图书馆藏。

文本的价值观与行为的模式化①

——潮州歌册的女德教育功能对生活中女性"性别角色"的影响

陆小玲②

潮州歌册是潮汕地区流传久远的一种说唱艺术，2008 年被列入国家级非物质文化遗产名录。由于歌册的听、唱者皆为女性，故有"女性文学"之说。旧社会（新中国成立前）的潮州女性几乎完全被禁锢在家庭中，所以听、唱歌册成为她们十分热衷和喜爱的娱乐活动。从闺房、庭院、大厅、祠堂到绣花、织锦、纳凉，她们都会让自己沉浸在这种依字著音的高低曲折来行腔的"自由吟唱"之中。"女性文学"之说的另一原因，是歌册塑造了一系列"光彩夺目"的女性形象，这些形象自幼便印在了听、唱者的心灵深处。在这里，本文提出的问题是：潮州歌册的产生是否受当时社会主流意识形态的影响而具有女德教育功能？歌册听、唱者是否完全接受其文本提倡的价值观以至于在生活中建立起与文本精神相符合的行为模式？社会的变迁（指新中国的成立）、文化的变更能否彻底冲刷歌册听、唱者的心灵而导致行为模式的改变？笔者将结合文本分析与田野调查，从文化人类学的角度对上述问题展开深入的讨论。

一、女德教育与歌册中的女性形象

女德教育，是针对女性的性别角色而言的。性别角色，"是附加于男人和女人的不同的社会地位的期待行为的总和"③。这些期待行为与指定给男女性别的任务相关，但它并非具有世界范围的一致性，在不同的文化之中，性别角色的差异非常大。在"历史悠久"的潮汕文化中，旧时期的潮州女性早已习惯于"男性主体化"并被教育、被引导，她们自幼便懂得倾听男性的声音并在他们的声音中不断校正自己。毫无疑问，该区域倍受欢迎的潮州歌册为女性提供了近乎完美的"角色模式"，这种模式"引导"生活中的女性按照社会的期望将自己的角色规范化。值得我们思考的是：其规范化的标准是否反映了歌册问世时的主流社会意识形态？

---

① 此文原载《星海音乐学院学报》2011 年第 2 期。
② 【作者简介】陆小玲，广东省汕头大学长江艺术与设计学院教授。
③ ［美］丽莎·斯冈茨尼：《角色变迁中的男性与女性》，杭州：浙江人民出版社 1988 年版，第21 页。

其实，歌册的音乐形态十分简单，它的演唱不需要任何乐器伴奏，也无需歌谱，凡识字者有一定的听觉经验便可即兴吟唱。歌册的歌文多为七字句，四句为一节，每节用一韵。偶尔也有三字、四字、五字等句式。尽管歌册的演唱十分简单，但水平的高低则与其他任何艺术一样取决于演唱者对情感理解的深度。女作家肖菲曾根据自己的演唱经验总结出歌册的十种唱法，她认为：歌册应随着歌文情节的起伏和感情的变化来唱，比如唱喜乐的一段，声调便要轻松活泼，唱到凄惨的一段，便要带点凄厉哀怨（谱例见附录）。

由于歌册属于不能登大雅之堂的民间文艺，其作者从不署名，因而其源流及产生年代至今仍说法不一。中山大学曾在 1928 年收集了 238 部歌册，显然，它的实际数量远不止这些。有学者认为 400 多年前的明代潮州歌册就有了木刻印本，清代时开始流行。尽管歌册吟唱是潮州女性的一种自娱自乐的活动，但“当音乐被有目的地用来传达特定含意时，它的象征性就开始了扩展。这种象征的扩展性是音乐本身之外的意义，是人们赋予它的”①。一般来说，歌册的撰稿者为男性民间文人。男人的写作是为了绣房里的女人，那么女性形象在他们的笔下会得到怎样的体现呢？下面以潮州地区家喻户晓的《百鸟名》为例来回答这个问题。

《百鸟名》有 100 个段落，每段写一个未能展开的历史故事或传说，每段四句，每句都用一种鸟名作开头。笔者作了统计，在这 100 个段落中，有 33 个段落与女性相关。每个女性的出场都牵连着一个故事，透过故事我们可清晰地看到当时的社会对女性的审美标准：美貌、忠贞，且富于牺牲精神。众贤女中，“令女”的形象尤为突出。歌册唱道：“弟楮成群宿竹篱/令女割鼻喜家妻/立志守节孝义存/养子代夫传宗支。”② 当丈夫遭受政治打击时，令女竟割去自己的鼻子表示死不离弃！“明清时期，理学思想渗透到社会的各个领域，贞节观成为衡量婚姻道德的基本尺度。从明代到清代，皇帝及各级政府倡导并推行妇女贞洁观念，甚至将此当成治国安天下的国策。”③ 毫无疑问，令女的行为完全符合程朱理学的主张——“存天理，灭人欲”，以灭女色的办法来抑制人的欲望。因此笔者有理由认为，歌册是明清时期应时而生的“女德”教育唱本。那么，歌册的撰稿人到底是如何将“女德”教育思想贯穿于唱本之中的呢？

《刘明珠全歌》是一部有 21 卷之多的大部头歌册，尽管情节极其复杂，但它始终围绕着一个中心点展开，即“失节事极大，饿死事极小”。刘明珠是一个因孝顺而得到神仙庇护的孝女，可她刚结婚不久就丧失了夫君。其父见她这么年轻守空房便劝其“另配龙凤到百年”。刘明珠一听火了，开口便大骂：“只个老狗

① 洛秦：《音乐中的文化与文化中的音乐》，上海：上海书画出版社 2004 年版，第 70 页。
② 陈锡权：《人物风流史如歌》，广东省潮州市群众艺术馆藏（内部资料），第 117 页。
③ 王传满：《明清社会贞节观念的强化与其实践》，《唐山学院学报》2009 年第 1 期，第 58~61 页。

真不堪，自古嫁女嫁一次……"更为极端的是，她越骂越火，最后操起金钟砸向老父以致鲜血直淌，而此时的刘明珠仍然不依不饶，继续愤怒地"就骂人熊老了头……"无独有偶，在《西番珊瑚枕全歌》中，洪宝珍也是个贤淑的孝顺女，她的父亲洪爷拥有四房夫人，她是他们唯一的女儿。可宝珍新婚刚满一个月，丈夫文贵进京赶考就再也没有回来。与刘明珠的父亲一样，洪爷力劝女儿改嫁，宝珍则认为她若改嫁，除非"蛇头生角鳗生鳞，河水化油好点火"。后父亲怒骂女大不孝，并告知她，为了年迈的父母她必须改嫁。情急之下，宝珍从墙上取下一把剑，对准父亲便刺了过去。四位夫人见状怒斥宝珍无法无天，宝珍则义正词严地回答她们"烈女不做二人妻"。无奈，父母只得依从女儿的意愿让她去了寺庙。歌册不仅把汉族女性描写为从一而终的"节女"，连西番姑娘也一样是坚守贞节的"烈女"。番王之女与为皇帝讨要珊瑚枕的文贵成亲后，发现文贵内心的痛苦来自对家中的老母与前妻宝珍的思念，便向父王提出要与夫君一道回中国，当她的要求遭到父王强烈反对后，她竟"店前撞死命归阴"！这里我们不禁要问：歌册中的女性怎么可以谩骂甚至暴打父亲而不受指责呢？显而易见，歌册撰稿人为强化其价值观而把"贞节"置于"孝道"之上。其实，歌册中的女性除非贞洁受到威胁，否则她们永远胸怀宽广、柔情似水。《西番珊瑚枕全歌》中的西番公主在"店前撞死命归阴"之后，其精神感动了神仙并被救活重返人间。当她与丈夫一同回到中国，从寺庙里接回丈夫的前妻洪宝珍后，两个女人竟互相谦让着谁与夫君先度良宵："让尔正房我偏房，今夜共君先配合。"在歌册中，女性决不会因为丈夫的再娶而成为怨妇，爱情的排他性在这里似乎根本不存在。

刘明珠和洪宝珍都是已婚女性，她们的守节是为了自己的丈夫，而《双退婚鸾凤图全歌》中的全冰心则是一个并未出嫁的姑娘，男方家庭因为她的家道破落而借故退婚，但当有人劝其另配郎君时，她的守节之心与已婚女性同样坚贞："情愿守节不嫁翁，为人在世唯名节。"只要有了婚约，哪怕并未出嫁，"守节"也一样是女性无条件遵从的行为模式。而一旦出嫁，无论境遇如何，贞节重于生命，不得再嫁。在《再和鸳鸯全歌》中，玉奴是一个富有的丐帮头的女儿，父亲为她配了个穷秀才夫婿。在岳父的资助下，穷秀才终于有一天被朝廷宣召派到某县赴任。没想到有了官职的秀才开始嫌弃岳父丐帮头的身份，在他带着玉奴上任的途中竟将她推入了湖底。可当玉奴被一达官贵人救起并打算为她再择夫君时，她说什么也不肯。"若重婚，再改嫁，臭名万年。"再嫁既失节，失节则名臭，所以"再嫁"对女性来说是比地狱还要恐怖的"雷池"。谁敢越"雷池"一步，心灵的枷锁将使她生不如死。歌册中的女性很少对婚姻说不。在《行乐图全歌里》中，一个七十九岁的太守爷看中了一位花容月貌的十七岁少女月枝，当外婆为这门亲事征求她意见时，她居然点头答应："月枝是一个贤孝人，三从四德伊尽知。"

一般来说，歌册都会以大团圆为结局，在结尾处往往会显示皇恩浩荡：凡守节成功者将得到来自皇上的各式封赏。由此可见，封建官府大张旗鼓地表彰节妇烈女，并借助朝廷的力量将这些纲常礼教内化为女性坚贞的人格操守，因而在如此世风之下的女性竞相以青春和生命为代价来捍卫自我和家族的荣誉。对当时社会的人来说，"三纲五常"是每个成员必须遵守的行为准则，而代表男权的父亲在规劝女儿再嫁的问题上却屡屡失败。显然，歌册撰稿人把孝道与贞节的矛盾置于风口浪尖，其目的是宣扬后者神圣不可违背，以推行其女德教育思想。在人类历史上，贞节观念的形成与发展经历了不断衍变的历史过程。有人曾对周代至清代历代妇女节烈人数做过统计。自周以来，节妇烈女的绝对数呈增长趋势，宋代是个明显的界限，节烈妇女人数陡增，至明清时期达到极致。明洪武元年，明太祖朱元璋曾下诏令："凡民间寡妇，三十以前，夫亡守志，五十以后，不改节者，旌表门闾，除免本家差役。"① 这是中国历史上第一个代表国家嘉奖贞节的特别命令。明清时期，肩负着"女德"教育的"女书"数不胜数：《女诫》、《女训》、《女范》、《女镜》、《女鉴》、《内训》、《女范编》、《女论语》、《女儿经注》、《女小儿语》、《女学言行录》、《闺训千字文》……这些"女书"中有的是由皇帝亲自为其作序，有的则由皇后亲自撰稿。可见国家最高掌权者对女性教化之重视程度。然而，所有这些直接对女性喊话的"女书"同潮州歌册比较起来都会黯然失色。因为歌册不是纯粹的说教，而是通过委婉动听的吟唱，将"失节事极大，饿死事极小"的"道理"深藏于跌宕起伏的故事之内，从而促使女性在不知不觉中认同其价值观。"那么，很清楚，音乐对文化的延续和稳定起着重要的作用。在这个意义上，音乐的功能作用不会弱于文化的其他任何方面。"② 实际上，"女德教育"最开始是以"外在的"吟唱形式出现在女性面前，而再度出现时已成为她们自己的意识。被熏陶、被教育的结果是使她们建立起"良心"和"内疚"的反省机制，而这种"机制"正好满足了男性的权力欲。

二、女德教育与生活中的女性角色

如前所述，"男权社会通过男性话语对女性进行教导、规范和监督，并把男性话语内化成女性心理和精神，最终达到让每一个女人成为男性和父权社会要求的女性，同时更是自己心理、精神、身体和行为的监视者和凝视者。"③ 男性文

---

① 王丽锟：《从徽州贞节牌坊的盛行看徽商妇的生存状况》，《铜陵学院学报》2007 年第 6 期，第 88～90页。

② 洛秦：《学无界知无涯——释论音乐为一种历史和文化的表达》，上海：上海音乐学院出版社 2007 年版，第 218 页。

③ 王凤华、贺江平：《社会性别文化的历史与未来》，北京：中国社会科学出版社 2006 年版，第 283 页。

人顺应主流社会意识，撰写歌册以实施"女德教育"，其结果是现实生活中的女性把歌册里的"刘明珠"、"洪宝珍"视为人生楷模而效仿。在完全接受"文本"的价值观后，歌册听、唱者认同自我的"女性角色"，她们会做一个怎样恪守妇道的贤妻良母呢？当社会的变迁（指新中国的成立）、文化的变更导致歌册内容发生了翻天覆地的变化之时，她们的行为模式会发生改变吗？

旧时期的潮州女性最基本的劳动方式是理家和做绣活（主要是抽纱），如果仅仅是理家，歌册传唱的可能性会因为"家"的局限而大大降低。虽然抽纱是一种以家庭为单位的劳动方式，但它欢迎伙伴的加入。扎堆"绣房"的女人们往往会因为听、唱歌册而忘了吃饭、睡觉。对女孩来说，歌册的"熏陶"会使她们在成长的过程中更容易早熟，这一点是长辈们乐意看到的。早年，有钱的潮州女孩的嫁妆中，会有热心"教育"的长辈们赠予的歌册藏本。在田野调查中笔者得知，当年的"雅姿娘"（旧时潮州人对女人的称谓，是美女、靓女的近义词）对歌册的喜爱，一如今日时尚女性对电视连续剧的沉迷。那么，这些从小受歌册"熏陶"的"雅姿娘"如今生活得怎样呢？笔者深入潮州市潮安县进行调查，并把调查对象集中于75岁以上的"老阿姆"。

2010年8月，笔者曾三次赴潮安县溜龙乡寻找当年的"雅姿娘"，诚然，见到的是几位满头银发的老奶奶。在一幢灰墙黑瓦的宽大的老房子里，佝偻着腰的沈阿姆（88岁）第一个出来迎接我们，随即还叫来了她的侄女许阿姆（86岁）。两个阿姆年龄相仿，却是姨侄关系。沈阿姆告诉我，她的姐姐是许阿姆的婆婆。

在婆婆没有去世的日子里，三个女人同住在一个屋檐下，那是村里一间7平方米的小屋。眼前这幢有着80多年历史的大房子在改革开放之后才归还她们。三个女人的丈夫都去了南洋，走的时候，沈阿姆和许阿姆都才结婚两年。在场的郭先生（许阿姆61岁的儿子）告诉我们，当年虽然被"干部"扫地出门，但他的奶奶、妈妈和老婶在那间小屋里相处得十分融洽。年轻时她们的手很巧，做的抽纱远近闻名，他和他的堂叔（老婶的儿子）能够上学靠的就是这手绣活儿。当然，还要靠"侨批"接济（"侨批"，是潮汕地区特有的一种"信史"，实际上是指海外的汇款凭证，一般附有简短留言）。家里如果来了"侨批"，就由辈分最高的奶奶掌管，奶奶去世后则由老婶当家。"侨批"，是这三个女人与海外男人之间唯一的联系。这种联系在她们的内心是温暖的，经济供给证明远方的男人心中有家，而她们则是永远在家里恭候着的"贤妻良母"。两位阿姆对我们的到来十分高兴，许阿姆还拿出了丈夫年轻时的照片。郭先生说，"文化大革命"时期他们的家被抄，好多照片、歌册都被烧了，这张照片被母亲深藏着才得以幸免。沈阿姆上过几年小学，因此她能够独立地回复海外来信。临别时，沈阿姆用极其轻柔的声音给我们唱了一段歌册。不难想象，年轻时她是一位标准的"雅姿娘"。

　　陪同笔者调查的是曾写过县志的杨启献先生，退休前他是文化站站长，对潮安县的历史文化和人情世故都十分熟悉。在走进郭家大门之前杨站长叮嘱我，尽量不要去触碰人家的伤心事。然而，背着老人我还是问了郭先生："你父亲和老婶的丈夫在新加坡再娶了吗？"郭先生回答："他们一直没回来，肯定已再娶。"

　　其实，即使知道丈夫再娶，阿姆也依旧深爱着自己的男人。在潮州地区，女性的从一而终是一种符合社会认可的文化模式，即"典范人格"。典范人格对于同一社会的成员来说将产生同一情感。因此，从小接受歌册熏陶的她们很容易找到作为女人，即"女性角色"的特殊心理的体验根源。她们会像自己的祖母、母亲、隔壁的"老阿姆"一样依顺、谦恭、忍耐，并认为自我不完善、没有价值、缺乏安全感。她们的"第一个心理规范是必须服从他人——服从他们的引导，把她们的需要同别人的需要连接起来"。她们必须根据"一个男人的意愿来设计自己的生活。一个女人的地位来自她的配偶"①。但其配偶并非由自己选择，所以她必须隐瞒自身的愿望去实现那个男人的生活目标。一旦不能再指望男人（或去世，或另娶），剩下的岁月就只能与孤灯相伴了。

　　杨站长的姐姐杨阿姆 18 岁就出嫁了，她丈夫 1946 年去了新加坡。丈夫走后，她带着两个女儿和婆婆一起生活。她和婆婆的关系很好，可惜婆婆活了 90多岁都没见到儿子回来。杨阿姆曾找过算命先生，知道自己命苦。20 世纪 70 年代丈夫终于回来，可他已在新加坡另娶，并有了两个儿子。杨阿姆信命，所以以平和的心态接受了生活中的一切。命是什么？命是人们经历苦难而感到无助时的妥协，是对生命意义感到怀疑时的"自圆其说"。"在人们的灵魂中，有一条不与社会相通的小道，人们在这条小路上踽踽独行，这是一个避开众目睽睽的私人世界。生活不仅包括了可耕种的肥田沃土，也包括梦的山峦、悲哀的地窖和渴望的塔楼。"② 有谁知道杨阿姆在"悲哀的地窖和渴望的塔楼"中的痛楚呢？其实，潮州女性在"认命"的同时是怀着希望的。在潮阳、陆丰、饶平等海边码头，每过一段时间就有女人在那里等候送"批"的船（旧时期邮政不发达，侨批员把黄金绑在身上，千辛万苦通过水路到达家乡，再把黄金换成现钱分发给侨眷。"侨批"被侨眷们视为命根子，送批人被尊称为"客头叔"）。侨眷们相信：能得到"批钱"，就一定能等到寄"批钱"的人——正如歌册里赶考的男人在多年后都会荣归故里一样。那不定时在码头停泊的小船，让侨眷们有足够的理由和耐心在日复一日的岁月里等待。

　　铁铺镇西陇乡的肖阿姆是一位作家，丈夫早年去了泰国，阿姆独自抚养一儿一女。新中国成立后她有了新的社会角色——县里的歌册教员。她借此机会走出

---

① ［英］L. 爱森堡：《了解女性》，北京：光明日报出版社 1990 年版，第 5 页。
② ［美］赫舍尔著，隗仁莲译：《人是谁》，贵阳：贵州人民出版社 1994 年版，第 54 页。

家门，以文化教员的名义去教人唱歌册，当然，唱的是革命的新歌册。她家的房子很大，也不用为生计发愁，丈夫的"批"钱足够她生活。与社会的频繁接触使她对生活有了新的认识，她开始尝试写歌册。她成功了，她居然也能同男人一样加入省里的作家协会！然而，事业的成功并没有给她的生活带来本质上的变化，她的丈夫始终没有回来。

杨站长说，潮州地区拥有相同命运的老阿姆很多，但大部分都已经去世。在所有的人中，有一类阿姆最可怜，她们一辈子没见过自己的男人。这类阿姆本文称之为"无名氏"（请原谅这样称呼的不敬，实因不便采访所致）。一般来说，"无名氏"由婆婆做主将其娶回，婆婆的想法是一旦儿子回家，即可传宗接代。结果从窈窕的"雅姿娘"到白发的"老阿姆"，孤独的"无名氏"从未见过自己的丈夫一面，而人在异国的他早已娶妻生子。

新中国成立前，很多潮州男人冒着生命危险去南洋各国谋生（大约有 40 万华侨）。主要原因是人们的生活十分困难，这里人多田少，又经常发生自然灾害。男人们走了，剩下女人扶老携幼支撑起贫困不堪的家（一般富有的家庭不会选择离开本土）。男人走后，女人有了一个新的称谓，即"侨属"，即便从未见过自己丈夫的"无名氏"也是一样。"无名氏"虽然没有举行过有洞房的婚礼，但有婆婆的认可，她们就是过了门的儿媳妇，一样孝敬公婆，一样以媳妇的名义承担起家里的一切。年龄稍大的时候，她们会领养一个孩子以防老。许阿姆、沈阿姆、肖阿姆、杨阿姆……众多的潮州女性虽然有过短暂的婚姻生活，但漫漫人生，仅剩依稀回忆。令笔者感叹不已的是，在这个群体的自我感觉中，她们并没有被抛弃，"侨批"即可证明一切——"侨批"就是家的象征。一般来说，在外谋生的潮人因生活所需会选择另娶，但他们会把家有发妻的事实向对方说明。如果有一天新嫁娘随他返乡，她首先要做的事情就是拜见老家的大姐（丈夫的发妻），而大姐也会以诚相待。"见很多人携妻儿归国，大受唐山（指潮州）妻儿欢迎。"① 这是笔者在《泰国侨批文化》一书中看到的描述，它足以说明潮州女性对待丈夫另娶的态度。

实际上，潮州地区并非只有许阿姆、肖阿姆这样的侨属忍受着没有配偶陪伴的煎熬，其他女性也一样。有位潮剧女编剧告诉我，她的大伯母结婚才四个月，丈夫就因故去世了。大伯母连丈夫的长相还没看清楚，她的无夫无后的"守节"之路就这样糊里糊涂地开始了。四个月怎么连长相都没看清呢？编剧说，旧社会刚出嫁的女性害羞，夜晚上床一定要灭灯，而男人一大早就溜出家门了。中国传统社会是单以男性为中心的父系社会。"一般都认为男人在家守着老婆是没出息的，尤其是不敢在父母面前表现夫妇间的亲热。年轻男人经常在外乡工作，即使

---

① 谷子：《侨批诉沧桑　一片冰心在玉壶》，泰国泰中学会丛刊，2006 年，第 135 页。

未在外乡，也少停留在家中，而是经常盘桓在街头巷尾、茶馆酒铺中，回到家中只是极短的时间……"① 潮州男人最喜欢去的地方是"闲间"，在那里他们可以吹拉弹唱，潮州弦诗乐、潮州大锣鼓、笛套音乐、英歌舞等都是他们生活中的"必需品"（这里有句俗语："锄头粪箕筐，三弦琵琶筝。"）。对潮州女人来说，听、唱歌册是她们唯一的消遣方式，她们只有在岁时节日的祭祀活动中，才能够远远地观看在村头巷尾大规模展示的男人们的"必需品"。直到新中国建立，"时代不同了，男女都一样"的观念深入人心之后，"必需品"才让女性与他们共同分享，就连气势磅礴、有如万马奔腾的英歌舞也有了女性参加（英歌舞是潮汕地区特有的一种广场情绪性舞蹈，舞者最多可达 108 人，画着英雄脸谱的武士们手持木棒，一路狂舞，极其壮观）。

值得我们进一步思考的是，社会通过社会化的方法规范了潮州女性个人的行为，使之成为社会所认可的典范人格。而新中国建立后，整个社会结构发生了巨大的变化，同样，潮州歌册的内容也有了翻天覆地的变更。"刘明珠"、"洪宝珍"之类在"破旧立新"的口号声中变成了灰烬，取而代之的是《红色娘子军》、《翻身女性把歌唱》、《花好月圆》等。当社会发生重大的变更并引起文化变迁之时，对于个体而言将面临"行为模式"的改变，而这种改变包括"消除过去习得"与"重新学习"两个步骤。可当社会要求人们把"破旧立新"的思想落实到行为时，已经成为人民公社社员的潮州女性对这个千载难逢的"重新学习"机会却表现出少有的冷漠，她们依然坚持"从一而终"的信念，连从未见过自己男人的"无名氏"也一样坚守"一女不嫁二夫"的传统模式。那位以反对包办婚姻为主题的新歌册创作者，明明知道丈夫已在他国再娶，却硬将夫妻各自的照片拼合后以结婚照的形式挂在床头以示忠贞。由此可见，"翻身女性"在思想上接受了新歌册、新思想，可在行动中却很难挣脱已经内化为坚贞的人格操守的束缚。

三、性别差异与文化中的道德观念

我们不得不承认下面的事实："社会的变迁对潮州文化的冲击远没有内陆地区那么猛烈。深入了解后你将发现，潮州文化之中的各个因素具有十分紧密的关联，人们基本的价值观、宇宙观、生活态度、民间传说以及宗教信仰等投射体系不易改变而引起'文化模式'的彻底变更。"那么，区别于"贤妻良母"性别的潮州男性又具有怎样的社会行为呢？他们的价值观是否同样能在歌册的"女德"教育中找到根源？

---

①　李亦园：《文化与行为》，台北：台湾商务印书馆 1966 年版，第 94 页。

　　性别差异与社会文化和社会化有关，我们是按照自己社会的关于每一性别角色的行为规范去学会成为男性或女性的。对一个潮州男性来说，生活是征服和冒险的召唤。实际上，无论是男性还是女性，在潮州文化中成长的人都具有极强的道德观念。道德观念是人们对自身、对他人、对世界所处关系的系统认识和看法。同一"模式行为"的人其道德观念必然相近。当然，父母亲是孩子们观察到的第一个性别角色模式。对于在异国谋生的潮州男性来说，诚信与孝顺是他们共有的品格特征，在现实生活中体现为对家庭具有高度的责任感。潮州男性选择在外打拼，而把漫长的等待留给女性，作为对女性的回报，他们会把千辛万苦挣来的钱尽可能寄回。抵达异国后，他们会切实履行出洋前的承诺：以最快的速度给家眷寄出"平安批"，并附有少量的"批钱"。无论生活多么艰难，他们都会尽一切力量寄回"批钱"。这种现象从下面一个泰国华侨的文字中可见一斑："自从他有收入那天开始，便时不时听到他寄批回家乡。家乡二婶带着四个小女儿和一个幼男，生活费主要就是靠二叔父的'批钱'……十多年如一日：他生病可以不寻医，但不可以不寄批。"① 文中的二叔终"因手头贫乏而失去医疗"以致客死他乡。由此可见，漂泊在外的潮人把寄批养家看得比自己的生命还重。对于未曾见面的"无名氏"，出洋的"丈夫"也会一样寄批给她。对"丈夫"来说，由母亲娶回的媳妇就是他的"草头妻"，无论将来发达与否，他都不可以任何名义将她抛弃。然而，"抛弃"的认定标准是经济供养关系是否延续，而与他乡再娶无关。也就是说，他乡再娶在潮人群体的观念中不受道德约束。比如一位陈姓的泰国华侨，出国之前，已婚并育有一子，因妻须在家侍奉母亲未能同行，便只身南渡入泰。后在泰国另娶，并发达。他的公司在泰注册时便写明，股东为七人，其中"唐山妻儿"的一份就作为长期每月寄批养家之用。一般来说，以此模式处理新、旧家庭之关系者，会被认为情深义重而获得两边妻儿及社会的尊重。

　　由此可见，男性只要坚持承担对家庭的经济供给，就符合约定俗成的道德规范，而女性则只有"从一而终"，才不会被人指责。显然，男性与女性间存在着极大的不公。除了因为女性没有独立的经济地位（靠男性养活）以外，造成这种不公的根本原因在于文化的力量。我们所说的潮汕文化，实际上是指潮人群体所习惯的、共享的生存和生活方式。文化是一个可以涵盖很多事物和现象的性质的抽象概念。"不同数目的个体行动者可以汇聚在一个群体里，形成一定的公共集体性……任何对社会文化互动体系的理解，都必须抓住这种高度复杂的关系。脱离个体的运用和背景，单独谈论行为的形式，将会导致某种具体苍白的

---

　① 文风：《二叔父与批仔》，泰国泰中学会丛刊，2006 年，第 49 页。

事物。"①

　　那么，在潮人群体的"公共集体性"中，这种有着明显差异的价值判断标准能否在歌册的"女德"教育中找到根源呢？答案是肯定的。

　　旧歌册中有一些描写的是一夫多妻的"美满姻缘"，如《八美图》、《四美图全歌》、《五美缘》、《圣母破六奇阵》、《五凤朝阳》等。《八美图》中的柳树春大言不惭道："若得八美全匹配，不枉为人在世间。"后其"美梦成真"，八位美女被一一娶回。使这种腐朽的人生观得到进一步强化的方法是，在结尾处让最高掌权者出面，亲自下诏："眷籍八人不分大小俱为姊妹相称各封一品夫人。"这类歌册具体的面世时间无法得知，但它的确反映了早期掌握话语权的部分男性的人生态度。潮州歌册一方面宣扬妇女要保持贞节，烈女不嫁二夫；另一方面却肆意渲染一夫多妻的"美满姻缘"。② 值得深思的是，这些拥有三妻四妾的成功者往往被描写为"忠诚、孝顺、成功"的好男人。这种另类的"忠贞观"对女性来说更具迷惑性，因为对"好男人"的迷恋将导致她们更加丧失自我。《西番珊瑚枕全歌》中的李文贵在"异国"的洞房花烛夜，因"久念前妻恩情重"而"状元饮酒全无心"，后向西番公主呈文："男负约，刀下死……"结果，公主与他成婚十多年却未曾同房。十六年后，当新、旧两妻相会时，两位女性居然为"先与夫君合佳期"而相互推让。在歌册里，无论发达与否，好男人绝不能抛弃自己的发妻，哪怕只是口头承诺过的婚配。《四美图全歌》中的主人翁刘怀义，在口头承诺娶第一位美女为妻后，其后的三位美女则均以"妾"身相许，并掷地有声地说："草头结发被我抛，不是读书人所举。"也就是说，"三妻四妾古来有，无妨多娶一二妻"，只要不弃草头妻，娶回多少女性都无损其好男人形象。根据年龄推算，许阿姆她们的孩提时期是 20 世纪三四十年代。在新中国成立之初，阿姆们已经具备了相对稳定的思想意识和道德观念，所以在经历了社会从一种形态到另一种形态的快速转换后，旧文化对她们的影响并没得到根除。一女不嫁二夫，在 20 世纪三四十年代出生的潮州女性看来是天经地义的。而且受此观念束缚的并非只有绣花女，知识女性也一样。有位八十高龄老奶奶的孙女告诉我，她奶奶曾是"惠潮嘉师范学堂"（现韩山师范学院的前身）漂亮的女学生，毕业后一直在潮州的一所中学任教，20 世纪 40 年代爷爷去香港后另娶，奶奶则靠工资独自把两个女儿抚养成人。如果说"绣花女"是因经济不独立而坚持"从一而终"，奶奶的"守节"则完全是社会环境所致。"人言可畏"，即使深明"妇女解放"之大义者，也一样不敢面对来自区域长老、乡亲质疑的目光。令人难以相信的是，女性在接受自我卑微地位的同时，她们之间也形成了一种"潜规

---

　　① ［英］奈杰尔·拉波特著，鲍雯妍译：《社会文化人类学的关键概念》，北京：华夏出版社 2005 年版，第 74 页。

　　② 吴信奎：《潮州歌册》，广州：花城出版社 1999 年版，第 71 页。

则":谁若做了出格事,同伴的鄙弃会让她的生活变得暗无天日。不重视自我的心灵感受,而在乎旁人的眼神与评说。事实上,旧道德对知识女性的束缚会更具切肤之痛,因为心灵丰富的她们有可能做"思想的巨人,行动的矮子",以致造成身心分离。人的存在的力量和奥秘既存在于人为创造的各种表达形式中,又存在于未说出和未宣布的事物中,也存在于沉默不语和不可言喻的意识活动之中。对这位中学教员来说,她的思想就是她的处境。

在人类学中,所谓的"文化",意味着一个民族的生活方式的总体,以及个人从其集团得来的社会性的遗产。社会集团挥舞着文化的意义之网,只有通过一种公共的方式才能获得具体的形式。无论是女性坚守的"贞节观",还是男性另类的"忠贞观",潮州文化不存在私人的象征化过程,因为任何思想只有通过群体之间的交往过程才得以实现。实际上,一种具有特色的文化,往往指向这个区域的群体是按照他们共同的信仰和价值观在进行思考和判断。为什么众多的阿姆们从窈窕淑女到白发老妪始终坚持与孤灯相伴?因为她们拥有一个共同的表面(文化)和一个私人的根基(生存),每个阿姆都在生活中把文化当作"抽纱"编织着,正如编织一个程序化的梦。然而,她们的孩子,尤其是女孩子(20世纪五六十年代出生的女性),把她们从梦中叫醒并告知:时代不同了,必须在我们所熟悉的生活中接受文化的变迁!其实,"哪怕我们只是回顾了一代人的生活,我们就会看到发生了多大的变化,这种变化有时就发生在我们最熟悉的行为之中……抵制变迁在很大程度上是我们对于文化惯例的误解所造成的结果"①。诚然,女儿不可能为纠正"误解"而奉劝母亲放弃无望的等待,因为她深深懂得,对老一辈的潮州女性来说,旧的行为模式已无法改变,因为经过长时间的学习(从孩提到年老),"女德"即"美德",已内化为自我生命的一部分。但有一点可以肯定的是,新中国成立后出生的潮州女性依然贤惠、善良和勤劳,但她们将不再重复长辈们的生活轨迹,她们开始关心作为一个独立的人的自我愿望与需要。与此同时,歌册的内容已摈弃"三从四德"的旧观念,取而代之的是"妇女能顶半边天"的新观念。至此,传统的性别角色规范也随着社会进程而注入了新的意义。

综上所述,我们认识到:社会的变迁、文化的变更并不能彻底冲刷自幼接受传统文化熏陶的人的心灵——文化最伟大的力量,就在于它把思想灌输至其成员的头脑,从而影响该群体的行为并构成独特的社会文化环境。如果我们试图理解社会关系、社会模式、社会进程,家庭将是我们研究的一个重要对象;如果我们试图理解潮汕文化,我们就必须重视对潮州歌册的女德教育功能及其对生活中女

---

① 〔美〕露丝·本尼迪克特著,王炜等译:《文化模式》,北京:生活·读书·新知三联书店1988年版,第12页。

性"性别角色"影响的研究。

附录：潮州歌册十种唱法的谱例之一（潮州群艺馆柯秉智根据肖菲的演唱记谱）

平唱慢板

潮州刺绣 名 声 香，绣花 姑娘 好

潮工， 昔日放花 布 包措， 四乡

六里 去 放工， 且唱潮城 一 后

生， 专门 放花 到 农家， 人品端正

相 貌 好， 惹得 姑娘 心 青春。

潮州歌谣研究史述略[①]

——地域文化与现代学术潮流的接合

徐燕琳　陈晓燕[②]

一般认为，作为非主流文化，地域文化与现代学术潮流可谓泾渭有别。然而，地域文化虽然存在各种不同的地域特质、历史表现，但亦不可能脱离具体的时代和社会，它带有时代与社会的某些风貌，甚至成为其某些特点的具体表现。作为北大歌谣运动组成要素之一的潮州歌谣研究恰是在特殊的历史时期形成的，并参与到新文化运动之中，因此与现代文学研究同时起步，并成为文学研究和思想发展的纪录和缩影。

民系意义上的潮州包括旧潮州府所属各县。潮州历史悠久，文化深厚，素有"海滨邹鲁"、"岭海名邦"之称。潮州歌谣的文字记录目前最早见于明嘉靖本《荔镜记》，亦见于林大钦《吾乡》诗、屈大均《广东新语》、陈坤《岭南杂事诗抄》、李调元《南越笔记》、吴震方《岭南杂记》和小说《荔镜奇逢传》，以及顺治《潮州府志》，乾隆《潮州府志》、《揭阳县志》等方志。但这些文字多属一般性的记录。有学者认为，自宋元时期的《三阳志》、《三阳图志》至中华民国时期的《潮州志》，大部分潮汕地方志对潮州歌谣鲜有关注。[③] 其中较有研究意识者，如清人郑昌时《韩江竹枝词》自注："潮近闽，歌参闽腔，韩江舟户又尚'马头调'云。"[④] 清嘉庆《澄海县志》卷六《风俗》"声歌"一目谓："粤人好歌……澄邑亦好之，共矜新调，名曰畲歌。郡故与漳泉接壤，音颇相近，特多有声无字，且平仄互叶，俗谓潮音，疑无足采。然其触物兴怀，连类见义，咏叹滛液，有使人情深而不能自已者。"同时介绍元宵秧歌等习俗和《钓鱼歌》等 7 首歌谣，谓其"天机所触，衬以土音俚言，弥觉委曲婉转。信口所出，莫不有自然相叶之韵焉。千古风雅，不以僻处海滨而有间，斯固采风者所不废也"[⑤]。这是

① 基金项目：教育部 2012 年度人文社科研究规划项目"岭南戏曲与岭南文化生态"（12YJA760077）；广东高校 2011 年人文社科研究项目"文化体认与地方构建：岭南戏曲史研究"（11SKLY30）。

② 【作者简介】徐燕琳，华南农业大学人文学院中文系副教授，华南农业大学岭南文化与艺术研究中心主任，华南师范大学岭南文化研究中心兼职研究员；陈晓燕，华南师范大学文学院研究生。

③ 郭马风：《谈潮汕地区新旧志辑录歌谣入志》，《广东史志》2007 年第 2 期，第 30、31 页。

④ 郑昌时、吴二持：《韩江闻见录》，上海：上海古籍出版社 1995 年版，第 286 页。

⑤ 李书吉等纂修：《嘉庆澄海县志》，载《中国地方志集成·广东府县志辑》第二十六册，上海：上海书店出版社 2003 年版，第 66 页。

对民间歌谣进行正面评价和记录的不多的地方志之一。

　　对潮州歌谣的正式研究始于 20 世纪 20 年代。近百年来，潮州歌谣的研究亦随着时代、社会变迁和民俗学、民间文学、音乐学、社会人类学、非物质文化遗产学等学科的发展而从各方面展开，并不断丰富。

一、潮州歌谣的早期整理和初步研究（1918—1949）

　　潮州歌谣的早期整理和初步研究，是在北大歌谣运动的影响下开始的。

　　1918 年，在新文化运动中心的北京大学，刘复、沈尹默、周作人等人发起了征集歌谣的活动，1920 年成立歌谣研究会，1922 年《歌谣》创刊，提出"歌谣是民俗学上的一种重要的资料"，"民俗学的研究在现今的中国确是很重要的一件事业"[1]。1923 年 3 月 25 日出版的《歌谣》第 11 号《民歌选录》"广东"部分发表了林醉陶投寄的潮州歌谣一首："渡头溪水七丈深，一尾鲤鱼头戴金，一条丝线钓不起，钓鱼哥儿枉费心。"这是潮州歌谣向外推介的开始，投寄发表潮州歌谣的浪潮由此开始并延伸至 20 世纪 30 年代。[2] 1924—1925 年，海丰人钟敬文 3 次向《歌谣》投稿并陆续刊发，包括海丰歌谣 78 则、《歌谣杂谈》两册等，涉及各种口传歌谣和刻本俗歌资料和研究，亦有潮州书坊所刻《老丑歌》、《戒烟歌》、《南洋的歌谣》、《潮州婚姻的俗诗》及《海丰的邪歌》等唱本，并曾专作《畲歌集》。[3]《海丰的邪歌》于 1925 年发表于《歌谣》第 81 号，对"邪歌"（即畲歌）的结构、分章、用韵、音节等方面的特点和内容进行了详细的说明，为潮州歌谣由资料收集转入文本研究起到重要作用。就读于燕京大学的丘玉麟在周作人的鼓励下与林培庐组织謘篆文学社，出版周刊讨论歌谣问题，并致力于潮州歌谣的收集，亦有章雄翔、卢佚民等同道并待机出版。[4] 1928 年，金天民的《潮歌》出版。1929 年，任教于金山中学的丘玉麟编辑的《潮州歌谣（第一集）》出版。此外还有徐志庵《潮属儿歌》，黄洁心、张之金《潮州歌谣

　　① 北京大学歌谣研究会编：《发刊词》，《歌谣》第 1 号卷首，1922 年。

　　② 据王焰安《20 世纪上半叶潮汕民间文学活动概述》统计，当时有林醉陶、刘声绎、李痴郎、林培庐、朱克邦、赵梦梅、亦梦、陈经熙、林离、豫同、陈立夫、昌祚、鸣盛、郑汉民、刘万端、郭坚等人先后在《歌谣》、《民俗》等刊物发表潮州歌谣和介绍文字（《汕头大学学报》2006 年第 4 期）。此外尚有林培庐 1927 年在《语丝》第 143 期发表《潮州的畲歌》，若水 1928 年在《民俗》第 33 期发表《二首同闽歌相似的歌谣》，焰浦 1936 年在《歌谣》第 2 卷第 10 期发表《潮南歌谣》6 首等。

　　③ 钟敬文：《〈歌谣〉周刊·我与她的关系——纪念该刊创办 70 周年》，载钟敬文：《沧海潮音》，哈尔滨：黑龙江人民出版社 2002 年版，第 269～274 页。

　　④ 丘玉麟：《潮州歌谣（第一集）》，汕头：汕头开明出版部 1929 年版，第 2 页。

集（一）》①，林桢《潮阳儿歌集》，刘万章《陆安女儿歌》② 以及丘玉麟编、卢侁民注《潮州畲歌集》以及章雄翔、林德侯等人的未刊本。

除了北大歌谣研究会外，1927 年，顾颉刚与容肇祖、董作宾、钟敬文等人发起成立的中山大学民俗学会，直接推动广东歌谣研究进入民俗学阶段，这也对潮州歌谣研究产生了积极的影响。研究潮汕民间文学的组织和刊物陆续出现，如广东揭阳民间文学会在《潮梅新报》刊行《民间周刊》，汕头也出现了林培庐编辑的《民俗周刊》、《民俗》不定期刊等刊物。③ 广东歌谣研究在各方努力下得到重视。1928 年成立的中央研究院下属历史语言研究所，其民间文艺组由刘半农任组长，大力搜集民间文艺资料，准备几年之内作一"全国歌谣总藏"。语言组由赵元任负责，用科学方法在广东记录歌谣 197 首，其中 90 首用蓄音器进行录音，其余亦以国际音标记音。④ 1928 年，中山大学语言历史学研究所周刊发表了郑德能的《潮俗中秋的观戏童及其他》，提及戏童歌、落阿姑、观猴仔等民间歌谣。⑤

这个时期的歌谣整理首先基于明确的乡土意识。这种乡土意识和民间视野并不局限在潮州本地，而与社会变迁的时代关怀息息相关，同时亦有存史、怀旧的脉脉温情。丘玉麟在《潮州歌谣（第一集）》问世时，以给周作人的长信为序，称："大规模的机器工业代替了家庭手艺工业，社会制度改变，家庭组织改变，新生活的反映的歌谣或将产生。至于能像旧歌谣一样多量与否还是疑问；而反映旧生活的歌谣将渐渐不在妇孺的红唇白齿间婉唱则是一定的断论。十年、二十年后，旧歌谣将消灭，无复能流传，岂不是一大可惜的损失？我不愿这反映潮州生活的流动文学的歌谣消灭，我当把这些歌谣抄写编印成书，使之成为固定文学，以保留我们这个农业化的旧时代的潮州生活之残影。""歌谣的多方面自由的体裁与平易婉妙的句可以帮助我们的新文学的发达。"⑥ 这既反映了当时许多潮州歌谣搜集者、研究者的共同愿望，也是《潮州歌谣》发刊词所言歌谣运动"学术的"、"文艺的"两大目标的体现。

20 世纪二三十年代是潮州歌谣研究的自觉时期。潮州歌谣的发展也与时代保持同步。其实许多潮州歌谣如《天顶一条虹》等都是对时事的反映。在收集

---

① 周作人：《两种歌谣集的序·潮州畲歌集序》，《语丝》1927 年第 126 期；叶春生：《岭南俗文学简史》，广州：广东高等教育出版社 1996 年版，第 426 ~ 429 页。

② 刘万章：《广东潮阳的儿歌——林桢〈潮阳儿歌集〉序》，《歌谣》（第二卷）1936 年第 8 期。

③ 杨成志：《民俗学会的经过及其出版物目录一览》，《民俗》（第一卷）1936 年第 1 期，上海书店影印《民俗合订本》第 7 册，1983 年，第 228 页。

④ 段宝林：《蔡元培先生与民间文学》，《北京大学学报》（哲社版）1982 年第 6 期。

⑤ 郑德能：《潮俗中秋的观戏童及其他》，《国立第一中山大学语言历史学研究所周刊》1928 年第 11 ~ 12 期，第 267 页。

⑥ 丘玉麟：《潮州歌谣（第一集）》，汕头：汕头开明出版部 1929 年版，第 2、4 页。

民间歌谣以外，一批具有进步思想的知识分子开始进行大量创作，呈现出整理汇编和创作共进的新局面。特别是随着日寇的节节进逼，潮州歌谣更成为抗战的有力武器。1936 年，王亚夫提出"建立潮州大众的抗日歌谣文学"，创作出近百首抗战歌谣，如《奴仔歌》、《行情一年苦一年》等。潮汕党组织于 1937 年 7 月发出指示："发动党员和群众写文章、通讯、歌谣。" 1940—1942 年，吴南生在潮澄饶主编出版油印小册子《尺合土上》，刊登抗日歌谣。[①] 潮汕大地，从诗人到文艺青年，从教师到中小学生，从民间艺人到普通群众，创作热情高涨，一时间产生了数以万计的抗战歌谣，男女老幼纷纷吟唱，家喻户晓。一些美术创作者用漫画配上方言歌谣，号召保家卫国。[②]

潮汕抗战歌谣的影响也被推向外界。1939 年，爱梅在《上海妇女》上发表《潮汕妇女的抗战歌谣》，介绍当时潮汕最流行的两首妇女抗战歌谣《月含云》和《望你记得在心中》，并向"孤岛的姊妹们"描述了潮汕妇女积极参加救亡工作的情形，称"这不但是妇女运动最光荣的一页，而且在我们民族解放运动史上是值得大书特书的！因为这样，目前潮汕妇女救亡歌曲真是十分流行，不论热闹的城市，抑或宁静的乡村，到处你都可听到：'莉仔花，开一枝，阿妹捧饭到田边，催促阿兄上前线，杀尽倭奴莫延迟！'这一类慷慨动人的歌谣"[③]。

1948 年，潮州学者吴显齐在《新中华》发表《谈潮州歌谣》，总结歌谣运动影响下潮州歌谣 20 年研究发展状况，对潮州歌谣的源流、意识形态、艺术价值进行了系统的论述，并论及它与潮州戏剧、故事、歌册曲册等的关系，并选出30 首歌谣，附有主题、注释、押韵，以助于潮州歌谣的宣传普及和创作指导。该文章提出"最早最朴素的潮歌，是谣谚和畲歌"，并认为它具有民间性、大众性，"富于生命力、想象力和语言的复杂性"，同时说明潮歌"以潮州方音为表现工具"，"潮歌是最精炼的潮州话，而潮州话则是潮歌永久的源泉，表现的宝库"。这开启了以语言界定潮州歌谣的学术肇端。该文章的另一贡献是对潮州歌谣源流发展进行了历史的梳理，强调潮州歌谣发展与社会变动的密切关系，突出其现实性特点。作者认为鸦片战争之前是"潮歌的传统（古典）时期"，"此后，就进入蜕变时期，一直到现在。在这一时期中，潮州社会发生了剧烈的变化，中间有两次大变动。第一，是清朝专制政治被推翻，新旧之争如火如荼地展开，使潮歌走向蜕变；它对于革命前后动荡的社会，有着形象的表现和深刻的批评。第二，是长达八年的抗日战争，这伟大的历史过程使潮歌充实了蜕变的条件"。文章特别注意潮州歌谣在特殊历史时期的艺术价值和进步意义，尤其突出潮州歌谣

---

① 林炎藩：《抗日、解放战争时期潮澄饶地区党办报刊的一些情况》，《澄海党史资料》1994 年第 21 期，第 55、56 页。

② 郑惠玉：《潮汕抗战文化活动及其影响论略》，《汕头大学学报》（社科版）2004 年第 4 期。

③ 爱梅：《潮汕妇女的抗战歌谣》，《上海妇女》1939 年第 1 期。

在全民族抗战中的伟大作用乃至"转化成更实际更坚韧的行动——由流亡到反抗"。①

1918—1949 年可称为潮州歌谣的初步整理和研究阶段。在全国歌谣运动影响下，潮州歌谣的意义和价值进入学者的研究视野。此期研究者通过搜罗遗逸、筛选命题、注音注释，对潮州歌谣的定义、特征、源流、意义等问题进行了研究，开辟了一个新的学术领域。这是潮州歌谣研究史极为重要的开端。

二、潮州歌谣的发展与研究的深入（1950—1979）

新中国成立以后，潮州歌谣的研究和发展受到相当大的政治影响，特别是1958 年的新民歌运动、"大跃进"运动，它们对潮州歌谣的影响很大，相关创作、出版在这一时期极为繁盛。② 1958 年，丘玉麟在其《潮州歌谣集》、金天民《潮歌》、徐志庵《儿歌》及林德侯抄本的基础上选辑《潮汕歌谣集》出版。丘玉麟在书序中对潮州歌谣的思想内容、语言形式等方面进行了充分的论述，认为潮州歌谣可以表现民间演唱者鲜明的情感，"思想内容多种多样，文字形式也多种多样"，如"汉魏乐府诗歌本色"、"乐府十二时民歌"、"《诗经》反复吟咏形式"等。有的像南北朝吴声歌曲，有的像近体诗五绝、七绝、律诗，也有的像词、曲、格言、劝世歌、符咒、神曲、歌诀。"这是人民为适应表达多种多样的思想感情而创造、模仿的多种多样形式。"③ 此言既指出民间歌谣的共性和艺术趣味性，也说明潮州歌谣是在不断对其他诗歌、谣唱进行学习、模仿的基础上得到发展的。

这个时期的创作和整理工作还包括《潮州新童谣》（南方通俗社，1955）、澄海县委宣传部编《澄海民歌选》（广东人民出版社，1958）、潮安县文化馆《民歌》（1977）等。由于政治影响过大，许多歌谣失去了原有的生活气息，这大大限制了潮州歌谣的自身发展和学术研究。

此期海外潮州歌谣研究相对稳定。其实潮州歌谣的海外传播一直是其发展史上的一个重要内容。潮州歌谣中的"过番歌"就是对潮人海外移民生活的关注。丘玉麟编辑的《潮州歌谣集》在海外十分畅销，在再版序言中说："敬爱的侨胞，我们谨献上这一小册歌谣，以引起诸君的旧梦。"这些歌谣连同以往传出去

---

① 吴显齐：《谈潮州歌谣》，《新中华》1948 年第 2 期。

② 例如 1958 年广东人民出版社出版的潮州歌谣集有：汕头市文联编《工农就是活神仙：大跃进民歌》、汕头专区工农业生产评比展览会编《汕头大跃进民歌选集》、汕头市文联编《万人欢呼迎公社》。揭阳县民歌工作委员会、揭阳县文化馆《揭阳民歌选》，潮安县文化馆编《潮安民歌选》等也有大量此类内容。

③ 丘玉麟：《潮汕歌谣集》，广州：广东人民出版社 1958 年版。

的歌谣在海外激起很大的回响，多有拟作、润饰或改编。据杨方笙研究，近几十年东南亚的华语电台、报纸、书刊等都传播过潮州歌谣，同时也陆续有不少歌谣文本整理出版，如 1956 年泰国新艺出版社出版的《精选潮州歌谣》等。①

马来西亚学者萧遥天在潮州戏剧音乐的研究中屡次提及潮州歌谣，并认为它与潮音戏的起源有关。1958 年，他编撰的《潮州志·潮州戏剧志稿》在内部刊物《戏曲简讯》专辑《戏曲研究资料》发表。这原是饶宗颐 1948 年主编《潮州志》的专志稿，因某些原因未能出版，后经著者修订重写，1957 年以《民间戏剧丛考》之名在香港出版。② 萧著是最早对潮剧潮乐进行系统研究的专书，亦言及秧歌、关戏童等内容。1978 年，萧遥天发表《潮音戏的起源与沿革》，认为畲歌、疍歌是潮州歌谣的主体。他说："潮州的土著，陆为畲民，水为疍户。……畲歌、疍歌是最纯粹地方性潮歌，也是潮歌的主流。今日的潮州歌谣，犹有概称作畲歌的。在各种外来戏剧未入潮境以前，关戏童唱的尽是畲歌、疍歌。当诸戏接踵而至，潮音戏萌蘖之际，所唱的戏曲，仍多畲歌。"③ 萧文"从潮音戏起源考证了畲族是潮州最早的土著民族"，虽然畲族是否潮州最早原住民存在争议④，但这一研究方法为一些民族学研究者所肯定⑤，亦是潮州歌谣价值的另一发现。

三、潮州歌谣研究多学科多层次的展开（1980 年以后）

20 世纪 80 年代以后，潮州歌谣研究及活动在民间和政府的推动下蓬勃开展，成绩令人瞩目。

随着学术复兴特别是民俗学研究的恢复，潮州歌谣的民间文学价值再次被肯定。在钟敬文发起组织编写"中国民间文学三套集成"活动的影响下，潮汕各地对歌谣收集出版比较重视，相继编集了多种潮州歌谣书籍。例如陈觅主编，汕头市民间文学三套集成编委会编《中国民间歌谣集成广东卷·汕头市资料本》是从汕头下属各县市 1984—1985 年普查上报的 8 894 首歌谣中，选出 500 多首，汇编而成的铅印本。⑥ 南澳、揭阳、澄海、普宁、饶平等地也有相应铅印、打印

---

① 杨方笙：《潮汕歌谣》，香港：艺苑出版社 2001 年版，第 21、22 页。

② 中国戏曲志编辑委员会编：《中国戏曲志·广东卷》，北京：中国 ISBN 中心出版社 2000 年版，第 463 页。

③ 萧遥天：《潮音戏的起源与沿革》，原载 1978 年《泰国潮州会馆成立四十周年纪念特刊》，广东省艺术创作研究室：《潮剧研究资料选》，1984 年，第 129、130 页。

④ 吴榕青《历史上潮州的畲人——对文献记载之再检讨》认为，今天潮州凤凰山的畲族究竟是历史遗存下来的所谓"土著"，还是从他处迁徙过来的，因其族群迁徙不常的习性和文献阙如，尚难断明。《畲族文化研究论丛》编委会编：《畲族文化研究论丛》，北京：中央民族大学出版社 2007 年版，第 93 页。

⑤ 蒋炳钊：《东南民族研究》，厦门：厦门大学出版社 2002 年版，第 286 页。

⑥ 潮汕历史文化研究中心资料征集委员会编：《潮汕历史文化研究中心资料库藏书叙录》，1999 年，第 467 页。

资料本。在 20 世纪八九十年代新修志书活动中，《揭阳县志》、《揭西县志》、《惠来县志》、《潮阳县志》和《丰顺县志》纷纷录入歌谣，或入文化篇民间文学一章，或作为社会风俗被记录。郭马风认为《丰顺县志》录入的歌谣很有代表性，内容丰富多彩，较全面反映了地方民情和地方特色，分类得当，眉目清楚。① 歌谣入志是不登大雅之堂的乡俗俚唱成为民间文学、地方文化艺术和研究对象的阶段性标志，也是潮州歌谣整理者、研究者数十年默默耕耘的结果，意义重大。

　　与此同时，各地也相继整理出版潮州歌谣集。马风、洪潮编《潮州歌谣选》（汕头市文联民间文艺研究会，1982），王琳乾编《潮汕革命诗歌民谣》（汕头市文联民间文艺研究会，1982），汕头市文化局《新编潮汕方言歌》、《新编潮州方言歌（一）》（1986），王云昌、孙淑彦《潮汕歌谣选注》（揭阳县民间文学研究会，1987），吴嘹、邵仰东《潮汕歌谣新注》（广东高等教育出版社，1997），王永鑫《潮俗诗歌选注》（中国戏剧出版社，1999）等相继问世。音像方面有 2000 年杨登隆、李楚生编导，福建省长龙影视公司拍摄的《潮汕童谣歌谣》一、二集。② 其他歌谣集还有 1985 年香港南粤出版社出版陈亿琇、陈放选编的《潮州民歌新集》，新加坡潮州八邑会馆 1988 年出版潮汕学者马风、洪潮编《潮州歌谣选》，1995 年出版黄正经选注、陈传忠校订《音释潮州儿歌撷萃》，香港东方文化中心 2003 年出版蔡绍彬《潮汕歌谣集》等。

　　世纪之交，随着非物质文化遗产保护工作的兴起，潮州歌谣作为非物质文化遗产也引起了一定的重视，相关工作逐步展开，并渐趋深入。

　　这个时期的潮州歌谣整理研究成果十分丰富。除了具体问题的探讨，系统研究如香港艺苑出版社 2001 年出版的杨方笙《潮汕歌谣》开始出现，讨论了潮州歌谣的定名、历史发展、内容形式等各方面，内容详尽而充实。在此前工作的基础上，学者们对潮州歌谣的许多重大问题进行了探讨，在许多方面取得了共识，同时也提出了很多新的问题，为进一步研究开辟了道路。

　　1. 潮州歌谣与畲歌

　　潮州歌谣与畲歌的关系是潮州歌谣研究史上的重要课题。早期研究者多以畲歌为潮州歌谣源头。当代学者也普遍认为畲歌与潮歌关系密切。陈汉初指出"斗畲歌"这一原始的娱乐方式对于潮州歌谣的影响极大，认为"畲歌、疍歌是古

――――――――――

　　① 郭马风：《谈潮汕地区新旧志辑录歌谣入志》，《广东史志》2007 年第 2 期。

　　② 张嘉星辑著：《闽方言研究专题文献辑目索引（1403—2003）》，北京：社会科学文献出版社 2004 年版，第 176～180 页；郑可因主编，汕头市图书馆编委会编：《汕头市图书馆潮汕文献书目》，广州：花城出版社 2001 年版，第 231～234 页；潮汕历史文化研究中心资料征集委员会编：《潮汕历史文化研究中心资料库藏书叙录》，1999 年，第 462～474 页。

老的潮州民歌。潮人历来也习惯把潮州歌谣称作'畲歌'"①。杨方笙认为潮州歌谣"在流行过程中深受畲族歌谣的影响，后来习惯上又称为'畲歌'"②。陈海鹰说："潮汕歌谣以畲歌为主。"③ 陈月娟从金天民《潮歌》将畲歌作为潮州歌谣的一类入手分析，认为"潮州汉族文化与畲族文化是互相影响、互相渗透乃至互相融合的"，"潮州汉畲两族歌谣在内容、形式、手法等方面互相影响、渗透、融合，达到了你中有我、我中有你，难以分辨你我的程度，甚至于人们有时也把潮歌称作畲歌"。④ 随着文化人类学、文化地理等方面研究的展开和学科交流的深入，潮州歌谣产生的文化源头和多源性得到进一步发掘。1987 年，陈榕滨从"种族（多民族的交汇）、环境（地理、气候等）和时代（社会制度、政治、经济等）方面条件"进行论证，认为："潮汕歌谣的形成，即是畲歌、黎歌、客家山歌、疍家船歌与古中原文化的融合，其产生的渊源是多方面、多渠道的。"⑤ 1989 年出版的《潮州市文化志》称："潮州歌谣是疍歌、畲歌和外来汉族民谣三者的混合体。它吸收了当地土著居民歌谣的丰富营养，融汇了中原地区汉族民谣的表现形式，逐步形成了一种具有自身艺术特色的文学样式。"⑥ 蒋宝德、李鑫生所编《中国地域文化》（山东美术出版社，1997）对"潮州歌谣"的论述采用了这个说法。

　　讨论潮州歌谣与畲歌的关系，必然涉及畲族和畲歌的情况。冯明洋《越歌——岭南本土歌乐文化论》"畲族民歌"一节讨论了畲歌的称谓、体裁、基本调和分布情况，对粤东特别是凤凰山地区的畲族民歌进行了深入研究，概括出天然性、宣叙性、平讲性、三声性、古朴性五个形态，并提到《畲族民歌 28 首》和陈焕钧《畲族民歌述略》（讨论稿），以及蓝雪菲博士论文《畲族音乐文化》等畲歌文本。此节一方面梳理了潮州畲歌的特点，同时亦带来新的问题：潮州歌谣是如何在早期畲歌的基础上或影响下独立发展，确立自身的本体性的呢？事实上，该书亦专题讨论"闽越人与潮汕民歌风格"，运用文化人类学、人文地理学和历史地理学理论和材料，提出并论证了"潮汕民系和潮汕民歌风格的形成，是越汉杂处以来越人汉化和汉人越化的漫长的历史——社会结晶"、"潮汕民系的民间信仰、民俗事象，是潮汕歌乐风格形成的文化土壤与生活基础"，同时他认为，潮汕民歌"每种体裁都有不同的源流和风格特点，但总的都离不开越汉融合的轨迹，有的越多汉少，有的汉多越少，最终都化为潮语、潮俗、潮风的总体之

　　① 陈汉初：《潮汕民间原始娱乐形式——斗畲歌》，《广东民俗》2000 年第 2、3 期；《潮俗丛谭》，汕头：汕头大学出版社 2002 年版，第 56 页。
　　② 杨方笙：《潮汕歌谣》，香港：艺苑出版社 2001 年版，第 10 页。
　　③ 陈海鹰：《潮汕歌谣浅探》，《汕头大学学报》（社科版）2003 年第 3 期。
　　④ 陈月娟：《泛论潮歌与畲歌——从金天民的〈潮歌〉说起》，《文化遗产》2010 年第 3 期。
　　⑤ 陈榕滨：《潮汕歌谣探美》，《韩山师范学院学报》（社科版）1987 年第 1 期。
　　⑥ 潮州市文化志编写组编：《潮州市文化志》，1989 年，第 109 页。

中，成为潮汕民系从古闽越人转化到今潮汕人的历史文化记忆"①。对于潮州歌谣研究来说，这个过程的探讨，以及潮州歌谣不同于早期畲歌的特点，应该是下一步的研究方向。

2. 潮州歌谣的定义标志

对于潮州歌谣的定义，金天民在《潮歌》一书"编辑大意"中提出："是编专采潮属各处，妇人及孺子，用福老语言，所咏叹的长言片语，有天然音韵的，篡辑成编，故名《潮歌》。"② 这种定义方式本已十分清晰，但地域与语言孰先孰后，或者哪个更为根本，研究者意见长期不能统一，这也影响到潮州歌谣的界定和研究的深入。

一种意见以地域为潮州歌谣定义标志。地域影响是民歌变化发展中不可忽视的因素之一。根据地理环境、行政区划对潮州歌谣进行定位，是对潮州歌谣进行界定的一种方法。翁辉东在《潮州志·潮州风俗志》卷八"娱乐种别·歌谣"一目中录入畲歌 2 首、儿歌 1 首、民歌 16 首、山歌 6 首，皆有注并加按语。郭马风认为，从"翁辉东先生这一录入潮州歌谣作品的情况，我们明显地看到翁氏是将当时流传在潮州的客语山歌，也列入潮州歌谣之一种；也就是说潮州歌谣是潮州辖属多种族群、多种语言、多种风格歌谣的总称；歌谣种类的区分是依行政归属为界线而不是依语音为基本属性来区分"③。

另一种意见是以吴显齐 1948 年强调提出的以语言为标志。这种观点目前比较普遍，同时开启了潮州歌谣的语言学研究进程。杨方笙《潮汕歌谣》"潮州歌谣、潮汕歌谣还是潮语歌谣"一节突出了"潮语歌谣"概念，认为"在所有文化特征中，语言是最具区别性的"。"准确地说，我们要研究的是潮汕地区除客家山歌、极少数畲族歌谣以外的歌谣加上海丰讲潮语那一带的歌谣，总起来说就是潮语歌谣。不过比较起来，潮汕歌谣的名称更约定俗成，更具有地域指别性，我们还是用了这个名字。"④ 余亦文《潮乐问》亦采用"潮州方言歌"的说法。⑤

3. 潮州歌谣与潮州歌册

潮州歌谣与潮州歌册颇有渊源，在潮州歌谣研究史上经常出现互相关联的情况。其原因除了对歌谣歌册本身界定的问题外，也与它们发展的历史有关。吴奎信认为，"早期的歌册是由歌谣、畲歌、俗曲演变而成"⑥。谭正璧、谭寻所言"潮州歌"实为潮州歌册："所谓潮州歌，它的文体原是一种长篇叙事歌，也可

---

① 冯明洋：《越歌——岭南本土歌乐文化论》，广州：广东人民出版社 2006 年版，第 200、209、221 页。

② 金天民：《潮歌》，新加坡：南大书局 1928 年版，第 1 页。

③ 郭马风：《谈潮汕地区新旧志辑录歌谣入志》，《广东史志》2007 年第 2 期。

④ 杨方笙：《潮汕歌谣》，香港：艺苑出版社 2001 年版，第 3、4 页。

⑤ 余亦文：《潮乐问》，广州：岭南美术出版社 2006 年版，第 424～438 页。这部分亦说明了潮州歌谣与时代社会的密切关系。

⑥ 吴奎信：《潮州歌册》，广州：花城出版社 1999 年版，第 4 页。

称为诗体小说,因为它以叙述故事为主,所以有人径直把它当小说看待。""追溯它的来源,当是开始于一般潮州民间小曲,由短调踏歌逐渐发展而成为多至数十万字的长篇。"① 随着研究的深入,这个问题亟待解决。1987 年,陈榕滇提出:"我们在研究潮汕歌谣时,应把潮州歌册独立出来研究。"② 2002 年,吴奎信在《潮学》第 1、2 期发表《潮州歌谣与潮州歌册比较》,对两者的不同进行了详细说明。一些分类实践亦予以明确区分。1989 年出版的《潮州市文化志》在"民间文学"一节将潮州歌册、潮州歌谣各自独立介绍。③ 叶春生《岭南俗文学简史》沿用"潮州歌"之名称呼歌册,但将潮州歌册和歌谣分别归入"潮州歌册与潮州方言文学"、"岭南儿歌"两章。④ 林伦伦、吴勤生主编《潮汕文化大观》"潮州歌册与潮州歌谣"一章明确将二者分立,强调前者是"说唱文学"、"吸吮中原文化乳汁"的"潮汕方言口语的诗化",后者是"民间文学"、"歌谣"。⑤2005 年叶春生、施爱东主编《广东民俗大典》,将潮州歌册收入第八章第一节"音乐戏曲",定义为"潮州方言区的民间说唱文学",将潮州歌谣列入第二节"民间文学",认为是"民间文艺"。⑥

随着上述问题的逐步厘清,潮州歌谣的研究发展也在前人的工作基础上开辟了新的空间,包括潮州歌谣的美学属性、艺术特征、语言特点、社会文化等方面,论文如陈榕滇《潮汕歌谣探美》(《韩山师范学院学报》1987 年第 1 期)、蔡英豪《潮汕歌谣浅议》(《民间文学论坛》1992 年第 2 期)、李永明《潮州歌谣的艺术特色》⑦、陈海鹰《潮汕歌谣浅探》(《汕头大学学报》社科版 2003 年第3 期)、杨清雪的《潮州方言歌和潮语歌曲的语音与旋律刍议》(《韩山师范学院学报》2007 年第 1 期)、蓝洁妍《从歌谣看明清潮汕女性的性格特征》(《今日南国》2008 年第 10 期)、林朝虹《论潮汕歌谣的声律美》(《韩山师范学院学报》2010 年第 1 期)、蔡炫琴《潮州歌谣的内容类型、功能及形态特征探析》(《韩山师范学院学报》2010 年第 1 期)等相继出现。暨南大学欧俊勇的硕士学位论文《潮汕歌谣的审美文化解析》(2010)比较全面地研究了潮州歌谣作为口传文学所具有的语言文学方面的本质内涵,从历史文献视角分析潮汕歌谣悠久的历史,从狂欢诗学视角分析潮汕歌谣的狂欢化特征,从文化社会学视角揭示潮汕歌谣文本中表演与权力之间的关系,从修辞学视角分析潮汕歌谣的修辞艺术,从

①　谭正璧、谭寻编著:《木鱼歌、潮州歌叙录》,北京:书目文献出版社 1982 年版,第 102、111 页。

②　陈榕滇:《潮汕歌谣探美》,《韩山师范学院学报》(社科版) 1987 年第 1 期。

③　潮州市文化志编写组编:《潮州市文化志》,1989 年。

④　叶春生:《岭南俗文学简史》,广州:广东高等教育出版社 1996 年版。

⑤　林伦伦、吴勤生主编:《潮汕文化大观》,广州:花城出版社 2001 年版。

⑥　叶春生、施爱东主编:《广东民俗大典》,广州:广东高等教育出版社 2005 年版,第 372、378 页。

⑦　郑良树主编:《潮州学国际研讨会论文集》(上),广州:暨南大学出版社 1994 年版,第 465 ~489 页。

词汇学视角研究歌册中方言词的义位。这是目前对潮州歌谣研究比较系统的论文，亦是研究深度与广度的一大推进，所憾歌册内容亦杂其中。而对于潮州歌谣研究史的讨论也开始出现，如杨秀雁《丘玉麟和潮汕歌谣》（《广东史志》1999年第4期）、卢锦标《丘玉麟与〈潮汕歌谣集〉》①、陈月娟《泛论潮歌与畲歌：从金天民的〈潮歌〉说起》（《文化遗产》2010年第3期）等。

再如潮州歌谣的分类和归类，潮州歌谣与潮州音乐、文学等艺术形式的关系。目前对于潮州歌谣尚缺乏内容与题材的统一分类和专门研究。冯明洋认为，潮汕民歌包括潮州歌、儿歌、叫卖调、舞歌（包括英歌舞、车鼓舞、钱鼓舞等）、斗畲歌、劝世歌（小调）、婚俗歌（伴娘歌）和大量的渔歌等。② 虽然缺乏说明，但每项内容都有深入研究的潜力和必要。陈天国《潮州人与潮州音乐》一文认为潮州歌谣可以纳入广义的"潮州音乐"，即潮州方言区内的一切音乐形式之中。③ 这也提示我们，潮州歌谣的研究涉及文学、音乐学、历史学、人类学、民族学、地理学等各方面，有必要从多方面展开。

一些问题随着学术发展、学科交叉和多种研究方法的运用成为新的值得关注的命题。陈耿之《畲族的发源地与畲族的文化影响》（《学术研究》2004年第10期）运用历史学、文化学方法论证潮州是畲族的发源地，并探讨了畲歌、畲族文化及影响等相关问题。很多学者都注意到潮剧中的畲歌、歌谣成分和潮州戏曲与歌谣的关系。黄挺《潮汕文化源流》（广东高等教育出版社，1997）在"潮州戏"一节下设有"潮州歌谣和歌册：潮州戏的民俗渊源"部分，从地方文化角度探讨了潮州歌谣与歌册对戏曲的影响。在方言使用减少、社会环境变迁的形势下，潮州歌谣的传承与保护已成为重要的学术和实践命题。陈景熙《海外华人非物质文化遗产保护的经验借鉴——以新加坡的保护传承潮州歌谣为例》④，陈晓锦、高洵《广东粤闽客方言歌谣在东南亚华人社区的流变》⑤ 等文讨论了潮州歌谣的海外传播情况，为潮州歌谣的保护与传承提供了参考。

近年来，一些学者从文学、文化关怀的角度重新审视潮州歌谣及其背后的人文生态，并将潮州歌谣的研究历程放入学术史、社会史和思想史中进行追寻。陈平原认为："20世纪二三十年代潮汕地区的俗文学研究，做得有声有色，且与北京及广州学界保持相当密切的联系。了解这些之后，你对丘玉麟、林培庐、杨睿聪等潮汕学人的工作，不能不表示出由衷的敬佩。他们的编著，并非古已有之的

---

① 陈泽、吴奎信主编，潮汕历史文化研究中心、汕头特区晚报社合编：《如今风物冠南方》，香港：艺苑出版社2002年版，第426~428页。
② 冯明洋：《越歌——岭南本土歌乐文化论》，广州：广东人民出版社2006年版，第221页。
③ 郑良树主编：《潮州学国际研讨会论文集》（上），广州：暨南大学出版社1994年版，第456页。
④ 陈景熙：《潮州学论集》，汕头：汕头大学出版社2006年版，第361页。
⑤ 此文原载《暨南学报》2010年第3期。

乡邦文献整理，而是深深介入了现代学术潮流。"并重提："并非所有的文学形式都具有思想史的意义，但俗文学的崛起与20世纪中国政治、思想的变迁密切相关，因而具有深厚的思想史价值。"① 此文为作为"区域历史及方言文化"一部分的潮州歌谣进入现代文学研究视野奠定了基础，亦为潮州歌谣研究的未来发展提供了新的思路。

综观三十年来的潮州歌谣研究，不仅在此前的基础上开拓了不少新领域并纵深发展，同时研究队伍也日益壮大，工作更趋专业化，成果让人欣喜。但总的来说，潮州歌谣研究尚缺乏系统的研究思路、问题意识和研究深度，学者之间还不能形成合力，理论和文献研究亦有必要转化为现实推动力，以实现潮州歌谣的跨世代传承。这些问题有望随着研究的发展和进一步的工作得到解决。

祝佩秋在为《潮州歌谣选》撰写的弁言中指出，潮州歌谣"不但反映了不同时代人民生活的实况，同时具体揭示了他们的社会结构、价值观念、意识形态、道德规范以及风俗习惯等。这毋宁是一部先人生活的发展史，给我们提供了更加直接的认识和体会，使我们对本身的根源，有更深刻的发现和了解"②。作为一种民间文艺形式，潮州歌谣的存在和发展折射出了潮州的历史风貌、潮人的精神生活和人文形象，并与时代潮流、社会巨变息息相关。从早期无意识的文字记载，到后来自觉的整理、创作、研究，在不同时代诸多学者的精研力索下，潮州歌谣的研究取得了很多成果，开辟了一片广阔的天地。潮州歌谣的过去已经淡入20世纪学术史，它的现在和未来还有待更深入的探索和更积极的努力。在漫漫历史长河中，如同吴显齐等前辈所坚持的，"潮歌的精神，终究是不会消灭的——它将透过时间的尘土，放射出永恒的光芒"③。因为，这也是我们这个民族的精神，时或微弱，但并不渺茫。

---

① 陈平原：《俗文学研究视野里的"潮州"》，《南方都市报》，2010年4月12日；《学者呼吁加强中国俗文学研究》，《中华读书报》，2001年10月24日。

② 马风、洪潮编：《潮州歌谣选》卷首，新加坡潮州八邑会馆文教委员会出版组1988年版。

③ 吴显齐：《谈潮州歌谣》，《新中华》1948年第2期。

相似的悲剧：中外比较视角下之文学模式①

——粤东闽南陈三五娘殉情故事献疑

吴榕青②

　　自 8 世纪初，西域大食人即阿拉伯人兴起中国海路以来，宋哲宗元祐二年（1087）于泉州正式设置市舶司，到北宋中期崛起的泉州渐渐超越广州等其他海港，至南宋及元代，泉州成为中国最大的门户。位于其南部的漳州及潮州，虽然远远不及泉州，但仍是重要的私贸海港，宋代潮州的笔架山瓷器，主要用于外销，远销至东亚、东南亚及西亚地区，典型器物如军持、西洋狗、洋人的头像等。③ 元代的潮州"岸海介闽，舶通瓯、吴及诸蕃国"。④

　　海上贸易必然带动商人的移民与文化的交流。早在 20 世纪 20 年代，许地山就敏锐地指出："宋朝与西方诸国，海陆底交通多在回教人手里，故回教底文学间中也流入中国沿岸。最惹人注意底可以说是在泉州找出来底《南番文字》，这是两首亚拉伯底诗，而当时底人误以为是《南方三宝名》。"又称："回教人在泉州居留底时期一定很早，因为《可兰经》有一段记到泉州底事。……大食在泉州殖民当在宋真宗以前。"⑤ 谢重光认为闽南是伊斯兰教传入中国最早的地区之一，伊斯兰教传入的过程，就是伊斯兰文化与闽南文化互动以至交融的过程，伊斯兰文化之所以能在闽南长期传播，关键在于它能适应闽南的社会特点，不断进行自我调整，并吸收中华固有文化特别是本土文化的养分。⑥

　　杨宪益指出演薛仁贵故事的《汾河湾》一剧可能是由薛平贵故事的《武家坡》改编，《武家坡》本自秦腔，与格林童话之《熊皮》故事近似，推测为唐宋

---

　　①　本文原载《文化遗产》2011 年第 4 期。

　　②　【作者简介】吴榕青，韩山师范学院中文系副教授，潮汕历史文化研究中心特约研究员。

　　③　广东省博物馆编著：《潮州笔架山宋代窑址发掘报告》，北京：文物出版社 1981 年版；庄义青：《宋代的潮州》，广州：中山大学出版社 1997 年版，第 79、80 页；李炳炎：《宋代笔架山潮州窑》，汕头：汕头大学出版社 2004 年版。

　　④　（明）解缙等：《永乐大典》卷七二三九"十八阳·堂"字韵"肃政堂"条，引《潮州三阳志》，北京：中华书局 1960 年线装本。

　　⑤　许地山：《梵剧体例及其在汉剧上底点点滴滴》（原发表于 1927 年 6 月第《小说月报》第 17 卷号外《中国文学研究》专号下册），载郁龙余编：《中印文学关系源流》，长沙：湖南文艺出版社 1987 年版，第 13、21、22 页。

　　⑥　谢重光：《闽南文化与伊斯兰文化的互动和交融》，《海交史研究》2006 年第 1 期。

时回鹘人将此故事传入中国。① 成书于 10—11 世纪的波斯著名史诗《王书》反映了鲁斯塔姆与苏赫拉布父子互不认识而互相残杀的主题，与中国民间皆知的薛仁贵与薛丁山父子相残的故事内核颇多类似之处②。以上两个"比较文学"的研究个案给笔者开启了深入探索的思路。

广泛流传于闽南、粤东及台湾地区的陈三五娘故事，经久不衰，经海峡两岸学人的研究，蔚为大观。嘉靖《荔镜记》和万历、顺治、光绪三个版本的《荔枝记》戏文（近年在泉州又新发现道光本），经台湾吴守礼先生几十年校理与研究，已取得丰硕的成果。不过也存在着待发之覆，笔者不揣学养谫陋与所掌握资料的匮乏，在此将陈三五娘的戏曲及其民间说唱、故事与域外文化传播做一番试探，著此献疑，以就教于高明。

一、闽南粤东地区关于陈三五娘双双殉情的传说

民国时，龚书煇即敏锐地指出："流行泉州的传说故事，有许多别的地方递转而来的，有许多是袭取旧故事的，其间虽然有不少是本地特有的产品，但从没有像陈三五娘这一故事流传的广阔，影响宏伟。"③ 明嘉靖丙寅（嘉靖四十五年，1566）《荔镜记》刊本，是目前见到陈三五娘剧作中最早的本子，也是明代潮州、泉州一带演剧风靡的直接可靠的证据。而《荔枝记》万历本所参据的前本（旧本）更古老，必定编写于明成化十二年（1476）至嘉靖三年（1524）这 48 年间（中间有弘治、正德两朝）。④

兹以嘉靖本为例，先对剧本作一简介：泉州人陈三（陈伯卿）送兄陈伯贤赴广南任所，路经潮州。恰逢元宵灯市，富家女黄五娘偕同婢女益春、李婆上街赏灯，陈三与五娘邂逅，互相爱慕。而潮州豪富林大，貌丑年长未婚，也在元宵夜见五娘貌美而托李婆向黄家求婚。黄之父母将五娘许配林大，林家下聘之日，五娘踏坏聘礼，赶走媒人李婆。五娘不能如愿，欲投井自尽，被益春所救。不久，陈三重游潮州，两人再遇，五娘投荔枝定情。陈三设计乔装成磨镜匠，故意打破宝镜，卖身黄家为奴，伺机接近五娘。在益春的帮助下，两人结为连理，"鸾凤和同"。林大遣媒催亲，五娘父亲携陈三下乡收租，陈托病回城，并相偕私奔。林大告官追捕，陈三被知州问成奸拐而入狱，五娘探监。后陈三被发配涯

---

① 杨宪益：《薛平贵故事的来源》，载杨宪益：《零墨新笺》，上海：中华书局 1947 年版，第 61、62 页；又见杨宪益：《译余偶拾》，北京：生活·读书·新知三联书店 1983 年版，第 86 ~ 88 页。

② 孟昭毅：《中伊文学交流史断想》，《国外文学》1991 年第 1 期；又载孟昭毅编著：《比较文学通论》，天津：南开大学出版社 2003 年版，第 156 页。

③ 龚书煇：《陈三五娘故事的演化》，原载《厦门大学学报》（1936 年 6 月），见福建泉州地方戏曲研究社编：《泉州地方戏曲》第 1 期（1986 年 11 月），第 56 页。

④ 参见拙作《明代前本〈荔枝记〉戏文探微》，《泉州师范学院学报》2007 年第 1 期。

州，在押解途中，幸遇其兄升都堂北返，责问州官，释放陈三与五娘团聚。①

然而民间所流传之陈三五娘的故事却与戏文之部分情节有异。在闽南、潮汕、海陆丰地区，民间所流传的陈三五娘的故事内容，前面主要部分基本上与戏曲《荔枝记》（《荔镜记》）相同②，其最大的不同在于对陈三、五娘和益春三人私奔后的后续故事。在各种类型的民间传说、说唱文学中，有部分基于戏文的大团圆结局被悲剧所代替，或者说乐极生悲。而在这些悲剧的结局中，既有被林大等报复构陷的，也有陈三五娘因误会而酿成莫大的悲剧的，或者两者兼而有之。

（一）早期戏曲出现五娘"跳井"的叙事

关于"跳井"一事，在上文提及的明清五个《荔枝（镜）记》戏曲版本中均有所描述，且均出现在"五娘责媒"，遭父母逼婚之后。五娘抗婚无效，愿以死表心声："若爱奴身配林大，情愿将身投井中。"③ 其中嘉靖本《荔镜记》、顺治本《荔枝记》和光绪本《荔枝记》这三本剧本在表述上极为相似。万历本《荔枝记》为潮人所编著，其版本来源似乎更古老。在此情节叙述也与泉州本一致，其第十三出便将五娘刚烈的心志表露无遗：

> （唱）偷开门楼，投井死，……（唱）脱落弓鞋，井边为纪。可惜：我父母不存子些儿。即张屈计智。对井神重发誓：黄五娘不辰嫁大鼻，情愿将身跳落井中死，变做灵魂，飞上天，免得对着伊，冤家相盘缠。④

这是较早涉及"跳井"一事的叙述，均意在强调五娘抗拒父母主婚的决心，这种观念本与明代中期之前妇女婚姻不待媒妁、择婿自由、尚气轻生的南方土著文化传统有关。⑤ 并非如常人所理解的反抗"封建"礼教与婚姻的束缚。龚书辉认为"这同后来唱本所叙陈三五娘投井事不无关系"。而在第一种（八册本）中，五娘因与陈三私奔被官府捉拿归案后，陈三到崖州充军，五娘送别后，欲投水死，经益春相救得免。⑥

---

① 兹据吴守礼校注：《明嘉靖刊本荔镜记戏文校理》，台北：从宜工作室 2001 年版。
② 仅有近时台湾刘南芳编剧的歌仔戏《陈三五娘》有意突破明清四个不同戏曲版本，将"跳井"事件作为陈三、五娘的悲剧结局，见刘美芳：《陈三五娘研究》，台湾私立东吴大学硕士学位论文，1993 年 6 月，第 163 页。
③ 吴守礼校注：《明嘉靖刊荔镜记戏文校理》，台北：从宜工作室 2001 年版，第 65 页。
④ 吴守礼校注：《明万历刊荔枝记戏文校理》，台北：从宜工作室 2001 年版，第 60、61 页。
⑤ 可参见刘志伟：《女性形象的重塑："姑嫂坟"及其传说》，载苑利主编：《二十世纪民俗经典·传说故事卷》，北京：社会科学文献出版社 2002 年版，第 357～378 页；拙作《粤东闽南地区"文公帕（兜）"之历史考察》，《民俗研究》2005 年第 2 期。
⑥ 龚书辉：《陈三五娘故事的演化》，原载《厦门大学学报》（1936 年 6 月），见福建泉州地方戏曲研究社编：《泉州地方戏曲》第 1 期（1986 年 11 月），第 58、65、66 页。

　　然而，与以上剧本中黄五娘为抗婚而跳井的"小插曲"剧情描写大相径庭的是，广泛流行于民间传说或说唱文学的陈三五娘故事却以跳井身亡为悲剧之结局。

（二）泉、潮及海陆丰关于陈三五娘跳井殉情的传说

1. 泉州地区

（1）甲种：《陈三五娘》（泉州市）。

讲述的是：

　　宋朝年间，福建泉州城北凤山岭脚书生陈三，跟着新任广南运使的阿兄到广东去。回家路上，陈三经过潮州时，适逢上元节，（中间故事与戏剧同）……（林大）报官造谣说陈家企图造反。陈三被官府抄家，陈三兄嫂闻讯后气得吞金而死。……

　　陈三家被抄时，五娘逃至后花园，原欲投井自杀，但为了试探陈三对爱情是否忠诚，她先将脚上的一双绣花弓鞋脱下放于水井边，然后避于隐蔽处等候陈三。时隔不久，陈三也逃至后花园，见到井边绣花弓鞋，以为五娘已投井身死，便也纵身一跳，投入井中。五娘见陈三忠贞不渝，随即投井伴夫自尽。

　　陈三、五娘生前立下誓言：生为夫妻，死后亦愿结伴，永不分离，不再投世，除非是"榕树倒翻根，麻雀开步走"。①

（2）乙种：厦门抄本《陈三歌》。

　　在大部分的闽台的歌仔册中，陈三夫妇都是在知情之下双双约定并实现自尽的，目前只见到有一种厦门抄本《陈三歌》有不同的情节：

　　因为林大没娶到美貌的五娘，请风水先生暗害陈家，上奏朝廷陈家私藏兵器，拿陈三哥哥陈运使斩首，然后派兵捉拿其家眷，陈三与五娘、益春一起藏于暗室内，思量如何脱身：

　　陈三近前劝五娘，今日青惨只一场。三人议论再思量，目滓流落如盈香。
　　必是林大用计智，害咱一家来障生。最紧逃走脱身离，在此啼哭无了时。
　　五娘听见应叫是，夫君说话达道理。就叫益春款行李，夫君尔去款银钱。
　　五娘移步花园去，弓鞋下在古井墘。待阮避在石洞边，试看夫君乜心意。

　　①　讲述者：董注，女，90 岁，泉州城北马加埔农民，初中文化；采录者：林鼎安，男，50 岁，泉州市委统战部干部；采录时间、地点：1991 年于泉州市。载中国民间文学集成全国编辑委员会、《中国民间文学集成·福建卷》编辑委员会编：《中国民间文学集成·福建卷》，北京：中国 ISBN 中心出版社 1998年版，第 695 ～ 697 页。

陈三银两款齐备，招卜娘□仝来去。为何阿娘寻不见，待我花园来寻伊。

寻到花园古井边，娘子弓鞋在井墘。必是投水去身死，谁知今旦会障生。

陈三探落古井内，叫声娘子泪哀哀。尔来投水乜何因，今旦□我只一身。

一齐望卜来到老，娘子先死君随后。陈三一时心切意，对在古井跳落去。

五娘惶忙卜叫伊，即时赶到古井边。叫声夫君滴泪啼，今旦是我来害尔。

弓鞋试探君心意，谁知夫君会障生。咱做夫妻未一年，今来反成（参）商星。

五娘井边泪纷纷，大哭伯卿我夫君。天有不测□风云，割我肝肠做寸断。

当时何用只事志，将只弓鞋来试伊。我君果然有情义，向前投水来身死。

阮今无人通依倚，夫君有圣来相□。今无夫君通相随，来死共君做一堆。①

本来陈三五娘是要逃难的，但五娘想试陈三心意，酿成意外的悲剧，最后五娘也投井自尽。

（3）丙种：陈三五娘的故事。

（前面部分与戏曲大体相同）……林大自从赔了夫人，又失了颜面，心甚不甘，乃千方百计串通末（宋？）朝权奸，捏造陈必贤运使在家中私藏兵器，阴谋造反。所以有一夜，朋山岭下梧宅村陈家，突被官军抄家。五娘、陈三、益春因乡人掩护逃出，三人却因此走散，各人不知各人的去向。五娘首先脱险，向东走了一段路，脚酸，就坐在路旁一口井栏上休息。蓦然看见三哥远远而来，她为试探三哥对她的爱情，故将弓鞋放在井盘上，自己躲在附近的大榕树后窥探三哥的行动。一会儿陈三匆匆过此，看见井盘上有一只弓鞋，细辨之乃是阿娘遗物，一时大恸，纵身投井。五娘惊呼已不及了，遂亦投井殉情。这口井离梧宅村东向三里许，今已无迹可寻了。②

2. 潮汕及海陆丰地区

（1）丁种：《五娘欲试陈三真心》。

潮州市区及其周边地区民间有这样一种传说，大意是：

陈三、五娘与益春三人私奔到泉州陈家。一日，五娘与陈三之妹游赏花园的时候，五娘问陈三之妹："小姑，我们这花园有多大？"陈三之妹骄傲地回答道："此花园面积为三丈三。"五娘不屑地说："你们家的花园才三丈三，我家的花园

---

① 王顺隆：《闽南语俗曲"歌仔册"全文资料库》，载《陈三歌》（1328 册），厦门文德社印（抄本），第12页。

② 周海宇编著，海交史研究馆编：《泉州风物传说》（内部），1990 年，第 197～202 页。

面积都有九丈九了。"这一句话引起了陈三之妹的不满，于是她便反问道："你们家的花园有九丈九，为什么你还要跟我的三哥走（意为私奔）？"没想到陈三之妹这句无心的话触动了五娘的心，她顿时为自己出身富贵人家却有着如此坎坷的遭遇而感到委屈。左思右想，五娘决定试试陈三是否真心对她，是否能做到他对她同生同死的承诺。于是五娘便将自己的绣花鞋放在井边，并让益春抱来一块大石头扔进井里并谎报五娘跳井了。陈三闻风赶来，只见五娘的绣花鞋遗落在井边，于是他在痛苦之际纵身一跃，跳进井里。躲在一旁的五娘目睹这一幕，心感陈三之真情，也一头跳进井里，为这段凄美的爱情画上句号。①

（2）戊种：《〈陈三五娘〉故事在棉湖》（揭阳市揭西县）。

……听老一辈的人说，陈三和五娘逃走的时候，因为太匆忙，也因为太紧张，竟然把益春丢在半路上，有人说她被人捡去做女儿或儿媳妇了；也有人说她被老虎吃掉了。究竟是哪一种结果，历来都没有一个确定的说法。

传说陈三和黄五娘到了泉州之后，因为受封建的婚姻礼教观念的影响，五娘害怕陈三变心，也因为整天无所事事，百无聊赖，竟突发奇想，想试试陈三是否依然如故地热爱她，便放一对绣鞋在后花园的古井旁，假装跳井，让一个婢女去报告，自己则在一旁观看。陈三听到报告后，马上到后花园寻找五娘。当看到五娘的绣鞋果然在古井旁，他以为五娘真的跳井了，悲痛欲绝，便一头扎进井里边去了。五娘见此情景，挽救不及，悲痛之下，也一头扎进古井，殉情了。在井底，他们俩双双化为龙，兴波而起，兴风作浪，因此触怒了天神，被天神贬到了北极，化为两颗星星，遥遥相望。②

（3）己种：刘管耀口述，庄群整理：《陈三殉情》（潮州）。
陈三五娘私奔到泉州后的故事：

这对小夫妻开始日子过得十分甜蜜。但时长日久，也难免发生一些小摩擦。
有一天，五娘与陈三的妹妹同在花园赏花，姑嫂之间无意间争执起来。最后，小姑说他们家的花园真大，花园门宽七尺七，五娘说她娘家的花园更大，花园门更大，花园门宽九尺九。小姑说："你家花园门九尺九，还用着跟我的三兄走！"这句话刺痛了五娘，就与小姑争闹起来。陈三责备五娘，五娘以为陈三对

---

① 调查者：龙美璇；报告人：杨秀英；调查时间：2008年2月25日；调查地点：潮州市后沟村。笔者幼时亦听祖母讲过类似的故事。

② 调查者：吴洁娜；报告人：林乐君，76岁；调查地点：揭西县棉湖镇。载吴榕青编：《斯土斯民（一）》（内部），2002年，第100、101页。

她变心了，就跟益春诉说，益春给其出了一个自认聪明的主意，让五娘假死。让五娘藏在花丛后，将五娘的一双绣鞋放在井边，抱起一块大石头扔进井里，然后向陈三谎报五娘投井自尽。陈三听到水声，又见绣鞋，便信以为真，痛不欲生，遂跳进井里。五娘一见后悔莫及，也要跟着投井，被益春和小姑等人赶到拉住。①

（4）庚种：《陈三五娘的故事》（海丰）。

民国时期钟敬文在海丰所调查到的故事是：

……陈三五娘和益春逃回泉州。一天，陈三的妹子领着五娘去游花园。她问姑子说："你们这花园长阔有多少丈呢？""我们这花园三丈三。嫂嫂的家里多少丈呢？"五娘很骄傲地回答说："我们家的花园九丈九呢！"她觉得给嫂子说赢了，不免对她抢白一下，便说："你们的花园九丈九，你才跟我们的三兄走呢。"

五娘听了这话，心里又羞又愤。回来，她就把一双绣鞋放在井边，叫益春把她投井的消息告诉陈三，而自己却藏在偏僻的处所偷听。陈三闻迅（讯），忙奔到井前，见了绣鞋，以为她真的已经死去，便也一跃投了下去。益春一见急忙报知五娘。五娘见他活活地为自己误死，情义难舍，便也照样地跳了下去。

现在，人们所养的金色鲤鱼，就是他们的化身。你们不是看过吗？他们在水里还过得很甜蜜快活的呵！②

（5）辛种：《〈陈三五娘〉后传》（陆丰）。

程增寿在陆丰调查到的故事：

陈三五娘偕同益春三人私奔，途经一座山遇见一只猛虎，益春不幸被虎吞吃。

陈三五娘伺机逃出虎口，又跋涉千里，回到泉州。回到泉州后，由于五娘与陈三属于未经"父母之命，媒妁之言"的，五娘由此犯下心病，怕陈三会因家里的正统因素而对她变心，加上逃走路上益春被虎吃掉了这一悲剧，心里感到非常愧疚，心中不乐，闷闷终日。这其中原因主要还是怀疑陈三当初的爱情是否依旧。毕竟陈三也是堂堂书香门第的公子哥儿。五娘终于敌不过对世俗的怀疑和对情人的叩问，心生一计，将自家的绣鞋置于后花园的古井旁，令陈三一随身婢女告知陈三"阿娘投井了"。陈三急忙赶来，见心上人已随水而逝，也纵身入井，此刻躲在花丛之后窥视的五娘已抓不住死亡对爱人的一瞬间的掠夺，五娘纵身伸

---

① 此文载潮州市文联编《韩江》（内部）1987年第3期。

② 张振犁编纂：《钟敬文采录口承故事集》，郑州：黄河文艺出版社1989年版，第13～14页。

手急救，但陈三已落井口，顷刻身殒，五娘见事已至此，愿与君同坟，也投入井中，令后世每每感慨！①

通过比较，不难发现，关于陈三五娘双双殉情的叙述的八个版本大同小异。最大也是最主要的共同点是五娘为了试探陈三是否对她爱情依旧，而制造了假死的情境，谁知弄巧成拙，导致爱人投井自尽，而她追悔莫及，也随后逐波殉情，最终成为一场本来可以避免的意外悲剧。

①悲剧发生的时间及情境：私奔后结婚不久，泉州甲、乙、丙3种都基本是情敌林大陷害陈家，夫妻俩在仓皇逃难之时或半途中发生的悲剧，而潮汕、海陆丰地区丁、戊、己、庚、辛5种基本都发生在私奔后的生活中的心里忖度上和日常争执之中。

②悲剧发生的地点：甲、乙、丁、戊、己、庚、辛7种都是在陈家花园，仅丙种是在离家有一定距离的途中。

③悲剧的制造者：从客观上看，外来迫害者为林大一伙，或是因家人争执引起的心理压力及感情危机。从主观上看，大部分是出自五娘自己的主意，只有刘管耀口述的己种为婢女益春的安排。

④最后的结局：甲、乙、丙、丁、戊、庚、辛7种都是陈三误以为五娘已坠井而亡，毫不犹豫地跳井丧命，而五娘见爱人身死，亦随即步其后尘。唯有己种安排五娘本欲自尽被家人拦住而保存生命。

⑤陈三五娘这对情人死后的变幻：甲、丁种说陈三五娘死后不再投胎转世，据民间说法，原因一是只为永远在一起，一是男尸在下女尸在上，不得投胎。戊种说其两人开始变化为兴风作浪的龙，后被罚，变为北极的两颗星。庚种说其变为金色的鲤鱼。乙、丙、己和辛种无交代。

二、与古代中东、环地中海地区爱情悲剧故事之比较

伊斯兰文化能广泛传播到世界各地，是有其特定的历史背景的。"从7世纪起，历史的机遇使伊斯兰世界成了旧大陆的统治者。伊斯兰世界夹在这些人口稠密的地区——广义的欧洲、黑非洲、远东——之间，控制着必经之路，并居间谋利。未经伊斯兰世界的许可，任何东西都不能过境。对这个稳固的世界来说，虽然它的中心没有宽阔的海上航路的那种灵活性，但伊斯兰世界同后来在全球范围

---

① 调查者：程增寿；报告人：程增寿母亲（50多岁）；调查时间：2000年10月；调查地点：广东省陆丰市博美镇图美上村。

内取得胜利的欧洲一样，经济和文化居于统治地位。"①

（一）与《皮剌摩斯和提斯柏的爱情悲剧》的故事之比较

这是罗马帝国时期奥维德记录下来的一个非常古老的故事，是关于原来结白果的桑树后来怎样沾了血渍而结出暗红果实的故事。讲一对青年男女的令人扼腕长叹的爱情悲剧故事，梗概是：

提斯柏是古巴比伦城的一个美貌的少女，她与英俊的青年皮剌摩斯比邻而居，日久而相爱。两家的父母不许他们见面，他们很快发现两家相隔的那堵墙上有道裂缝，于是常从墙缝里互通款曲。父母可以禁止他们结婚，但却无法禁止他们心中爱情的火焰，而这种爱情的火焰，往往是愈压愈旺的。他们最后决定一天夜晚人静以后，设法瞒着家人逃出门外，再逃出城去。他们约定在尼努斯（Ninus，亚叙王）一棵挂满白色浆果桑树下相会。提斯柏先到达，不意间撞见一头刚吃完一头牛嘴里还滴着血的狮子，急忙逃避，惊惶之中把自己身上的一件外套落下了。这件外套不幸被狮子抓破并染上血迹。皮剌摩斯到了后见了此情景，误以为提斯柏已被狮子吃掉，就拔出宝剑自杀了。提斯柏回来见皮剌摩斯身死，也用宝剑自杀。相传这对情人的血，使白桑葚从此染成红色。两人焚化后的骨灰被安放在同一只瓮里。②

传说发生在巴比伦城，里面涉及亚叙王与王后（建造巴比伦城者），这个著名的地域曾先后被古巴比伦王国、亚叙帝国、新巴比伦王国、罗马帝国、波斯帝国、阿拉伯帝国（大食国）统治，因而在亚、欧、非环地中海的国家中，这是一个人们非常熟悉的故事。在十五六世纪，这个故事在欧洲南部已家喻户晓，如《堂吉诃德》第二十四章里有："诗人乐于歌唱蒂斯贝（即提斯柏）的故事，陆莘达的父亲这来多少是模仿了蒂斯贝的父母。"③

陈三五娘故事与该故事的相同之处有：

（1）最大的相同是男子误以为爱人意外死亡断然自杀，最后导致女子也自杀殉情。

（2）背着家长，炽热地相恋。

（3）约定私奔，逃出家门，然后再逃出城外。

①　［法］费尔南·布罗代尔著，唐家龙、曾培耿等译：《菲利普二世时代的地中海和地中海世界》，北京：商务印书馆1996年版，第269页。

②　［古罗马］奥维德著，杨周翰译：《变形记》卷四，北京：人民文学出版社1984年版，第73～78页。

③　［西班牙］塞万提斯著，杨绛译：《堂吉诃德》，北京：人民文学出版社1987年版，第195页。

（4）都是在避难途中发生悲剧（丙种故事），迅雷不及掩耳。虽然一为自然之恐吓，一为仇家之追杀。

（5）两对情人死后都产生变幻之物。

（二）与《一对贵族恋人的故事》（1530年版）之比较

1999年秋，英国出版了《光明之城》（中译本名），原作者雅各·德·安科纳是一位犹太商人兼学者，他于南宋咸淳七年（1271）到达泉州，书的封页上说："在马可·波罗之前，一位意大利商人冒险远航东方，他的目的地是一座中国都市，称作光明之城。"其书的真伪，颇有争议。① 可推测，其时必定有不少意大利人跟随阿拉伯人到了泉州。意大利中世纪最显著的特征就是北部强大城邦的崛起，最终造就15世纪文艺复兴。

通常，人们会认为英国著名剧作家莎士比亚闻名于世的《罗密欧与朱丽叶》一剧受到《皮剌摩斯和提斯柏的爱情悲剧》故事的影响。如林亚光指出，在莎士比亚的《仲夏夜之梦》和《罗密欧与朱丽叶》两部名作中，可以看到《变形记》中的皮剌摩斯和提斯柏的爱情悲剧故事的某些影子，虽然因为致命的误会而造成爱情悲剧的因素不同，一为自然，一为人为，但"至少是某种吸收和借鉴的影子"。②

然而莎翁的《罗密欧与朱丽叶》剧作却有直接所本，那就是文艺复兴时期意大利北部作家路易治·达·波尔托《一对贵族恋人的故事》（有1524年版和1530年版）。"这篇小说后来经过班戴洛等人修改加工。莎士比亚的著名悲剧《罗密欧与朱丽叶》即取材于这篇小说，不过有的研究者认为，莎氏是直接取材于1562年发表的阿图尔·布鲁克的《罗密欧与朱丽叶的悲史》"③，而波尔托《一对贵族恋人的故事》却是由马祖乔·瓜达蒂《锡耶纳少年马里奥托热恋加诺莎的韵事》改写的。以下为"罗密欧与朱丽叶"爱情悲剧文学的年代序列（其间后一种不一定由最接近的前一种改编而来）：

马祖乔·瓜达蒂《锡耶纳少年马里奥托热恋加诺莎的韵事》（《小说集》，初版于1476年）→路易治·达·波尔托《一对贵族恋人的故事》（1524年版和1530年版）→班戴洛等人修改加工→盖拉尔多·波尔杰利《一对忠贞不渝的恋

---

① 如［英］戴维·塞尔邦著，丁毓玲译：《我和〈光明之城〉》，《海交史研究》1999年第1期；杨志玖：《〈光明之城〉三题》，《海交史研究》2001年第1期；杨丽凡：《〈光明之城〉真伪考》，载同前；陆芸：《我对〈光明之城〉中的几个问题的看法》，《海交史研究》2001年第2期；张小夫《〈光明之城伪书考〉存疑——兼与黄时鉴教授商榷》，《海交史研究》2003年第1期。

② 林亚光：《未来的罗密欧与朱丽叶的一闪——关于〈皮剌摩斯和提斯柏的故事〉》，载林亚光编：《世界文学名著故事集（二）》，重庆：重庆出版社1988年版，第29、30页。

③ ［意］福尔济尼等著，冀刚、力冈译：《少年恋人的白昼·意大利文艺复兴时期的小说》，杭州：浙江文艺出版社1988年版，第201页。

人朱丽叶与罗密欧的爱情悲剧》（1553 年发表于威尼斯）→阿图尔·布鲁克《罗密欧与朱丽叶的悲史》（1562 年发表）→莎士比亚的著名悲剧《罗密欧与朱丽叶》（作于 1594 年）。

笔者选较早期的波尔托改编之《一对贵族恋人的故事》文本与闽南粤东民间传说陈三五娘为情跳井身亡进行比较，献疑于方家。

陈三五娘故事与其相同点主要有：

（1）男女双方一见钟情，彼此非伊人不娶（嫁），欲望非常热烈，甚至男方甘为奴仆。如波尔托笔下的罗密欧初见朱丽叶的言语："如果姑娘不生气的话，那不论我多么漂亮，我都愿意做您这个美人儿的女仆。"同样，后来朱丽叶反应也非常热烈，说："为了免得您每天夜里到这里来冒生命危险，我可以告诉您，假如您愿意娶我为妻，我准备把我自己完全奉献给您，而且不论您去哪里，我都将毫无惧色地跟着您。"① 在嘉靖、万历等各本戏文中，陈三见到五娘后，想方设法接近她，故意打破宝镜将身赔价，求为黄家奴仆。向五娘求爱时，甚至不惜下跪，可谓真正拜倒在"石榴裙"下，而五娘亦半推半就。陈三不惜男子膝下有黄金的古训，而称因"礼下于人，必有所求"。② 这种情况在中国传统的文学作品中极其罕见。晚明冯梦龙编的《警世通言》中第二十六卷有"唐解元一笑姻缘"篇，叙唐伯虎因爱华学士家婢女秋香，而卖身华府为奴的风流韵事，跟陈三破镜为佣近似，但其在时间上晚出于陈三五娘戏文。

（2）男女双方因私奔被追捕。陈三被发配崖州，亲王将罗密欧从韦罗纳放逐外地曼图亚，朱丽叶与五娘一样悲痛欲绝。朱丽叶说："我们最好还是一起走吧，哪怕到天涯海角，我也要和您在一起。"③

（3）都是因为婚姻的纠葛和冲突引起女方假死之策。陈三五娘逃避情敌迫害，朱丽叶逃避父母的逼婚，而在紧急避难时对之下策。朱丽叶去找神父劳伦佐想办法，神父给了她一种药，服下去后就像死了一样，昏睡两天两夜后就会苏醒过来。到时神父会及时挖开墓穴，让她和罗密欧远走高飞。并答应由他请人写信给罗密欧，并派人通知他。朱丽叶依计行事，在婚礼的头天晚上服了药，第二天婚礼就变成了"葬礼"。

（4）由仆人报讯，把假死当成真死，导致双双殉情而酿成悲剧。在陈三五娘故事中，婢女知情而谎报，从而酿成男女双方先后殉情的悲剧。而在罗密欧和

---

① ［意］福尔济尼等著，冀刚、力冈译：《少年恋人的白昼·意大利文艺复兴时期的小说》，杭州：浙江文艺出版社 1988 年版，第 207、208 页。

② 吴守礼校注：《明嘉靖刊荔镜记戏文校理》，台北：从宜工作室 2001 年版，第 126 页；吴守礼校注：《明万历刊荔枝记戏文校理》，台北：从宜工作室 2001 年版，第 104 页。

③ ［意］福尔济尼等著，冀刚、力冈译：《少年恋人的白昼·意大利文艺复兴时期的小说》，杭州：浙江文艺出版社 1988 年版，第 211 页。

朱丽叶的故事中，是由神父派人送信去告知罗密欧。神父把朱丽叶的信交给一个去曼图亚的教士，但不幸的是，这名教士找了罗密欧两三次却未能见到他。而朱丽叶的仆人彼特罗在不知内情的情况下把小姐的死讯直接告知罗密欧，罗密欧本来要拔出佩剑自杀，被彼特罗拦住，但他已准备好蛇毒到墓地。他在半夜来到朱丽叶的墓穴旁，掘开了墓穴，吻了一下朱丽叶之后，就掏出随身带来的毒药一饮而尽，倒在朱丽叶身旁死去，等到朱丽叶醒来和神父赶来时，罗密欧已经濒于死亡，朱丽叶也不愿独活人间而自尽。

三、其他的佐证

吴幼雄曾指出泉州的南音及梨园戏等使用的一种重要乐器是当地被称为"噯仔"的唢呐，原为回族乐器，名苏尔奈，是从波斯传入的；同时泉州的几种地方戏剧中的司鼓法正是古代波斯的一种演奏法，随伊斯兰教传入泉州。[①]

2003年在泉州参加闽南文化研讨会时，笔者有幸拜读了法国学者施舟人（Kristofer Schipper）的《"海上丝绸之路"与南音》一文，从而使迟疑的笔者最终下定撰写本文的决心。施舟人认为泉州南音这种独特的音乐是海上丝绸之路各种文化交流的结果：

南音的另一个特点是基本上采用管弦乐。有一个独唱歌手，坐在后部，位置是在琵琶的右侧，在洞箫的左侧。挨着琵琶的是三弦，挨着洞箫的是二弦。歌手在唱歌的同时敲击拍板指挥乐队。

主奏乐器是琵琶。演奏的姿势或横弹或斜抱，就如波斯的鲁特琴，不像中国北方传统音乐中的八弦琴那样竖抱。三弦的音乐与琵琶交织，让婉转的音乐变得更丰富、更低沉；二弦使和声布局多样，如同一段织锦或一个背景。

这种基本的南音乐队形式与古代波斯的很相似。在主要乐器中，琵琶类似传统波斯乐器中的萨它尔（setar），二弦类似喀曼介（kamanche），洞箫就像乃依（nay）。其他古波斯乐器如铜钹鼓（tombak）也被用在南音上。和南音一样，古典波斯乐队中也有一个歌手。在两种音乐中，唱曲都是基本的音乐形式。归结来说，南音的音乐体系十分考究，具有按特殊规定组成和演奏的四个主要成分，这一点也是波斯音乐的特色。对南音中的滚门和波斯乐中的"咖奓（gusheh）"进行比较应该是可行的。

……

唯一例外的是陈三和五娘的故事。这个故事也叫《荔镜记》，现存南音曲子

---

① 吴幼雄：《泉州宗教文化》，厦门：鹭江出版社1993年版，第244、245页。

中有将近一半的曲目以该故事为蓝本。……值得一提的是，它并不是讲述一个书生如何克服重重困难，终于榜上有名，有情人终成眷属，而是关于陈三和五娘这一对年轻恋人的爱情悲剧。多情的陈三为了接近心上人扮成磨镜匠在五娘的绣花房中倾诉衷情，为了无望的爱情，他们私奔而被抓。结局是五娘自杀，陈三伤心绝望而死。这个故事与典型中国式的爱情有很大的差异，许多细节在中国文学上也不常见。如陈三与五娘一见钟情，难以忘怀，他骑着一匹白马在潮州城中转悠，在五娘的绣楼周围徘徊不去，直到她投下定情物（一串荔枝）。这样的描述在西方爱情故事中很普遍，但在中国戏剧中则少有。简言之，虽然陈三和五娘的故事从明代起就家喻户晓，但与前面提到的南戏风格的爱情故事相比，我们看不到一个传统的青年学子进京赶考，一个忠贞的妻子历经磨难的场面，看到的是两个青年男女狂热的爱恋。……但这个故事还有太多的地方不能不让人认为它是从另一种文化借过来的，不能不使人想起丰富的波斯传统。①

无独有偶，法国国立巴黎第四大学音乐学博士郑瑞贞也认为潮剧和潮乐中的曲调"活三五调"，不仅与本地的说唱音乐有密切的联系，同时与越南和阿拉伯的民族音调也有一些关系。②

四、结　语

也许贤者要发问，陈三五娘双双殉情之悲剧，毕竟是出于爱人之间不信任的感情"试探"，女方弄巧成拙，害死男方，造成自己殉情的悲剧，这与中东及环地中海地区的故事不同。陈三五娘故事及《一对贵族恋人的故事》与《皮剌摩斯和提斯柏的爱情悲剧》相较，造成悲剧的原因，一为人为之偶然性，一为自然之偶然性。陈三五娘故事与《一对贵族恋人的故事》相较，一为"已婚"之恋人，一为已婚之夫妻；一出于爱人本人之试探，一出于他人应对逼婚之献策。但细究起来，以上三类故事模式，最大的相同点都是先是男方在误以为爱人（恋人）已死的情况下，莽撞断然自杀，而女方目睹后，毅然追随，双双殉情在一处。虽然殉情情节在中国传统叙事中并不罕见，但人们常把梁祝悲剧比拟为东方之罗密欧与朱丽叶，实未称恰切。以笔者陋见，因误会对方已死而酿成双方殉情的，在中国传统爱情故事中，除陈三五娘故事外，尚未所见闻。

由此，笔者推测，闽粤间关于陈三五娘双双跳井殉情的传说可能与中东乃至

---

① ［法］施舟人（Kristofer Schipper）：《"海上丝绸之路"与南音》，载福建省炎黄文化研究会、政协泉州市委编：《闽南文化研究》，福州：海峡文艺出版社 2004 年版，第 1316、1318、1319 页。
② 郑志伟：《法国巴黎音乐学博士郑瑞贞来汕作学术交流》，《潮汕历史文化研究中心通讯》1993 年第 6 期，第 22 页。

环地中海区域关于皮剌摩斯、罗密欧的殉情故事有关系，它由宋元以来的阿拉伯移民（商人）传播到闽南粤东地区，然后经过民间的历代改造和地方化，故而其情节与异域本源故事近似，并非显山露水。陈寅恪先生昔年作《三国志曹冲华佗传与佛教故事》，指出曹冲称象事迹，实源自印度佛教文学，又断语云："但象为南方之兽，非曹氏境内所能有，不得不取其事与孙权贡献事混为一谈，以文饰之，此比较民俗文学之通例也。"① 区区领悟，故冒昧作献疑一文，以就教于方家。

---

① 原载《清华学报》1930 年第 6 卷第 1 期，见陈寅恪：《陈寅恪史学论文选集》，上海：上海古籍出版社 1992 年版，第 37 页。

地域艺术研究

"麒麟"舞与畲族的图腾崇拜

黄　挺①

1999—2001 年间，我受香港科技大学华南研究中心邀请，几次到香港做学术访问，每一次都有机会参加新界地区神诞节日活动的田野考察。

异地的节日风俗很吸引人，我们又是有目的地前来参加，在观察风俗活动的同时，要了解活动背后的社会结构，思考活动背后所蕴涵的意义。在这种情况下，节日祭祀礼仪不免成为我们关注的重点，而对于诸如歌舞戏剧之类供奉娱神的行为，我们总是没有仔细观察。

不过，非常奇怪，在 2000 年 4 月 27 日（农历三月二十三日）西贡天后诞上的那一场"麒麟"舞，给我留下很深刻的印象。我此前已经看过舞"麒麟"。第一次看这种民间舞蹈的时候，我把它等同于"南狮子"。当时，香港的同行告诉我，那是"麒麟"，和南狮有区别："麒麟"头上有一个角，南狮没有。仔细看，果然是这样。我很诧异，因为这种"麒麟"舞，从造型和动作，和我小时候在澄海看到的也属民间舞蹈的麒麟舞毫无相似之处。不过，香港同行说，"麒麟"舞是从海陆丰传到香港的。几年后，我的一位陆丰籍新同事告诉我，他家乡有这种民间舞蹈——"独角麒麟"。

在那次天后诞祭祀仪式开始之前，西贡南狮队的狮子和"麒麟"，在轰鸣的爆竹和鼓点声中，进庙朝圣。狮子在庙前跪拜，起身后就摇头摆脑、左顾右盼地舞进庙门。"麒麟"在跪拜之后，接下来却在地上做了一个翻滚动作，又侧身在门前的石阶上蹭蹭背，然后才进庙门。当时，我觉得"麒麟"所做的那几个舞蹈动作很特别——那不是在模仿狗的动作吗？

那天晚上，整理好的考察笔记中留下了这样一段话：

"麒麟"的造型与我们所熟悉的、汉民族传说中的瑞兽麒麟的形象全然不同。它的头，有些像狮，也有些像龙，却只有一个角（参考图1）。"麒麟"的舞蹈语言中，明显有着模仿狗的动作。莫非，这里边有南方滨海地方以盘瓠为祖先的土著民族图腾舞蹈的遗迹？

---

① 【作者简介】黄挺，韩山师范学院潮学研究所教授。

在这里，我想对当时的感触，简单作一点学理上的论证。

前辈民族学家岑家梧对图腾制度有过这样的论述：

图腾民族除了自称图腾动植物为其祖先，并有神话传说以说明其部族的起源外，他们尚有种种崇拜图腾动植物的制度。最普遍的是图腾部族中的成员于身体服饰上，每多象征图腾动植物的形象，表现与图腾动植物有血缘关系，即所谓图腾同样化，如澳洲的阿龙塔人（Arunta）在集会时，鸵鸟、草种子及水图腾的人，于背上均披着象征其图腾的饰物。北美洲的达科他人（Dacotahs）行野牛舞（buffalodance）时，舞者的服饰，也作野牛的样子。曼丹人（Mandans）还披上野牛皮戴上野牛的假面，因为他们都属于野牛图腾的。①

原始民族的图腾崇拜，有种种制度，图腾舞蹈是其中之一。在图腾舞蹈中，舞蹈者装扮成其图腾的形象，模仿着其图腾的动作。达科他人和曼丹人的野牛舞就是这样。在我 2000 年 4 月的田野考察笔记里提到的"南方滨海地方土著民族"，指的是以"狗头王"盘瓠为自己始祖的瑶、畲民族。当时，我的联想是，这种造型介于狮龙之间，舞蹈语言里又残存着对狗的模仿的"麒麟"舞，可能和瑶、畲民族原始的图腾舞有些联系。

中国南方信奉狗图腾的民族——即所谓盘瓠之后，早在东汉已经见诸文献，晋代干宝的《搜神记》和范晔的《后汉书》对这些民族图腾传说，有很详细的记载。而到今天，还保留着盘瓠崇拜的民族，只有生活在南方滨海两广闽浙一带的瑶族和畲族。

在这两个民族的传说、歌谣以及文书、祖图等文献里，很容易发现，与晋代古籍的记载相比，盘瓠的形象已经有了很大的变化，从"犬"变成"龙犬"。

先看瑶人文献。法国远东学院所藏安南谅山禄平州瑶人的评王券牒，也有同样的"盘护龙犬"的传说。②

另外据陈志良调查：广西义宁公正乡的盘瑶，传说是由龙狗变来的；义宁公正乡的板瑶，传说也是龙狗产生的；龙胜镇南乡的板瑶，相传系平王的女儿和龙狗结婚传下来的。③

畲民的图腾传说，基本上与瑶人是同一类型。浙江畲民有如下始祖传说：

---

① 转引自岑家梧：《盘瓠传说与瑶畲的图腾制度》，载岑家梧：《岑家梧民族研究文集》，北京：民族出版社 1992 年版，第 58 页。

② 转引自岑家梧：《盘瓠传说与瑶畲的图腾制度》，载岑家梧：《岑家梧民族研究文集》，北京：民族出版社 1992 年版，第 61 页。

③ 陈志良：《盘古的研究》，《建设研究月刊》1940 年第 3 卷第 6 期。

在上古时代，高辛王元后耳痛三年，后从耳中取出一虫形象如蚕，育于盘中，忽然变了一只龙犬，毫光显现，遍身锦绣。高辛王见之大喜，赐名龙期，号称盘瓠。

除了这个传说之外，浙江畲民还有一个《狗皇歌》，叙述龙狗出身的故事，说：

当初出朝高辛皇，出来游戏看田场，皇后耳痛三年哉，医出金虫三寸长。便置金盘拿来养，一日三时望领大，变成龙狗长二丈，五色花斑尽成行。五色花斑生得好，皇帝圣旨叫金龙。①

浙江的畲民，相传是由广东潮州凤凰山辗转迁往的。在他们观念里的祖居地，潮州的畲民也保留着类似的传说和歌谣。

潮州市潮安县凤南镇山犁村雷姓畲民所保存的祖图，卷前有《护王出身为记》文字，说：

护王原东海苍龙出世，生于大耳婆左耳。请医，医（取）出耳卵，放于殿角，百鸟具朝，取与医生剖之，出一狗子。养八个月，身长八尺，高四尺，有五色斑文（纹）毛。

潮安县凤凰镇石古坪村蓝姓畲民祖图的叙文，也说：

□驸王原系东海□龙出世，生于大耳婆左耳。请医，医（取）出其卵，即放殿角，百鸟具朝，取与医生割之，出一犬子。养大八个月，身长八尺，高四尺，身有五色斑文（纹）。行至大路中心，超群拔异，号召（曰）盘瓠。

由雷楠、陈焕钧在潮州收集整理的畲族叙事诗《高皇歌》，述说高王出身，内容基本也和浙江的《狗王歌》相同：

笔头落纸字算真，且说高皇的出身，当初娘娘耳朵起，先是变龙后变人。高辛娘娘耳里疼，觅尽无有好郎中，百般草药都尽医，后来变出一条虫。虫乃变出用盘装，皇帝日夜捡来养，二十四米给它食，后来变做是龙王。②

---

① 何联奎：《畲民的图腾崇拜》，《民族学研究集刊》1936年第1期。
② 朱洪等编：《广东畲族古籍资料汇编：图腾文化及其他》，广州：中山大学出版社2001年版，第80页。

相似的歌谣，还有丰顺县凤坪风吹磜村畲民流传至今的《祖源歌》：

话说古时高辛皇，皇后刘氏耳生疮；请来郎中割肿物，割出金虫三寸长。
金虫外有蚕茧包，金盘装起盖上瓠；忽然电光雷鸣闪，金虫变成犬一条。
龙犬降生吉祥兆，五色花斑尽炫耀；满朝文武皆欢喜，皇帝圣旨命盘瓠。①

我们引用了这么多的文献，只是为了说明今天瑶畲民族的先民的图腾形象在狗的原型中已经融合进了龙的因子。因而，在语言上，它被称为"龙犬"、"龙狗"，甚至更干脆被称为"金龙"、"龙王"。而在图像上，它也从单纯的"狗"的形象，被描绘成"龙"或者近似于"龙"的形象。这一点，我们在南雄市黄坑镇许村畲族蓝氏祖祠上厅两侧所置的木刻"鱼龙"（参考图2），和现存于潮安县畲族乡村的几幅《祖图》里都可以得到证明（参考图3）。蒋炳钊教授在他的文章里也提到过：

（畲族的）祖先传说也发生了一些变化，如把盘瓠改为"龙麒"，厦门大学人类学博物馆收藏一根畲族的祖杖，已经把狗头刻成为龙头了。②

虽然以盘瓠为自己祖先的民族已经有了被认为是图腾舞蹈的"火狗舞"，但是，在这么多的文字和图像的比照之后，我还是斗胆去猜测："独角麒麟"其实就是"龙犬"，所以，在这种图腾动物的舞蹈语言里，才残存着对狗的动作的模仿。

为什么会把"龙犬"叫作"麒麟"呢？我想，这"麒麟"其实是"龙麒（龙期）"在称呼上的变化而已。

麒麟　　　　　　　　　龙　　　　　　　　狮子

图1　麒麟、龙、狮子

---

① 朱洪等编：《广东畲族古籍资料汇编：图腾文化及其他》，广州：中山大学出版社2001年版，第95页。该歌谣由蓝锦辉演唱，蓝瑞汤记录。

② 蒋炳钊：《解放前畲族封建社会形态》，载中国民族学研究所编：《民族学研究》第6辑，北京：民族出版社1986年版，第208页。

图2　鱼龙

注：图为南雄市黄坑镇许村畲族蓝氏祖祠上厅两侧所置的木刻鱼龙，共一对，对称安放。据称这是盘瓠的演化物。在该市乌迳和始兴县顿岗镇乌泥塘、澄江镇暖田以及乳源瑶族自治县洛阳镇深洞村的蓝、雷两姓畲族祖祠同样安放有一对木刻鱼龙。

见朱洪等编：《广东畲族古籍资料汇编：图腾文化及其他》插页。

图3　《祖图》

注：图为潮州市潮安县凤南镇山犁村雷姓畲民所保存《祖图》中，"龙犬过海"和"龙犬收番王头过海"的两个片段。现存几幅祖图都有这样两个不同形象"龙犬"的片段。

粤北采茶戏的艺术特色、生态环境与发展走向①

王群英　曹广涛②

粤北地区是我国古代客家人居住区，至今都是客家人的家园。粤北采茶戏是客家先民创造和流传下来的艺术遗产，是客家人最早的戏种之一，同时也是广东六大剧种之一，具有鲜明的艺术特色，但现在因面临生存危机而成为广东的濒危剧种。对粤北采茶戏应该秉持何种态度？是袖手旁观，任其自生自灭，是对其大动手术和进行揠苗助长式的改造，还是尽力保持其原汁原味的艺术特色？对于粤北文化界和政府主管部门而言，这是一个值得思考的重大问题。

一、粤北采茶戏的艺术特色

粤北采茶戏运用粤北地区的语言、习俗、小调和板式，具有鲜明的岭南地方特色，并形成了自己独特的流派。粤北采茶戏最初的表演形式，常以一丑二旦（也有一丑一旦）登台，因而被称为"三角戏"，表演戏班亦被称为"三角班"。粤北采茶戏是从歌舞演变而来，它的起源就给粤北采茶戏设定了宽广的表演套路，这种体裁给导演提供了很大的施展空间，使得整个舞台气氛更为活跃，场面华丽清晰，赏心悦目。

粤北采茶戏唱腔音乐更多汇纳本地的山歌小调、民间说唱和风俗音乐，唱腔分为采茶调、灯调、彩调、路调、小调、山歌六大类。采茶调又因定弦的不同而区分为北、南两路，唱腔结构基本是曲牌联缀，后来又采用板式变化的方法，产生散板、中板、快板等。采茶戏的伴奏乐器就地取材，以竹子为主，加以金革乐器，有勾筒、大筒、茶胡、八音、扬琴、二胡、竹笛、三弦、板胡、琵琶、小锣、大锣、小叉、大叉、高边锣、板鼓。采茶音乐不但实用于戏曲行腔，而且实用于抒情歌曲写作。因为它来源广泛，自然流畅，甜美动听，能适应剧情和人物刻画的要求。发展至今，词曲使用方面都有了比较固定的模式，有适合各种人物、各种环境、不同情感的曲调。采茶音乐那高亢流畅的旋律、轻松明快的节奏、优美朴实的情调、富有喜剧风格和载歌载舞的表演，显得非常协调，富有浓

---

① 此文原载《戏剧文学》2012 年第 2 期。
② 【作者简介】王群英，韶关学院音乐学院副教授；曹广涛，韶关学院外语学院副院长、副教授。

厚的山野气息，充分表现了劳动人民乐观开朗的性格特征。

粤北采茶戏最初的表演形式是两人对唱或自拉自唱，一人唱众人和，载歌载舞，先闹场踩场，再由一男一女（二小戏）或一男二女（三小戏、三脚班）登场表演。男的称花鼓公或茶公，女的叫花鼓婆或茶婆。男的左手挽腰带，右手舞扇花，走矮步；女的左手挽腰带或持花篮，右手耍彩巾或舞扇花，边舞边歌，唱的都是民间小调，俗称"唱花灯"、"唱花鼓"。后来茶区艺人引用角色上演故事，运用花灯歌舞的曲调去演唱劳动生产、爱情婚姻的故事，如一丑一旦的《装雕》、一丑二旦的《夫妻采茶》等。表演则在花灯歌舞的身段、台步、套路的基础上，一方面提炼劳动生产动作，模拟飞禽走兽形态和取用民间武术拳脚；另一方面吸收大戏剧种的表演技艺和表现方法，逐渐形成自己的表演形式。群众把这种演出称为"调子戏"、"采茶戏"，进而成为地方小戏。[①] 粤北采茶戏演唱形式常采用"一唱众和"的帮腔形式。帮腔这种形式可以溯源至唐代"踏摇娘"等歌舞戏，多见于宋元戏文，而目前除了在福建梨园戏、川剧、潮剧、高腔戏还能听到帮腔外，在其他很多剧种中已经听不到了。粤北采茶戏在演出时，台上一名演员演唱，其他演员和乐师在演唱到每句句末时，和唱"啊嗬"、"咿哟"之类的帮腔，这种帮腔给粤北采茶戏增添了浓厚的茶味，特点鲜明。

粤北采茶戏表现语言，以客家方言演唱，无论在人物安排、情节设计或语言运用上，都很注意突出活泼欢快风趣的喜剧特色，形成充满生活情趣和轻松活泼、淳朴幽默的喜剧风格。采茶戏在不同的地域使用不同的语言，这是本剧种与其他剧种完全不同的地方，它的最大优点，是能容纳各地方的方言特性，在表演中加入地方特色的歇后语，使剧场效果达到最大化。粤北采茶戏语言明快生动，唱词清新隽永，演唱、帮腔、锣鼓伴奏，使曲调更婉转，节奏更鲜明，风格独具，也更带有泥土的芳香。

粤北采茶戏在表演艺术方面，生、旦、丑三行之内逐渐有了更细致的分工，逐渐形成了正面人物的生行和扮演包拯一类人物的净行，形成了生、旦、丑、净四个行当。丑、旦两行具有自己的基本功架、表演程式和特有的身段，举凡走路、上山、过桥、涉水以及各种劳作，无不手舞足蹈，演出时青年男女角色往往有一段双人歌舞表演。此外，又从大剧种吸收了水袖功和把子功等。采茶戏的表演有它特殊的动作，这些与其他剧种不同的动作来自茶事劳作，如矮桩、中桩、高桩、彩步、马步、蹉步、一指扇、二指扇、三指扇、四指扇、摇扇、拨扇、挽腕圆扇、八字扇、含羞扇、正抛巾、反抛巾、跨下抛巾、八字巾、挽腕圆巾、拨巾、浪翻巾等。粤北采茶戏表演载歌载舞、形态健美、刚健敏捷、活泼优美、轻

---

① 中国戏曲志编辑委员会编：《中国戏曲志·广东卷》，北京：中国 ISBN 中心出版社 1993 年版，第 92～94 页。

松奔放，富有乡土气息。高矮步、云手、摸步、扇子花、独舞、对舞是粤北采茶戏特有的表演形式。

二、粤北采茶戏的生态环境

粤北采茶戏作为地方剧种，真实客观地反映了粤北文化、客家民俗、客家民族记忆和粤北民众的思维方式，是粤北民间传统艺术的代表。因此，研究和保护采茶戏，其意义并不仅仅是保护采茶戏本身，而是更好地守护粤北客家民众的精神家园。

现在的粤北采茶剧团由于受商业浪潮的冲击已显得疲弱，同许多地方戏一样，粤北采茶戏演剧团体普遍很不景气，采茶戏舞台后继乏人，青黄不接，粤北采茶戏演出的生态环境日趋严峻，分布地域狭窄，观众人数下降，剧班数量骤减。从戏班数量、演出场次、戏曲演员、戏曲观众等方面来看，粤北采茶戏都处于重度濒危状态。如何对粤北采茶戏进行有效的传承、保护，使其进一步发展，是粤北文化界需要思考的紧迫的重大课题。

粤北采茶戏面临危机。危机的根源绝非仅仅靠戏曲工作者对戏曲艺术进行改造和创新就能解决。粤北采茶戏的危机，其实质是采茶戏的观众越来越少。这一现象的产生，有来自采茶戏艺术自身的若干原因，戏曲界、文化界已经多次讨论过这些原因，通常都认为采茶戏不应被传统所束缚，应该大胆创新，努力探索出采茶戏艺术发展的新路。这里需要指出的是，这并不是导致采茶戏危机的根本原因，在危机背后还有极其深刻的社会历史文化原因。

从 19 世纪到现在两百多年间，西方文化相对强势，中国传统文化相对弱势，两者之间存在着较为激烈的冲突与碰撞。在西方强势文化的大规模的冲击下，中国的传统文化艺术被许多中国人漠视，粤北采茶戏也不例外。在目前这种大的氛围之中，在国人这种普遍的心态影响之下，要想通过对艺术形式进行创新和改造以争取大批的观众，非但对于粤北采茶戏这样的地方小戏是不太现实的，即使对于京剧、粤剧、昆剧等大戏而言也是勉为其难。正如孙玫所言："时下，许多人一听说看戏，也不管舞台上演的是什么，就本能地反感和排斥。他们宁愿多花数倍的钱去看一场不入品流的'新潮'，也不愿去欣赏一场上乘的戏曲演出。视戏曲艺术为敝帚，唯恐弃之不及。在这种情形下，你就是把戏曲艺术彻底地脱胎换骨，改得面目全非，也未必能够吸引多少新观众，结果说不定还会失去原有的老观众。"① 多年来，包括京剧、粤剧、采茶戏在内的很多剧种都曾经有过极为深刻的教训。戏曲工作者进行了不懈的努力，尝试对戏曲艺术进行全方位、强力度

---

① 孙玫：《东西方戏剧纵横》，南京：江苏文艺出版社 1996 年版，第 140 页。

的现代化改造，试图与现当代社会接轨、与国际接轨、向青年一代的喜好靠拢，但效果并不佳。而对国人这种崇洋和浮躁的心态进行苛责，既没有必要，也没有意义，因为这是事物发展到特定阶段必然出现的变化。等到国家更加富强了以后，中国传统文化也将重新受到珍视，一些人又会回过头来寻根。日本、韩国的情况是这样，中国也不例外，远景应该是乐观的。另一方面，从当今多元艺术消费媒介时代的角度来看，戏曲独领风骚的黄金时代已经过去，不会复现。但戏曲不会消亡，戏曲将在自己特定范围内顽强地存在并发展。采茶戏也是如此，我们对此应有清醒的认识。问题的关键是，在出现戏曲危机、采茶戏危机时，需要及时去扶一把。我们绝不能等到中国成了世界第一经济强国、韶关成为广东经济强市的那一天，才去关注和保护粤北采茶戏，恐怕那时的粤北采茶戏艺术已经奄奄一息，无力回天。

三、保护粤北采茶戏是一项文化使命

广东省文化强省纲要已经把非物质文化遗产保护列入规划之中，要求地级以上的市设立综合性的非物质文化遗产馆，有条件的县（市、区）可设立专题性非物质文化遗产馆或传习所。粤北采茶戏于2007年6月被列入广东省第二批省级非物质文化遗产名录，有条件和必要开展粤北采茶戏的保护与研究。2010年10月11日，韶关市市委市政府发布了《韶关市贯彻〈广东省建设文化强省规划纲要（2011—2020）〉实施意见》。《实施意见》第10条"加强文化遗产保护和开发"针对粤北采茶戏提出了"加强非物质文化遗产的保护和传承，加大以粤北采茶戏为代表的民间传统艺术保护力度，做好文化遗产的申报、登记和传习传承工作"，《实施意见》对粤北采茶戏作为韶关民间传统艺术代表的定位和增加投入的决心，既体现了市委市政府对粤北采茶戏的重视，又赋予了文化部门、采茶戏工作者挖掘、整理、探索和保护这一传统艺术的历史使命。

粤北采茶戏受到国人传统偏见、政府投入严重不足和商品化大潮的冲击以及管理体制上的制约，面临着严峻的形势。政府有关部门、戏曲界、粤北文化界有责任、有义务对此进行深入研究。虽然起步较晚，许多老艺人已先后谢世，"人去艺亡"从而留下了诸多遗憾，但总要比全部失落、失忆要强得多。

为此，有关职能部门可以组织联合攻关，组织文化部门、韶关采茶戏剧团和地方高校的专家学者，对粤北采茶戏的生态现状、采茶戏特色和传统剧目的挖掘、演员的培养、戏曲艺术的传承与保护、政策上的扶持、观众群的培养和演出市场的培育等方面，进行文化人类学、戏剧戏曲学和民俗学、音乐学等多元视角的深入系统而又全面的研究；并在调查研究的基础上，为政府职能部门提出切实有效的措施与建议，使粤北采茶戏能够传承与创新，不断发展。这对于广东省文化强省建设，对于粤北文化的进一步充实和全面发展，对于韶关非物质文化遗产保护和打造粤北文化品牌、促进粤北经济建设，都具有极为重要的意义。

作为一个广受群众喜爱的地方戏，粤北采茶戏并不是一幅不再流动的小溪图画，而是还潜藏着深深的泉眼可待挖掘，在传达弘扬精神文明、活跃城乡文化生活、促进经济建设等方面，仍具有较大的潜力。保存与发展粤北采茶戏，有利于打造粤北采茶戏特色文化品牌，发展粤北旅游和经济，提升韶关文化形象和文化软实力，有利于韶关市国家历史文化名城建设。在国家决心大力发展文化产业、建设文化强国和广东省全力建设"文化强省"和"幸福广东"的今天，韶关作为旅游城市、区域文化中心，应从现在开始更加努力，切实采取措施，加大力度开展粤北采茶戏的保护、保存、传习和传承、开发和建设。

粤北采茶戏作为粤北地方剧种，其形成和发展的历史已有四五百年，从过去的"三脚班"、"民间艺术"发展到今天大、中、小型的历史和现代题材剧目，它已成为表演行当较为齐全的地方剧种和粤北民间传统艺术的杰出代表，是我国众多的民间小戏剧种中的一朵奇葩。地方党组织和政府应把发展采茶戏当作当地文化建设和发展社会主义精神文明大事来抓，并投入一定的人力、物力和财力，创造适合采茶戏生存与发展的较好的社会生态环境。韶关文化界有责任对其进行考察与研究，挖掘、保存粤北采茶戏，传承创新，不断发展，将粤北文化做大做强，为广东省"文化强省"建设、韶关文化品牌的打造、韶关经济文化的建设作出应有的贡献。

四、粤北采茶戏的发展走向

粤北采茶戏未来的发展走向是全力维护和保存其艺术特色，在保存其艺术原典性的基础上进行保护和发展，适当进行改进和完善，不断培育观众和市场。

首先，对粤北采茶戏艺术本身进行保护的基本原则是保存。继承具有较大程度的被动性，而保存是一种高度自觉的、主动的、有明确目的的行为。面对西方文化对东方传统文化艺术的激烈冲击，较好地保存了自己戏剧文化的国家是日本和韩国。日本较好地保存了能乐（包括能和狂言）、歌舞伎、文乐（木偶戏）、舞乐和新派剧（相当于20世纪初我国的文明戏），将其作为国家文化财产并从国家战略角度进行保存。韩国对唱剧的保护也是如此。保存本民族的传统文化艺术，需要有一定的经济力量作为后盾。但是，二战以后的日本也很穷困，然而他们在困境中成功地保存了珍贵的精神财富。其实，保存粤北采茶戏艺术并不需要巨额经费，这一工作只要有一两个剧团就可以承担。在日本，保存文乐和新派剧的职能就是由一两个专业剧团来担当的。问题的关键并不完全在于钱。钱的规划和使用是由人的价值观念和对事情的态度来决定的。关键在于对待采茶戏的态度。在日本，一些传统戏剧艺术的大师被冠以"国宝"称号并受到优待。反观粤北采茶戏，粤北采茶戏虽先后被命名为省级和国家级非物质文化遗产，但其现状堪忧，艺术传承人也远远没有因被视为"人才"而享受相应的优待。那些在困境中为粤北采茶戏艺术的生存和发展而苦苦挣扎和奋斗的艺术家们，理应得到尊重和爱护。由此看来，命运多舛的粤北采茶戏艺术不得不被各种非艺术的因素所左右。纵观中外戏剧史，由于艺术之外的社会原因而造成对艺术毁灭性打击的先例不是没有发生过的。但愿粤北采茶戏不会遭此厄运。

保存粤北采茶戏原有艺术特色的第二个重要策略是在表演形式上实现突破。我们要突破传统思维。一说到"改造"，有些人就对采茶戏进行大手术，不惜在音乐唱腔中加入流行歌曲联唱、西洋乐器、现代音乐等严重遮掩采茶戏艺术特点的因素。这根本不是保护，而是大肆摧残。在粤北采茶戏的演出形式上，如果既要保存采茶戏艺术的原汁原味，同时又希望能吸引观众，尤其是青年观众，可以借鉴宋金杂剧、元杂剧和浙江越剧的演出形式。

首先是宋金杂剧、元杂剧的演出模式。根据《都城记胜》和《梦粱录》中的关于杂剧演出的最早记录，南宋杂剧的演出可以归纳为首尾有音乐序曲和尾曲的四幕演出剧，其结构如表 1 所示：

表 1 南宋杂剧的演出结构表

序曲	曲破	起舞
引子	焰段	开场
戏剧主体：由两部分组成	正杂剧	正剧
补足部分	散段	散出
尾曲	断送	以曲终场

这种演出结构很明显是吸引男女老少不同观众群的演出模式。美国学者奚如谷将杜善夫的散套和高安道的散套（14 世纪，元杂剧兴盛时期）进行比较发现，高安道的散套所描述的是完整的元杂剧演出，它同院本的演出结构是相同的。①对比《梦粱录》、杜善夫的散套和高安道的散套，可以发现三者有下列相似之处，见表 2：

---

① Stephen H. West. *Vaudeville and Narrative*：*Aspects of Chin Theater*. Wiesbaden：Franz Steiner Verlag GmbH，1977. pp. 1 – 183.

表 2 《梦粱录》与杜善夫、高安道的散套演出结构对比表

《梦粱录》	杜善夫的散套	高安道的散套
序曲/曲破	序曲/女演员演奏的器乐曲	序曲/破子
引子/艳段	引子/爨	滑稽舞蹈
补充部分/散段	（套数结束）	演员舞蹈
尾曲/断送		（套数结束）

由此可见，不论是宋金杂剧，还是元杂剧，在正剧前后都加插有其他活跃气氛的演出形式，或歌舞，或器乐，或滑稽调笑式的杂拌。中老年人可以在正剧中获得充分的满足，年轻人可以在正剧前后的插演歌舞中获得安慰，从而使男女老少观众各得其所。

第二个参考样本是浙江台州地方的戏班演出。浙江台州演戏活动繁盛，戏班数量即使在最低峰时也能比较稳定地保持在 70 个左右，其中民间戏班、私人创办的戏班占绝大多数。台州戏班在演出大戏之前，要加演一个短剧或折子戏，习称"前找"。有时在大戏演完后，还需要再加演一个折子戏，称之为"后找"。现在"后找"已经较为罕见，但"前找"仍然是最普遍的演出定例。"前找"一般是演一个折子戏，大约半小时。现在台州戏班的"前找"，还开始流行武打戏。近些年，台州戏班在正目之前加演的折子戏，经常被改为"清唱"，或者干脆直称"歌曲"，主要表演歌舞，请一些歌舞演员演唱一些流行歌曲，表演一些时髦的舞蹈。加演的歌舞主要是为年轻观众们演出的，相当数量的青年人往往对加演的歌舞更感兴趣。有了这些歌舞，前来看戏的青年人急剧增加。[①] 这种以流行歌曲为主的载歌载舞的演出，往往能够吸引青年观众，在某种程度上改变了以中老年观众为主的局面。粤剧、潮剧、越剧等演出正剧之前，通常也会有附加的剧目，但主要是扫台、祭白虎、八仙祝寿、观音送子等内容，不属于本文讨论内容。浙江台州戏班的"前找"表演形式具有借鉴的意义，粤北采茶戏剧团也有很多擅长歌舞的演员，也可以与歌舞团合作。这样做的一个好处是既不损害采茶戏正目演出的本来面貌，又可以拓宽观众和市场，一举两得，值得一试。那么，这些附加的剧目、歌舞会不会喧宾夺主而对采茶戏构成威胁呢？粤北采茶戏传统剧目与传统演剧形式已经深深融入粤北客家民众的集体无意识之中，随着民众千百年的精神生活，天然地构成了客家民族情感记忆链的重要一环。既然它能够经受住来自内外古今各方面的强权长达数百年的压抑而一直顽强地生存到现在并待机重新崛起，又何惧于浮浅的流行文化？

---

① 傅瑾：《草根的力量——台州戏班的田野调查与研究》，南宁：广西人民出版社 2001 年版，第 42 页、第 303 ~ 308 页。

　　当然，为了使粤北采茶戏保持正确的发展走向，还有一个重要问题需要关注，那就是对演员的保护。戏剧艺术不同于其他艺术，如绘画、雕塑等。戏剧的生存和传承、流传和延续，都是以演员的身体为载体的。今天，人们依然可以欣赏古希腊、古罗马的石雕，却无法观摩原生态的古希腊、古罗马的戏剧。戏剧的演出传统一旦中断，其损失将无法弥补和挽回。就粤北采茶戏而论，如果真的任采茶戏及其剧目自生自灭，或者把它改得面目全非，那么若干年后，我们的后代就只能从录像带中观看粤北采茶戏和剧目了。严格来说，即使通过录像带，我们的后代也很难看到它，因为戏剧艺术区别于影视艺术的特点之一，就在于戏剧是一种活的舞台表演艺术，而影视作品不是。录像带中看到的戏剧片如同普通影视作品，与现场演出的戏剧在效果上相去甚远。对于粤北采茶戏剧团而言，保护好演员的根本在于理顺管理体制，增加投入，切实转变态度，爱护演员，尊重演员，留住演员，吸引演员，稳定演员队伍。这其中的关键是理顺管理体制和增加政府投入。目前国家文化战略和《国家十二五规划纲要》要求文化投入要占GDP的2%，韶关也应该按照国家和广东省的统一部署和要求，对包括采茶戏在内的文化艺术加大建设力度，努力达到上述经费投入指标。

广东郁南禾楼舞的田野调查与研究①

邓 辉 马 骋②

广东郁南禾楼舞（以下简称：禾楼舞）虽然已经被国家文化部公示为"第二批国家级非物质文化遗产名录推荐项目"，但对于禾楼舞的研究才刚刚开始，如何保护并传承禾楼舞仍然是目前亟待研究与解决的新课题。

为了进一步挖掘和研究禾楼舞，我们前往广东郁南连滩进行禾楼舞田野调查。在被誉为"中国民间艺术之乡"的郁南县连滩镇，我们不仅更深刻地感受了禾楼古舞独特的表演风格，而且有幸结识了禾楼舞传承者傅志坤先生。

为了这次禾楼舞的田野调查，我们做了相对来说比较充分的准备。我们以民俗学、人类学、历史学等相关理论方法为指导，以民俗材料为依托，以历史文献为基础，将多种材料并用，开展研究工作，进而在分析比较的基础上，较为客观地对禾楼舞的文化历史源流、现状以及保护、传承、发展等问题给予一定的阐释。

一、禾楼舞田野工作程序

我们将本次禾楼舞调查研究分为三个阶段：

（一）准备工作阶段

1. 明确目的，调查具有针对性

在田野调查前，我们尽可能检索有关禾楼舞的国内外相关文献资料和专著，降低田野调查的盲目性，避免做重复工作，从而节省人力、财力与精力。在我们力所能及的范围内，共搜索到以下相关资料。

论文方面：

费师逊：《"跳禾楼"——远古稻作文化的遗存》，《中国音乐学》1997 年第 1 期；

---

① 此文原载《柳州师专学报》2010 年第 5 期。

② 【作者简介】邓辉，暨南大学文学硕士，中国艺术人类学学会会员，广东罗定职业技术学院讲师。马骋，广东罗定职业技术学院教育系讲师。

胡锡娟：《民间艺术的瑰宝——禾楼古舞》，《广东艺术》2006 年第 2 期；

叶旭明：《郁南禾楼舞揭秘》，《广东史志·视窗》2007 年第 6 期；

邓辉、马骋：《禾楼舞文化特色初探》，《神州民俗》2008 年第 1~2 期；

叶春生：《"原生态"与"活化石"——从"禾楼舞"说起》，《文化遗产》2008 年第 2 期。

论著方面：

张富文的《南江文化纵横》（中国评论学术出版社 2008 年版）里第三章"南江文化的底蕴"有专门讨论禾楼舞的内容；

傅志坤的《南江旧事》（汕头大学出版社 2008 年版）里收录了作者论述禾楼舞内容的章节；

黄伟宗、金繁丰主编的《郁南：南江文化论坛》（中国评论学术出版社 2008年版）中收录有叶春生先生的《怎样使"活化石"活起来——从郁南禾楼舞说开去》一文。

以上这些成果不乏创见，如叶春生在认识到具有"原生态"因子的非物质文化遗产禾楼舞是原始巫、傩文化结合的产物的同时，提出了如何使这些原生态文化活化，使其在现代化进程中发展出现代因素。不过总的来说，这些成果主要还是以歌舞"展演"活动中的禾楼舞为研究对象。深入到禾楼舞的发源地连滩，与地方政府合作，运用观察法、访谈法、问卷法、文物收集法、调研会议等多种形式，以田野调查的方式来挖掘和梳理，以及随表演团外出参加表演等系统研究还是一个亟待填补的空白。这些都是本次田野调查期待能够有所突破的方面。

2. 合理安排，拟定田野调查工作时间安排表

表 1　田野调查工作时间安排表

次数	时间	地点	主要工作
第一次	2009 年 12 月 23 日	郁南宣传部会议室	开展调研会，与云浮市委宣传部副部长、市社科联主席黄永红，郁南县宣传部副部长张海文，郁南县文化广电新闻出版局副局长李秋贤，《南江文化纵横》作者张富文先生等就禾楼舞的发展现状进行交流

（续上表）

次数	时间	地点	主要工作
第二次	2009 年 12 月 27 日	郁南连滩镇政府会议室	与禾楼舞的传承人傅志坤、禾楼舞的鼓手朱展球、道具师邱建康、服装师傅坤华进行交流
		郁南县南江文化艺术团	采访禾楼舞的传承以及现状
		连滩镇维新路	观看田间的禾楼舞表演
	2009 年 12 月 28 日	封开文化广场	随团去观看禾楼舞的表演，并与禾楼舞演出团队的成员进行交流
第三次	2010 年 1 月 8 日	郁南宣传部会议室	了解禾楼舞申遗情况
		郁南县文化广场	观看禾楼舞的表演，并与禾楼舞演出团队的成员再次进行交流
		郁南宣传部会议室	了解地方政府对禾楼舞的保护情况
第四次	2010 年 1 月 23 日	罗定职业技术学院行政楼会议室	与郁南县宣传部副部长张海文先生就禾楼舞政府方面的投入，再次进行交流

　　整个田野调查从 2009 年 12 月 23 日开始至 2010 年 1 月 23 日结束，共计 31 天。在此期间，重点安排四次主题调研活动，调研内容包括开展调研会、访问禾楼舞传承人、了解禾楼舞申遗情况以及地方政府对禾楼舞的保护情况等，从比较全面的角度对禾楼舞进行调查研究。值得一提的是，在观看禾楼舞表演方面，单就舞台形式而言，我们选取了两个角度，一个是随郁南县南江文化艺术团去参加 2009 年"封开金秋"经贸洽谈会暨第四届广信文化节，这是禾楼舞对外舞台表演，一个是观看由郁南县人民政府主办的中国名桔郁南沙糖桔节暨原生态旅游欢乐美食节上禾楼舞在本县舞台上的表演。

　　3. 制定工作方式，配备好辅助设备

　　本次田野调查工作主要以访谈、拍照、录音、录像、阅读摘录与复印、问卷等方式进行。"工欲善其事，必先利其器"，为了这次田野调查，我们准备的辅助设备有数字式视频摄像（摄像、录音）一体机、数码照相机、录音笔、笔记本电脑等，这些已经足够应付本次田野调查。

　　4. 组织分工，团队协作

　　以往田野调查往往是单个人的行为，实际工作起来调查者往往顾头难顾尾，在采访中容易出现慌乱。本次我们采取团队成员合作的形式，在采访调查对象的时候，一人负责记录，一人负责拍摄，其他人则负责分发相关材料及调查问卷。

（二）实地调查阶段

1. 禾楼舞发源地连滩概况

连滩镇位于云浮市郁南县东南部南江中游西岸，东与东坝镇隔江相望，西接历洞镇，南靠宋桂、河口两镇，北毗南江口镇。镇域面积 95.1 平方公里，镇区面积3.5 平方公里。连滩因南江河畔宋桂、武帝庙和三庙前面大片相连的沙滩而得名。

2. 传承人记忆中的禾楼舞

禾楼舞究竟有多大的魅力，最有发言权的要算禾楼舞的传承人了。在调研会上，一谈起儿时记忆中的禾楼舞，傅志坤老师顿时变得神采飞扬，滔滔不绝地谈论起来："儿时的人们都很喜欢跳禾楼舞，他们的激情难以遏止，通宵达旦地跳，有些人甚至跳得昏倒在地上，等醒来以后又继续跳。"

此外，傅志坤老师在他的著作《南江晨曲》里记载了当年传承人余植祥老师的回忆："我学跳禾楼舞是在新中国成立初期，那时才十来岁，抱着好玩的心理学跳的，师傅叫蔡富柏，是道士，平时以做法事为生。禾楼舞那时又叫跳禾楼，是一种酬神舞，由道师带着，其他人跟着跳。据说，师傅蔡富柏的父亲也是道士，是世代相传，个个都会跳禾楼舞。"①

3. 历史演变中的禾楼舞

禾楼舞的发源地连滩乃是岭南古代民族居住之地，这些民族在夏商时期被称为于蛮、荆蛮或者蛮夷，周朝时有越、扬越、南越等称谓。直至春秋时期，楚威王兴兵伐越，大败越国，尽取吴越之地，越人流散到南方一带，分化成众多的支系。从这个时候开始，文献中才出现了"百越"这一个新的称谓。秦汉时期又有闽越、南越、西瓯、骆越、东瓯的称谓。秦代平定百越，西瓯人一部分融合到汉人中去，而没有融合的那一部分在东汉时反抗汉王朝失败，其遗民史称为乌浒蛮。当时在连滩生存的就是乌浒族人。对于当时的粤地，《汉书·严朱吾丘主父徐严终王贾传》中有言："越非有城郭邑里也，处溪谷之间，篁竹之中"，"以地图察其山川要塞，相去不过寸数，而间独数百千里，阻险林丛弗能尽著"②，"夹以深林丛竹，水道上下击石，林中多蝮蛇猛兽"③。禾楼舞的发源地连滩亦是如此，直到明朝，当地仍然是森林茂密，落叶淤积，河水之中充满了瘴气，误饮者会中毒，中毒重者会呈现疯狂乱跳状态。由于生活环境的恶劣，古代越人只能将希望寄托于神灵，而部落的族长在充当统治者角色的同时，也充当了巫的角色。禾楼舞的舞蹈动作原始、粗犷，跳舞者头戴假面具，身穿黑色衫裙，头戴小竹笠，腰扎围巾，脚蹬麻鞋。身披红袍的"族长"（亦是人神相沟通的巫师）头戴

---

① 傅志坤：《南江晨曲》，汕头：汕头大学出版社 2008 年版，第 437 页。
② （汉）班固：《汉书》，北京：中华书局 1964 年版，第 2778 页。
③ （汉）班固：《汉书》，北京：中华书局 1964 年版，第 2779 页。

莲花冠，系红色间黄披肩，左手执牛头锡杖，右手摇着一个系有彩带的铜铃，铃声起着震慑和号召众"族人"的作用。

三国至唐这一部分人被称为"僚"，民族融合、民族迁徙使得"僚"人能有更多机会吸收汉文化，进而促进了"禾楼舞"的进一步发展。"僮"这个民族名称直到南宋时期才取代"僚"。南宋末年的李曾伯在上宋理宗的"奏议"中，曾提到宜山有"僮丁"。宋人朱辅在《溪蛮丛笑》中进一步指明南方"洞民"有五："曰苗、曰瑶、曰嘹、曰僮、曰仡佬。"南江当时是中原通往南方海岸最便捷的交通要道，文化传播的大趋势是中原文化从北向南传承。明代时期连滩地区聚居多是瑶族人，禾楼舞也由瑶族人接收并传承。真正发展期应在明代万历年间，广东总兵张元勋率大军对三罗地区的瑶人征剿成功之后，汉人陆续来到此地定居安家，"禾楼舞"接受了汉人改造并且再次得以稳定传播。

清代由于儒道佛文化和民间文化相互渗透，作为民间酬神的禾楼舞也被道教和佛教渗入。清康熙年间《罗定州志》载："十月，田功既毕，村落报赛，田租各建小棚，坛击社鼓延巫者饰为女装，名曰禾花夫人，置之高座，手舞足蹈，唱丰年歌，观者互相赠答，以为乐唱。毕以示禾穗分赠，俗为之跳禾楼。"清道光四年（1824），《东安县志》载："冬十日，田功告成，村落中各设醮报赛，另建一小棚，高二丈许，巫易女服，歌舞其上，名曰跳禾楼。"民国二十三年（1934），广东省民政厅厅长株翼中到郁南视察，提到："酬神建醮之举，一岁之中，屡见不鲜。且以男巫饰女子，名'调禾楼'，于夜间举行。"（《广东全省地方纪要·第七十五编·郁南县》①）

4. 禾楼舞所需器具及其舞者装束

巫师装束：牛头锡杖（1.6米长，1条）、披肩（1件）、铜铃（系有彩带）、麻鞋。

男舞者装束：斗笠、黑衣、黑裤、围巾、麻鞋、牛角号。

女舞者装束：斗笠、黑衣、黑裙、麻鞋、藤环、挂肩饰物（麻布绣动植物图案）。

道具：面具（纸制造，上图彩）、竹筒火把、稻穗。

伴奏乐器：大鼓（1只）、大铜锣（1只）、小铜锣（1只）、大铜钗（1只）、小铜钗（1只）、唢呐（2支）。

5. 禾楼舞的表演仪式

禾楼舞体现着我们国家乡土艺术最基础的"底色"，它不属于任何专业阶层，甚至可以说是彻底的"草根艺术"。它通常在乡村举办，秋收后晚上跳。演出人员都是业余的，除了演出时大家聚在一起，其余时间还是自己做自己的工作。演出的地点多在社坛前、庙堂前或地堂（晒谷的禾坪）上，搭禾楼的材料

---

① 现存广东省档案馆。

为稻草、木、竹条，形状为四方形，三米长、三米宽、一米半高，舞台上面用禾把捆住。搭起禾楼后，村民们用果品来供奉、祭祀土地神，当然也可以请雷神、雨神等作陪。由于受瑶传道教的影响，禾楼舞的传承人中也有兼做道士的，尤其是他们通常会在醮期选择跳禾楼舞，因此他们往往又会多请些如太上老君、财神、寿星等神仙。现年77岁的禾楼舞第三代传承人胡泉先生，就曾从事道教做醮、斋业数十年。

请神、祈神项目完成以后，巫师（多为部落族长）披着禾秆装就在台上边跳边唱，唱词为禾楼调。

舞蹈开始前，鼓乐手先唱：

（领）登上禾楼齐颂唱（呀）。
（齐）欢乐唱（啰）。
（领）风调雨顺，五谷丰登，我歌齐歌唱（咯）。
（齐）我歌齐歌唱（啰）。
（领）跳起唉，跳起来禾楼舞起来（咯）。
（齐）舞起来（咯）。
（领）欢乐游，庆丰收（咯）。
（齐）此叮茶叮响（啰），呜—喂！

唱完以后，领舞者（巫师）一人，头戴羽毛装饰的冠帽（受瑶传道教影响，也有直接戴莲花道冠的），脸戴面具（额上画有"火"图形），衣裤为黑色，左手拿牛头锡杖，身披披肩一件，右手摇着一个系有彩带的铜铃，脚穿麻鞋带头出场，举锡杖绕禾楼一圈。接着众舞者依次出场，男舞者头戴斗笠，脸戴男面具（纸制造，上图彩），衣裤为黑色，腰束围巾，右手持火把，挂有牛角号。女舞者头戴斗笠，脸戴女面具（纸制造，上图彩），耳戴藤环，衣裤为黑色，双手捧一扎稻穗，挂肩饰物（麻布绣动植物图案）。在铃声的号召下，在节奏强烈的鼓乐、唢呐声中，舞者摆身、摇手、踏足，向东南西北四方起舞，然后过火门，叩拜田地，双手将稻穗举过头顶，在巫师摇铃祈福下，庆祝丰收，祈求上天赐福，保佑风调雨顺。

（三）整理分析阶段

1. 整理民间传说

每个原始傩舞的背后都必然有一些民间传说在支持着，以便有更多的爱好者聚集在周围。对于禾楼舞，连滩当地有神话传说流传。现将目前整理出较为全面的神话传说展示如下：

　　很久以前，连滩一带连年旱灾，许多谷粒只有空壳，百姓叫苦连天。歌仙刘三妹路经连滩，问明原委，很同情灾民，告诉人们："要唱歌来倾诉生活的不幸，用跳舞来感动天上神仙，祈求风调雨顺，五谷丰登，人畜平安。"于是人们唱歌跳舞一连三昼夜，果然这事被神农氏知道了，便叫他的曾孙女禾花仙女赶到南江流域察看灾情。当禾花仙女看到连片干涸的土地和枯萎的禾苗时，十分心痛。在夜深人静时，她将自己的乳汁挤出来，干枯的水稻吸收了乳汁后立即复苏了，干瘪的稻谷立即变得饱满起来。当地百姓为了纪念禾花仙女的恩德，于是规定每年中秋节前后，收获稻谷时节便聚集在一起，在禾秆、竹木搭成的楼棚上跳舞，通宵达旦，共庆升平景象，这种舞蹈就是最早的禾楼舞。与此同时，村民们还在连滩五显庙立禾花仙女的神像祭祀。

　　2. 梳理传承人传承谱系

　　在与禾楼舞传承者傅志坤先生的交流中，我们了解到禾楼舞的传承上主要以师传为主。

表 2　禾楼舞的传承情况表

代别	姓名	性别	出生年月	文化程度	传承方式	学艺时间	居住地址
第一代	叶其俊	男	不详	不详	师传	不详	连滩镇
	康福源	男	不详	不详	师传	不详	连滩镇
	傅二	男	不详	不详	师传	不详	连滩镇
第二代	莫进东	男	不详	不详	师传	不详	历洞镇
	谢进耀	男	1893 年 5 月	不详	师传	不详	连滩镇
	余娣	女	1904 年 3 月	私塾	师传	不详	连滩镇思和村
	蔡富柏	男	1906 年 6 月	私塾	师传	1930 年	连滩镇西坝村
第三代	蔡俊君	男	1930 年 7 月	小学	师传	1946 年	东坝镇虎岩村
	胡泉	男	1933 年 9 月	小学	师传	1947 年	连滩镇高街
	叶继标	男	1928 年 6 月	小学	师传	1948 年	连滩镇上乔村
	余植祥	男	1934 年 6 月	大学	师传	1951 年	连滩镇龙岩村
第四代	朱展英	男	1938 年 8 月	初中	师传	1968 年	连滩镇维新路
	傅志坤	男	1947 年 9 月	高中	师传	1968 年	连滩镇维新路
	卢景标	男	1955 年 7 月	初中	师传	1969 年	连滩镇平山路尾村
	赵雁南	男	1961 年 8 月	初中	师传	1968 年	连滩镇维新路

3. 整理禾楼舞唱词以及山歌

目前郁南的禾楼舞已登上舞台，但在演出时间上有所限制，通常表演为 5 ~ 6 分钟，由于时间的限制，禾楼舞唱词有时不会出现。

禾楼舞唱词除了在禾楼舞表演仪式中鼓乐手所唱的之外，最主要也是最核心的是这么四句：

登上咧，楼台咧（个）跳禾楼，
风调咧，雨顺咧，庆丰呀收。
摇肩咧，欢歌咧，太平世，
众执咧，穗铃咧，咏金秋。

此外我们还发现在丘均主编的《肇庆民间歌谣》里，收录有当时民间歌谣采录者陈良佳从第三代传承人胡泉先生那里收集的歌谣："登上楼台跳禾楼，风调雨顺庆丰收。六畜兴旺万民乐，众提彩灯游呀游。"①

我们从第四代禾楼舞传承者傅志坤先生的访谈中了解到，他当年在向第三代传承者余植祥先生学习时，余先生曾提到禾楼唱词还有几种，有一种是以唱农事节气为主的，从一月一直唱到十二月。因为年代久远，余先生也记不大清楚了。

在连滩山歌中也有一首专门唱禾楼的，现收录如下：

唱起禾楼庆丰收，禾楼跳起人长寿，
明月火堂如白昼，号角鼓点迎笑眸。
笑眸篝火映禾楼，大喜日子游呀游，
火把面具样样有，禾楼手执神庇佑。
庇佑齐众歌同奏，国泰民安五粮茂，
风调雨顺酿美酒，饮酒唱歌颂丰收。
丰收搭台跳禾楼，大细老嫩唱一兜，
禾楼山歌连滩有，如似高山水长流。
歌永奏，直唱有返头（啰喂），
歌乡年年舞风流。

4. 调查禾楼舞人员构成

现在郁南从事禾楼舞表演的主要有四批人，第一批是禾楼舞发源地连滩的民间艺人以及当地的农民群众，第二批是郁南县委直属机关的爱好者，第三批是在

---

① 丘均主编：《肇庆民间歌谣》，广州：广东人民出版社 1988 年版，第 67 页。

禾楼舞培训班中学习的郁南县都城地区中小学音乐舞蹈老师，第四批则是郁南县一些中小学的学生。

5. 了解禾楼舞当代发展以及保护措施

新中国成立后，禾楼舞的表演依然在进行。据访谈调研了解，1951 年第三代传承者余植祥先生曾跳过禾楼舞。1959 年，连滩高枧村的褟坤、西坝村的蔡富柏及上桥村的叶继标等人曾在连滩人民戏院表演过禾楼舞。20 世纪 60 年代，连滩群众曾以竹木搭禾楼棚，在连滩张公庙及猪头岗等地表演禾楼舞。20 世纪 60 年代后期，禾楼舞在"文化大革命"时期被当作封建迷信而被停止活动。2000 年，郁南县连滩"第五届民间艺术节"首次推出当地民间艺人排演的禾楼舞，并受到了当地政府的重视。2000 年，郁南县委、县政府划拨专款 3 万元，连滩镇政府向社会筹集资金 2 万元，作为挖掘和整理禾楼舞的专项资金。自 2001 年起，政府每年拨专款 3 万元来扶持、保护禾楼舞，至今已经投入扶持资金 20 多万元。2003 年投资 350 万元兴建了 1.2 万平方米、采用花岗岩大理石铺砌的连滩文化广场，为禾楼舞的表演提供了广阔的平台。重新挖掘整理后的"禾楼舞"也不负众望，刚登上舞台便多次获得大奖，如 2002 年和 2003 年在"广东省首届民间艺术大赛"和"广东省第二届民间艺术表演大赛"中均获得银奖，2005 年获"首届岭南民间艺术汇演比赛"金奖。

在田野调查中，我们发现随着社会发展，一些传统的民俗文化日益衰落，古老的禾楼舞如果不继续加大挖掘、整理力度，它将存在消亡的危险。虽然禾楼舞已列入国家级非物质文化遗产名录，但目前的传承现状仍不容乐观。由于禾楼舞历史悠久，相传的人员不多，一些年事已高的艺人年老体弱，口传身授极为吃力，对一些舞蹈动作也逐渐淡忘，而且有些艺人已经相继谢世，所以加大挖掘和保护力度乃当务之急。在历史的长河里，禾楼舞在人们每年稻作农耕祭祀仪式中得到传承。而今禾楼舞受到市场经济商业化的冲击，同时人们的审美观发生了改变，青少年尤其是男生对禾楼舞的兴趣不大，因此参加演出活动的人员也越来越少。

二、禾楼舞的象征与崇拜

禾楼舞不是简单的个体行为，而是集体意识的体现。任何单独的个人都无法完成整个禾楼舞的表演。在表演之前，巫师（或部落族长）为神代言，因此他的声音以及动作都具有通灵的作用，但巫师本身不是神，神还是属于大家的，这让大家在这种集体无意识的感召之下，感觉不到个体与文化的差异。在整个表演的过程中，任何一个人都在享受着狂欢和愉悦，过火门，拜天地，接受着上天的恩赐。郁南的禾楼舞多选择在中秋期间举行，这正是家家团圆的日子。以这个民俗节日作为一种精神建构，自然也是一种灵魂的洗礼，它的集体象征体系已经融入常态生活中。

我们知道，在人类早期社会中，农业活动的表演内容是整个傩舞中不可分割的一部分。《吕氏春秋·古乐篇》记载葛天氏部落的乐舞所表达的是远古先民对农耕活动的重视以及祈愿神魂相助的心理。禾楼舞从本质上说属于一种祭祀活动，属于农业神魂祭祀的舞蹈。这源于古代人们相信万物有灵的心理。稻谷自然也有它的魂魄，如今在云南傣族大部分地区，无论是播种或收割，都必定由主妇带头开始作业，其时要用"鬼鸡"和糯米饭来献祭于"谷魂"。在禾楼舞所依托的民间传说中，禾花仙女用自己的乳汁浇灌禾苗，唤醒这些"谷魂"，从而使稻谷丰收。

除了神灵崇拜和谷魂崇拜，我们还可以从禾楼舞舞者的装束和表演中看到其他一些崇拜。结合以往论者，现整理如下：

其一，黑色崇拜。这个观点最先由费师逊提出，他认为禾楼舞舞者皆身穿黑衫裙，头戴黑凉帽，脚穿麻鞋，这与乌浒人崇尚黑色有关。乌浒人以黑色大乌龟为图腾，至今仍在民俗节日中保存着黑色大乌龟，作成对的表演。[①] 对此，张富文认为这与连滩当地的地理状况有关。连滩当地森林茂密，落叶淤积，流经的河水因而带黑色，有黑水河之称。[②] 我们认为乌浒人的黑色崇拜可能与秦朝平定百越有关。秦朝服色重黑，《史记·秦始皇本纪》有言："始皇推终始五德之传，以为周得火德，秦代周德，从所不胜。方今水德之始，改年始，朝贺皆自十月朔。衣服旄旌节旗皆上黑。"[③]

其二，耕牛崇拜。这个观点在早期的禾楼舞研究中就已被提出，研究者认为中原人民大量南迁，在带来了中原先进生产技术和文化的同时也带来了耕牛。耕牛的出现使得耕作物丰收，因而牛被当地少数民族奉为神物。作为原始傩舞的"禾楼舞"，其中处处可见对牛的尊崇。身披红袍的"族长"左手执牛头锡杖，牛头锡杖代表着一种神圣而不容侵犯的权威。此外，舞者在牛角淳朴而雄浑的音调下起舞，而牛角是领导力的象征，它指挥着整场傩舞的进行。

其三，火崇拜。禾楼舞中舞者围着火堆起舞，举火把，过火门，这反映的其实就是原始的火崇拜。根据传承人介绍，过了火门，象征着来年平平安安，生活过得红红火火的。不过我们根据调查，觉得这只是火崇拜显性方面的表现，禾楼舞中火崇拜深层次地隐喻着连滩地区原住居民生活方式以游牧为主转为以农耕为主，对火的使用增加进而始终保持敬畏以及崇拜。

其四，英雄崇拜。文明的进化，神话的创设，使得禾楼舞中多了一个拯救黎民的女性英雄即"禾花夫人"。她因拯救了黎民而被人们当作英雄一样来爱戴，

---

① 费师逊：《"跳禾楼"——远古稻作文化的遗存》，《中国音乐学》1997 年第 1 期。

② 张富文：《南江文化纵横》，香港：中国评论学术出版社 2008 年版，第 250 页。

③ 杨钟贤、郝志达：《全校全注全译全评史记》（第一卷），天津：天津古籍出版社 1997 年版，第 244 页。

并作为一种显性符号在舞蹈中展现出来，另外当地人民还在连滩五显庙立禾花仙女的神像祭祀。

三、禾楼舞研究发展态势前瞻

本次田野调查所揭示的只是"禾楼舞"研究的极小一部分内容而已，为了让禾楼舞更好地发展和传承下去，我们根据现在禾楼舞研究的发展态势，拟出如下的八大研究课题。

（一）禾楼舞的原生态研究

"原生态"既可以解读为"原始的生存状态"，也可以解读为"原生的生存环境"。这个词语来自自然科学领域，就艺术尤其是舞蹈而言，这个"原生态"应该是积淀了人类原始的自然特性，保留了人类进化的印迹。在禾楼舞的历史发展脉络中，我们可以看到禾楼舞的产生是由于当地人民生存环境的"第一生态"相当恶劣，古越人只能将希望寄托于神灵，而部落族长在充当统治者角色的同时，也充当了巫的角色。巫是这种舞蹈的创造者，随着当地的民族关系演变，充当"禾楼舞"改造者的有东汉时期的乌浒人，三国至唐时期的僚人，以及在之后的瑶族人和汉人。

（二）禾楼舞的音乐研究

在禾楼舞演出过程中主要有两类音乐形式：人声和器乐。人声有唱腔、颂白等形式。器乐有器乐曲和锣鼓伴奏等形式。此外，它的曲调、唱词、乐谱、音乐发展历史等，都有待我们去挖掘和研究。

（三）禾楼舞的舞蹈研究

相较于音乐而言，禾楼舞最主要还是通过舞蹈进行演绎，因此我们有必要对禾楼舞的舞蹈动作语言以及形态进行分析和解读。在理论方面，我们可以运用舞蹈身体语言学、舞蹈生态学的一些研究视角与方法。

（四）禾楼舞与连滩山歌研究

现存的禾楼舞真正的发展期是明代万历年间，当时广东总兵张元勋率大军对三罗地区的瑶人征剿成功之后，大批汉人陆续移居此地，禾楼舞接受了汉人文化进而稳定传播，成为维系民族感情的纽带。连滩山歌于明朝隆庆年间开始传唱，因起源于连滩而得名，是民间群众抒发内心感受、表达情意的一种民歌，主要有独唱式、对唱式和擂台式三种唱法，曲调爽朗、明亮，曲谱调子基本固定，多在节日、喜庆、丰收、集会、祭祀或劳动中咏唱。

（五）禾楼舞的面具研究

戴面具进行演出是禾楼舞的典型艺术特征之一。面具可以将人（演员）转化为神或魔，它是一种象征，以独特的图案以及色彩震撼着观众的心田，使人们从中获得振奋与鼓舞。如果失去了面具也就表演不了禾楼舞。原始的禾楼舞面具，据传承人介绍早已在"文化大革命"时期被没收了。恢复禾楼舞表演以后，凭着儿时记忆，大家也曾重新制作禾楼舞的面具，但是使用那些仿古的面具表演起来，从观众反映来看，效果并不好。因此传承人和当地艺人将面具进行了改良，从娱神向娱人进行转化。

（六）禾楼舞的民间故事研究

在调查中，我们还发现了一些与禾楼舞有关的民间故事，不过这些故事我们未必能像民间传说一样收集完整，因此没有加以附录，但这可以留到以后加以分析研究。比如在瑶民的口头故事中，提到了禾楼舞与瑶族女首领胡映雪有关。胡映雪能歌善舞，经常带族中男女与各族进行联欢，尤其在丰收之后。在月圆之夜，他们用稻秆盖一个木棚（舞台）取名"禾楼"，他们跳的就是禾楼舞。

（七）禾楼舞的宗教研究

现存的禾楼舞受到宗教的影响很大，从了解到的传承人的职业来看，他们早年都从事过宗教祭祀方面的事务，在当地被称为"喃呒佬"，因此在禾楼舞中有儒、释、道三教的渗入，但最主要还是道教。对于中国文化根柢，鲁迅先生曾说过："中国根柢全在道教，此说近颇广行。以此读史，有多种问题可以迎刃而解。"[1] 连滩一带是多民族聚居点，尤其以瑶族最为鼎盛，禾楼舞中瑶文化成分很浓郁，而瑶传道教对于禾楼舞的影响非常大。理解了瑶传道教，我们就能更准确地把握禾楼舞的精髓。

（八）禾楼舞文化的旅游开发

南江文化旅游业蓬勃兴起后，禾楼舞也进入了旅游市场，其现实需求量不小，潜在需求量更大，市场前景看好。相对于以前旅游资源主要集中在国内著名的、品位级别高的名山大川和历史文化两个领域而言，民俗旅游不仅能观看，而且可以参与到原生态的歌舞表演中去，这对游客来说无疑更具有吸引力。从游客的出发点而言，他们出来旅游的目的是寻找新鲜事物，增长知识阅历和获得快乐。生活在都市的游客们，他们希望能通过旅游来释放平时的压力，进而能寻找到原生态中符合人性美好的一面。禾楼舞用古朴、欢快的舞蹈传递给游客新奇的感受，使大家互动起来，同时，过火门也给游客带来了未来的好运与快乐。

---

① 鲁迅：《鲁迅全集》（第八卷），北京：人民文学出版社 1981 年版，第 353 页。

潮州大吴泥塑的传承发展①

邓亮生②

传统民间美术是民族历史的文化积淀，是人民大众集体智慧的结晶，是我们当代不可或缺的宝贵资源。张道一在论述民间美术的意义时曾指出："民间美术蕴含着民族的心理素质和精神素质，反映着质朴的审美观念。民间美术是一切美术基础。"③ 对传统民间美术形式语言的借鉴，包括对其独特的文化内涵和审美价值的探索，正是我们当前学习和研究传统民间美术的文化学意义所在。在 21 世纪的今天，面对众多传统民间美术的生存尴尬与消退，进行传统民间美术的传承研究显得极为重要，传统民间美术的传承体现了民族文化的存在、延续和发展。历经 700 多年发展历史的潮州大吴泥塑在历史、文化、艺术和实用等方面都有着极高的价值，是中华传统民间美术的一朵奇葩。潮州大吴泥塑站在潮汕文化的土壤之中，演绎出一段精彩的历程，其发展历程依靠的就是传承。因此，全面深入地研究潮州大吴泥塑的传承关系，可以帮助我们整体把握其丰富多彩的发展脉络。

一、潮州大吴泥塑的形式与变革状况

潮州大吴泥塑的艺术形式是由早期的简单概括发展到追求生动传神、淳朴自然和精致纤细；其彩绘用色风格由初期艺人泥塑设色层次单一，注重大色块的组合，后逐步形成潮州大吴泥塑的用色鲜艳，粉色明度与重色色调的协调搭配，突出淳朴高雅的色彩格调，给人一种柔和、甜美、清新的岭南粤东乡土气息，并注重用色与人物形象特征的吻合。如大吴泥塑中最有趣的泥塑制品"安仔"即是喜童（泥玩具），它在色彩上较多运用红黄蓝绿等对比色点缀，在粉色上达到协调中的对比，具有清丽、明朗、淡雅的艺术效果，隐藏着色彩的喻意象征性。大吴泥塑在传承发展历程中完善出一整套技艺工序，即在工艺制作上按挖泥、练泥、捏塑、烧坯、彩绘五大步骤进行，采用雕、塑、捏、贴、刻、印、彩等艺术手法。潮州大吴泥塑立足于本民族的优秀文化传统，吸取潮州枫溪陶瓷、潮州木

---

① 本文为广东省教育厅育苗项目，课题名称为"潮汕民间工艺美术地域文化价值研究"。

② 【作者简介】邓亮生，韩山师范学院美术系讲师，研究方向为油画创作与教学研究。

③ 张道一、廉晓春：《美在民间》，北京：北京工艺美术出版社 1987 年版，第 53 页。

雕和国画艺术的精华，以融合为途径开创出其独特的民间乡土泥塑艺术形式，在传统语境下保持自己鲜明的语言风格。

　　传统民间美术的变化前进总是受时代的进步、社会的发展、文化的交流、生活习俗的改变等诸多因素的影响。潮州大吴泥塑在发展中也不是一成不变的，它经历了多次大的生长变革，其每次生长变革根源都与潮州文化有关，即与当地习俗礼节、审美情趣、生产技术、商业贸易和经济条件等息息相关。其生长变革过程可以划分为四个阶段，即自然民俗阶段、技艺成熟阶段、文化遗产阶段、产业开发阶段。在自然民俗阶段，潮州大吴泥塑作为一种当地人民劳作之余的手工产品，是应人们的生活习俗需求而自然产生的，它的创作过程不等同于今日院校中的艺术创作，同时也区别于仿民间美术作品的创作，它在民俗学上可称为自然的民俗现象。这阶段主要体现在潮州大吴泥塑的发展初期，从它的历史渊源来看，潮州大吴泥塑起自南宋，最早的大吴泥塑出自鼻祖吴定。据历史记载，吴定自幼随父于江浙经商，曾目睹艺人用泥捏制玩具的技艺，同时也感受到当地瓷塑艺术的魅力，据《潮州市文物志》记载："潮州水东窑就是笔架山窑，也叫白瓷窑，俗称白窑村，生产年代是北宋。笔架山窑 1954 年出土的宋代的遗物主要有花碗等。"[1] 可见潮州瓷塑的出现比大吴泥塑早，这对大吴泥塑的初步状况有一定影响。清朝中叶至民国初，是大吴泥塑发展的鼎盛时期，也是大吴泥塑走向技艺完善的时期，社会环境、经济状况和文化生态的变迁客观上促使潮州泥塑进入新的阶段，人们将之视为一种技术和艺术形式的成熟阶段。潮州泥塑在生产技术和形式语言上都凸显了地方民间文化特色，一方面，为了适应市场需求，泥塑由单一生产走向有规模的作坊生产，改正了小制作不足的地方，完善了堆、塑、贴、模印、彩绘的泥塑技艺，使整套生产工艺更加规范；另一方面，这时期民俗礼节热闹隆重，人们都非常重视礼节上的仪式，这些礼节习俗不仅带旺了泥塑的市场需求，更重要的是，它也影响了泥塑的形式语言和技艺，如泥塑戏剧人物的服饰上和其他道具上，采用了具有色彩象征性的"喜用金"，来迎合人们的心理需要。潮汕民间结婚、产子、喜庆活动必送的礼品——喜童，也是在这样的背景下应运而生的。新中国成立之后，大吴泥塑艺人的生存背景和生活方式都发生了变化，出现了一批研究所专业技术人员，他们拓展了泥塑的生产工艺，如擅长古装戏的贴塑人物的吴东河，同时他们也面临新的时代挑战，这时期的潮州大吴泥塑辉煌景象已经不存在了。改革开放之后，随着人们文化意识的逐渐觉醒和怀旧情绪的日益增长，潮州泥塑作为一种文化遗产和历史研究的资料，代表着一段历史和一种文化，这是潮州泥塑的"文化遗产阶段"。进入 21 世纪，潮州大吴泥塑应传统

---

　　① 张向军：《潮州大吴泥塑综述》，《潮州文化研究》，2005 年，第 15 页；谢逸主编：《潮州市文物志》，1985 年。

艺术开发政策、经济市场、商业的刺激以及自身传承发展的需求，转化为一种文化资源和市场资源，吴德祥、吴闻鑫、吴维清等一批艺人通过结合现代化的方式，生产出适应现代生活需求的大吴泥塑产品，形成有效的"泥塑文化产业"，这是潮州大吴泥塑的"产业开发阶段"。潮州大吴泥塑的生长变革是潮州历史文化变迁的缩影，在泥土的气息中映照出一代代艺人的执着与热爱。

二、潮州大吴泥塑传承模式的变迁

"传承是一个有机的生命链，是一个民族的艺术以及文化得以存在、延续与发展的必要机制。"[①] 民间美术的延续发展与它的传承是紧密相连的，传承人在传承过程中扮演着一个重要的角色，他是民间美术的生命。潮州大吴泥塑是在潮州文化的影响下，经过几代艺人的不懈努力传承发展下来的。因此，我们可以通过关注潮州大吴泥塑的传承人，来认识和研究它在不同时代背景下发生的传承模式的变化。

（一）家庭式传承

潮州大吴泥塑是在地域环境影响下自然形成的一种民间美术，它保留着乡土民间美术的特性。这种土生土长的潮州大吴泥塑，在早期传承模式上有两个特点：一是单一的，二是个体的，主要靠家庭传授来进行。在南宋末年，吴定来到大吴村后，见村中泥土可捏制玩具，于是在农闲之余用手捏制泥塑，初始为个人兴趣爱好，后得人欣赏。根据大吴村艺人世代口传得知，吴定把这门泥塑技艺传给其长孙吴长洋，而吴长洋又把泥塑技艺传给其子，此后大吴泥塑技艺世代相传，这也影响了同村里的其他一些人。如清末大吴泥塑大师吴潘强，继承了其父吴大芳的手艺，他对大吴泥塑的发展贡献很大，技艺高超，泥塑艺术水平可以与同一时期国内很多著名的雕塑家和画家相提并论，同时他对同一村里的其他艺人也产生很大影响。像这种父传子业的家传式传承模式在早期大吴泥塑发展中较多出现。2009 年 6 月底，文化部下发了关于第三批国家级非物质文化遗产项目代表性传承人的通知，吴光让被定为大吴泥塑第 23 代传人，他的泥塑艺术启蒙来自其父吴来树。这种家庭传承的艺人比较多，如吴木舜、吴炳延、吴汉松等祖父辈皆为泥塑艺人，家庭环境下的耳濡目染更容易使他们习得一技之长。由此可见，这种家庭传承模式在大吴泥塑的发展中起到主要的作用。

（二）师徒式传承

当一种技术知识需要钻研传承下去时，必然需要改变单一的传承模式。潮州

---

① 宋生贵：《传承与超越：当代民族艺术之路》，北京：人民出版社 2007 年版，第 91 页。

大吴泥塑在进入它的繁荣生产时期后，师徒式传承就变得流行了，师徒式传承的意义在于能从实际出发，较快习得一门技术。据大吴村史料记载，在明清时期，当地民俗活动昌盛，许多人会到大吴村购买"纱灯头"（即制作纱灯的人物头像）和泥玩具"喜童"。这使得大吴村出现上百家泥塑作坊的繁荣生产景象，那时几乎每家每户都有生产泥塑的作坊，不少人通过拜师学艺习得这门手艺并以此为生，可见此时的传承已经不再是单一的家族传承模式了，这时已经通过师傅带徒弟的方式进行传承，拜师学艺的人多来自附近乡县，福建漳州曾有十多人来大吴村学习泥塑技艺。著名泥塑艺人吴维清，他的家族并没有人捏过泥塑，他的技艺主要通过拜师学艺获得。

（三）多种方式相结合的传承

改革开放后，潮州的经济与文化都发生了新的变化，人们的习俗观念也在转变，娶妻、生男、游神赛会、传统节日里的"请丁"民俗渐渐地淡化，从事泥塑的大吴艺人也少了，泥塑生产只能维持生活，于是年轻人多选择进城谋生或从事盈利更大的工作。如大吴泥塑艺人吴光没有让长子吴闻鑫继承此业，而是在机关单位工作。在这样的环境下，新时期的潮州大吴泥塑要发展就必须创新传承模式，使其技术知识得到广泛传播。如今，大吴泥塑采取了学院培养、父子相传、师徒式传承及培训班学习等多种方式相结合的传承模式，潮州陶瓷院校也已开设这门技能课程，争取让更多的学生能够喜爱泥塑制作，同时通过展览、媒体等宣传方式让更多的人了解潮州大吴泥塑。泥塑如果有更好的市场销路，将来泥塑的传承就会代代不息。

三、结　语

时代的发展总会伴随出现新的生活方式和生活观念，固守传统必然会被时代所淘汰。作为有着上百年历史的泥塑艺术，潮州大吴泥塑在与时俱进中完善它的传承模式，使其艺术代代相传。今天的大吴村依然能让人感受到古老泥塑文化曾经的辉煌，同时新兴的泥塑生产活力也如星星之火一般渐渐燃起，出现了大吴瓷艺厂、大吴工艺彩瓷厂等企业型泥塑生产车间，这些企业泥塑生产正以研发新的技术和创新模式推动着大吴泥塑的传承发展。

潮汕嵌瓷艺术研究

黄华明　许南燕①

一、引　言

优秀的文化需要传承，需要代代永不停歇地传播。非物质文化遗产作为人类宝贵的资源，近年来备受社会各界广泛关注。嵌瓷作为潮汕建筑中三大装饰手法之一，在历史的积淀下绽放出它独具魅力的风采，并且在 2008 年被评为"国家非物质文化遗产"。

"京都帝王府，潮汕百姓家。"在这片远离京都的富饶土地上，潮汕人的经商贸易活动一直很活跃，他们有"东方犹太人"的美誉。也正是发达的商贸，使潮汕大地的民俗与建筑文化同步发展。嵌瓷艺术大到宏观布局小到一花一草，都与传统潮汕文化有着千丝万缕的联系。

二、何谓潮汕文化

潮汕地处祖国版图南端，包括广东省现在的汕头市、潮州市和揭阳市三个地级市的地域范围。潮汕地区的居民，其祖先很多是从中原迁徙过来的，他们同时也带来了中原文化。潮汕人有着传统中原人的思想，在海外的巨商富甲一般都会回到家乡置办田地修建大宅，以光宗耀祖。儒家文化作为潮汕文化发展的基石，深深植根于潮汕大地，渗透到历史、宗教、民俗、礼仪等各个方面，从而发展成为具有当地神韵特色的潮汕文化。

潮汕文化可以说是南粤土著文化和中原文化相融合而产生并发展的，有着共同潮汕方言的人文特征，是中原文化的一个分支。目前所说的潮汕文化包括潮汕方言、潮汕民俗、潮汕工艺美术、潮汕民居建筑、潮剧、潮汕饮食文化和潮汕宗教文化等众多方面的内容。本文探讨的潮汕建筑上的"嵌瓷"也是在这样的文化氛围中慢慢发展起来的独树一帜的一门装饰艺术形式。事实上，潮汕建筑相当

---

① 【作者简介】黄华明，广东工业大学艺术设计学院副院长，教授，硕士研究生导师；许南燕，广东工业大学艺术设计学院 2011 级硕士研究生。

重视装饰，而且具有很浓厚的炫耀性。清乾隆《潮州府志》提到的所谓"鸟革翚飞"，"雕梁画栋，缀以池台竹树"，就是对潮汕民居华美装饰的赞叹。民谚所谓的"潮汕厝，皇宫起"，就是指其富丽堂皇的装饰可以与皇宫相媲美。[①]

三、嵌瓷艺术在潮汕地区的发展

嵌瓷，普宁人俗称"聚饶"或"扣饶"，是以绘画与灰塑造型为基础，选用各种颜色的精薄瓷器剪取成所要表现对象的瓷片，也称"饶"片。[②] 题材方面有花卉、人物、神兽、鱼鸟等，一般多装饰于屋脊、垂带、檐下以及照壁等建筑部位，形式有"平嵌"、"浮嵌"和"圆嵌"三种。其特点是色彩艳丽、外观洁净、经久耐用，尤其在沿海地区可以防风、防晒和防雨。

嵌瓷的发展至今已有300多年历史。据《广东工艺美术史料》记载，嵌瓷最早出现在明代万历年间，在清代发展壮大，它被广泛运用在潮汕的民居、宗祠和庙宇建筑上。嵌瓷是由北方传至南方的一门工艺技术，使用的材料是涂料，但是这种涂料显然不适合潮汕这种温热多雨、潮湿的地区。后来，民间艺人发现瓷碗几经洗涤都保持原来的色泽，便开始使用瓷片来代替涂料。

自明代开始，潮汕的陶瓷业蓬勃发展，陶瓷产品远销海外。当时发达的造瓷业也产生了大量的废瓷片碎料，这给嵌瓷的发展提供了原材料。到了清代，随着嵌瓷艺术的成熟，专门生产嵌瓷原材料的作坊渐渐出现了。

木雕本身的材质限定了它只能在室内使用；石雕没有多变的色彩，其自身重量也不适合在建筑屋顶等部位大面积地使用。而当时在潮州，瓷器作坊发展非常成熟，嵌瓷原材料供应充足。瓷片即使经过日晒雨打，依旧能够保持绚丽多彩的本色，这是木雕、石雕所无法比拟的。

最初用于制作嵌瓷的多数是高温烧制的瓷器，这种瓷器不足的地方就是若长期暴露在空气中就会与空气的某些元素产生化学反应，形成一层膜覆盖在嵌瓷表面，降低其色泽，而且时间长了还会变黑。[③] 到了近代，嵌瓷制作逐渐使用了低温烧制的瓷器，改进后的瓷器解决了原先高温瓷器所带来的问题。由此，颜色丰富和花纹多变的嵌瓷艺术，作为潮汕传统装饰的一个分支逐渐进入了人们的生活。

---

① 陆琦：《广东民居》，北京：中国建筑工业出版社2008年版，第131页。
② 嵌瓷概念参照于魏秋影、郭马风所著的《潮汕工艺美术》和陆琦编著的《广东民居》第七章"民居建筑装饰与装修"中第三节"民居装饰类别"。
③ 来自大寨嵌瓷第四代传承艺人许少鹏的口述资料。

四、潮汕嵌瓷三大传承脉络概述

民国时期潮汕的嵌瓷主要有三个传承脉络，分别是以潮阳的吴丹成、普宁的何翔云和潮州的苏宝楼为首的派系。三位嵌瓷大师在潮汕各地留下了许多精美绝伦的嵌瓷作品，并曾经带领弟子远赴东南亚、中国台湾、中国香港等地创作嵌瓷。

（一）潮阳吴丹成

1. 早期吴丹成

早在清代，潮阳嵌瓷工艺大师吴丹成就在潮汕各地留下了许多嵌瓷作品，多分布在庙宇和各地的古建筑上。历史对吴丹成师傅的记载资料甚少，但有一个事情最为人称道，就是吴丹成师傅与后来成为另一嵌瓷脉络祖师的何翔云的第一次"过招"。清末民初，位于汕头外马路的存心善堂上的《双龙戏宝》和《双凤朝牡丹》，就是由当时的嵌瓷名将吴丹成和何翔云带领两个派系的艺人竞技完成的。

2. 传承弟子代表——大寮许氏

大寮民间艺人许石泉于1906年拜吴丹成为师，学习继承嵌瓷艺术并将之发扬光大，不断创新，并把技艺传给子孙及族人。《潮阳县志》记载：成田大寮乡许石泉一家世代从事嵌瓷工艺，被誉为"嵌瓷世家"。许石泉后来又把这一手艺传给了三个儿子许梅村、许梅洲和许梅三。他们的嵌瓷作品遍布于潮汕大地，甚至中国香港、新加坡、泰国等地也都留下了他们的佳作。从调查所获得的资料来看，大寮嵌瓷许氏的发展脉络是最为清晰的，历经四代（见图1）。

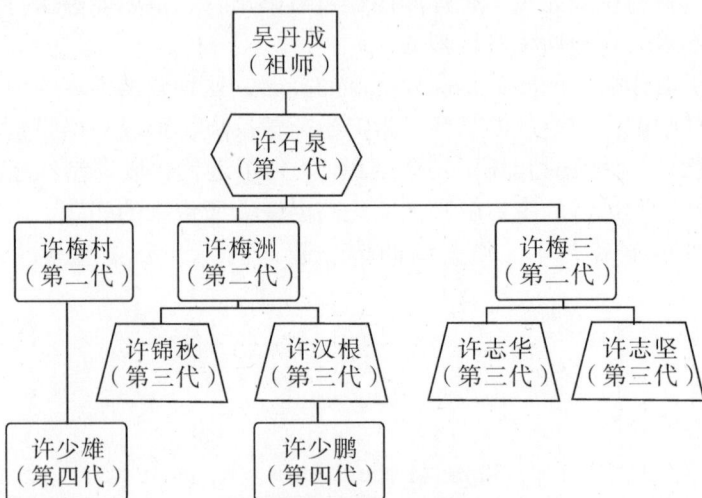

图1　潮阳嵌瓷传承脉络图

大寮许氏中最出名的要数许梅洲的嵌瓷艺术。他的嵌瓷作品技艺精湛，色彩缤纷，形象栩栩如生，久经风雨也不褪色。他于1970年创作的作品《郑成功》至今仍被北京博物馆收藏，1988年广东电视台专程到大寮乡对嵌瓷的制作工艺进行采访报道。

第三代传人许志坚也颇有名气，青年时期进入汕头市工艺美术学院。他先后参与了汕头存心善堂、关帝庙、天后宫等古建筑的修茸，还原了部分宝贵的嵌瓷遗迹。1972年，他的作品《松鹤图》参加了北京"全国民间艺术展"。1986年，许志华为美国休斯敦潮籍华侨精心制作了《蛟龙戏水》、《老虎带子》两大幅嵌瓷浮雕，最后运往大洋彼岸的美国镶嵌于关帝庙龙井和虎井壁上。惟妙惟肖的技艺在美国华侨界引起轰动。他在嵌瓷中总结出"龙不低头，虎不倒尾，颈忌胖，身忌倒"和"三弓，六发，九曲，十二脊刺"等表现技法。

目前，身为第四代传人的许少雄、许少鹏也已逐渐在潮汕地区小有名气。许少鹏在继承其先辈的传统工艺的同时，勇于创新，精益求精，并在大寮乡里定期开设嵌瓷培训班，把这门技艺传授给乡里的年轻人。但据悉，没有多少年轻人能真正沉得下心学习，嵌瓷传承令人担忧。

（二）普宁何翔云

1. 早期何翔云

普宁嵌瓷脉络的始祖据考证是潮汕嵌瓷大师何翔云（1880—1953）。当地人都称何翔云师傅为何金龙，其落款为何翔云，金龙为其本名。何翔云少年时期师从陈武州学画艺，勤奋刻苦，并跟随师傅在潮汕各地制作嵌瓷，如汕头李氏宗祠、普宁的"引祖祠"、果陇的"东祖"等。其成名作是汕头存心善堂的"双凤朝牡丹"，当时年仅19岁的何翔云在与潮阳吴丹成的竞技中一鸣惊人，大家为之倾倒，可惜这一作品在"文化大革命"期间中被毁坏了。

后来随着战火逼近，何翔云又去了中国台湾、泰国和柬埔寨金边，并继续从事嵌瓷装饰工艺，在当地留下了杰作。后来他在柬埔寨逝世，享年73岁，其传承脉络为两支（见图2）。

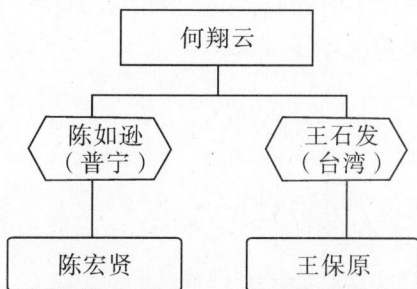

图 2　普宁嵌瓷传承脉络图

2. 传承弟子代表——普宁陈氏

何翔云师傅早年在潮汕地区收了许多门徒，其中数普宁赤水的陈氏陈如逊这一脉络最为出名。陈如逊师傅自少年时期开始学习制作嵌瓷，当时对嵌瓷已有一定的了解和绘画基础。据考证，在1936年左右，他师从何翔云大师，跟随其在揭阳、海丰和陆丰创作嵌瓷，给后人留下不少精彩作品。[①]

直到改革开放之后嵌瓷才真正复兴起来，身为第二代传人的陈如逊之子陈宏贤，把父亲传授下来的嵌瓷技艺发扬光大。位于燎原镇的果陇村，这一带坐落的三四十座"四点金"的传统潮汕民宅，里面的嵌瓷装饰有不少出自陈宏贤师傅高超的技艺。

3. 后期台湾弟子——王石发父子

提到何翔云大师云游台湾的那段时期，就不得不说到王石发父子。何翔云大师到台湾后，制作了7处嵌瓷，有台南"学甲慈济宫"、"佳里金唐殿"、"竹溪寺"等。他在台湾虽然名声远播，但是不轻易将绝学外传。王石发（台南人）是他收的唯一一个台湾弟子，曾跟随他回到潮汕学艺，后来王石发又把这门技艺传授给了自己的儿子王保原。现有的资料对王氏父子的记载很少，然而，笔者找到一份台湾"国立"云林技术学院在一次讲座中对王保原老师傅的采访，里面提到"王老先生唯现已年高七十，犹未有传人，实令人唏嘘"。可见，宝贵的嵌瓷艺术在台湾的传承发展也是令人担忧。

（三）潮州苏宝楼

1. 早期苏宝楼

湖美村的嵌瓷制作从明末清初开始形成，在民国时期出现发展高峰。潮州嵌瓷老艺人苏宝楼出生于民国时期，又称赵良、宝国。他的嵌瓷技艺在当时颇负盛名，人称"宝国时代"。其父苏清平是清代嵌瓷工匠，他继承了父亲的手艺，并加以改进。改革开放的20世纪80年代，在修复潮州开元寺的工程中，苏宝楼老师傅运用传统嵌瓷工艺，为开元寺的大雄宝殿、观音阁、地藏阁的屋脊嵌饰了龙凤、花卉等图案，风格独特，雅俗共赏。苏老先生的儿子苏宋裕、孙子苏镇湘也相继从事嵌瓷工作。苏宝楼当时还收了一些弟子，其中一个就是后来的潮州嵌瓷代表人物——卢芝高的父亲卢孙仔（见图3）。

---

① 来自普宁嵌瓷第二代传承艺人陈宏贤的口述资料。

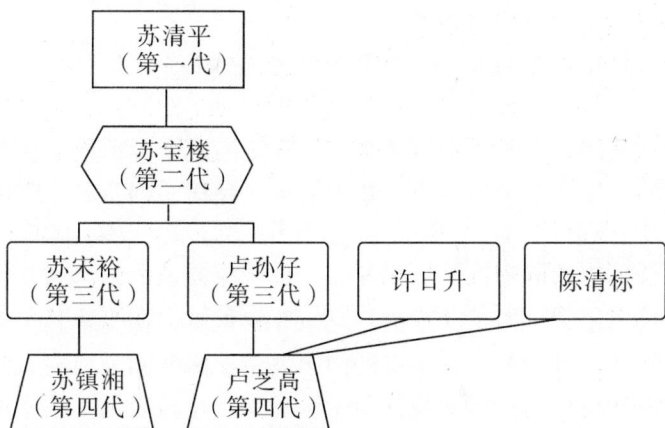

图 3　潮州嵌瓷传承脉络图

2. 传承弟子——卢美村卢氏

潮州嵌瓷目前的代表人物是第四代传人——潮安县金石镇湖美村的卢芝高师傅。卢芝高师傅出生于当地一个民间建筑世家，从小就对画画有着浓厚的兴趣。据卢芝高师傅口述，他最初的嵌瓷技艺来自其父亲（人称"卢孙仔"）的悉心指导，这是家传的制作技艺。后来他又师从揭阳的嵌瓷艺人许日升、澄海的陈清标。①

改革开放初期，卢师傅一边做嵌瓷一边做建筑工程，很忙碌。当时一个老师傅跟他说"针无两头利"，要专心学习才能学有所成，卢芝高从此一心钻研嵌瓷。为了能让嵌瓷的艺术底蕴得到提升，他还专门去高校，学习国画两年。由于卢芝高师傅勤于钻研，其技艺结合了多位嵌瓷师傅的精华，并糅合了中国人物画的特色，最后形成了独具特色的嵌瓷风格。1990 年，卢师傅应邀前往泰国，耗时两年完成了泰国七剑王公慈善堂的浮塑嵌瓷，共 20 幅。每幅长 5 米、宽 3.5 米，每幅各嵌塑近百个人物，形态千变、栩栩如生，备受当地人称赞。潮州凤凰洲公园天后宫和青龙古庙都是由卢师傅和他的弟子来完成重要的修葺工作的。

卢芝高师傅幽默风趣，热情好客。笔者访问他的当天，就被邀请前往即将完工的"中国嵌瓷博物馆"参观。该博物馆坐落在湖美村湖畔，全是由卢师傅一手规划设计出来的。从卢师傅的介绍中，我们可以看出朴实的老人对嵌瓷是多么的热爱。卢师傅也表示，以前学工艺的人讲究精益求精，现在的人都讲究经济效益，年轻人大多比较浮躁，所以他想把毕生所学传给下一代也很难。

---

①　来自潮州嵌瓷传承艺人卢芝高的口述资料。

五、嵌瓷艺术在不同建筑形式中的文化意蕴

嵌瓷艺术在几代手工艺人中传承下来，并逐渐成为潮汕的一大特色艺术。它作为重要的潮汕传统建筑装饰手法，集中表现在民居、祠堂和庙宇中。

（一）民居嵌瓷与潮汕文化

嵌瓷虽然材料便宜，但是工程进行起来非常繁复，在当地只有非富即贵的人家才能装饰得起，而且潮汕人骨子里的门第关系根深蒂固，祖宅兴建起来必定奢华无比。这种潮汕特色的本土文化促使了嵌瓷这一建筑装饰手法不断地发展。潮汕民居有"下山虎"、"四点金"和"四马拖车"等组合形式，嵌瓷主要装饰在屋脊门面和室内地方。

屋脊的嵌瓷主题一般是"双凤朝牡丹"、"百鸟朝凤"。凤凰、牡丹在潮汕文化中都有着富贵吉祥的寓意。"百鸟朝凤"则要根据建筑规模的大小，也就是屋脊的宽窄来确定制作百鸟的数目，在财力充裕的情况下也会创作出百鸟热闹欢腾的场面。正屋脊的两个向上弯起的地方，当地艺人把它叫作"杏花"或"亭脚"，多用色彩鲜艳的瓷片镶嵌做出弯弯上翘开散延伸的姿态形状来配合屋脊中心的花鸟。如普宁果陇村的庄宅，在这一片三四十座的四点金民宅中尤为醒目。它的嵌瓷工艺繁复，极具观赏性。建筑的杏花就做成"鲤鱼吐漕"的姿态，象征着财源滚滚。

屋内的嵌瓷是装饰在墙体上，多为人物造型，采用浮嵌形式，配以细腻的壁画来衬托场景，整体精美绝伦。这些人物造型多出自小说、戏剧、历史典故和神话等，选材主题都是富贵吉祥。潮汕人喜好多子多福，唐代名将郭子仪为朝廷立下汗马功劳，深受百姓爱戴，而且老年子孙满堂，个个人中龙凤，都在朝廷担任要职。所以像《郭子仪拜寿》这种子孝父荣的祥和题材便自然受到本地人的追捧。潮剧《四郎探母》、《三代同堂》讲的是"忠义慈孝"，《陈文龙归宗》讲述了抗元英雄陈文龙的事迹，《桂英教子》说的是家规尚礼的重要性，这些题材都被广泛运用在屋内嵌瓷的装饰上，因为正是这一系列题材的寓意符合了潮汕当地人的文化取向。

潮汕地处"省尾国角"[①]，远离京都，文化发展比较自由，像凤凰这类代表皇室的象征物也可以出现在民宅中，但是龙是绝不能在民宅中出现的，这点主要与传统中原人的礼制观念有关。除了凤凰，民宅中还可以装饰麒麟和猛虎，但是猛虎在当地人心目中是比较凶猛的兽类，有些主人并不喜欢这种力量型的猛兽，

---

① 陈泽泓：《潮汕文化》，广州：广东人民出版社 2006 年版，第 3 页。

心理上会觉得猛虎过于凶残、不近人情。也有些是"狮象把水口",意思是通过装饰瑞兽,可以防止家财外流,这样家族才能不断旺盛。还有一些动物造型也是独具匠心,比如"鲤鱼吐漕",是为了祈求居家平安,防止发生火灾,便希望檐下的鲤鱼所吐出的漕水可以熄灭火灾,保护居家平安,表达了潮汕人民纯朴的信仰寄托。①

如果家中有人在朝廷当过官,还可以在大宅前面的照壁装饰上麒麟,一般位于正中央。麒麟的形态也有所讲究,比如是朝内大官,麒麟的姿势是蹲坐的;如果是省级官员,则是麒麟回头;如果是县级官员,则是麒麟奔走。这些都体现了潮汕人强烈的门第等级观念。

(二) 宗祠嵌瓷与潮汕文化

潮汕《澄海县志》中曾这样描述:"望族喜营屋宇,雕梁画栋,池台竹树,必极工巧。大宗小宗,竞建祠堂,争夸壮丽,不惜资费。"以中原传统儒家文化为其文化主体的潮汕地区,宗族文化十分盛行。宗族文化在建筑景观方面最直接明显的反映,就是大量精美宗祠的兴建。② 嵌瓷就大量点缀在祠堂的门面、屋脊和大堂。宗祠不同于民宅的地方就是会在正屋脊两边的垂带口装饰立嵌的人物,一般为一文一武,也有两边都是武将的,所谓潮汕话"屋檐有人",即指合力抵御外敌。这些将领栩栩如生地伫立在宗祠屋角,寓意子孙能文能武,文武双全,后代兴隆。

位于潮南区铜盂镇的郭子仪郭氏祠堂宽大堂皇,仅规模和门面就足以显示出郭姓宗族的昌旺。建筑的正面垂带口装饰了"岳云占金番"、"陈俊英平番"、"智取摩天岭"、"龙虎斗"、"三鞭换两铜"等历史故事中的英雄人物,这些都是潮汕戏曲里家喻户晓的名将勇士,现在都以嵌瓷形式装饰在门面重要位置,可见宗祠给予后代子孙多么高的精神期望。

郭氏祠堂正屋脊装饰了"百鸟朝凤",两边较低的屋脊则是对称地点缀了五轮。所谓五轮,就是孔雀、仙鹤、山鸡、鹦鹉和鹰。其中孔雀代表着吉祥,仙鹤在中国自古有长寿寓意,山鸡在潮汕人心中是英雄的象征。另外也有一些是装饰着"双鹰"和"双雄"(潮汕人称之为"双英双雄",寓意为英雄),如潮南区赤水村距今100多年的陈氏祠堂,就是如此。"双雄"是指雄鸡和玉兔,"双鹰"指羊(三阳开泰)和飞鹰,不过因为一般讲究对称构图,所以是"四阳开泰",在潮汕人看来有吉祥如意的寓意。

有些宗祠在建筑两边外墙屋顶(俗称"山花处"),装饰"松鹤延龄"(松、

---

① 张晓宾、陈宏之:《潮汕民间信仰的窥探——以潮汕传统建筑工艺嵌瓷为视角》,《社科纵横》2010 年第 2 期。

② 郑小露:《试论近代潮汕祠堂建筑装饰》,《山西建筑》2010 年第 6 期。

鹤、灵芝)、"福禄寿"(蝙蝠、鹿、桃)、"四君子"(梅、兰、竹、菊)、"喜上眉梢"(喜鹊、梅枝)、"子孙满堂"(老鼠、葡萄)等寓意美好的主题。[1] 如流沙的"刘祖祠"、汕头的李氏会宗祠以及果陇的"东祖祠"。伫立在宗祠的天井,可以发现大堂朝外和大门朝内的四个角分别有武将和文生的嵌瓷装饰。武将朝外,文生向内,这也是有所讲究的。武将手持兵器对外保护宗族人的安全,镇宅平安;文生则是向内教导宗族子孙读书上进,考取功名。人物的数目为2、3、5或7,一般以3或5为多,这是根据宗祠规模大小及地位来选择相应的数量的。

(三) 寺庙嵌瓷与潮汕文化

自古潮汕地区祭祀风气盛行,这催生了寺庙建筑的大规模兴建。《潮州志·丛谈卷》记载:潮"俗崇尚巫鬼","邑俗尚鬼喜淫祀"。潮汕地区大大小小的寺庙不计其数,相较于民宅、祠堂的装饰,寺庙的嵌瓷艺术显得更加繁复,而且当时潮汕地区流行两支队伍的工匠同时施工竞技,这也给嵌瓷艺人提供了极大的发挥空间。

清末民初,位于汕头外马路的存心善堂上的"双龙戏宝"和"双凤朝牡丹",是由当时嵌瓷名将吴丹成和何祥云带领着两个派系的艺人竞技完成的,堪称潮汕嵌瓷艺术的代表作。镶嵌有"双凤朝牡丹"的那座庙宇在战争时期被摧毁了,遗留下的"双龙戏宝",由吴丹成派系的传人许志华修复完成。作为四灵之首的"龙"是不存在的,而是想象出来的神物。"龙"系由我国远古时代各部族的动物图腾复合而成,从此种意义上说,"龙"是中华民族长期相互影响、融合、团结的标志。[2] 在潮汕,寺庙也是唯一能装饰龙的建筑,有威严庄重之意。《大清会典》有"五爪为龙,四爪为蟒"的记载。存心善堂的龙身颜色以绿色为主,身上镶嵌着浅黄绿到深绿的五层鳞片,张开龙爪向着中心的宝珠,姿态自然,活灵活现。

在屋脊下板线与板线间称"脊肚"的装饰空间,则是精细地镶嵌了"八仙庆王母"的一组神话人物,以手持玉如意的王母娘娘为中心,从左到右分别是铁拐李、吕洞宾、蓝采和、何仙姑、钟离权、曹国舅、张果老和韩湘子。这幅"八仙庆王母"寄托着潮汕人对长寿永生的梦想。潮阳灵山寺的"龙凤呈祥",潮州开元寺、汕头天后宫以及关帝庙都集中体现了嵌瓷在寺庙上的艺术运用。

---

① 姜省:《潮汕传统建筑装饰题材的深层语义》,《华中建筑》2007 年第 6 期。

② 黄缨、冯涛:《中国传统建筑装饰中的吉祥文化》,《西安建筑科技大学学报》(社会科学版)2007 年第 12 期。

六、对"非遗"文化潮汕嵌瓷艺术发展的思考

文化遗产的保护起源于欧洲。自 1790 年法国国民议会设立遗产保护机构，列出遗产清单算起，国外遗产保护已历经两百多年的历史。[1] 与对"非遗"保护有较为成熟的理念与经验的欧洲各国相比，我国的"非遗"保护仍处在摸索前行的阶段。潮汕嵌瓷在 2008 年被列为国家非物质文化遗产，但是否就可以得到很好的保护和传承了呢？其发展趋势如何？这有待我们思考。

（一）发展的局限和现状

尽管以往我国不乏对非物质文化遗产的大部分内容以保护民间文化的名义予以观照与思考，但是我们更需要观念上的提升。[2] "民间手艺不代表一个个体，不是放到博物馆里面就能够保护的，它是活的。"

潮汕嵌瓷自清末发展起来，在"文化大革命"时期出现了断层，当时大部分民间艺人由地方政府集中安排组建了流沙工艺厂、揭阳工艺厂和汕头工艺厂，把嵌瓷艺术制作成了屏风画出口，但工艺比较粗糙，远不及屋脊上的创造具有艺术价值。

改革开放后，嵌瓷作为民间艺术逐渐受到政府和社会人士的关注，但是嵌瓷艺术作为建筑装饰艺术依附于潮汕的民居、祠堂和庙宇等大型建筑装饰外，其应用空间受到一定的制约。由于缺乏资金支持，我们无法对嵌瓷艺术进行深入的创作、研究、系统整理，没有相对固定的讲学传授团体。再者，随着部分老艺人的逝世，现在的年轻艺人单纯追求经济利益，吃不了苦，嵌瓷又是需要时常在户外顶着烈日高空作业的制作，所以不少年轻艺人弃艺从商，留下的嵌瓷年轻艺人也远不及老一辈艺术家具有那么高的造诣。

从对陈宏贤、卢芝高和许少鹏等嵌瓷师傅的多次访问中了解到，他们普遍认为现在的社会使得人们太浮躁，很难静下心来钻研技艺，而嵌瓷正是用心体会并用生活阅历融合而成的结晶，它讲究的是手工，而不是速度，所以，他们都对嵌瓷的后续发展感到担忧。

（二）保护与创新传承

潘鲁生说过，我们不能只把传统手艺作为"遗产"来抢救，而必须使它活

---

[1]　谢菲：《国外非物质文化遗产相关研究述评》，《贵州民族研究》2011 年第 3 期。

[2]　谢菲：《国外非物质文化遗产相关研究述评》，《贵州民族研究》2011 年第 3 期。

在当代社会生产和生活中。① 刘魁立②也提过,如果从"非遗"保护的角度来谈,应该更多考虑传统技艺的传承问题。这当中包括两个方面:一是传统手工技艺本身;二是掌握和传承传统手工技艺的手艺人。这两方面都需要特别关注。所以,我们必须在保护的基础上,为其注入新鲜的血液,才能够使潮汕嵌瓷艺术得以传承下去。

为了实现潮汕嵌瓷的创新传承,笔者提出以下几点建议:

1. 发展嵌瓷工艺品

在"文化大革命"时期,嵌瓷就曾经制作成屏风画远销国内外。目前,现代室内空间越来越轻装修、重装饰,可以尝试把嵌瓷制作成为屏风、挂画和摆件等陈设,创造出符合现代观赏要求的工艺品。大寮第四代传承艺人许少鹏就在大寮乡的"嵌瓷展览馆"展示了他创作的一系列新时代嵌瓷工艺品。

2. 让嵌瓷走进现代建筑室内设计领域

嵌瓷形式多变,可以装饰于建筑公共空间以及室内墙面天花,而运用嵌瓷工艺本身的平嵌、浮嵌和立嵌等多种形式结合现代的材质,配以精致的背景画,别有一番中国特色。

3. 把嵌瓷艺术运用到壁画装饰中

制作嵌瓷的碎瓷片相较马赛克而言,其形状、大小可以任意组合,特别是表面微妙的弧形,具有更多的艺术操作的可能。不难想象,面对同一幅设计图,瓷片大小和表面弧度的搭配各异,能够营造出多种可能的视觉。③

4. 用嵌瓷拓展当地旅游纪念品

潮汕地区有着温润的气候条件、独具特色的饮食文化和地方风土人情,是旅游的好地方。别具一格的嵌瓷工艺在外人看来更是稀奇珍贵,若把嵌瓷工艺品与地方旅游纪念品结合起来,既可以达到推广宣传的目的,也可以为嵌瓷艺人开拓发展之路。

(三) 人才培养和嵌瓷文化的延续

张锠④提到,对于传统手工技艺的保护,首先应该保护的是人,有了人,才能留住手艺,没有了人,技艺也就没有了。后继乏人——这是很多"非遗"技艺所面临的共同的命运。这些制作嵌瓷的民间艺人多世代生活在农村,文化水平普遍不高,不善于与外界打交道,而且普遍为老年群体,在现有条件下,单靠他

---

① 潘鲁生:《手艺调研:潘鲁生主持手艺农村调研报告》,深圳:海天出版社2011年版,第151~356页。

② 刘魁立,1934年出生,河北静海人,民间文艺理论家。

③ 卢小根:《传统嵌瓷技艺在现代设计中的应用》,《装饰》2012年第2期。

④ 张锠,"泥人张"第四代传人,国内著名雕塑家,清华大学美术学院雕塑系主任、教授。

们来完成手艺的传承实属困难。政府和相关部门应给予这些民间艺人相应的政策保护，给他们提供一个良好的环境，使他们发挥更大的创作能力。目前，传统手工艺嵌瓷受到了强势的市场化冲击，如果有幸生存下来挤进了市场，其实很多也被商品化了，工艺参差不齐，实际上失掉了它原有的真实的文化生命。①

为了嵌瓷文化的延续，笔者提出以下几点建议：

（1）在高校开设民间艺术工艺班，同时让高校学生走出校园，深入民间学习濒临灭绝的珍贵手工艺。

（2）激发年轻人对传统手工艺——嵌瓷的亲近感，让这门技艺走进校园，开设手艺课程，在潜移默化中感染学生，让学生产生兴趣，并认同潮汕嵌瓷艺术。

（3）通过艺术展示的方式从当地开始向社会推广潮汕嵌瓷，开设民间培训班，增加它的知名度，提高它的社会影响力。

（4）整理出版嵌瓷手工艺著作。鉴于老一辈嵌瓷艺人大多文化水平不高，这一想法需要学者介入，并得到出版界媒体的支持。

（5）希望政府及媒体、企业、教育等社会各界给予嵌瓷传承艺人更多的支持和宣传，让优秀的民族民间艺术传承久远。

七、结语

俗话说，一方土地养育一方人，一方人创造一方文化。正是潮汕大地这样的人文地理环境孕育了嵌瓷这一独特的工艺。嵌瓷艺术的表现可质朴可奢华，代表了几代人的智慧和才能。这里面浓缩了潮汕大地的风土人情、价值取向和文化传承，是后代研究潮汕文化的宝藏。但是到了现代，从事嵌瓷艺术的人逐渐减少，嵌瓷技艺甚至面临着失传的险境。优秀的文化是我们民族发展之根，不管是官方文化还是民间文化都是不能丢失的，这是我们中国人骨子里的文脉。"老祖宗创造的文化，而今又有多少我们能传给子孙后代？这应是我们这代文化人的责任。"② 潮汕嵌瓷作为独具地方特色的技艺，不仅需要被保护，更需要我们去珍视它、感受它，让它代代传承下去。

---

① 陈磊：《漳州民间手工艺剪瓷雕艺术研究》，《理论纵横》2011 年第 3 期。

② 潘鲁生：《手艺调研：潘鲁生主持手艺农村调研报告》，深圳：海天出版社 2011 年版，第 151～356 页。

水里的空间①

——论广东客家围龙屋半月池的建筑文化

李杰玲②

　　黑格尔把建筑视为一种象征性艺术，认为建筑形式具有丰富的象征意味。围龙屋（也称为围屋、转龙屋、客家围屋）作为享誉中外的客家文化特色民居建筑，当然也不例外。围龙屋的每一个部分都具有丰富的文化意味。

　　围龙屋始见于唐宋时期，兴盛于明清时期。狭义的围龙屋指的是围龙式的围屋。客家是汉族在世界上分布范围广阔、影响深远的民系之一。从西晋五胡乱华、永嘉之乱开始，中原汉族居民大举南迁，抵达粤、赣、闽三地交界处，与当地土著居民杂处，互通婚姻，经过千年演化最终形成相对稳定的客家民系。围龙屋是客家人特有的建筑样式。客家人在中国大陆的分布较广，但主要集中在几个省区，其中，广东省的客家人数是最多的，纯客家县数排名第二，部分省区客家人的分布情况如表1所示：

表1　部分省区客家人的分布情况

省区	人数（万）	分布县数	纯客家县数
江西	1 250	39	18
福建	500	29	8
广东	2 100	82	16
台湾	450	16	—
四川	300	46	—

　　说明：①客家人占95%的县为纯客家县；②纯客家县包括在分布县中；③关于各省客家人数，资料多存不同，并有流动人口，此为相对参考值。③

　　①　基金项目：广东第二师范学院科研项目"岭南山水观与黄遵宪《日本杂诗》"（2012YJXM10）。本论文是第三届东亚山岳文化论坛参会与刊载论文。

　　②　【作者简介】李杰玲，广东第二师范学院中文系讲师，海外华文文学研究所研究成员之一，其研究方向为古典诗学和中日文化比较研究。在《文史知识》、《青海社会科学》和《贵州社会科学》等CSSCI来源期刊发表多篇学术论文，并有文学作品和译文发表于《译林》、《大学英语》、《写作》和《红豆》等刊物。

　　③　罗勇等主编：《客家文化特质与客家精神研究》（论文集），哈尔滨：黑龙江人民出版社2006年版，第195页。

　　由此表可见广东省内客家人数之多、分布之广，其中，梅州、河源的客家人分布较为集中。有客家人的地方就有围龙屋，而有围龙屋的地方就能看到屋前半月形的水塘，当地人称为"风水塘"或"门口塘"，或者因其形而称为"半月池"。

　　半月池是围龙屋建筑中不可或缺的一部分，其结构示意图如图1①：

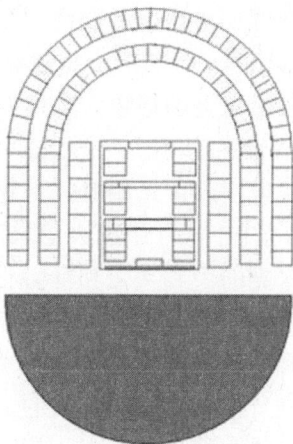

图1　半月池结构示意图

　　据相关学者多年来的调查发现，在粤东客家地区，围龙屋至明清时期已是相当成熟的民居建筑模式，也是梅州客家民居中的主要建筑模式。其形成时间，保守估计在南宋宝祐年间（1253—1258），距今约有800年，分布核心区在今粤东梅州地区的梅县、兴宁市、蕉岭县等。②

　　就笔者管见，世界上没有任何一种建筑会如此自觉而强烈地把半月形的池塘当作房屋建筑不可缺少的一部分，并有意识地把它与后面椭圆形的房屋配合成一个完整的圆形。为什么说半月池是不可或缺的呢？因为少了半月池，围龙屋就无法构成一个圆形③，古人相信"天圆地方"，围龙屋的圆形正体现了客家人对天地宇宙的认识，而围龙屋中圆与方的建筑结合，正体现了礼神、敬天的观念。正如有的学者提出，客家围龙屋建筑风水术体现了传统《周易》文化天人合一的思维模式，它模仿的是《周易》的太极图式，展示的是宇宙生化模型。从建筑

---

　　①　此围龙屋结构示意图采自维基百科资料库，http：//zh. wikipedia. org/wiki/% E5% 9B% B4% E9% BE% 99% E5% B1% 8B，图中黑影部分为半月池。

　　②　房学嘉：《从高屏六堆民居看客家建筑文化的传衍与变异》，《台湾研究辑刊》2004 年第 2 期，第74 页。

　　③　虽然笔者在实地调查中发现有些客家围龙屋门前并没有半月池，但其附近必有池塘或河流。

形廓来看，客家围龙屋外围圆，内里方，由天圆地方的宇宙图式构成其建筑形廓；天在上，地在下，中间是建筑物，让天地阴阳之气在建筑物中交接①。位于广州市花都区的广东道教活动中心——圆玄道观②中的元辰宝殿为半圆形（加上正殿前的小广场），它中间是供奉斗姆元君的正殿，正殿为方形，殿外小广场前有一个玄武池，合起来是一个完整的圆形。与客家围龙屋的建筑图式不谋而合，可见道家思想在建筑中的渗透。

其实这种方、圆的建筑结构，早在半坡遗址中就已经出现，考古发现，半坡遗址的建筑大致有方形和圆形两种。③ 圆形一直以来都被视为最简单、最富于象征意义的一种图形，也被视为最完美的形象。虽然有学者认为，古人总把关于地球和宇宙的形象描写成球形、圆面或环形，这些描写并不是基于观察，而是由于人们在描绘那些不可知的形状或空间关系的时候，总是尽量以一种最简单的形式（往往采用圆形）和关系去描写它们。④ 中国人追求圆满、团圆，祈祷生生不息，对圆形的喜爱，内里蕴含着深刻的民族文化和社会心理，而建筑恰恰是植根于文化制度、文化心理与集体无意识中，且被制度化、形态化和社会化了的体现。正由于此，围龙屋的半月池是必不可少的建筑本身的一部分。当然，这只是大概的学理上的解释，而实际上，半月池还有着更丰富的文化内涵和审美价值，并且在实际生活方面，半月池还有着不可替代的实用价值。可以说，小小的半月池里，蕴含着广阔的研究空间，下文将从传统文化、建筑审美和实用价值等方面对围龙屋的半月池进行分析。

一、风水思想与古代水观念

风水思想，早在人类发展之初就已具雏形，考古证实，在距今约三万年前的北京人生活过的地区留下的遗迹和山顶洞人居住过的洞穴中，有如下特点：生人与死人同处一室，生人在上而死人在下，生人居东而死人居西。由此可见山顶洞人在处理人的丧葬问题上，已经不自觉地遵循了后世风水文化的一条原则，即"事死如事生"。对于山顶洞人来说，死是不吉利的，但那时已经萌生了"死乃生之始"的原始文化观念。另外，洞穴中上室和下室的划分，实际是后世风水术中阳宅和阴宅的文化雏形。⑤ 从中我们也可以看出，古人认为人类的生命循环往

① 曾祥委：《客家围龙屋的风水解密》，《神州民俗》2012 年第 1 期，第 74～77 页。
② 圆玄道观最初由香港圆玄学院出资兴建，1998 年首期工程落成开放，后不断扩建，今占地面积近百亩。
③ 方珊编著：《诗意的栖居——建筑美》，石家庄：河北少年儿童出版社 2003 年版，第 77 页。
④ 尹国均：《符号帝国》，重庆：重庆出版集团 2008 年版，第 56、57 页。
⑤ 褚良才：《易经·风水·建筑》，上海：学林出版社 2003 年版，第 44 页。

复，死亡并非终结，古人对圆形所体现的生生不息、终点也是起点的意义，早在三万多年前就已经萌芽，如今已成为我国民族文化、集体无意识中的重要因素。由此看来，客家围龙屋用椭圆形的房屋和半月形的池塘构筑起来的一个完整的圆，其意识形态可以追溯到三万多年前山顶洞人的洞穴布置。

郭璞在《葬经》中认为，"风水"是指："气乘风则散，界水则止。古人聚之使不散，行之使有止，故谓之风水。风水之法，得水为上，藏风次之。"风水理论精华之一"藏风得水"，就主张"风"、"水"是保护生气的关键因素，所以既要"藏风"，又要"得水"，而且水是最主要的因素。风水理论还认为：气是万物的本源，而生气的关键是望水，所以，观水重于觅龙。所谓觅龙，简单地说就是寻山。在平原或少山地区的村落，往往以水为龙脉，平洋之地，只要四面水绕归流一处，即形成龙脉，导致生气凝聚，也是风水宝地。水口在中国古代村落的空间结构中有极为重要的作用。具体从生理和生活方面来说，人的生命离不开水，尤其在长期处于农耕社会的中国，更把水视作福之所倚、财之所依。

其次，很重要的一点就是，在中国传统文化中，水被看作是"财源"的象征，《入山眼图说》："夫水本主财，门开则财来，户闭则用不竭。"笔者在广东省河源市东源县苏家围①的实地调查走访中，从当地一位六十多岁的老婆婆口中得知，当地客家人盖新房前必请风水先生相地，风水先生说门前有个池塘就会有风水，这样家里就会有人当官。客家人相信：有山就有水，有水就有财。

围龙屋半月池的其他文化内涵，除了上文所说是太极图的一个部分，显示的是刚与柔的结合，是阴阳交媾的另一表现形式，有生殖崇拜的内涵之外，还有另外一些文化含义，例如水可以用于化煞等。②说到水化煞的民间信仰，可以在许多地区的民间习俗当中找到证据。比如华南地区新年祭祀灶君的时候，往往会在灶君的神像旁放上一碗清水，水中放几片柚子绿叶，寓示着为人"清清白白"、"坦坦荡荡"、"无愧天地"的意思，因为人们认为灶君是玉皇大帝派到凡间来观察人一年来的行为，然后回天庭做报告的使者。另外，在灶君像旁放置清水，还有一种用途就是化解不洁不吉之气，家庭祭祀多是由主妇进行，若主妇恰好怀有身孕或者正处于生理期，人们便认为此时拜神祭祀是为不敬，所以要摆放一碗清水，在化解不洁不吉之气之后，主妇才可以照常行祭祀之礼。可见，水可以化煞的观念早已深入民间。另外，这种观念在东亚其他国家也有或多或少的影响，比

---

① 笔者于2013年2月2日到广东河源市东源县苏家围调查，苏家围是宋代著名诗人苏东坡后裔的聚居地，村内入口处有苏氏父子的雕像，村内围屋前有苏东坡立像及其诗词碑刻。苏家围现已有五百多年历史，至今保存的18座古民居中，最古老的是永思堂，建于1481年，是为纪念苏家围八世祖苏东山而建，故又称东山苏公祠，一直是苏家围人举行祭祀、议事的地方。整条村子山水环绕，有世外桃源之风。

② 曾祥委：《客家围龙屋的风水解密》，《神州民俗》2012年第1期，第74~77页。

如，建于 1142 年（一说为 1160 年）①，位于越南首都河内市，祭祀女性英雄徵姐妹的二婆徵祠（又曰同仁祠）前，就建有一个池塘（如图 3 所示），据说在越南，这些宗教设施前的水池，也是可以化解煞气的②，此与中国民间信仰本质相同。客家人在屋前特意造一个半月形的池塘，塘里储满清水，也有以水化掉煞气，招来吉祥的用意。所以，从民间信仰上，我们也可以看出半月池作为围龙屋建筑的一部分，其地位十分重要。正如有的学者所言："水是客家围龙屋风水术中的最主要元素之一。"③

翻翻中国的古籍，不难发现，在传统文化中，水是神奇的，有很高的地位。《淮南子》云："积阴之气为水。"（唐）徐坚《初学记》卷六《总载水（一）》称："水曰润下，坎为水，位在北方，中藏万物者也。为政令顺时，阴阳调和，终始相成。十二月咸得其气，则水得其性，此之谓润下。"又引《尔雅》曰："筑土遏水曰塘。"客家围龙屋前的半月池就是筑土遏水而成塘。又引《春秋元命苞》曰："水者天地之包幕，五行之始焉，万物之信由生。"可见水作为万物之源的观念，早就已经存在了。而在中国圣人孔子的心目中，水具有九种值得称道的品质：德、义、道、勇、法、正、察、善化、志。孔子因此将水誉为君子，《荀子·宥坐》曰："孔子观于东流之水。子贡问于孔子曰：'君子之所以见大水必观焉者，是何？'孔子曰：'夫水，大遍与诸生而无为也，似德；其流也埤下，裾拘必循其理，似义；其洸洸乎不淈尽，似道；若有决行之，其应佚若声响，其赴百仞之谷不惧，似勇；主量必平，似法；盈不求概，似正；淖约微达，似察；以出以入，以就鲜洁，似善化；其万折也必东，似志。是故君子见大水必观焉。'"从中可见古人对水的推崇。这种对水的推崇演变到后来就是把水神圣化，比如，在调查过程中，梅州兴宁的一位居民就告诉笔者：兴宁当地人的信仰认为围屋前的水塘里住着观音娘娘，有的还在家中供奉观音瓷像，逢年过节都要虔诚地献祭。④ 观音信仰在大陆和港澳台地区的民间都非常流行。兴宁人认为，半月池中的观音娘娘不仅可以为全家人带来福气，还可以保佑小孩子不掉进池塘里。

中国人建造房屋，总遵循一个原则，那就是风水思想，而风水思想，早就在距今六千年前的仰韶文化聚落遗址中有所体现，遵循风水理论建起来的新房，讲

① 此则材料来源于越南国立河内宗教研究院客座研究员大西和彦老师，承蒙大西老师赐教，同仁祠建于 1142 年之说，出自阮世龙：《河内的亭与神祠》，河内：文化通信出版社 1998 年版，第 136 页。此祠建于 1160 年之说出自《大越史记全书》本纪卷四之李纪中的大定二十一年（1160）的记事。在此对大西和彦老师深表谢意。

② 关于越南宗教设施前建造水池的图片和信息，来自越南国立河内宗教研究院客座研究员大西和彦老师，特此致以深深的感谢。

③ 曾祥委：《客家围龙屋的风水解密》，《神州民俗》2012 年第 1 期，第 77 页。

④ 这则民俗信息来源于笔者的学生曾莹莹，她是梅州客家人，据她所言，她家邻居每年过节都虔诚地供奉观音娘娘。对她提供的信息，在此特表感谢。

究环境和地质条件好，要求住所近水，即房屋需近水向阳。风水思想的影响非常深远，不仅在中国，海外的建筑也深受其泽。比如，日本学者涉谷镇明于 1991 年在日刊《人文地理》43 卷上发表的《风水地理学说对李朝邑集落的影响》一文，根据地形、河流与集落的位置关系，对朝鲜半岛李氏朝鲜时代 331 个现存的村邑集落进行分类，划分为七种选址类型，70% 的村邑集落选址在"背山临水"或"藏风得水"的北侧控山、南面临水的地带，符合典型的风水模式。① 又比如，印度泰姬陵前的水池，也渗透了风水思想。所以，风水学研究者不难发现，中国古代民居的选址总是离不开"背山面水"的环境模式，这种民居模式的最佳格局是"左有流水，谓之青龙；右有长道，谓之白虎；前有污池，谓之朱雀；后有丘陵，谓之玄武"。风水中称拥有此种外环境的民居"为最贵地"。② 而围龙屋前的半月池，可以算作朱雀，是风水宝地必要而重要的一个部分。

即使是黄遵宪的自由式围龙屋，也很注重山水相依，他在《人境庐诗草》卷二《人境庐杂诗》里，写其家居环境中有树，有"近水楼"，并在卷五《春暮偶游归饮人境庐》中说："某山某水吾故乡，今时今日好容光。" 黄遵宪对居住环境中山水元素的重视，还体现在其故居（位于广东梅州市东郊）"人境庐"会客厅挂着的自撰对联上——"万丈函归方丈室，四围环列自家山"，另一联是"有三分水、四分竹、添七分明月；从五步楼、十步阁、望百步长江"。不仅人境庐外面有池塘，里面还有假山鱼池，他欣赏着"唼絮鱼行水"（《人境庐杂诗》），陶醉于山水之中。可见黄遵宪对其家居环境的要求与客家围龙屋的风水观相吻合。

当然，地理环境总不是处处都如人们所设想的那样，为了营造一个理想的风水宝地，风水师认为，可以通过人工的改造来达到。比如开渠引水或筑塘蓄水：宅前筑塘蓄水，便形成一个符合风水模式的住宅环境，明塘得水，得水便得财得运。客家围龙屋前的半月池，就可以说是通过人工改造来构建一个风水好环境的典型例子。客家人眼里的"风水宝地"，就是村落或房屋依山而建，负阴抱阳，水属阴，筑塘储水，水引财来。围龙屋前的半月池，不仅是从风水信仰出发而为，还由于岭南地区河网交织，当地人有较浓的亲水感情。此外，半月池还有极大的审美价值。

二、山水、虚实：建筑的对称与审美

从法国学者丹纳的文艺理论来看③，环境对人的身体及其精神的影响都是很

① 褚良才：《易经·风水·建筑》，上海：学林出版社 2003 年版，第 57、58 页。
② 褚良才：《易经·风水·建筑》，上海：学林出版社 2003 年版，第 87 页。
③ 参考［法］丹纳著，傅雷译：《艺术哲学》，天津：天津社会科学院出版社 2007 年版。

大的。注重环境（包括人文环境和地理环境）的影响是丹纳文艺理论的重要部分。客家围龙屋的建筑可以说是一种独特的民俗艺术，它当然也深受自然环境的影响，客家人在围龙屋前筑起半月池，首先可以在地理环境上找到原因。

我们知道，山是自然界最不容易改变的物体，千古青山今还在。山也是地表上最显眼的自然物，因其不易变迁的特性和显著性，很多地方以山为标界，并以山命名，如巫山县、衡山县等。总的来说，中国领土面积大约为 960 万平方公里，占世界陆地面积的 1/15，占亚洲面积的 1/4，仅次于俄罗斯（1 710 万平方公里）和加拿大（997.613 9 万平方公里），为世界第三位。中国地势西高东低，是一个多山的国家，有专家研究指出：中国是世界上山最多的大国，平原仅占全国总面积的 10% 左右，丘陵和山地却占到了总面积的 70% 以上。如果按高度来计算的话，海拔 500 米以下的占 25.2%，500 米以上的占 74.8%，前者主要是平原和丘陵，后者则主要是山地、高原和山间盆地。

为了更好地说明问题，现将各类地形所占全国总面积的百分比如表 2：

表2　各类地形占全国总面积的百分比

地形	百分比
山地	33%
高原	26%
盆地	19%
平原	12%
丘陵	10%

说明：此表为笔者所作，部分资料来源于张互助的《中国古代绿色山水文化》和王明业等所著的《中国的山地》。

从上表中，我们可以明显看出，山地所占比例远比其他类型的地形高，山地所占面积十分广阔，而且在全国主要省份、地区中，山地都占着极大比例，如表3 所示：

表3　中国部分省区山地面积（丘陵、高原）比例

省、市、区名称	山地（高原）所占比例（约~）	名山举例
浙江省	山地、丘陵70%	雁荡山、天台山、会稽山
安徽省	山地、丘陵67%	黄山、九华山、八公山、潜山
福建省	山地90%	武夷山山脉、鼓山、鹫峰山

（续上表）

省、市、区名称	山地（高原） 所占比例（约~）	名山举例
台湾省	山地67%	阿里山、雪山—玉山、海岸山
江西省	山地、丘陵70%	庐山、龙虎山、三清山、梅岭
广东省	山地、丘陵67%	丹霞山、莲花山、梧桐山
海南省	山地33%	五指山、尖峰岭
广西壮族自治区	山地、丘陵85%	猫儿山、十万大山、元宝山
四川省区（包括今重庆市）	丘陵52%、低山41%	峨眉山、青城山、巫山、乐山
云南省	山地高原93%	高黎贡山、鸡足山、怒山
陕西省	山地36%	华山、太白山、终南山、天台
宁夏回族自治区	山地高原75%	贺兰山山脉、六盘山山脉

说明：此表为笔者所作，部分资料来源于张互助所著《中国古代绿色山水文化》等书。

在这样多山的环境中，客家人无论迁移到哪里，似乎都无法离开山的怀抱。客家地区有俗语云"逢山必有客，有客必住山"，说明客家人的生存环境与山有着密切联系。而山也是风水思想中不可或缺的因素，觅龙即探山。建在群山怀抱中的围龙屋和半月池，在美学上有十分重要的意义，为建筑美增添许多色彩：青山、灰瓦、白墙、半月池倒影的蓝天，色彩丰富而和谐。另外，半月池有助于对称，建筑讲究对称之美。半月池倒影围屋，并与屋后青山相互辉映，虚实对称，给人以强烈而自然的美感，所以，半月池在围龙屋建筑美学上的建构作用（如图4和图5所示），是不容忽视的。

三、半月池：预防灾害等实用价值

半月池的实用功能有很多，比如存储雨水、灌溉、养鱼、防火、调节气候等。

从地理环境上说，围龙屋前面的半月池，与当地的自然环境有密切的关系。广东直至新中国成立前夕，仍有水上居民20多万人。岭南水乡，河流湖泊密布，渔业是当地人的主要经济作业之一。据《广东省志·地理志》载，粤东北境内的河流，依水系划分主要属于珠江和韩江两大水系，属于珠江水系的有东江，它发源于赣南的寻乌县，向西南流经粤东北境内的龙川、河源、紫金、惠阳、博罗，至东莞的石龙镇进入珠江三角洲。集水面积为35 000多平方公里，约占广东境内珠江流域总面积的1/4，河长560多公里，沿途之地，支流纵横，其中上游段主要有贝岭水，贝岭水的主要支流有定南水。中游支流有浰江、新丰江。

水稻种植和"饭稻羹鱼"的饮食习俗是百越民族海洋文化物质要素之一，百越所居住的地带，属于热带和亚热带，气候温暖，雨量充沛，其东南端江河纵横，湖泊星罗棋布。这是一片枕山面海的区域，从《周礼·职方氏》和《史记·货殖列传》的记载可知，百越生活是以水稻种植、渔猎捕捞为主的经济生活。在中国东南到西南这片狭长的沿海地带内，绝大部分地区是崇山峻岭，平原面积狭小，湖沼密布。在古代，居住在岭南地区的先民生产力尚低，仅靠种植水稻无法充饥，必须利用当地水草丰满、水生动物种类繁多的特点，大量捕捞水生小动物，才能够生存下去。《博物志》云："东南之人食水产。"渔猎和捕捉海生食物是南越居民主要的生活之源。① 鱼类至今仍是岭南人餐桌上的主要菜肴之一，从这个意义上说，客家围龙屋前的水塘有很大的实用价值，水塘可以养鱼，这样就不仅可以解决饭菜问题，还可以卖鱼，并把鱼制成鱼干出售，增加经济收入。

正如多年来致力于研究客家建筑文化的学者所言：生活离不开水，生产也离不开水，靠山面水，既可饮用，也可净化空气。民间认为：有水有财。因此，除围屋内、外有井，以备不时之需以外，屋前特建大水塘，兼有灌溉、繁殖鱼类、防火，甚至有夏日为南风降温的作用。再从气候方面考虑：冬天避开寒冷北风，夏天可纳从南海来的凉爽南风。其他用途如避开直冲山窝，防止山洪冲击。面前开阔，能使人胸怀阔达。② 可见半月池用处多多。

半月池还可以用来灌溉菜园。据笔者实地调查发现，绝大部分的客家围龙屋周围都有大片菜园，用半月池里的水给菜园浇水，是很方便的，可以节省许多劳力与时间。同时，池塘里还可以种植各种水生植物，比如莲，莲花可用来观赏，莲子可用来食用，也可出售，可谓一举三得。

此外，很重要的一点，就是半月池有助于预防灾害，并可以有效地用于抢险救急，比如用池塘里的水来灭火，一旦发生火灾，比如地震所引发的火灾等，可以很快遏制火势发展，减少灾害带来的损失。

在广东省，客家居住的山地自然灾害较为严重，尤其是河源市东源县，近几年来连续发生地震。

据广东省河源市地震局官方网站统计报告称：2012 年 9 月，中国大陆发生 5级以上地震 2 次。2012 年 9 月 7 日在云南省昭通市彝良县、贵州省毕节地区威宁彝族回族苗族自治县交界（北纬 27.5°，东经 104°）分别记录到 5.7 级和 5.6 级两次地震。西部新疆地区记录到 4 级以上地震 2 次，分别为 2012 年 9 月 14 日在

---

① 金开诚主编：《百越文化》，长春：吉林文史出版社 2009 年版，第 88～96 页。

② 房学嘉：《从围龙屋的神圣空间看其历史文化积淀——以粤东梅县丙村仁厚祠为重点分析》，《嘉应学院学报》（哲社版）2006 年第 1 期，第 72 页。

新疆维吾尔自治区伊犁哈萨克自治州尼勒克县、巩留县交界（北纬43.6°，东经82.3°）的4.7级地震，2012年9月10日在新疆维吾尔自治区和田地区皮山县（北纬37.1°，东经78.8°）的4.5级地震。大陆东部地区仍维持长时间的5级地震，而其中最大地震是2012年9月2日发生在广东省河源市源城区、东源县交界（北纬23.8°，东经114.6°）的3.5级地震。河源市、惠州市震感明显，东莞市、广州市、韶关市、梅州市、深圳市部分地区有震感。台湾地区发生5级以上地震1次，与同年8月及往年同期相比，该区地震强度和频次相当。

该月，广东省陆区及近海共发生1级以上地震28次，其中2级以上地震8次，3级以上地震1次，最大为2012年9月2日东源县的3.5级地震。与上月相比，全省9月份地震活动的强度虽略有下降，但频次增加，空间上仍集中分布在河源、南澳两个地震多发区。图2为广东省1级以上地震的分布情况（2012年9月1日至2012年9月30日）。

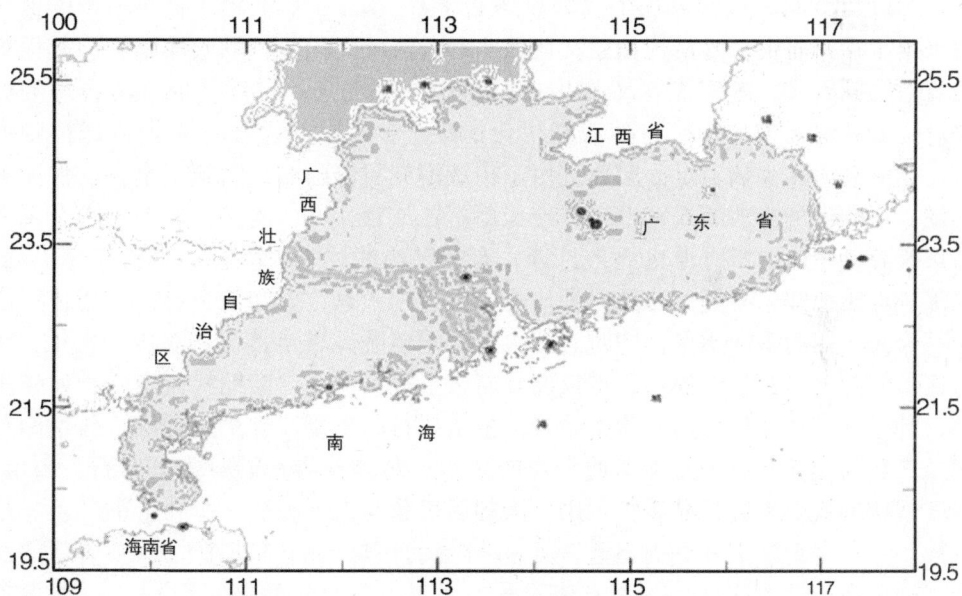

图2　广东省1级以上地震的分布情况

另外，广东省及近海的地震统计（2012年9月1日至2012年9月30日）如表4所示：

表4　广东省及近海的地震统计

地区	震级（M）	频次		本月最大地震
		上月	本月	
全省及近海地区	1	8	20	9月2日广东东源县3.5级
	2	3	7	
	3	0	1	
	4	1	0	

　　说明：数据来源于广东省地震台网中心地震快报目录。上月时段为2012年8月1日至2012年8月31日，本月时段为2012年9月1日至2012年9月30日。

　　地震一旦发生，半月池可以解决一定的用水问题，可以用来有效灭火，同时由于围龙屋前只有半月池，而没有高层建筑，所以也可以减少地震带来的破坏。

　　2011年6月，中国颁布了《非物质文化遗产法》，对非物质文化遗产的保护越来越重视，而古村落作为物质文化遗产和非物质文化遗产的整体结合，其保护也日益受到重视，客家围龙屋作为古村落中的一部分，应该受到合法合理的保护。随着客家人走出山区，随着城镇化的推进，农村的青壮年人大量迁移到城市，剩下老人和小孩，十分寥落。由于传统围屋装修陈旧，设施不全，居住多有不便，稍有经济实力的人家都另择地盖新房，或者在城市购房，原来的围龙屋大多被废弃，屋前的半月池也无人打理，有的已污浊不堪，而有的则已完全干涸。据笔者走访得知，有的围龙屋原来住几十上百户人家，现在只有一两家居住。在如何提高人们的生活质量，同时又能有效保护传统民居及其蕴含的传统文化、民俗这个问题上，有学者提出，不仅要政府大量投入资金，帮助村民实际地改善生活，同时要增强保护意识，落实政策，依法执行，更要"保护好两脉。所谓两脉就是文脉与龙脉。……龙脉即通常说的风水，凡涉及风水的林木、峰石、山水、津度、桥梁等都不可轻易破坏。用今天的话讲就是不要破坏一个村落的环境、地貌等。……保护好文脉和龙脉，一个古村落的历史就有了清晰的令人信服的注释。……保护好两脉不是一个方法问题，而是一个文化品格问题"[1]。这些保护措施是掷地有声的。客家围龙屋和半月池的保护，是一个任重道远的任务。

---

　　[1]　顾森：《关注历史关注传统关注民生——谈谈中国古村落的保护》，《民间文化论坛》2012年第3期，第93页。

图 3　越南河内同仁祠（2013 年 3 月 23 日，大西和彦摄影）

图 4　广东河源苏家围民居

图 5　苏家围中有 500 多年历史的九思堂

传统文化的破茧重生

——国家级非遗潮阳剪纸时尚性与实用性探索之路①

萨支辉②

一、潮汕民间艺术的一朵奇葩及其传承面临的困境

潮汕文化与中原文化联系密切。秦汉尤其是东晋"永嘉之乱"后，大批的中原人迁入潮汕，在潮汕这片大地繁衍生息并逐渐同化了古越族。潮汕先民带来了包括剪纸在内的北方的民俗习惯和民间艺术，至今，我们仍能够在潮阳剪纸浓郁的海洋文化表征之下，清晰地触碰到它明确的中原文化基因。

在中国传统民间艺术中，剪纸是发源较早、流传较广的一种民间艺术表现形式，蕴含着中华民族不息的历史脉动和丰富的人文信息，具有很高的美学价值。

在大多数国人的印象中，剪纸是典型的北方民间艺术形式，在南方鲜有。而作者通过查阅相关史料、文集并亲自接触潮阳剪纸艺术工作者后得知，潮阳人不仅娴熟掌握可以和北方剪纸媲美的卓越剪纸艺术，而且使它在潮汕大地上获得了更为鲜活的艺术想象力和创造力。潮阳剪纸的精巧秀丽、拙朴憨厚、以线见长、力度浑然给所有观其貌者留下了深刻的印象。潮阳剪纸艺术风格特色包括：题材选取的多向性，图像的表意性、平面性、装饰性和写意性。潮阳剪纸延续着源自中原绵延千年的美丽传说，记录着多姿多彩的潮汕风情。为了加强对民间优秀剪纸作品的收集、整理和研究，潮阳文化主管部门曾组织了三次专业性的普查工作，随后编辑印刷的《潮阳民间剪纸》为潮阳民间剪纸的研究奠定了丰厚扎实的基础。1997年，潮阳区被广东省命名为"广东省民族民间艺术（剪纸艺术）之乡"，2006年5月，潮阳剪纸与潮阳英歌舞、潮阳笛套音乐同时被列入首批国家级非物质文化遗产名录和广东省级非物质文化遗产代表作名录，潮阳剪纸被列为全国13类型剪纸中的一种。

然而，剪纸这种具有鲜明的农耕文化半封闭特征的原生态民俗文化，面对现代工业文明、信息时代的到来，如何既不放弃自己的原有特质，又能自我更新、

---

① 本文为2011年广东省社会科学规划之地方历史文化特色项目"潮阳剪纸文化渊源与发展现状研究"的成果之一。

② 【作者简介】萨支辉，汕头大学法学院副教授，汕头大学地方政府发展研究所兼职研究人员。

焕发出新的艺术生命？这是一个包括潮阳剪纸在内的所有“非遗”都无法回避的问题。2012 年 5 月，笔者携汕头大学法学院公共管理系 2009 级至 2011 级的几位同学前往潮阳区文化馆，与馆长翁木顺和部分文化馆工作人员进行了座谈。我们交流的核心话题是：潮阳区处在现代工业文明的影响之下，原生态的文化形态正经受着来自当代文明的挑战，如何使潮阳剪纸既保持其原始特色和风格以区别于其他类型的剪纸，又融入现代元素为当代人所接受并延续自己的生命力？“原生态”和“现代元素”之间的关系究竟如何把握？古老的剪纸艺术如何与都市人的审美情趣接轨？翁馆长告诉我们，近年来，潮阳剪纸的国家级、省级传承人以及区文化馆的美术工作人员也在思考这些问题，并尝试在以古老的民间传统艺术形式演绎当代题材上有所突破，这其中不仅有反腐倡廉剪纸和计生文化剪纸，而且许遵英的《逛新城》、魏惠君的《红红的日子》、陈彦淑的《汕头新貌》等剪纸作品也逐一面世并获得好评。但是，在我们问到翁馆长使潮阳剪纸在保留其优秀传统基因的前提下在时尚性与实用性方面实现突破是否有清晰的思路时，我们没有获得明确的回复。为响应国家鼓励“非遗进校园”的号召，观察大学生对待剪纸这一古老传统技艺和表现题材的接纳程度，2012 年 5 月，潮阳区文化馆的 5 位美术工作者被请进了汕头大学的讲堂，她们现场演示剪纸技艺，即时回答同学们有关剪纸的各种问题，小小剪纸所承载的厚重历史和剪纸老师们的精湛技艺让同学们叹为观止。现场同学们认真的求知态度和对潮阳剪纸时尚性、实用性的殷切期待成为本文写作的重要动力。

二、现状以及可能的突破口

2010 年 8 月 20 日至 9 月 18 日，汕头一中王啖涵同学发出调查问卷 800 份，回收 756 份，问卷回收率 94.5%，有效问卷 746 份，问卷有效率 98.7%。在她所撰写的《由潮阳剪纸看汕头文化强市建设》一文的第 23 页，其中一个问题是关于市民对潮汕剪纸的传统与创新的看法（见表 1）。

表 1　市民对潮汕剪纸的传统与创新的看法的问卷调查情况

有些人认为潮汕剪纸应该沿袭传统，保持原汁原味；也有些人认为潮汕剪纸应该打破传统，加以开拓创新。您认同哪一种观点？

	总计
第一种观点	22.18%
第二种观点	58.60%
无所谓	19.22%

在该文第 23 页，有一个以年龄为区段的关于潮汕剪纸是否应该创新的问题（见表 2）。

表 2　以年龄为区段的关于潮汕剪纸是否应该创新的问题的问卷调查情况

有些人认为潮汕剪纸应该沿袭传统，保持原汁原味；也有些人认为潮汕剪纸应该打破传统，加以开拓创新。您认同哪一种观点？				
年龄	5—16 岁	17—28 岁	29—50 岁	50 岁以上
第一种观点	17.93%	19.03%	25.00%	36.26%
第二种观点	56.55%	65.91%	51.28%	46.15%
无所谓	25.52%	15.06%	23.72%	17.58%

在该文第 25 页，还有一个问题是关于市民对潮汕剪纸的保护和发展的看法（见表 3）。

表 3　市民对潮汕剪纸的保护和发展的看法的问卷调查情况

以下哪些做法能够有效地保护和发展潮汕剪纸？（可多选）	
做法	总计
调查梳理、记录保存	38.31%
继承发扬、推陈出新	63.58%
拓宽渠道、加大应用	45.97%
商业运营	26.21%
培养传承人	51.88%
教育宣传	43.82%
对外交流	39.11%
其他	11.29%

以上三表非常直观地说明了汕头市民对待潮阳剪纸创新的态度。本文作者以为，潮阳剪纸在时尚性与实用性上加以创新应该是可行的。

目前，潮阳剪纸的主要用途以及初步的创新尝试包括：其一，传统节日的装饰。剪纸的民间用途在于美化与装饰，同时担任着礼义教化、宣扬美德、歌颂生活的传媒作用。潮阳剪纸的起源是为了祈福和美化，因而它在民俗活动中具有很强的实用性。春节、元宵节、清明节、端午节、七巧节、中秋节这些节日，或纪念，或祭祀，或企求，或祝福，剪纸成为其中不可或缺的表意媒介。作为艺术作品和藏品，作为中国首批非物质文化遗产项目，潮阳剪纸经常在不同的舞台和活动中展出。2010 年上海世博会，潮阳剪纸应邀参展，"潮阳剪纸珍藏版"以六张剪纸为一组结集成册，制作成新颖藏品，受到广大参观者的欢迎，此举也成为潮阳剪纸进入市场的有益尝试。其二，推向现代装潢和家居装饰市场。一些潮阳剪纸艺人正试图将纯手工的剪纸精品融入现代装潢业，使之走进千家万户。潮阳剪纸传承人魏惠君已开始尝试一对一地为家居主人设计、制作剪纸，内容、风格、形式都与家居环境相搭配。汕头一些礼品公司以水晶、玻璃夹剪纸的形式，将剪纸制作成精美装饰品进驻家居装饰市场，市场反响非常不错。其三，礼品，包括促销礼品和企事业单位的赠送礼品。企业随产品赠送剪纸礼品，让客户意外地得到一份礼物。剪纸也经常作为企事业单位的公关礼品赠送给员工、上级、外商、同行。作为宣传载体，剪纸可作为节日宣传和展馆、展览会宣传的载体：重要的博览会标志、各种艺术场馆的徽标、各种大型活动的吉祥物均可以剪纸的形式呈现。作为生日礼物，十二生肖剪纸、星座剪纸、肖像剪纸或其他有纪念意义的剪纸作为生日礼物可算是目前极特别又上档次的礼物。作为纪念册，包括历史人物纪念册、肖像剪纸纪念册、婚庆剪纸纪念册、人生成长纪念册、十二生肖纪念册等，均是既好保管又可欣赏的艺术品。

尽管作出了诸多尝试，人们似乎仍陷于潮阳剪纸既要保持传统又需追求时尚的两难中。传统的潮汕剪纸的主题多表现为"吉祥喜庆"、"福禄寿愿"、"五福呈祥"、"子嗣绵延"、"五谷丰登"、"六畜兴旺"等，主要应用于时年八节、过年游神赛会、元宵赛灯、中秋拜月、婚俗喜庆、祭祖拜神等活动，据此来看，潮阳剪纸的应用领域还是比较狭窄的，主要体现的是剪纸的装饰和渲染吉祥气氛的用途。另外，传统的潮汕剪纸花样虽多，但其样式的类别较为单一，多为花鸟虫鱼、动物走兽、戏曲人物等传统元素，潮阳剪纸的主题和样式的传统性限制了人们特别是年轻一代对它的接纳程度。

其实，剪纸艺术是很具时尚性的，这首先表现在它的样式和主题可以追随时代的步伐做到与时俱进。另外，剪纸与其他时尚元素例如服装、饰品、礼盒等的结合，也能使剪纸艺术更具时尚魅力。潮阳剪纸注重以线相连，结构与装饰线相互衬托，繁中求简，装饰感较强，这种独特的个性剪纸与其他时尚元素有机整合，十分符合现代人追求时尚与张扬个性的心理需求。

2012 年 6 月，汕头大学法学院公共管理系的部分同学以潮阳剪纸为主题进行了一次针对汕头市民的问卷调查，发放问卷 105 份，回收率 100%，有效率 90%，其中关于个人使用潮阳剪纸的倾向与对潮阳剪纸传统性和时尚性结合倾向的二维交互表应该能说明某种问题（见表 4）。

表4　关于个人使用潮阳剪纸的倾向与对潮阳剪纸传统性和时尚性结合倾向的二维交互表

你会如何使用潮阳剪纸?	你认为潮阳剪纸的传统性和时尚性怎样结合比较合理?					总计
	将剪纸与时尚图案相结合	将剪纸与大型活动相结合	将剪纸与时代主题相结合	保留潮阳剪纸的传统也是一种时尚	其他	
装饰	25	4	13	17	1	60
研究	4	1	1	1	0	7
收藏	9	3	5	2	0	19
展览	2	1	1	2	0	6
送礼	2	2	3	3	0	10
其他	1	0	0	2	0	3
总计	43	11	23	27	1	105

以上数据结果表明，就个人而言，装饰、收藏、送礼是人们认为的潮阳剪纸的最佳用途。再者，人们更倾向于将剪纸与时尚图案结合，同时保留潮阳剪纸的特质，这似乎给潮阳剪纸的创新提出了一个难题——人们一方面要求剪纸与时尚结合，另一方面却要其保留传统。其实，所有的传统文化都需要面对时尚与传统的融合，人们无非是期待潮阳剪纸既保持传统手工制作方法，又在题材上不断创新，找到传统性与时尚性的平衡点。

三、潮阳剪纸时尚性与实用性之探索

近年来，汕头的各种媒体始终不渝地从潮阳剪纸的国家非遗、历史渊源、技艺特色、获奖殊荣等角度宣传潮阳剪纸，但让公众了解在追求时尚的今天，潮阳剪纸的时尚元素和时尚表现究竟怎样的这类节目尚未曾见，这从某种程度上无意间强化了人们对潮阳剪纸固有的狭隘和片面认知。2005年12月22日，国务院发布《国务院关于加强文化遗产保护工作的通知》，其中一项重要的举措就是：从2006年起，每年6月的第二个星期六为中国的"文化遗产日"。2013年6月8日是我国的第8个文化遗产日，主题是"文化遗产和全面小康"，以笔者之见，这一主题与本文的主题巧妙应和——潮阳剪纸"融入百姓日常生活，装饰时尚小康之家"。在这样一个对于潮阳剪纸而言十分特殊的日子里，汕头电视台如果能播放一集展示潮阳剪纸在创新探索过程中的各种表现形式的专题片，将十分有利于改变公众对潮阳剪纸的刻板印象，同时，制作介绍剪纸在其他领域可能的拓展空间的专题片对开阔人们认识潮阳剪纸的视野十分有意义。每年的"文化遗产日"，地方媒体宣传地方文化遗产的宣传主题都应与当年"文化遗产日"的主题高度契合，逐渐培养"传统文化离我们其实很近"的公众意识。

如前文所述，近些年来，潮阳剪纸艺人和文化工作者在潮阳剪纸的时尚化方面已作了不少有意义的尝试，事实证明，传统文化与时尚创意相结合之路完全可行。为进一步提升潮阳剪纸的时尚指数，下面的思路不失为有价值的探索。

潮阳剪纸肩负着寻找传统与时尚平衡点的使命，可以从以下领域加以尝试：

（1）剪纸与服装的结合。在中国传统节日如春节、元宵、端午、中秋之时，在城市的大型主题广场或公园举办由潮阳文化馆工作人员提供精美绝伦的剪纸图案、由服装设计师将剪纸图案融入各种款式的服装中的服装展示会，让公众通过"布上生纸花"这样的剪纸服装T台秀加深对潮阳剪纸时尚性的感知并能接受剪纸图案的服装。如今的时尚界已经打起了剪纸压花的主意。剪纸得天独厚的优势在于它容易体现出立体感，其黑白阴影的对比效果会更加凸显服装的层次感，几何形状的镂空让女人变得神秘、精致又迷人，而且剪纸压花设计不仅美观，更有加强服装牢固度的作用。同时，剪纸压花也可以改变现时机械压花造成的服装图案较为单一的局面，满足年轻人对个性和时尚的追求。

（2）剪纸与普及剪纸知识的结合。同样在国家法定节假日，在人多热闹的公园或城市主题广场，由文化主管部门承办潮阳剪纸露天展会。一部分摊位摆放已经完工的具有剪纸元素的时尚小工艺品供游客参观购买，同时提供个性化的现剪现卖服务，使文化产品直接变成文化商品；还有一些摊位让现场的剪纸艺人和剪纸文化工作人员教授感兴趣的游客制作属于自己的独特的剪纸小饰品，让游客深切感受到剪纸可以和自己如影随形，它距离现代都市人的生活并不遥远。

（3）剪纸与装饰品的结合。耳环、挂饰等小饰品一直是时尚界的宠儿和风向标，随着中国国家实力的日益增强，装饰品上的中国元素日渐增多。小至戒指、耳环的花纹，大至服装、工艺品的样式，其中包含的剪纸元素无不承载着潮阳剪纸带给人们的美好祝福。潮阳剪纸的时尚性已经在它的市场化中初步显现，经过设计者的精剪细作、商家的精致包装，带有潮阳剪纸元素的小饰品销量在市场上风头一时无两。将剪纸从传统的窗花上"撕"下来，让它留在小饰品里面。另外，也有人尝试利用剪纸艺术制作纸雕，在模特身上展示各种造型。纸张容易做出立体感，能更加凸显模特的五官，人们会突然发现，剪纸也能如此时尚！

（4）剪纸与礼物包装的结合。现时大多数的包装采用的都是电脑绘制出来的图案以及非手工制作的材料，因为精致度有限，不能满足一些高雅人士对个性包装的追求。而将传统剪纸工艺从手工工艺品创新为高档产品外包装用品，既保持了包装盒的产品包装功能，又提高了包装盒的装饰效果和档次，同时附着在盒体上的工艺剪纸还具有极高的收藏价值。剪纸元素适合各种产品包装使用，尤其适用于高档产品包装，能使产品显得更加精致，更有时尚感。经过组织的潮阳剪纸艺人与生产较高档产品（例如丝绸、瓷器、茶叶、烟酒）的公司约定合作关系，生产与该公司产品匹配度高、花样寓意与产品性质相关的高档包装产品。个性、精致的包装既能提升相关产品的品牌形象，也对潮阳剪纸的独特性和时尚性进行了渲染，充分展示了剪纸的个性化以及寓意的多样性，宣示了剪纸包装对包装行业的革命性意义，彰显出选择剪纸包装人士的高雅品位。剪纸式包装虽然比一般包装的制作需要更多的时间，但其个性十分突出，非常值得尝试。潮阳剪纸包装作为一项文化产业，将会成为潮汕地区的一张文化名片，该产业的发展将会受到政府和社会各界人士的广泛支持。

（5）剪纸与提升魅力、质感的结合。时尚界已经发现，假睫毛上的立体剪纸技术会提升模特的五官魅力。将栩栩如生的剪纸艺术应用到前卫、潮流的假睫毛上来，不仅是造型与创意的结合，更是传统文化与现代设计的融合。这种剪纸技术可以用三种图案：马匹、牡丹和桃花。其中，马匹代表成功，牡丹象征好运，桃花寓意爱情。每种图案的假睫毛都提供了两种尺寸，一种是完整长度（有两匹小马驹），一种是分段式（只有一匹小马驹），可以戴在眼角或者中间，产生特殊效果。看，一匹匹黑色的小马驹奔驰在你的睫毛上，多么富有戏剧性和观赏性，它已在国外时装界受到热捧！

（6）剪纸与提升生活品位的结合。现代人生活在一个压力重重的年代，咖啡厅成了很多白领、小资、情侣忙中小憩的理想去处，也成为都市人休闲会友、阅读思考的最佳选择，那里优雅的环境、安逸的氛围相应增加了公众对其提供的商品所包含的文化寓意的要求。近年来休闲饮品业界发现的一个事实是：可可粉花制作器提升了咖啡的质感，可可粉花的图案越来越多地关乎休闲饮食类企业的咖啡销量。我们知道，除了味道，咖啡的卖相也相当重要，比如，摩卡会用牛奶在咖啡表面画出各种图案，卡布奇诺会在牛奶泡沫上下功夫，用可可粉在咖啡上撒出各种可爱的图案可以吸引消费者等。为留住并争取更多的顾客，各种口味、造型的咖啡纷纷问世以满足需要，邀请潮汕地区休闲饮食类企业参与"可可粉花图案创作及营销大赛"似乎是不错的考虑。具体做法是，预先设计并剪好镂空的剪纸，搁在咖啡杯上，在剪纸上面撒可可粉，可可粉通过镂空而掉到咖啡表面，咖啡上面就会形成各式各样的漂亮图案了。它的图案比较简单、朴素，一般为小花、小叶或者个性化设置的英文字母，这种剪纸适用于不同的场合，可以表达恬静、舒适以及爱意等不同的寓意，简约之中不乏温馨，温馨之中透着时尚。将潮阳剪纸与此类活动有效嫁接的做法是，先举办"可可粉花图案创作大赛"，向包括潮阳剪纸艺人、剪纸文化工作者在内的全社会征集粉花图案；利用当地媒体对本次活动作全方位的宣传，并产生获奖观众、听众和读者；将"大赛"的获奖作品在媒体上广泛宣传，这是潮阳剪纸时尚性造势活动的重点——毕竟，到咖啡厅消费的人群数量有限。然后再举办"可可粉花营销大赛"，并邀请作品获奖者和媒体获奖观众、听众、读者免费到咖啡厅品尝"粉花咖啡",媒体依旧跟进报道。此类活动涉及部门众多,社会影响广泛,因此政府支持和文化主管部门的统筹协调十分重要。众多知名休闲饮食类企业的加入,将使潮阳剪纸时尚性的一面得以有效推广。

(7)剪纸与日常生活用品的结合。一直以来,潮阳剪纸给人们留下的多是旧时的窗花和祭祀的用品这样狭隘且模糊的印象,因此让人们随处都能看到剪纸而不排斥甚至喜欢这种目前只有在春节、元宵时节才能看到的装饰方式,提升潮阳剪纸的实用指数十分有必要。潮阳剪纸本来自民间、源于生活,挖掘它原有的实用因子并加以放大,是实现其破茧重生的不二选择。近年来,人们对剪纸衍生品的探索方兴未艾,其中思路对潮阳剪纸的实用化不无启发。例如,提包、唐装、抱枕、桌布、陶瓷餐具、古典家具上可以印上潮阳剪纸花样;可以用剪纸装饰传统灯饰以营造梦幻效果和浪漫气息;杯垫、画框可以以潮阳剪纸为表现形式,这样打造的是具有中国特色的服装、日用品和家居用品;把剪纸艺术和书法艺术巧妙结合,又可以形成家居装饰艺术品。

(8)剪纸与大型展会、卖场的结合。除了让潮阳剪纸以轻易可见的方式融入我们的生活之外,还可以单纯提升剪纸的实用性。现今的十字绣,从简单易学的小物件发展到大幅甚至是巨幅的精美绝伦的艺术品,让人们陶醉于它的一针一线,并摆放在客厅或办公室作为装饰品来使用,大大提高了十字绣的艺术品实用性。潮阳剪纸也可以借鉴十字绣的发展路径——连锁经营的作坊式的剪纸门店、既卖成品也接受订单的销售模式、亲切温婉的题材内容、出售专用剪刀和剪纸图案的特色经营一定会使潮阳剪纸的实用性增色不少。除却这种走进老百姓生活的方式以外,用精致镜框装裱剪纸作品置于各大型展会作专题展出,可以增加潮阳剪纸的受众面和关注度。参展现场分为传统剪纸作品区和剪纸衍生产品区,除了欢迎普通民众进入参观以外,还欢迎商家入内了解潮阳剪纸的商业前景,以吸引商家投资。将改良版的潮阳剪纸作品悬挂于大型卖场的入口处,也可以提升人们对潮阳剪纸的关注度,增加对潮阳剪纸实用性的联想。

(9)剪纸与人物肖像展的结合。虽然现在照相技术已相当发达,但开发写真剪纸应该能够大大增加剪纸对公众的吸引力,以剪纸表现主人公的神态特征,更会让人觉得作品充满个性、新颖别致。利用招募广告、热线电话、网络报名、广告派发等多种渠道寻找"模特"参加此次活动。此类活动各个环节的设计尤其是前期的宣传造势十分重要,是宣传潮阳剪纸实用性、生活性的点睛之笔。剪纸老师们现场为"模特"剪写真,并请参加活动的观众选出当日剪得最逼真者为剪纸冠军,对应的模特和剪纸冠军均可获得礼品一份。活动之前还应该组织一批潮阳历史名人肖像剪纸作品参加活动,以增加该活动的文化含量和人文厚度。

(10)剪纸与"融入百姓生活,装饰时尚之家"的结合。在某楼盘会所向目标媒体送去特制的具有剪纸元素的活动邀请函，新颖的邀请函势必先声夺人，引起媒体亲临此次活动现场观摩和后续报道的兴趣；联系相关房产商或物业部门，协商在该楼盘会所举办剪纸书法作品展的相关事宜；通过群发业主短信、小区路边宣传栏、气球飘带、业主论坛发布信息，邀约各位业主前来参加活动；活动现场安排专业剪纸老师与业主互动，并根据业主喜好和品位的不同，为其设计不同样式风格如喜庆的、时尚的、诙谐的、写意的剪纸作品装点家居；活动现场接受业主订单，在双方合意的时间交付作品。这类活动的双重目的是：既提升社区整体的文化内涵，又使潮阳剪纸作品进入寻常百姓家。

四、"非遗"生命力在创新中延续

文化的核心动力是创新，而创新的核心在于精神创造。精神创造所得的成果，可以体现一个民族、一个国家、一个时代的精神和价值取向。同时，要创造性地处理好非物质文化遗产保护与发展的关系，既不能单纯地强调保护使之博物馆化，也不能为了追求片面的经济效益使之过度商业化，丧失原生态的优质基因。如何创新？有学者言："'非遗'保护与文物保护不同，一定要融入现代社会，合理利用，才能传承发展。"中国艺术研究院院长王文章认为，"非遗"的发展传承，是由"非遗"自身的特点决定的。"非遗"具有两个特点：一是一定的恒定性，在几千年的历史发展中，它会保持一种基本形态，不会发生大的改变；二是活态流变性，由于"非遗"的传承是由传承人来完成的，每一个传承人都是社会中人，他在与人交往、生产生活的过程中，不可避免地把他所处时代的一些理念、一些做法纳入到"非遗"之中，从而使"非遗"具有时代性特征。"一种文化，只有当它'有用'了，拥有这种文化的人才会为之自豪，并且产生一种文化自觉。"① 云南省"非遗"保护中心的一位专家这样说。

山西广灵剪纸以其鲜艳的色彩、生动的造型、纤细的线条、传神的表现力和细腻的刀法独树一帜，自成一派，被誉为中国民间艺术一绝，并于 2008 年、2009 年入选国家级和人类非物质文化遗产保护名录。2012 年深圳第八届文博会开幕第一天，100 套 24 头 "中国广灵剪纸瓷" 受到热捧，一上午就销售一空，并签下 86 万元的购销合同。② 剪纸与瓷器的有机融合所带来的成功体验对潮阳剪纸的创新之路不无意义。

2012 年 5 月 19 日，在深圳举办的第八届文博会非物质文化遗产馆的一展位

---

① 陈湘：《让民族文化变得"有用"》，中国民俗网"非物质文化遗产"栏目，2008 年 7 月 4 日，http://www.chinesefolklore.com/news/news_detail.asp？id=1823。

② 《第八届文博会：文化和科技的盛宴文化和创意的海洋》，中国经济网，2012 年 5 月 22 日，http://www.ce.cn/culture/gd/201205/22/t20120522_23343146.shtml。

内，深圳市贺贺文化艺术公司总经理贺虹对前来采访的记者说："我们将非遗文化与现代生活结合在一起，不仅实现了产业化，也让更多年轻人爱上这一传统文化。""非物质遗产传统文化传承最好的办法就是将传统工艺做成商品，让它商品化、产业化，形成产业化的推广，进入大众生活的视野，从而产生更大的价值，就能吸引更多的人喜欢上它、爱上它，才能让它延续得更好、更有生命力。"① 2013 年 5 月，在深圳举行的第九届文博会上，贺虹女士再次向采访的记者表示，开发以欧式酒吧为主题的情景体验展场来展示融合中西文化的剪纸作品正在他们的计划之中。

在 2012 年 5 月 18 日开幕的第八届深圳文博会上，吉林展区以鲜明的地域特色先声夺人，琳琅满目的展品令参观者目不暇接，给人留下的突出印象是：民俗产品可以是时尚的。以订单形式研发高端剪纸工艺产品的宝凤剪纸如今已声名远播，一套剪纸作品售价少则几万元，多则几十万元。为什么能卖到这么高的价钱？该公司董事长李宝凤告诉记者，以往剪纸艺术是传统的、民俗的，但经过公司研发团队创新的剪纸作品具备了时尚元素。"宝凤剪纸拥有一个 140 多人的研发团队，其中有 70 多人是专门负责搞研发的，这大大提升了产品的市场价值和收藏价值。"李宝凤说，"发展剪纸产业，原创很重要。目前，公司投资 1.2 亿元打造的剪纸博物馆和宝凤剪纸艺术学校均在建设中，希望能培养出更多的剪纸人才，创作出更多更好的剪纸作品。"② 李宝凤所言对潮阳剪纸艺术走出新路不无启发。

在 2013 年 5 月的第九届深圳文博会上，"非遗文化创意产业开发"是人们经常听到、看到和感悟到的文化理念，传统文化与创意、创新的结合成为最新趋势，传统手工艺在文化创意的作用下释放出崭新的魅力。来自汕头的工艺美术师陈传生的一件名为"吉祥如意，福泰安康"的琉璃玉摆件在"广东工艺美术大师作品展"中令观众们啧啧称奇，他将剪纸的艺术手法搬到了琉璃玉的材质上，在剪纸的热烈喜庆中注入了玉质的柔和温润。陈传生表示："剪纸是国家非物质文化遗产，希望这种新材质的嫁接，可以拓宽剪纸的表现领域并加以延伸，为剪纸从草根艺术向典藏艺术的蜕变找到新的结合点。"③

潮阳剪纸传承中面临的困境也是中国大多数"非遗"所同样面对的，为摆脱困境、传承文化，人们各出奇招。在 2012 年第八届深圳文博会上，关于"非

---

① 《文化礼品：第八届文博会贺贺文化再创辉煌》，礼多多网，2012 年 6 月 4 日，http:// www. lidodo. com/news_infodetail_448098d2 – 090a – 48bb – 8729 – 2ade5576174b. html。

② 《在深圳文博会上——长春民俗文化绽放时尚新彩》，央视网，2012 年 5 月 24 日，http:// www. hxjw. cn/news/Article/szyl/ysbl/mssc/201205/161258. html。

③ 《第九届文博会落幕各元素"混搭"让人眼前一亮》，中国宁波网，2013 年 5 月 21 日，http:// www. ce. cn/culture/gd/201305/21/t20130521_24404505. shtml。

遗"与创意结合、与科技结合、与市场结合、与资本结合、与旅游结合、与休闲结合的报道已经不绝于耳。在 2013 年第九届深圳文博会上，我们再次看到了"非遗"的各种大胆创新，听到了他们的肺腑之言①，这些铿锵之声和创新之举对潮阳剪纸均不无启示意义。潮阳剪纸既活在自己的光环中，又如同火中的凤凰一样，期待着涅槃后的重生！

【参考文献】

1. 陈志民、翁木顺：《潮阳剪纸》（潮阳民间艺术三瑰宝丛书），广州：广东人民出版社 2006 年版。

2. 杨坚平编著：《潮州民间美术全集·潮州剪纸卷》，汕头：汕头大学出版社 2000 年版。

3. 潮汕百科全书编辑委员会编：《潮汕百科全书》，北京：中国百科全书出版社 1994 年版。

4. 潮阳文化馆：《关于潮阳民间剪纸的调查报告》，2012 年。

5. 陈志：《潮阳民间剪纸艺术特色——兼论民间剪纸艺术对现代平面设计的启示》，"两岸三地'岁寒三友'——中国传统图形与现代视觉设计国际学术研讨会"论文，2004 年 12 月。

---

① 《"创意＋创新＋创业"，文博会43 家分会场共推深圳文化发展》，中国经济网，2013 年 4 月 23 日，http：//district. ce. cn/zg/201304/23/t20130423＿24318126. shtml。

广东开平侨乡民国建筑装饰的特点
与成因及其社会意义 （1911—1949）

谭金花①

中国早期的侨乡因为华侨的回归而于 19 世纪和 20 世纪之交逐渐形成。最出名的有四处：以福建厦漳泉地区和台湾金门地区为主的闽南侨乡，以广东五邑地区为代表的五邑侨乡，以广东潮州和汕头为代表的潮汕侨乡，以广东梅州和兴宁为代表的粤北客家地区的兴梅侨乡。五邑地区的华侨多旅居北美和澳大利亚等国家，而其他几个侨乡的华侨多旅居东南亚诸国。

20 世纪二三十年代，各地侨乡都有华侨回乡建设家园。然而，建设的目的与方法则因华侨当地的文化和居住国的政治、经济、文化的不同而各有特点。以东南亚为主要居住地的华侨回乡建设的目的是光宗耀祖、尽孝或者投资，建造者往往不把乡下的新居视为自己的长久之家；而以北美、澳大利亚等地为主要居住地的五邑华侨因为当时的排华政策而无法在当地生根，故其建造目的是为父母、妻儿等亲人营造一个舒适的家园，新建之居是他永远的家，建造之时着重彰显建造者的身份。再者，五邑地区的侨民与香港和澳门的关系非常密切，在文化和生活观念上深受港澳思想的影响，对传统的保守思想逐渐放宽。

开平便是五邑地区富有北美侨乡地域文化特征的地方之一。

开平人多侨居在排华严重的北美和澳大利亚等地区，很多人把结婚生子、回归祖国投资实业和建设家园作为终生的奋斗目标。他们当中的一部分人选择在国内的大城市投资，但更多人则因经济条件的限制和家庭观念的影响，选择回家乡投资和建设。因此，归乡成家和建造家园成为大多数出国谋生的华侨的选择。更重要的是，新建之楼也是他们自己将来从外国退休回乡后颐养天年的处所。可以说，乡下"家"的呼唤是五邑华侨回乡建设的主要"拉力"，而在排华情绪高涨的国外，"无家"的感觉恰恰是华侨回家建设家园的主要"推力"。② 这些思想可从以下歌谣中得到体现：

---

① 【作者简介】谭金花，五邑大学土木建筑学院讲师。
② 在华侨史研究中，多用"拉力"与"推力"来表示华侨出国及回国的外因与内因。

燕鹊喜，贺新年，
爹爹去金山赚钱，
赚得金银成万两，
返来起屋兼买田。①

根据《开平县志》记载，起初开平华侨归乡建筑的房子仍然是三间两廊风格的传统民居：

居式多横过三间，富厚之家自一进至数进不等，中为厅堂，上起平阁以奉神祖，两边为房，皆置平阁以避水湿，屋内开天窗以透日光，屋上密排木桁以防盗贼，厅前三面以瓦为檐，谓之廊，天光下射如井，谓之天井。置门多于左右廊，开前垣其有由前启门别起围墙环之者曰兜金。村落无井近河便于汲水也，远水之村有井，否则汲池塘之水以为爨。此全是旧式居处，方向不一，巷参差，四壁不通风。近年新建之村颇革前弊，然尚沿三间两廊之旧，若稍事变更，便为村中干涉，谓其有碍风水。②

但到了 20 世纪初，开平侨乡的民间建筑除了沿袭传统岭南建筑中"三间两廊"的风格外，有些建筑的形态也在逐渐改变。如县志所载，"新建之村颇革前弊"，新村空间规划改良了旧村落民居建筑"方向不一，门巷参差，四壁不通风"的弊病，新建的庐式建筑也在通风和采光方面大大地得到改善。这些改善了的民居建筑有：为了防卫而建造的"碉楼"民居，为了追求生活的舒适而建的中西合璧的别墅——"庐"民居。这些逐渐崛起的侨乡建筑装饰常以模仿西洋风格为尚，参考及借鉴西方古典建筑的某些特征，融合本地传统建筑的文化元素。

一、开平民国建筑装饰的界定与特点

自 2003 年至今，先后有开平碉楼研究所等多家研究机构在开平乡间开展了不同领域的田野调查工作，笔者把他们的调查结果进行统计，整理出民国时期开平的建筑情况：共有碉楼 2 019 座（1 833 座为早年公布的数据），墟镇中的骑楼建筑约有 2 000 座，乡村中西合璧的"庐"别墅有 2 850 座，带阁楼和拱券装饰

---

① Marlon K. Hom. *Songs of Gold Mountain：Cantonese Rhymes from San Francisco Chinatown*. Berkeley：University of California Press，1987.

② 吴在民等：《舆地居处》，载余启谋撰：《开平县志》卷五，香港：香港荷李活道声印书局 1932 年版。

的两层三间两廊风格民居有 13 530 座。① 其他同期兴建的传统民居建筑数量庞大，未及调查与研究。以上所有的建筑都有着不同风格的装饰，普遍以西方柱式和拱券、壁画和灰雕为主，每座建筑的装饰风格和数量都不同，视主人的喜好和财力而定，多者可达几十幅，少者也有几幅。因此，若把这个数乘以一万多座民国建筑来算，则恐怕达两三万幅，且主要分布在华侨较多的塘口、赤坎、百合、蚬冈、赤水等镇。

综合田野调查所得的建筑装饰的内容与种类，笔者把"开平民国建筑装饰"界定为：民国期间，开平华侨在建造家园的过程中，利用传统或者外来技艺和材料制作的非当地传统题材的建筑装饰作品。如：以表现当时侨乡风貌及其侨乡理想社会为内容的壁画和灰雕作品，用本地岭南传统灰雕技法雕刻的西式花纹，以及普遍用于立面装饰的西式拱券、古典柱式和屋顶的凉亭等装饰手法。

图 1   以拱券与柱式为装饰主题的建筑装饰

注：左为塘口仓东村的祠堂建筑，右为赤坎中兴里民居建筑，笔者拍摄。

图 2   以飞机、火车、高楼大厦为主题

注：图为塘口安业楼祖先堂装饰壁画，笔者拍摄。

---

① 从 2005 年至今，先后参与开平的华侨建筑田野调查工作的单位有：广东开平碉楼研究所（2003—2005）、澳门大学中国文化研究中心（2009）、广东五邑大学土木建筑学院（2010）、香港大学香港人文社会科学研究所（2009—2010）等研究机构，庐建筑的总数由作者根据以上机构的调查结果合并所得。

图3　以亭台楼阁为装饰的建筑

注：图为百合镇新梓圆村两别墅，笔者拍摄。

（一）西方建筑装饰特征——华侨身份的象征

从开平的民国建筑装饰可以看到近代以来岭南地区建筑风格的发展历程。比较常见的农村民居装饰风格具有以下几种情况：

（1）文艺复兴式建筑特征不时出现在开平的建筑当中，如文艺复兴建筑的代表作——罗马法尔尼斯府邸的窗户装饰风格在开平瑞石楼得到发展；意大利文艺复兴建筑佛罗伦萨大教堂的穹顶也在开平的碉楼与民居中得到运用；各种罗马柱式与拱券装饰手法更是被广泛模仿。

（2）具有炫耀财富、追求新奇等特点的巴洛克建筑风格深得开平侨乡民众的接受且被广泛模仿，并与本地建筑工艺融为一体，是开平庐建筑中最为普遍的装饰风格。

（3）多用于室内装饰的洛可可式风格特征在开平民居的山花与门楣装饰上较为常见，以卷草舒花、缠绵盘曲的弧线、S形线和旋涡等手法为主。这多见于1910年至1920年初的碉楼与民居建筑。

（4）由伊斯兰教与印度教文化融合而形成的英印建筑风格的穹隆顶由东南亚、中国澳门和中国香港传入，成为富有人家的碉楼与庐建筑的顶部装饰风格。

（5）19世纪末20世纪初，新古典主义（或者折中主义）建筑风格在中国各大城市的租界内颇为流行。此种风气也影响了侨乡的建筑风格，部分由建筑师设计的民居、学校、图书馆也多倾向于此建筑风格。

（6）1929年，国民政府在南京和上海的市政建设计划中提出通过复兴建筑而复兴中华文化的概念，倡导建造"中国固有式"建筑（又称"中国复兴式"建筑），因此部分公共建筑和私家楼房响应此号召而采用富有中国风格特色的绿色琉璃瓦坡屋顶，在屋檐与墙面装饰上则趋向简约。

（7）20世纪30年代装饰艺术风格风靡世界建筑界，开平的民居与公共建筑都有类似的装饰风格出现，如建于1934年的赤坎永安里，整个村子的14座庐

（别墅）建筑的门窗及立面都具有艺术装饰风格的特征，类似风格的建筑在大部分华侨村庄都有。

（二）现实题材的壁画与灰雕——梦想中的侨乡社会

壁画和灰雕是开平（岭南）传统建筑装饰工艺，明清时代已经盛行于寺庙、祠堂和豪宅等建筑中。这些装饰的传统题材以山、水、花、鸟、虫、鱼等为主，表达民间的祝福和愿望，如富贵、如意、吉祥、多子、多福、多寿，以及成功、升官、发财、气节高雅等。

然而，近代以来，海外华侨归乡建造家园的时候所采用的壁画和灰雕等装饰，在内容与技法上都有着较大的差异。开平工匠在使用传统技艺和矿物质颜料的同时，也开始尝试使用西画技法和进口颜料，如国画、镜画、水彩画、水粉画、油画等各种技法混杂使用，或者把西方颜料与本土颜料混合使用，在色彩上逐渐走向亮丽与张扬。壁画与灰雕装饰的内容逐渐从纯粹的本地传统转向现实社会的题材，频繁出现汽船、火车、飞机等象征西方社会文明的景物，以及小汽车、电线杆、高楼住宅、公园、学校、旋侨俱乐部等本地侨乡的新生事物。

楼顶的装饰则以三角造型的山花为主，混合西洋花纹、涡卷、中式匾额及文字、望柱等。常常有蝙蝠、鹰、狮子、凤凰、葫芦、如意、钱币、莲花和木棉花等表示吉祥富贵的题材混在西洋花纹之间。

（三）亭台楼阁——追求舒适生活的象征

在楼房顶部建造花园、凉亭是富有者身份象征的主要装饰元素之一。历史上，亭台楼阁向来是生活无忧且有闲情者在自家花园建设的奢侈品，华侨把花园的概念运用于楼顶，他们不但在楼顶设置天台花园，种植各式花草，而且建设各种风格的凉亭，如：中式的四角或六角攒尖顶，西式的拜占庭、罗马甚至是锥形风格的西式穹隆顶。这些楼顶凉亭的建造，一方面反映了楼主欲通过凉亭来炫耀身份的初衷，另一方面反映了楼主对悠闲舒适生活的追求。

这些西方风格的拱券、柱式、亭子、花纹在开平的大量使用有两方面的原因。首先，它们起到装饰作用，建筑立面的拱券、柱式和楼顶的亭子等元素最容易吸引乡人的视线，成为地标建筑，提高楼主的身份和地位；底层栏板的洋花、大门与窗户的装饰能够让人近距离感受建筑的华丽，也是屋主身份的象征。其次，顶层的拱券回廊或者敞廊能够很好地应对岭南地区夏天炎热潮湿的气候，实际上对建筑起到了通风降温的作用；比传统建筑高出一米多的层高和四面墙壁上众多的窗户，都是应对岭南气候的重要手段；庐式建筑二楼或者三楼的大敞廊阳台还是当地民众用以晾衣服和晒农作物的地方，或者是每年农历七月初七"拜仙"和农历八月十五"赏月"之时，一家人团聚活动的最佳空间。

二、开平民国建筑装饰风格形成的因素

（一）华侨海外经历及其思想的影响

开平人于 19 世纪中后期开始陆续出洋谋生，大多前往美国、加拿大两国，也有部分前往东南亚诸国、澳大利亚及新西兰等地。这些华侨在海外生活艰苦，语言、文化与生活习惯皆与西人迥异，不甚适应西方生活，加上西方多国排华法律对华工移民的限制，父母妻小不得随其同行，① 再加上叶落归根等根深蒂固的传统观念的影响，使海外华侨始终把回乡结婚和建设房子作为人生的重大目标。回乡建房的时候，华侨的这种思想就反映在建筑与装饰的风格上。②

1. 时代精神的影响

民国初年席卷全国的改革浪潮让开平有了改革的大气候，建筑装饰虽然是建筑房子中的一道工序，但其内容和技法的变革，反映了 20 世纪初中国农村最底层的村民，在从封建社会向近代资本主义社会转型的过程中所表现出来的改革热情，以及学习西方文化和科学技术的开放心态。

海外归侨建设传统村落的时间多数集中在 20 世纪初至 20 世纪二三十年代，时人称之为"模范村"。后来更拟建模范城市，希望可以借此改变乡村社会贫穷和落后的状况，《开平新业堂筹办开平模范村招股简章》如此阐述：

> 人类以破坏而奋进，事功以建设而发扬。处二十世纪竞争剧烈之世界，欲求社会之文明，增进人群之幸福，非将数千年来之家族观念庸腐恶习，廓而清之，另辟一璀璨庄严之新局面，养成一互助协进之新团体，不足以挤文明之境域，而与欧美先进国争衡也。③

华侨们对改革的热情和对新的民主国家的期盼之情，同样在新居的对联中表露无遗。如：百合马降龙民居对联"人权发达，世界文明"；百合依杨楼对联"人权发达，民智日新"；百合碉楼对联"惠此中国，宏我汉京"；蚬冈民居对联"事业惊人华盛顿，英雄盖世拿破仑"……这些对联虽如口号般的呐喊，有失传

---

① 美国、加拿大、澳大利亚、新西兰四国曾先后颁布排华律例，通过国家法律排斥中国人，美国、加拿大两国的排华时间为 19 世纪 80 年代至 20 世纪 40 年代。澳大利亚与新西兰的排华时间为 19 世纪 80 年代至 20 世纪 70 年代。在这些法律的制约下，华人在海外的生活受到很大影响，常年生活在小小的唐人街，社会地位卑微。

② I – Yao Shen. *A Century of Chinese Exclusion Abroad.* Beijing：Foreign Languages Press，2006：pp. 20 – 180.

③ 《筹办开平模范村序言》，载《开平新业堂筹办开平模范村招股简章》，香港，1929 年。

统对联应有的对仗工整和深意，却直接反映了改革浪潮下华侨的思想倾向。

2. 华侨在海外被歧视经历的心理补偿

身处海外的华侨多在排华法案的阴影下生活，从事着比较低层次的工作，如开餐馆、捕鱼、种菜、开洗衣馆等，居住环境也很差。由于政治、语言、文化的缘故，他们无法融入当地主流社会之中，更无法拥有被人尊重的社会地位。[①] 因此，他们回乡建房子的时候多增加西方元素，并增加壁画和灰雕的数量，尽量使其华丽堂皇而在乡人面前显得有面子、有地位，以此来彰显其财力和海外归侨的身份；同时，住在自己的高楼里，也大大地满足了提高自己的社会地位的心理需要。建筑装饰的华丽其实是华侨在海外被歧视经历的一种心理补偿，也是海外归来造房者的一种"衣锦荣归"的炫耀和华侨之间的互相攀比的结果。

此种心态可从如下的当地歌谣体现出来：

> 目下难糊口，
> 造化睇未透。
> 唔信这样到白头，
> 只因眼前命不偶。
> 运气来凑，
> 世界还在后。
> 转过几年富且厚，
> 恁时置业起洋楼。[②]

（二）侨乡经济的发展与建筑材料的引入

民国期间，开平的经济随着侨汇的增多而发生很大的改变，逐步从农业社会向商业社会过渡。从 20 世纪二三十年代开始，侨乡社会不少家庭主要依靠侨汇生活，或者将股份制投资的利润作为日常生活开支的来源。随着侨乡经济不断发展，人们的生活相对稳定，楼宇和村落的建造极大地刺激了装饰行业的发展。从以下《开平县商业志》对当时经济及建筑材料行业的描述，可见民国时期的建筑盛况：

---

① 早期华人在海外的工作环境及社会地位无论在美国、加拿大还是澳大利亚、新西兰等国都相差无几，可从如下的著作得到印证：I－YaoShen. *A Century of Chinese Exclusion Abroad.* Beijing：Foreign Languages Press，2006：pp. 20-180；Elmer Clarence Sandmeyer. *The Anti-Chinese Movementin California.* Illinois：University of Illinois Press，1991：pp. 10－59；Peter S. Li. *The Chinese in Canada.* Toronto：Oxford University Press，1988：pp. 20－60。

② 张国雄：《台山洋楼》，北京：中国华侨出版社 2007 年版，第 8 页。

1932 年，全县墟市已增加到 56 个，商户达 4 285 户。赤坎、三埠、水口、苍城、蚬冈等十多个墟市还修建了新马路。①

民国七年（1918），第一次世界大战结束以后，广东革命政权经过十多年的治乱，政局比较稳定，生产有所发展。开平华侨纷纷汇款回家买地置田，建屋造宇，起洋楼，建新村……到民国二十一年（1932），全县各镇的商业行业及商号均有增加，经营建筑材料的石灰砖瓦店和钢铁店分别增至 58 家和 26 家。②

壁画与灰雕的工艺虽然讲究师承，但工匠在工作的过程中，也逐渐引入西方颜料、洋钉、水泥等非传统材料，并把传统工艺与外来材料混合使用。如使用洋钉代替铜线做立雕，将其在石灰水里浸泡之后使用，就能防止生锈；又在用于雕刻西洋花纹的传统灰泥材料中加入少许水泥，使其表面光滑而质地更坚固持久。又或者为了达到某种效果，在进口颜色中渗入本土材料。五邑大学曾庆光曾经利用拉曼光谱技术抽样检测 1938 年完工的百合镇旭庐和贺庐两栋楼房的装饰颜料，红色与蓝色颜料的成分与欧洲同期的颜料相同，但黄色颜料中则含有一些欧洲颜料中所没有的成分。③ 为此，笔者曾经采访开平的工匠，他们说西方颜料和本土材料常常混着使用，如：为了增强灰雕的韧性而在浸泡石灰的时候加入禾秆草，制成的稿灰就比一般的纸筋灰要坚韧，但不如纸筋灰细腻；有时为了加强灰雕材料的着色和渗透力而加入本地的黄泥。④ 20 世纪 30 年代庐建筑盛行的时候，部分接受过西画技法教育的画人，也加入建筑装饰的行列，赤坎镇裕新油漆行的经营者冯鼎奕便是其中之一，他喜欢使用进口颜料绘制油画风格的壁画。此外，水彩和镜画技法绘制的壁画也颇为常见。⑤

（三）西方建筑思想和建造业人才的传入

民国期间，随着建筑行业的迅速发展，开平地区聚集了一批专业人员，包括建筑师、工程师、工匠和有经验的建筑承包商。不少华侨子弟在海外攻读建筑设计或者土木工程等相关学位归来后，在香港、广州等城市执业，同时也回乡做建筑设计或者承包工程。如在香港执业的谢济众，回乡帮忙设计谢氏宗祠——荣山

① 《开平县商业志》，开平政府内部发行版 1989 年版，第 69 页。

② 《开平县商业志》，开平政府内部发行版 1989 年版，第 69 页。

③ Qiguang Zeng. Studies of wall painting fragments from Kaiping Diaolou by SEM/EDX, micro Raman and FT‐IR spectroscopy. *Microchemical Journal*, 2010, 96（5）: pp. 330 – 336.

④ 根据笔者以下的采访：2010 年 7 月 20 日采访开平壁画工匠余植，2012 年 12 月 22 日采访开平壁画工匠关永健，2012 年 12 月 26 日采访灰雕工匠胡均凑及何炳章。

⑤ 冯鼎奕的油画作品可见于百合镇儒良乡的贺庐别墅，他在壁画中署名"赤坎裕新油漆行冯鼎奕绘"等字样。百合镇儒南乡均安村部分壁画采用水彩画技法，塘口里梧冈民居和赤坎的多座庐建筑均采用镜画技法绘制壁画。

谢公祠，该祠堂的后楼顶部采用拜占庭风格；① 毕业于美国加州大学的赤坎人关以舟则回广州开建筑师事务所和在大学执教，他在开平的作品有赤坎关族图书馆、司徒拱医务所和开平中学教学大楼；② 另一从美国毕业回广州执业的黄重民在开平最出名的作品是赤水旗尾村的两座红楼。③ 民国二十一年（1932）赤坎镇司徒氏家族筹资八千元建筑通俗图书馆前的牌楼，邀请时在广州的开平籍建筑师李卓作规划设计。④ 民国二十年（1931）沙塘乡筹建沙溪图书馆，同样邀请时在广州三兴建筑公司执业的开平工程师黄瑞设计。⑤

此外，有些公共建筑的大工程还邀请了外国建筑师和工程师参与。如开平华侨中学因为临河而建，便从香港请来了外国工程师负责河堤的勘察和加固工程⑥，台山和开平的余姓族人在荻海兴建的"名贤余忠襄公祠"的后楼则"乃以五百金雇西人鹜新绘式"⑦。这些专业人员在参与开平建筑的过程中，不仅为当地建造了有专业水准的楼房，还培养了不少相关从业人员。

有一部分工匠和承包商，则是在香港、澳门和广州的大工地工作数年后回乡接工程，此类建筑商最为常见。他们可以提供从绘图到工程完毕的所有工序。如赤坎的关礼湘（1882—1945），自小家贫，赴港做泥水工。由于认真好学，他很快当上了工头，并入股成为"联利"、"赞利"、"远利"三家建筑公司的股东之一。1919 年回乡建设"湘庐"供家人居住。1929—1930 年，他以"香港远利公司"的名义回乡承建关族图书馆工程。1932 年，与关国才和关顺一起投资三万双毫银，在赤坎成立"保湘行建铺公司"，专门帮人建筑骑楼商铺。⑧ 类似关礼湘的建筑工程队在开平的各个家族都有，百合新梓园村的"持宣"和胡荣便是其中的代表。《儒良月刊》对他们的描述颇为典型：

新梓园持宣，向业泥水建筑，人极聪明，早年习师香港，能绘图设计算力计料，颇具天才。⑨

① 根据笔者于 2008 年夏访问谢氏祠堂《潭溪月刊》主编谢敏驯先生的记录。谢先生对于谢氏大宗祠的建设历史甚为了解。

② 根据笔者于 2005 年采访司徒拱先生遗孀的记录。司徒拱先生是关以舟的朋友，关以舟于 1929 年设计了关族图书馆，1930 年设计了司徒拱医务所大楼，1934 年设计了开平中学（现为开平一中）的教学大楼。

③ 根据笔者于 2010 年 6 月 18 日采访赤水旗尾村红楼的后代兼现任管理人胡允廉先生的记录。

④ 根据司徒图书馆花园石碑记载。

⑤ 《沙溪图书馆建筑竣工》，《开平明报》第 11 卷第 18 期，民国二十一年（1932），第 32 页。

⑥ 吴在民等撰：《私立开侨学校章程》，民国十七年至二十年（1928—1931）。

⑦ 余觐光：《荻海学校记》（1915）和《荻海余襄公祠堂记》（1920），载《（余氏）宏义祖家谱》，1929 年。

⑧ 关礼湘资料来源于开平景辉楼赤坎民俗博物馆。

⑨ 《天才建筑师》，《儒良月刊》复刊第 8 期，民国三十七年（1948），第 30 页。

（胡荣）从幼习建筑业，为人忠厚，且和蔼可亲。从业迄今，已三十余年，省港各大建筑公司当工程司（师），因设计精密，颇为东家与业主所推重。[①]

（四）公共建筑装饰的潜移默化作用

开平侨乡的建筑装饰之所以如此多样而且使用不同的技法，同时又被乡人接受，这其中的一部分功劳来自散落在乡间的大大小小的教会、学校、政府、祠堂、碉楼等公共建筑，村民对这些公共建筑里的拱券、柱式、卷草、涡卷等西方建筑元素习以为常，在潜移默化之中已经接受了这些装饰工艺，等到自己建房子的时候，模仿那些风格便显得是自然而然的事情了。如：1900 年前后建筑的冠英学校、1901 年建成的"逊志轩"碉楼、1905 年建成的龙背教堂等建筑，都是较早使用罗马拱券和外廊的建筑；1905 年建成的三层大楼嘉乐惠盲孤女校则是在平衡外来拱券装饰的同时，使用了本地人熟悉的木棉花作为全楼的装饰主题；由台山和开平的余姓族人于 1906 至 1914 年建成的宗祠——"名贤余忠襄公祠"，更尝试了开平祠堂建筑的新格局——不仅把西方柱式、拱券、铁铸工艺引入祠堂建筑，还参考古代书院的格局，在祠堂建筑后面建造"后楼"作为图书馆。[②] 此后，各姓各族陆续筹建祠堂，西式卷草纹、拱券、古典柱式等在祠堂建筑中越来越常见。民居的建筑装饰风格也随之变得更自由开放，工匠们任意拼凑各种建筑装饰工艺，使之融为一体并符合本地人的审美与实用要求。因此，在设计上和装饰上所反映的都是当地工匠包括楼主对西方建筑文化的理解与接受程度，而非外来者把西方的建筑意识强加于本地建筑之中。

（五）香港、广州的建筑风格对开平华侨建筑装饰的影响

香港作为开平华侨出国回国的必经之地，是华侨做生意的主要城市之一，无论在经济、材料供应上，还是在人才、技术上，都是开平华侨建筑风格得以形成的基础。其原因有二：一是香港的地理位置，二是华侨的香港经历。华侨经年在香港活动，香港的建筑对其起着潜移默化的作用，有些华侨把从香港和外国带回来的明信片或者画册出示给工匠，要求建造类似风格的建筑。同时不少工匠曾经在香港建筑工地当过泥水工，对类似的建筑风格有所涉猎，对其建造技术亦颇为熟练，故能应华侨的要求进行模仿建造。另外，因为华侨的关系，不少开平本土的建筑工程设总部于香港，以香港为中心向北美和东南亚、大洋洲等地区的族民筹款，水泥、钢筋等建筑材料也通过香港购置。如当年开平私立开侨中学的校董会设于香港德辅道，1931 年该校舍工程在香港开投，其目的当然是吸引香港的

---

① 《族人胡荣君在广州创设建睦营造厂》，《儒良月刊》复刊第 2 期，民国三十六年（1947），第 25 页。
② 这些楼的建造时间都记载在楼顶山花的匾额两侧，教会建筑的时间则来源于开平基督教会的记录。

工程公司参与建设；① 又如，1929 年成立的开平"新业堂"的总部也设于香港，方便招股；1929—1931 年建成的赤坎关族图书馆的承办商为香港远利建筑公司。②

由于地域的关系，作为省会的广州与开平的关系稍逊于香港，但也有不少海外归侨到此就业与投资，因此成就了广州对开平的影响，时有广州的建筑公司回乡承包工程。1933 年，赤水旗尾村胡氏两座红楼即为黄重民执业的广州建筑工程队所建造；③ 1934 年，开平中学校舍工程在广州招标，吸引了广州及香港的建筑师参与投标。

到投者颇为拥挤，省港以及内地之建筑公司参加投承者，计工十四处。开投结果，以美和公司投价七万四千九百元为最低，达成公司投价七万七千元次之，三票则为七万八千元。查一二两阄均为本族族人所得，美和公司主事人为书楼族侨俊织、尚义两君，达成公司则为塘边乡梓荣君之侄某君。开投后，昨经建校委员会审查，决议交与二阄达成公司承建，承价仍减为七万四千九百元。④

从这些大型建筑的承包商，可见香港和广州在开平当地建筑行业所扮演的角色。这些承建商很多是开平人，在香港或者广州执业，取得经验后回乡承办工程。由此可知，香港与广州的建筑风格与开平建筑的风格形成有着不可割舍的关系。

三、开平华侨建筑装饰的文化价值及其社会意义

开平华侨建筑的装饰反映了区域性历史文化对其民居建筑的影响。鸦片战争以后至 20 世纪初，岭南地区的建筑逐渐走向近代化，开平侨乡不但反映了岭南建筑的近代化历程，甚至还是中国乡村近代化转型道路上的典型范例。

开平侨乡的灰雕和壁画一方面表现了华侨在海外所看到的西方社会的现象，另一方面也表现了他们对故乡发展的一种愿望，希望家乡能够如西方国家那样，拥有飞机、火车、轮船、汽车和高楼大厦。这些装饰在实际中应用颇多，某些画家、工匠也能形成自己的风格，在当地取得一定的名气，如当时最为出名的民国题材画家周紫云，他的作品以佛青为基调，以高楼、轮船、戴毡帽的华侨等为主

---

① 根据《建筑开平县私立开侨中学校舍工程投票简章》第一条规定："本工程定于民国二十年国历九月三十号正午十二时在香港德辅道中三一三号四楼开侨中学校董会当众开投。"

② 资料来源于开平景辉楼赤坎民俗博物馆。

③ 根据笔者于 2010 年 6 月 18 日采访旗尾村红楼拥有人的后代兼现任管理人胡允廉先生的记录。

④ 《开中开投建校公司，一二两阄均为族人投得》，《教伦月报》第 128 期，民国二十三年（1934），第 21 页。

要表现题材。但是，由于社会政治的原因，此种题材的装饰风格在侨乡流行的时间较为短暂，从 20 世纪 20 年代至 1949 年左右，整体上仍然停留在较低的水平上，并未如中国传统文人画，或者有地方特色的风俗画（如杨柳青）那样形成一种画派，得以长久传承。不可否认的是，作为岭南灰雕壁画派系的分支，它积极地推动了侨乡实用装饰美术的发展。然而开平侨乡的建筑装饰只是昙花一现，缺乏如其他艺术门类那样有世代继承的社会基础。[①]

　　纵观民国期间开平的华侨建筑，其建筑的形式与屋主和工匠的生活经历有着极大的关系。不少屋主、建筑师都有海外生活和学习的经历，部分泥水工匠们亦曾经在广州、中国香港、中国澳门以及东南亚等地工作过，对西方建筑装饰工艺有一定的认识，更常常有香港和广州的建筑公司到开平来竞标大型建筑工程。承包商在设计和建造的时候，凭经验或参看海外带回来的画报、明信片、建筑设计图纸等，任意模仿西方历史上各种建筑风格，或根据楼主的要求而自由组合、拼凑各种装饰形式。这些建筑具有折衷主义的特征：不讲求固定的法式，只注重形式美。这正反映了某个特定历史时期侨乡民众的思想取向，是区域性建筑文化现象，开平侨乡的建筑也由此富有独特的地方文化色彩。因此，笔者认为，我们不能笼统地以某种西方建筑风格来形容或概括开平侨乡建筑的风格，其价值并不以建筑的风格是否符合西方标准来衡量，而在于这些建筑背后的文化意义。

---

　　① 郑德华、谭金花：《广东开平庐建筑风格及其文化内涵：一个实地调查报告》，载郑德华、李庆新主编：《海洋史研究》，北京：社会科学文献出版社 2012 年版，第 307～327 页。

地域方言研究

明清木鱼书中的粤方言①

邓小琴②

　　《花笺记》、《二荷花史》在广东被称为"木鱼书"。"木鱼书"由佛教的"俗讲"、"变文"及"宝卷"与珠江三角洲地方民歌民谣相结合而成，是明末的一种吟诵体曲艺形式。郑振铎认为"木鱼书"其实也是弹词，是流行于广东的讲唱文学。③ 与弹词的句法结构一样，唱词以七言句为主，间有加以"三言"的衬字。弹词有国音与土音两种，国音弹词最多，体例也最纯粹，土音弹词则以吴音的最为流行，叙述及生旦说唱的部分多用官话，丑角的说唱部分则每用吴语。广东的木鱼书则多杂入广东的土语方言。④ 木鱼歌的木刻本和手抄本数量庞大，约有 500 种，其中《花笺记》和《二荷花史》最负盛名。⑤

　　《花笺记》和《二荷花史》的作者及其确切的出版年代，尚无明确的定论。薛汕在整理《花笺记》时，采用的最早版本是清初翻印版本，即《静净斋第八才子书花笺记》，明代刻印版已经绝迹，但他确信《花笺记》是明代作品无疑，甚至已经有 500 年的历史。⑥《二荷花史》根据的则是丹桂堂《新刻评点第九才子二荷花史》影印本，由于原刻本刻误较多，以及印刷年久，薛汕还参照五桂堂的仿刻本对之加以校定。⑦ 梁培炽在《花笺记会校会评本》中（1998）指出，事实上康熙五年（1666）以后"才子书"系列（共 11 部）已全部形成了，也就是说《花笺记》和《二荷花史》的创作时间应该早于 1666 年。另外《花笺记》曾驰名欧洲，备受歌德推崇。

一、明清木鱼书代表文献及其语言面貌

　　本文研究的版本为 1985 年薛汕校订本，《花笺记》和《二荷花史》（下文用

　　① 本研究得到教育部人文社会科学研究规划基金项目（12YJA740010）、广东省哲学社会科学"十二五"规划一般项目（GD11CZW03）、"汕头大学科研启动经费资助项目"（STF11008）的资助。

　　② 【作者简介】邓小琴，汕头大学文学院副教授。

　　③ 郑振铎：《中国俗文学史》，北京：文学古籍刊行社 1959 年版，第 348 页。
　　④ 郑振铎：《中国俗文学史》，北京：文学古籍刊行社 1959 年版，第 353 页。
　　⑤ 黎田、谢伟国：《粤曲》，广州：广东人民出版社 2008 年版，第 10 页。
　　⑥ 薛汕：《花笺记》，北京：文化艺术出版社 1985 年版，第 6 页。
　　⑦ 薛汕：《花笺记》，北京：文化艺术出版社 1985 年版，第 8 页。

例简称为"花笺"和"二荷",后附数字为页码)均由文化艺术出版社出版,为简体字版本。本节引例下划线部分为粤方言词和句子。

(一)《花笺记》文本节选

夫妻贪婿

相公饮罢辞生转,归房又共老妻言:"好个高才梁秀士,必然身近帝王边。心中爱佢为吾婿,点得佢先传红叶到堂前。"夫人答道:"真登对,爹为阁老做人贤,几好便时开一句,等佢差媒来问遂心田。"相公又对夫人语:"佢个花园阔大百花鲜,开个横门通过去,等我日长闲暇过佢花园,此子情亲如子侄,与生谈笑乐余年。"(花笺16)

此节基本以七言句为主,并配有"三言"粤方言衬字"点得佢"(怎么让他)、"真登对"(真相配)以及"佢"(第三人称代词)。此语句结构符合弹词的特点。

(二)《二荷花史》文本节选

二婢寻笺

白生只话行来截,唔想花神偏要恼三郎。就畀花树花根来掼倒,登时跌直在花旁。起得身来人已远,空系惹人兰府尚留香。带恨便从亭畔睇,只见石凳诗笺有两张。执将月下方来看,唔想入耳欣闻笑语狂。遂即卷来笼入袖,走埋幽处把人睰。(二荷43)

此节在保持以七言为基础的结构中,衬字多为由粤方言词组合的双音节词,如"唔想"中的"唔"和"空系"中的"系",同时粤方言的句法标记也进入到语句中,如"被动句"标记"畀",体貌标记"走埋"中的"埋",夹用的粤方言词还包括"话"(说)、"睇"(看)、"执"(捡)、"睰"(偷看)等。粤方言中拥有较多的单音节词,较易于在通语文体中嵌入或置换方言词。

二、明清木鱼书中的粤方言特征词①

李如龙认为"方言特征词是一定地域里一定批量的,区内大体一致,区外相

---

① 下文所抽取的粤方言特征词及词法句法标记均以黑体框【】符号框定。下划线"＿＿"部分为框定项的粤方言词语,视文本理解难易程度进行有选择的注释(句中括号部分)。曲线"～～～"部分为非框定项的粤方言词语,需注释。"→"后字为当代常用字。所列开放性词类,根据广州音发音按字母表顺序排列,封闭性或半封闭性词类按词内小类排序。

对殊异的方言词"①。木鱼书中的粤方言特征词主要从沿用至今的核心特征词和式微特征词两个角度来考察。"核心特征词"界定为从明清一直沿用至今的高频粤方言词，"式微特征词"主要指现在已被替代或使用率已减少的粤方言词，但有些式微特征词在明清时期则是高频词。

（一）核心特征词

（1）名词：边；大话；街坊；隔篱；嘢；孻女；细蚊；手赆；屎佛；天光；仔。

【边】 pin^{55}②，表处所。

①既有横门通得去，就趠金莲往个（那）边。（花笺 16）

【大话】 $tai^{22}wa^{22}$，假话。

②大话，有乜（有什么）汗衫医得佢灾殃？（二荷 63）

【街坊】 $kai^{55}fuŋ^{55}$，街坊邻居。

③忽见树藏门一度（扇），打开随即到街坊。（二荷 16）

【隔篱】 kak^3lei^{21}，邻居。

④隔篱令舅杨都督，与我芸窗隔粉墙。（花笺 12）

【嘢】 $jɛ^{13}$，东西，常与"乜"组合，表"什么东西"，如"做乜嘢"，即"干什么"。

⑤妹你咁夜到来做乜嘢？（二荷 43）

【孻女】 $lai^{55}nœy^{13}$，最小女儿。

⑥欲将孻女赘豪英。（二荷 79）

【细蚊】 $sɐi^{33}mɐn^{55}$，小孩子。

⑦你个（的）细蚊言语亦参详，你今尊庚年十二。（二荷 43）

【手赆】 $sɐu^{35}tsœn^{35}$，小小的礼物。古语词，现在用"手信"表示，表"礼物"，高频词。"手信"一词在《广东省土话字汇》（1828）"名分类"中已出现，"信"是假借字。

⑧定系着（让）佢（他）偷去为手赆，将来做药醒痴魂。（二荷 66）

【屎佛】 $si^{35}fɐt^5$，屁股。

⑨谁想果然假货非真货，系一禽罗屎佛假斯文。（二荷 32）

【天光】 $t'iŋ^{55}kwɔŋ^{55}$，天亮。

⑩二娇嘱咐都停当，捱来寒夜已天光。（二荷 85）

【仔】 $tsɐi^{35}$，儿子。

---

① 李如龙：《论汉语方言特征词》，载《双语方言的比较研究》，北京：商务印书馆 2001 年版，第 112 页。

② 本文注音以广州音为代表音，声韵调标音体例参见文后附注。

⑪从<u>仔</u>意，勤谨功书就系好人。（花笺 39）

（2）动词：畀；睬；抵（银）；得人惊；得人憎；荡；估；悭；系；企；落（雨）；唔该；埋堆；冇；望；闹；恼；拗；挨╱捱；睇；抖；话；搵；斟；整；着（棋）；眈。

【畀】pei³⁵，给；让。

⑫无过近为些闲事，含愁不<u>畀</u>我知闻。（花笺 41）

⑬<u>畀</u>个烂园将佢<u>搵</u>（找），几乎气死<u>冇</u>（没）人闻。（二荷 22）

【睬】ts'ɔi³⁵，理睬。

⑭只好走开唔<u>睬</u>佢，做乜好<u>轻</u>（轻易）凌辱读书人。（二荷 33）

【抵（银）】tɐi³⁵，值钱。现在单用，表示"值得"。

⑮昨日绮琴同我讲，佢话我个仙方实<u>抵</u>银。（二荷 66）

【得人惊】tek⁵jen²¹kiŋ⁵⁵，让人害怕。

⑯今阅佢文之做作，果然高贵<u>得人惊</u>。（二荷 78）

【得人憎】tek⁵jen²¹tsɐŋ⁵⁵，让人讨厌。

⑰丫鬟说话<u>得人憎</u>。（花笺 51）

【荡】tɔŋ²²，无目的行走。

⑱点知（怎么知道）不熟胡人路，<u>荡</u>入山前无路行。（花笺 47）

⑲二娇闻语思思骂，唔想白生<u>荡</u>出在旁。（二荷 43）

【估】ku³⁵，猜想。

⑳我<u>估</u>哩（这）条残命死旁。（花笺 5）

㉑今<u>畀</u>（被）佢名来作对，我<u>估哩头</u>（这里）就系佢家堂。（二荷 17）

【悭】h an⁵⁵，节省；少。

㉒恐怕明珠一落他人手，欲寻踪迹信音<u>悭</u>。（花笺 26）

【系】hɐi²²，是。

㉓定<u>系</u>嫦娥到此方，定<u>系</u>蓬莱天上女。（花笺 6）

㉔正<u>系</u>日来无事贫非易，老去多情病自深。（二荷 1）

【企】k'ei¹³，站。

㉕无聊无赖花边<u>企</u>，夜深寒冷袭衣裳。（花笺 9）

㉖<u>企</u>来便把高楼望，<u>唔</u>（不）想帘帏低垂不见人。（二荷 67）

【落（雨）】lɔk²，下。

㉗天若果然真<u>落</u>雨，我就待至晴时<u>正</u>（才）转乡。（二荷 14）

【唔该】m¹²kɔi⁵⁵，"唔该"开始用的时候，表"不该"，还没有"感谢"之意。

㉘此事<u>唔该</u>你我言。（花笺 19）

㉙人生如遇痴情个，<u>唔该</u>铁石作心肠。（二荷 36）

【埋堆】m ai²¹ tœ y⁵⁵，同在一起。

㉚海誓山盟今反悔，罗帏唔（不）望得埋堆。（花笺 34）

【冇】mou¹³，没有。

㉛从来多少相思句，及至相逢冇一句。（花笺 23）

㉜算来今有十多日，硬就冇人敢去说知娘。（二荷 60）

【望】mɔŋ²²，巴望。

㉝亏他望我寻媒问，谁想一场风月属他人。（花笺 34）

㉞若系咁（这样）就真唔敢阻君，我郎今若回家去，得闲望你就来临。（二荷 24）

【闹】n au²²，骂人。

㉟娇时把我频频闹，话你仙家唔学俗人行。（二荷 97）

【恼】nou¹³，生气。

㊱芸香、碧月知娘恼，近前携姐出园行。（花笺 43）

㊲总系怕娇前在家为女，听语揩来恼白郎。（二荷 99）

【拗】ŋ au³³，争执。

㊳两君唔在频相拗，等我为你从中处个平。（二荷 78）

【捱/挨】ŋ ai²¹，熬；耐苦、支撑，"捱"、"挨"混用，音近义同。

㊴无缘拣得一套伤心事，谁怜今夜挨凄凉。（花笺 7）

㊵如此困敲（了）三四日，捱来都似几年长。（二荷 27）

【睇】t'ɐi³⁵，看。

㊶奴奴（女性自称）前晚收棋子，睇见梁生未转窗。（花笺 10）

㊷今宵喜得愁云破，你睇月色娟娟照洞房。（二荷 11）

【抖→唞】t'ɐu³⁵，休息；吸口气。

㊸转身遂把书收拾，只话返房抖（休息）下免伤神。（二荷 51）

㊹白生抖（吸口气）气方回道……（二荷 64）

【话】w a²²，说。

㊺只见一钩新月光如水，人话天孙今夜会牛郎。（花笺 1）

㊻话佢系乜（什么）徐公子，来求你作乜诗章。（二荷 25）

【搵】wɐn³³，找。

㊼畀（给）个烂园将佢（他）搵，几乎气死冇（没）人闻。（二荷 22）

【斟（茶）】tsɐm⁵⁵，沏茶、倒茶。

㊽睇见系人就作揖，客到叫鬟斟好茶。（花笺 54）

【整】tsiŋ³⁵，做。

㊾隔篱整起一座新书馆，其人拜访到厅前。（花笺 14）

【着（棋）】tsœk³，下棋。

㊿灯前笑把围棋着，未知何姓女娇娘？（花笺 8）

【睰】tsɔŋ⁵⁵，偷看。粤方言字，形声字。

(51)柳梢睰见奴奴到，就把私情对婢言。（花笺 18）

(52)恰好两娇诗写就，佢就悄悄行从背后睰。（二荷 19）

（3）形容词：登对；夜；容乜易；立乱。

【登对】teŋ⁵⁵tœy³³，相配。

(53)但为百年长久计，若唔（不）登对误青年。（花笺 23）

【夜】jɛ²²，晚。

(54)今已夜嗷（了）难走动，唔时直到我家堂。（二荷 88）

【容乜易】jʊŋ²¹mɐt⁵ji²²，太容易。

(55)要破番兵容乜易，救出梁兄末待迟。（花笺 57）

【立乱】lɐp²l yn²²，乱；胡乱。

(56)岂料唐兵心未定，慌忙立乱且逃生。（花笺 47）

（4）代词：哩；嗰；个边；咁；佢；佢地；我地；乜；有乜；做乜；冇乜；点；边；几。（按指示代词、人称代词、疑问代词分类排序）

【哩→呢】li⁵⁵，这。如：哩下、哩回、哩封、哩个、哩头、哩边、哩张、哩场、哩位。

(57)哩回无望再逢君，天涯路远江山隔。（花笺 37）

(58)古云春梦多颠倒，哩下劝你抛开且莫论。（二荷 5）

【嗰（个）】kɔ³⁵，那。在这两本木鱼书中，"个"、"嗰"经常混用，说明原版"個"、"嗰"混用，因而也类推出简体版的"个"、"嗰"两字，"个"参见�61㊂62例。

(59)嗰段离情空自恼，担愁亦怕见丫鬟。（花笺 25）

(60)嗰时只就从她命，进食同拈玉箸长。（二荷 17）

【个边】kɔ³⁵pin⁵⁵，那边。

(61)既有横门通得去，就趯金莲往个边。（花笺 16）

(62)我地（我们）拾翠如今往个边，总为前头有座花亭好。（二荷 5）

【咁】kɐm³³，指示代词，这，这么。

(63)人人都话姚公子，行移唔（不）系咁猖狂。（花笺 P6）

(64)若系咁就真唔敢阻君，我郎今若回家去，得闲望你就来临。（二荷 24）

【佢】kœy²¹，第三人称代词，不分男女。

(65)今日我在南时佢在北，纵有相思无路寄遐方？（花笺 11）

(66)正好将文做一纸，夜间去吊佢芳魂。（二荷 2）

【佢地】kœy²¹tei²²，他们。"～地"人称代词复数标记。

(67)姚生初选为兵部，解粮点着佢地身。（花笺 48）

⑱纵然才色都全了，又怕<u>佢地</u>钟情未必深。（二荷2）

【我地】ŋɔ¹³ tei²²，我们。

⑲好似落花有意随流水，<u>我地</u>何曾睬佢断肝肠。（花笺11）

⑳唔好取副<u>色</u>（骰子）行下令，<u>我地</u>大家豪饮到明天。（二荷54）

【乜】mɐt⁵，疑问代词，可单用，也与其他词组合，构成"乜N"、"V乜"。但在"V乜"中，结构比较紧密，常有虚化的特点，如"有乜、做乜、冇乜"。

【乜N】mɐt⁵，"什么N"。

㉑大姐你今何处去？盒中<u>乜</u>物对我言。（二荷9）

㉒哩下我亦学姐话成有几句，睇来唔似<u>乜</u>诗腔。（二荷19）

㉓姐罢指法轻清真系好，唔识系<u>乜</u>谁人咁爱弹？（二荷31）

【有乜】jɐu¹³ mɐt⁵，有什么。

㉔整衣且去寻踪迹，只见相符潭潭<u>有乜</u>女娘。（花笺11）

【做乜】tsou²² mɐt⁵，为什么。

㉕<u>做乜</u>花林荡（走）出一个少年郎。（花笺5）

【冇乜】mou¹³ mɐt⁵，没什么。

㉖我亦见<u>佢</u>（他）真好笑，人家女子<u>冇乜</u>相干？（花笺10）

【点】tim³⁵，怎么，疑问代词。

㉗平生与<u>佢</u>（他）<u>唔</u>（不）相识，露面相逢心<u>点</u>安？（花笺6）

㉘<u>点</u>知佢（他）系牢笼计，一时陈人传佢到红妆。（二荷45）

【边处】pin⁵⁵ tsʻy³⁵，哪里。"边"，疑问代词。

㉙借问桃源<u>边处</u>系？（花笺24）

【边位】pin⁵⁵ wɐi²²，哪一位。

㉚一字我都唔会画，只系敢求<u>边位</u>大娇娘，替我写成教导我。（二荷19）

【几】kei³⁵，什么。

㉛重重番贼不通针，<u>唔</u>（不）知<u>几</u>时<u>正</u>（才）得平胡虏。（花笺40）

（5）量词：的；嗲；度；匀。

【的】ti⁵⁵，些，不定量词。

㉜我想嗰（那）<u>的</u>丫鬟都快活，风流何况主人家。（花笺53）

【（嗰）嗲】ti⁵⁵，不定量词"的"的假借字。

㉝有时只怕<u>唔</u>（不）同得，就似<u>嗰嗲</u>轻云无定各分张。（二荷11）

【度】tou²²，扇（门）。

㉞趋步近前观仔细，新门一<u>度</u>柳荫前。（花笺16）

【匀】wɐn²¹，回，粤方言常用动量词。

㉟对月有时双泪落，间肠断几<u>匀</u>。（花笺27）

（6）副词：唔；冇；个阵；哩下；重；几。（按否定副词、时间副词、程度

副词分类排序）

【唔】m²¹，不，否定副词。

㊏贤弟未知详，有谁风月<u>唔</u>贪赏？（花笺 4）

㊐听罢白生方欲答，<u>唔</u>想青衣携起走如云。（二荷 4）

【冇】mou¹³，没有，否定副词。

㊑我亦见佢真好笑，人家女子<u>冇乜</u>（没什么）相干。（花笺 10）

【个阵】kɔ³³tsɐn²²，那时，时间副词。

㊒醒来睇见中天月，<u>个阵</u>凄凉实可怜。（花笺 22）

【哩下】li⁵⁵ha²²，现在，时间副词。

㊓<u>哩下我地</u>（我们）来寻<u>唔</u>（不）见了，<u>估</u>（猜测）系秀才<u>揩</u>（拿）在袖中藏。（二荷 43）

【重】tsʊŋ²²，还，程度副词。

㊔肝肠想断多和少，<u>重</u>怕相思成病为亡。（花笺 10）

㊕那<u>重</u>有哩（这）封阿<u>野</u>（东西）<u>唔</u>（不）知<u>乜</u>（什么）？（二荷 29）

【几】kei³⁵，很。近代白话文用词特点在粤方言中保留，由疑问代词"几"虚化为表"程度"的副词。

㊖相挨相倚池边绕，相爱相怜<u>几</u>在行。（花笺 2）

（二）式微特征词

虽然这些特征词已经在当代式微，但在明清时期，大部分属常用词，其中标"﹡"号的则为当时的高频词（下文"﹡"标记同义）。

（1）名词：阿野；灾殃。

【阿野】a³³jɛ¹³，东西、物品。前缀"阿"在粤方言中使用较为灵活，此例可与"野"组合。

㊗秀才多喜色，稍时你就出书房，那重（还）有哩（这）封阿<u>野</u>（东西）唔知<u>乜</u>（什么）？（二荷 28）

【﹡灾殃】tsɔi⁵⁵jœŋ⁵⁵，灾难；祸殃。

㊘我<u>估</u>（猜）<u>佢</u>（他）亦系（是）将男来扮女，所以讲来得<u>咁怪</u>（这么）<u>灾殃</u>。（二荷 14）

（2）动词：抽气；痴缠；揩；趱。

【抽气】tsʻɐu⁵⁵hei³³，叹气。

㊙《子》、《史》百家都不读，空系一番<u>抽气</u>以伤神。（二荷 2）

【痴缠】tsʻi⁵⁵tsʻin²¹，痴情不已。韵体文中常用词。

㊚花荫撞着难回避，知他平日惯<u>痴缠</u>。（花笺 23）

【﹡揩】hai⁵⁵，拿；带。在《二荷花史》中高频使用。此词不是"磨"或

“擦”之义。

(98)揩住花笺唔放手，一天愁绪向谁言？（花笺14）

(99)丽姐此时揩玉笛，学吹杨柳韵初扬。（二荷11）

【趱】tsan^{35}，快走。

(100)趱步近前观仔细，新门一度（量词）柳荫前。（花笺16）

（3）形容词：狼獴；恶。

【＊狼獴】lɔŋ^{21}hɔŋ^{55}，狼狈。

(101)撞着一时难躲避，睇（看）身睇势觉狼獴。（二荷15）

【＊恶】ɔk^{3}，难。一直沿用了很长时间，约在20世纪70年代式微。

(102)两字相思真恶抵（真难忍受），寒窗挨日胜如年。（花笺20）

(103)且又夜来果系恶还乡（难还乡），只得顺从唔转去。（二荷18）

（4）代词：乜谁（人）。

【乜谁（人）】mɐt^{5}sœy^{21}（jɐn^{21}），谁。

(104)指法轻清真系好，唔识系乜谁人咁爱弹？（二荷31）

(105)锦弟同阿白，共起（和……一起）这个唔知系乜谁？（二荷48）

（5）副词：跟尾；哩下；唔忧；就时；疾牙；正

【跟尾】kɐn^{55}mei$^{13-55}$，随后。

(106)见语白生称极好，就叫书童跟尾共抽身。（二荷5）

【＊哩下】li^{55}ha^{22}，现在。

(107)古云春梦多颠倒，哩下劝你抛开且莫论。（花笺5）

(108)哩下我地（我们）来寻唔（不）见了，估系（猜是）秀才揩在袖中藏。（二荷43）

【＊唔忧】m^{21}jɐu^{55}，不会。

(109)客中又冇（没）人开解，残命唔忧走得到边。（花笺22）

(110)虽则佢今无道理，我亦唔忧肯变更。（花笺36）

【就时】tsɐu^{22}si^{21}，马上；很快。

(111)就时揩入房中去，贴在深深卧榻旁。（二荷28）

(112)有乜唔该（有什么不该）来共你相言，真假就时明白了。（二荷59）

【＊疾牙】tsɐt^{2}ŋa^{21}，霎时间；一下子。

(113)我亦有些疑佢系（他是）男妆。面部似乎曾睇（看）过，疾牙一下记起唔详。（二荷14）

【正】tsiŋ^{33}，才。用“正”表示“才”，沿用较长时间，现在少用。

(114)天若果然真落雨，我就待至晴时正转乡。（二荷14）

（6）连词：共。

【共】kʊŋ^{22}，与；和；跟。近代汉语连词保留在粤方言中沿用至今，偏文雅表达。

⑪尊君曾<u>共</u>我同窗，少年相处如兄弟。（花笺 12）

⑯免致奴家长盼望，唔得绸缪<u>共</u>你论。（二荷 24）

三、明清木鱼书中的粤方言主要词法特征及标记

（一）名词前后缀：阿；仔

【阿~】a^{33}，阿野；阿白；阿官；阿姑；阿妈；阿叔仔；阿公。"阿"可放置在物件名、职位名、人名、亲属称谓之前。

⑰稍时你就出书房，那重有哩封<u>阿野</u>唔知也？（二荷 28）（阿野：物件名之前）

⑱有一<u>阿官</u>来拜老爷身，姐你试从帘下去，偷睬（偷看）<u>睇系乜谁人</u>（是什么人）？（二荷 94）（阿官：职位名之前）

⑲我估娇娇先者那诗章，<u>阿白</u>定然揸去了。（二荷 43）（阿白：人名之前）

⑳变做管家<u>阿叔仔</u>，为娇回粤探端详。（二荷 84）（阿叔仔：称谓之前）

㉑<u>阿妈</u>！我地（我们）生来多福薄，唔敢求亲向宦庭。（二荷 79）（阿妈：亲属称谓之前）

【~仔】tsɐi^{35}，用于小称事物，如：罗衫仔，笔仔。

㉒系个<u>妹仔</u>紧紧揸佢到，佢就向人随处问三郎。（二荷 28）

㉓怪道我件<u>罗衫仔</u>（小件丝织衣服），昨日寻穿不见人。（二荷 66）

㉔系佢嗰（那）枝<u>笔仔</u>写你众仙娘。（二荷 61）

（二）形容词重叠：AAB 式与 ABB 式

【纷纷乱】fɐn^{55} fɐn^{55} lyn^{22}，很乱。AAB 式重叠。

㉕边庭贼寇<u>纷纷乱</u>，朝臣无计净胡尘。（花笺 50）

【闷恹恹】mun^{22} jim^{55} jim^{55}，很闷。ABB 式重叠。

㉖我亦见君凄惨甚，对花长日<u>闷恹恹</u>。（花笺 17）

（三）量·名结构：粤方言"量词"具有"定指"功能

【条命】t'iu^{21} miŋ^{22}，这条命。

㉗唔望阳间重做人，<u>条命</u>必然因姐丧。（花笺 33）

（四）结构助词：个/格

【个/格】kɔ^{33}/kak^{3}，用法相当于粤方言结构助词"嘅"，表定中关系。据余

霭芹研究①，"嘅"来源于"个"的弱化，这种推论在《花笺记》中确有用例，而且在《二荷花史》中，"个"还置于句末，有"的"字结构功能的用法。如：

⑫佢<u>个</u>花园阔大百鲜，开个横门通过去。（花笺 16）

⑫独系仙家亦有唔仙<u>个</u>（不是神仙的）。（二荷 12）

⑬只话过门去候多情病，又妨佢<u>格</u>老严亲。（二荷 64）

四、明清木鱼书中的粤方言主要句法标记

（一）强势句法标记

主要指一直沿用至今的句法标记。

（1）体貌标记。

【＊V 埋】Vmai^{21}，粤方言体貌特征标记，具有靠近、扩充、包含等状态的含义。

⑬<u>行埋</u>台上收棋子，梁生带笑启言章。（花笺 6）

⑫时刻<u>放埋</u>衫袖里，若系便教人替我传将。（二荷 38）

【V 定】Vtiŋ^{22}，表示动作固定、确定的状态。近代汉语句法特征强势保留在粤方言中。

⑬<u>企定</u>有人轻说道："我地（我们）拾翠如今往<u>个</u>边（那边），总为前头有座花亭好……"（二荷 5）

【V 实】Vsɐt^2，粤方言体貌标记，表示动作的稳固、紧密状态。

⑬隔墙<u>贴实</u>我花园，既系通家如子侄。（花笺 15）

⑬生见此书惊复笑，佢就<u>睇实</u>凌烟来唤……（二荷 86）

【V 过】Vkwɔ^{33}，粤方言未然重复体标记，表决意要重新发生动作的状态。

⑬姐你先时<u>嗰</u>（那）幅笺，如今撕烂抛何处？等我寻来<u>睇过</u>（再看）对娇言。（二荷 59）

（2）语气的书面形式标记。

语气可以分为功能语气与意志语气两类。② 语气助词是功能语气的形式标记，其语气类别有：陈述、疑问、祈使、感叹。意志语气，表达的是交际过程中说话人的态度或情感，助动词、语气副词等语气成分是意志语气的形式标记。本文语气的含义指功能语气与意志语气两种。

【实】sɐt^2，一定，语气副词，表肯定的语气。

⑬哪，此系妹你两娇诗章了，<u>实唔畀</u>（一定不给）你转香房。（二荷 44）

---

① 余霭芹：《粤语方言的历史研究——读〈麦仕治广州俗语《书经》解义〉》，《中国语文》2000 年第 6 期，第 504 页。

② 齐沪扬：《语气词与语气系统》，合肥：安徽教育出版社 2000 年版。

⑬就知人实<u>唔来</u>（一定不来）了，含愁只着转窗前。（二荷55）

【*唔通】m²¹t'ʊŋ⁵⁵，难道，语气副词，表反问。

⑬做<u>乜</u>（什么）<u>重</u>（还）叫我来揩转去？<u>唔通</u>秀才真要为她亡！（二荷60）

⑭谁想对面反成如陌路，<u>唔通</u>误人定要死花前？（二荷72）

【好彩】hou³⁵ts'ɔi³⁵，幸亏，语气副词。

⑭哪，<u>哩</u>（这）张唔系原诗<u>乜</u>（吗）？<u>好彩</u>于今（现在）搜得回。（二荷48）

【哪→嗱】na¹³，叹词。音韵上与后来使用的"嗱"近似，功能亦相同，故归属沿用至今词类。

⑭<u>哪</u>，此系妹你两娇诗章了，实唔畀你转香房。（二荷44）

（3）副词后置。

【VP 添】VPtim⁵⁵，再，还。

⑭百岁寿算终须满，<u>点</u>（怎么）<u>共</u>（跟）阎王乞得一岁<u>添</u>？（花笺22）

（4）常见句式标记。

a. 被动式。

【畀】pei³⁵，被动标记。从使役"让"之意演变为被动标记。

⑭就时<u>畀</u>佢来惊醒，往事方知是梦魂。（二荷4）

⑭就<u>畀</u>树根来掼倒，登时跌直在花旁。（二荷43）

b. 差比句。

【*过】kwɔ³³，差比句标记，表比较。

⑭我姐恩情<u>大过天</u>（比天大），粉身不敢忘今日。（花笺18）

c. 选择句。

【定】tiŋ²²，还是。析取连词，表选择。

⑭姐呀！知人肠断<u>定</u>唔曾（知道人家肝肠已断，还是不知）？（花笺33）

d. 处置式。

【*将】tsœŋ³³，近代汉语句法特征，强势保留在当代粤方言中，在"将"与"把"两者中，粤方言选择了"将"为高频处置式标记，"把"式微。

⑭连忙走入花荫去，只望<u>将</u>情诉姐闻。（花笺39）

⑭你这老人真古怪，<u>做乜</u>（干什么）<u>将</u>佢（他）打得<u>咁</u>（这么）心伤。（二荷27）

（二）式微句法标记

【V 敲】Vhau⁵⁵，了，清代粤方言主要完成体标记，只出现在《二荷花史》中。

⑮如此困<u>敲</u>（被困了）三四日，捱来都似几年长。（二荷27）

⑮<u>嗰</u>（那）时就系迟<u>敲</u>（迟了）了，回思空惹恨茫茫。（二荷36）

⑫今已<u>夜敲</u>（晚了）难走动，唔时直到我家堂。（二荷88）

【＊揩】hai⁵⁵，处置式标记。《花笺记》主要使用"将"、"把"，《二荷史》"揩"用例较多。

⑬我就任佢桃花面上移，又<u>揩</u>一点红来试，真得意。（二荷37）

⑭天赐老爷教佢吟诗句，佢就<u>揩</u>诗比我两娇娘。（二荷41）

【＊过】kwɔ³³，粤方言与格标记，在《二荷花史》中大量使用。

⑮做乜卖弄风情<u>过</u>我看（为什么卖弄风情给我看）？（花笺6）

⑯你地大家言乜事？做乜都唔说<u>过</u>我知闻（为什么都不讲给我知道）？（二荷66）

五、明清木鱼书中的粤方言特征

第一，在用字方面，新造字不多，除了"冇"（没有）、"睰"（偷看）、"嗰"（那）、"嘢"（东西）外，基本沿用本有汉字（存在假借字）来表达粤方言，而古语词占有一定的比例，如"畀"（给）、"企"（站）、"悭"（节约）、"薖"等，假借字有"细蚊"（小孩）的"蚊"、代词复数标记的"地"、疑问代词的"点"（怎么）、"边"（哪）等。

第二，在特征词词类方面，粤方言进入木鱼书的词类主要是动词类与代词类。所列动词类词条，全都沿用至今，成为粤方言核心特征词。现已式微的动词"揩"（拿）是明清时期的高频词，也是处置式的标记。"畀"有两个功能，既有动词"给、让"的用法，也可表"被动"标记。"埋"作为最强势的粤方言特征词，此阶段以"埋堆"、"埋群"和"V埋"进入到木鱼书中，历经发展，以"埋"为词根的词群在当代粤方言中相当丰富，而所标记的体貌义，也恒定不变，沿用至今。形容词进入书面语中的不多，但其中的"恶"（难）是粤方言的特征词，持续使用了相当长的时间，现已渐式微，但在粤方言说唱文本，如"粤讴"、"粤剧"中仍沿袭使用，成为粤方言韵文的一个标记性形容词。粤方言代词特征词标记基本在这个时期已定型。其中有指示代词"嗰"、"咁"；人称代词"佢"及复数标记"～地"，如"佢地"、"我地"；疑问代词"乜"（什么）及其所组合的表疑问词组，其虚化程度较高，基本凝固成词，如"有乜"、"做乜"、"冇乜"、"驶乜"。疑问代词沿用至今的还有"点"、"边"。量词中的"度"、"匀"、"的"也是强势高频词（来源于古语词），并具有粤方言特征。时间副词"正"（才）、程度副词"重"（还）、连词"共"是常用词，其强势一直延续至20世纪五六十年代，然后式微，分别被"先"、"仲"、"同"替代。

第三，这个时期的主要词法是前后缀"阿～"和"～仔"标记的使用。"阿"的前缀功能在"阿野"（东西）的组合中，表现出"阿"在粤方言中组合的灵活性，即不仅可以与人名、亲属名组合，还可以与事物、职位名等组合。"~仔"虚化为后缀，此时已具小称功能特征，用于小称事物：衫仔、笔仔。表定中关系的结构助词尚未定型，主要有"个"与"格"，"个"是"嘅"的来源，余霭芹认为"嘅"来自"个"的弱化①。这种推论可在木鱼书中得到实证。

第四，粤方言的体貌特征，从明清时期的文献记录来看，"貌"的特征更具粤方言特点，而大部分的"体"特征则是来自近代汉语的影响及后来自身的发展。如"完成体"的"V 晓"、"V 咗"，"开始体"的"V 起嚟"，"短暂体"的"V 吓"，"经历体"的"V 过"等。进行体的"V 紧"和始续体的"V 开"则颇具特色。这个时期粤方言的"体"标记很少出现，反而是粤方言的"貌"特征大量出现，有"V 埋"、"V 实"、"V 定"、"V 过"，这个现象表明木鱼书中的"体"特征主要采用的还是近代汉语系统，粤方言的句法嵌入最先是由"貌"特征开始的。其中"V 埋"最具粤方言的体貌标记意义。

"敲"是这个时期唯一出现的粤方言独特"完成体"标记。詹伯慧、陈晓锦认为："敲"相当于北京话的结构助词"了"，如例句：食~饭/返上~学/佢他一早就走~。②"敲"也写作"休"③，是东莞粤方言的常用词之一，并由此进一步推断《二荷花史》的作者可能是东莞人。完成体标记"敲"与"了"共现，这种语用现象在《花笺记》中并不存在，但"敲"是否仅是东莞粤方言的常用词，与广州粤方言形成区别则值得商榷。其实不仅是东莞，现在的顺德也使用"hau⁵⁵"来表示完成体。④余霭芹指出，广州方言的前身应该兼有南海、番禺的方言特征，19 世纪的广州话与南海方言无大差别，当时的标准粤方言地区可能包括今广东省中南部珠江三角洲及其附近一带地区。本文根据 1829 年至 1929 年一百年内传教士所撰写的粤方言教材和番禺谭季强编撰的《分类通行广州话》（1929）的比较研究，发现一百年间"晓"一直是粤方言"完成体"的主要标记，尤其是在口语程度较高的粤方言教材中，"晓"更是高频词。"敲"在音义上均与"晓"相近，应该是粤方言"完成体"的早期标记。不过，这个时期的木鱼书中"完成体"的主要标记依然是"了"。

第五，句法标记中最为明显的是当代粤方言中丰富的语气助词系统没有出现，共时和历时的语料表明，粤方言书面化⑤程度与其语气助词的使用频率成正

---

① 余霭芹：《粤语方言的历史研究——读〈麦仕治广州俗语《书经》解义〉》，《中国语文》2000 年第 6 期，第 504 页。

② 詹伯慧、陈晓锦：《〈东莞方言词典〉引论》，《方言》1995 年第 3 期，第 185 页。

③ 在传教士粤方言教材中也采用"休"，但增加了口字旁，为"咻"。

④ 余霭芹：《粤语方言的历史研究——读〈麦仕治广州俗语《书经》解义〉》，《中国语文》2000 年第 6 期，第 507 页。

⑤ 粤方言书面化，指具有粤方言特征和交际功能的不同语言层次单位被文字记录下来转化为书面文本，故其书面文本既可以是一个字、一个词、一个短语或一个句子，也可以是一个语段或语篇。

比。书面化程度越高，其语气助词的使用频率也越多越丰富，反之亦然。木鱼书中粤方言的书面化程度一方面受限于说唱文学语言结构的内在限制，另一方面历代标准书面语的强势影响与渗透，使粤方言的书面化程度存在层级上的不同，并与文言、白话文存在杂陈交融的关系。以连词为例，大部分粤方言连词特征词，依然保留的是文言连词，如"共"、"抑或"、"皆因"、"即管"、"既然之"等。因此，粤方言的书面化语气系统，既有大量的粤方言特征词，也同时使用现代汉语的语气助词，有时会形成语气助词"白话文"、"文言"、"粤方言"连用现象。这个时期表语气的强势标记是"唔通"、"实VP"和"好彩"，是历代高频特征词，沿用至今。

第六，强势后置副词出现的是"添"的用例。

第七，粤方言常见句式标记，有被动标记"畀"、处置式标记"将"和"揸"、差比句标记"过"、选择句标记"定"。

在《花笺记》中，"畀"主要用于表示"给予"和"使役"功能，而在《二荷花史》中则有虚化为被动标记的用例。"畀"字在这个时期基本已经完成了由"给予"到"被"的语法化过程。其发展轨迹为：动词［＋给］>使役动词>被动标记。第一层次为动词"给"，如"畀个烂园将佢揾，几乎气死冇人闻"（给个烂园把他找，几乎气死没人知）（二荷22）；第二个层次为使役用法"让"，如"即日按兵全不动，私行不畀外人知"（偷偷出动不让外人知道）（花笺57）；第三个层次是"被动"标记，如"就时畀佢来惊醒，往事方知是梦魂"（立即被她来惊醒，往事才知是梦魂）（二荷4）。"畀"三个层次上的功能分布，完全符合Chappell和Peyraube提出的语言共性（implicational universal）的假设：如果某种语言有一个被动标记来源于给予动词，那么它一定会有一个使用相同形式的使役动词，而且这个动词一定来源于一个给予动词。这个假设基于历史语言学提供的资料：现代汉语方言中使用的所有来源于给予动词的被动标记，都在中古汉语和现代汉语里首先用作使役动词。①

明清时期的处置式一共有三种标记，即具有粤方言特征的"揸"以及近代汉语特征的"将"和"把"。"揸"和"将"都是当时的高频词，"揸"后来式微。"将"最终发展成为当代粤方言处置式的强势标记。

差比句标记"过"、选择句标记"定"沿用至今，具有较高的稳定性。

六、余论：明清木鱼书中的粤方言书面化程度

以木鱼书形式存在的《花笺记》及《二荷花史》，其粤方言是以部分特征词

---

① 贝罗贝、徐丹：《汉语历史语法与类型学》，载中国社会科学院语言研究所《历史语言学研究》编辑部编：《历史语言学研究》第二辑，北京：商务印书馆2009年版。

及句法标记的嵌入来体现的。木鱼书的语篇基础是其弹词特点，因而"七言句"是结构文本的主要模式，并在此基础上增字构成插入语，但其变通在于，衬字不一定是"三言"，有时可"二言"，如"<u>我估</u>娇娇先者那诗章，阿白定然揩去了"（二荷 43），插入了"我估"（我猜）。"<u>哩下</u>我地来寻唔不见了，<u>估系</u>秀才揩在袖中藏"（二荷 43），插入了"哩下"（现在）、"估系"（猜是）。在"七言"句首插入"二言"粤方言词，是木鱼书嵌入粤方言的主要语言形式之一。

由于弹词韵律及语篇的限制，大部分的句法结构及虚词词类依然是近代汉语的基础，因此，其粤方言书面化程度基本承袭了传统方言入文的特点，但入文程度已经在句法结构上发生了作用，这是粤方言书面化程度提升的标记。尤其是《二荷花史》，其句法结构的"入文"现象比《花笺记》多，因而其粤方言书面化程度也高。这个时期可以说是粤方言书面语发展的萌芽期，由于句法的嵌入，粤方言的书面化已经不再是简单的"入文"现象。

附注：

本文注音主要以广州音为代表音，声韵调标注按以下体例。

（1）20 个声母。

双唇：p(巴波白饱)　　　p'(飘批破贫)　　　m(妈尾莫物)　　　w（华威画永）

唇齿：f(分饭花训)

舌尖：t(低大敌突)　　　t'(田他弟偷)　　　n(奴挪年男)　　　l(礼里凉乱)

舌尖前/舌叶：ts/ʧ（左遮姐正）　　　ts'/ʧ'（次此翅超）　　　s/ʃ（梳诗笑晒）

舌面：j（也因若翁）

舌根：k（隔敢骄京）　　　k'（琴缺近桥）　　　ŋ（牙傲危咬）　　　h（刊香兄学）

kw（军归国光）　　　k'w（亏困括规）

零声母：Ø（胡爱邀握）

（2）54 个韵母。

单元音韵母 8 个（不分 a 长短音），复元音韵母 10 个，鼻尾韵 17 个，塞尾韵 17 个，声化韵母 2 个。见表 1：

表1 粤方言韵母表

单元音	复元音		鼻尾韵			塞尾韵		
a (aː)	ai	au	am	an	aŋ	ap	at	ak
	佳奶埋	校捞吵	蓝三谈	赚板简	橙坑鹏	腊答夹	抹发擦	客责贼
ɐ (ă)	ɐi	ɐu	ɐm	ɐn	ɐŋ	ɐp	ɐt	ɐk
	鸡泥咪	后嬲丑	怮心凼	震品仅	曾行凭	立揾合	物罚漆	黑则测
ɛ	ei				ɛŋ			ɛk
嘅咩借	美离企				饼命钉			只剧吃
œ	œy			œn	œŋ		œt	œk
锯朵靴	女去居			信津伦	娘昌阳		出律术	药卓脚
ɔ	ɔi	ou		ɔn	ɔŋ		ɔt	ɔk
多歌左	来彩海	母鲁高		看汉寒	方康江		割喝渴	博作剥
i		iu	im	in	iŋ	ip	it	ik
知诗而		标朝晓	点廉严	面鲜见	倾兄冰	劫猎碟	别结灭	敌激逼
u	ui			un	ʊŋ		ut	ʊk
姑虎箍	杯妹赔			本碗番	东宋众		末活阔	俗读欲
y				yn			yt	
猪书雨				短远尊			夺绝缺	
声化韵母								
m̩ 唔　　　ŋ̩ 误五午								

（3）9个声调。见表2：

表2 粤方言声调表

调类	调值	例字
阴平	˥55 或 ˥˧53	虚虾坚揸知村东胎飞鲜
阳平	˨˩21	虫棉柔琼球而图容原凉
阴上	˧˥35	左损搅仔煮恋转者早手
阳上	˩˧13	免侣似伍企脑舀距雅敏
阴去	˧33	数泰箭配将蔗蔽圳圣快
阳去	˨22	字道捕样晾贱贺父示万
上阴入	˥5	毕谷瞌壁辑桔得揖抑色
下阴入	˧3	跌角革铁眨脚脱格摄切
阳入	˨2	集食服业日绿玉突杂毒

粤方言的源头和基础是秦汉通语[①]

谭海生[②]

一、关于粤方言源头和基础的争议

对于粤方言的源头和基础的认识，主要有"两广越语基础说"和"楚方言雏形说"两种观点。"两广越语基础说"认为："粤语的民族成分十分复杂，至少有两广越语、中原汉语、楚语、吴越语、闽语等成分，当以两广越语为主要'基因'。""先秦时期……（两广）的土语（或称先越语）当为后来粤语的主要基础。"[③] "楚方言雏形说"认为："在战国时代，广州地区就已接受了楚人的影响，承受了楚国的语言和文化。""南楚的语言也就是古台语与汉语融和而成的一支独特的汉语方言。这个南楚方言（及'南楚以南'的方言）应该就是广州方言的雏形或前身。这个方言在其总体特点上，表现其属于汉语的系统，但在语音、词汇和语法结构上，又存有若干原来民族语言的特点。"[④] 我们认为，两广先越语和古楚方言都不是粤方言的源头和基础，粤方言的源头和基础应该是秦汉两朝的通用语言，也就是古关中话。最早的粤方言是秦汉通语的直接"移植"。

二、"两广越语基础说"和"楚方言雏形说"的缺陷

从历史学、语言学、考古学和民族学的角度分析，"两广越语基础说"和"楚方言雏形说"都存在明显的缺陷，下面分别进行论述。

（一）"两广越语基础说"的缺陷

历史研究告诉我们，先秦时期的南越地区和"中国"（《史记》语）地区分

---

①　原载《学术研究》2008 年第 8 期。

②　【作者简介】谭海生，广东第二师范学院中文系教授。

③　张永钺：《粤语和壮侗语的现象比较与人类学考察》，载朱俊明主编：《百越史研究》，贵阳：贵州人民出版社 1987 年版，第 244～249 页。

④　李新魁：《论广州方言形成的历史过程》，《广州研究》1983 年第 1 期，第 70 页。

别处于完全不同的文明发展阶段。先秦时期的中国地区不论是经济、政治还是文化，都已进入高度文明发展时期，且处于当时世界民族文明发展的前列，而此时的南越地区仍处于"蛮夷"状态。"秦始皇统一岭南之前，聚居于岭南的南越各部落、支族互不统属，'各有君长'，处于散乱无序的原始社会末期。"① "在秦统一以前，南越的社会生产落后，仍未完全脱离野蛮阶段。""仍处在'刀耕火种'的原始耕作阶段。""从两广的考古发现来看，广东的南越人和广西的瓯越人都未创造出本民族的文字。"② 因此，林语堂说："我们可以决定的说：越不是中国人，是蛮夷的一种。"③ 南越国的创立者南越武王赵佗在南越国国都番禺（今广州）会见汉高祖使臣陆贾时也自诉："居蛮夷中久，殊失礼仪。"④ 甚至南越国建立 26 年后，赵佗在公元前 179 年上书汉文帝时仍自称"蛮夷大长老夫臣佗"⑤（此时距秦始皇统一岭南已逾 36 年）。我们认为，当时尚处于散乱无序的"原始"、"野蛮"阶段的南越蛮夷土著所使用的各种土语不可能成为南越国的通用交际语言的主要基因和主要基础，因为南越国的管治主体是数以万计的具有当时高度文明和严密组织的秦朝军队和移民。文明程度的巨大落差在这里可能起着决定性的作用。15 世纪后的北美洲情形与公元前的南越国情形有颇多相似之处，由于文明程度的巨大落差，北美印第安土著的语言没有也不可能成为北美国家通用交际语言的主要基因和主要基础。当然，在漫长的历史发展进程中，同处岭南地区的粤方言与两广越语相互之间肯定有着巨大的联系，相互之间肯定吸收了大量的语言元素，这就是今天的粤方言与壮侗语族语言存在颇多相同或相似之处的根本原因。

（二）"楚方言雏形说"的缺陷

"楚方言雏形说"的主要根据是《史记》中关于楚令尹吴起"南平百越"⑥的记载。李新魁说："至公元前 401 年，楚悼王进而派吴起率兵平定了百越。可见，在秦始皇派兵入越之前，楚国经已与广东发生长期的、大量的交往，特别是吴起平越之役，又迁移了许多楚人来到广东。"⑦ 其实，这是对史籍的误读，吴起"南平百越"与广东完全无关。《后汉书》对吴起"南平百越"作了进一步说

---

① 张荣芳：《秦汉时期岭南地区发展的划时代意义》，载中国秦汉史研究会编：《秦汉史论丛》第七辑，北京：中国社会科学出版社 1998 年版，第 1 页。

② 麦英豪：《广州地区秦汉考古的发现与收获》，载中国秦汉史研究会编：《秦汉史论丛》第七辑，北京：中国社会科学出版社 1998 年版，第 14、20 页。

③ 林语堂：《林语堂经典文存》，上海：上海大学出版社 2004 年版，第 259 页。

④ （汉）司马迁：《史记》，北京：中华书局 1959 年版，第 2698 页。

⑤ （汉）司马迁：《史记》，北京：中华书局 1959 年版，第 2971 页。

⑥ （汉）司马迁：《史记》，北京：中华书局 1959 年版，第 2169 页。

⑦ 李新魁：《论广州方言形成的历史过程》，《广州研究》1983 年第 1 期，第 70 页。

明："及吴起相悼王，南并蛮越，遂有洞庭、苍梧。"① 李龙章考证说："战国初期，吴起南平百越，将楚国边界拓展至今湖南宁远、道县以南的九嶷山即古苍梧一带。"② 我们在史籍中尚未发现楚国曾经管治岭南的记载，也未见到楚国曾经有组织地向岭南移民的记录，岭南地区的考古发掘也没有找到楚国的政治势力曾经到达岭南地区的证据。著名考古学家麦英豪说："在岭南地区直到今天还未发现过一座楚墓，就以最容易发现的贸易媒介物——货币来说，楚的金币、铜币，甚至墓中随葬用的泥质楚币也未有见过，这不能解释为一般的偶然现象，应视为当时楚的政治势力还未有深入到岭南地区。"③ 既然楚国的军队没有开入并"平定"岭南，楚国的政治势力也没有深入岭南，楚国也没有有组织地向岭南大规模移民，那么，楚国的语言（汉语的一种方言）要成为当时尚处于散乱无序的原始野蛮状态的岭南蛮夷土著的通用交际语言，基本上是不可能的。因为当时岭南、岭北交通极其不便，越岭来往非常艰难，再加上地广人稀，两地人员的交往肯定是非常有限的。如此有限的民间人员交往，是很难对一个民族的语言使用产生决定性影响的。

"楚方言雏形说"的另一个重要根据是现代粤方言中保留了若干西汉扬雄《方言》及其他古籍所记载的楚方言词语，诸如"睇、崽、纫、嬉"等。我们认为，把这一语言现象理解为粤方言在漫长的历史发展进程中受楚方言影响，从楚方言"借用"某些词语，可能更符合历史事实。主张"楚方言雏形说"的李新魁先生也说："这种关系有两种可能：一是广州话与古代楚方言没有直接的承传关系，后代广州话中的某些词语只是从楚方言中'借用'过来的……另一种可能是广州话本来就是楚方言的一支……广州话与楚方言的关系究属哪一种情形，目前材料不足，不必遽下结论。"④ 综合各种材料分析，我们认为，第一种"可能"的可能性远远大于第二种"可能"。

三、"秦汉通语源头说"的理由

"秦汉通语源头说"的理由主要有以下五点：

（1）数以十万计的秦朝军队和移民有组织地越岭南来，并陆续定居在当时尚处于蛮荒状态的南越地区，为秦通语在南越地区的通行创造了必要的条件和奠定了坚实的基础。据史书记载，秦始皇在数年内先后四次向岭南地区大规模移

---

① （刘宋）范晔：《后汉书》，北京：中华书局1965年版，第2831页。
② 李龙章：《湖南两广青铜时代越墓研究》，《考古学报》1995年第3期。
③ 麦英豪、黎金：《汉代的番禺——广州秦汉考古举要》，载林业强编：《穗港汉墓出土文物》，广州博物馆、香港中文大学文物馆1983年版，第8页。
④ 李新魁：《论广州方言形成的历史过程》，《广州研究》1983年第1期，第71页。

民。公元前 219 年（一说公元前 218 年），秦始皇发动统一岭南的战争，"乃使尉屠睢发卒五十万为五军……以与越人战"①，经数年征战，于公元前 214 年（秦始皇三十三年），平定岭南。战事结束后，数十万秦军留居岭南，"皆家于越，生长子孙"②。这是秦始皇第一次向岭南地区大规模移民。第二次是公元前 214 年（秦始皇三十三年）"发诸尝逋亡人、赘婿、贾人略取陆梁地，为桂林、象郡、南海，以适遣戍"③；第三次是公元前 213 年（秦始皇三十四年），"适治狱吏不直者，筑长城及南越地"④；第四次确切时间不详，是由当时征战岭南的秦军将领赵佗"使人上书，求女无夫家者三万人，以为士卒衣补。秦始皇可其万五千人"⑤。清初广东学者屈大均说："夫以中国之人实方外，变其蛮俗，此始皇之大功也。"⑥ 秦始皇四次移民到底向岭南迁移了多少秦朝军民，因史料缺乏，目前尚无法确切统计，有专家认为，"秦朝在统一岭南的过程中，向这里先后派遣了数十万人的军队，也输入了大量的移民，'中县人'在岭南地区已占有相当的比例，以此可以推测，在郡县治所这样一些居民密集点的人口结构中，外来者甚至已经超过本地的土著——越人"⑦。"到了第二、第三代时，具有华夏人血统的居民便大大超过了纯粹的南越人，而南越人也逐渐融合于汉人之中。"⑧ 从目前所能见到的史料来看，我们认为，这样的"推测"应该是成立的。

那么，数十万秦朝军民在南越地区会使用什么语言作为通用交际语言呢？我们先看看秦朝移民的主要构成成分以及各种移民可能的语言使用情况。秦朝移民的主体毫无疑问是数十万征战岭南并最终"家于越"的秦军。军队将士一般来自"五湖四海"，"九州之人，言语不同，生民以来，固常然矣"⑨。军队必须使用一种通用语言进行指挥交际，一般来说，国家的通用语言也就是军队的通用语言。移民中的"狱吏不直者"当属国家"公务员"，国家公务员应该能够使用国家通用语言。"贾人"走南闯北，应该也熟悉国家通用语言。至于"赘婿"、"女无夫家者"等，应该也是来自"五湖四海"，来到南越地区同样需要学习并使用通用语言进行交际。我们认为，南迁的秦朝军民的"通用语言"应该是也只能是秦通语，也就是古关中话。西周于公元前 11 世纪定都镐，秦孝公于公元前 350

---

① （汉）刘安等：《淮南子》，上海：上海古籍出版社 1989 年版，第 203 页。
② （清）屈大均：《广东新语》，北京：中华书局 1985 年版，第 208 页。
③ （汉）司马迁：《史记》，北京：中华书局 1959 年版，第 253 页。
④ （汉）司马迁：《史记》，北京：中华书局 1959 年版，第 253 页。
⑤ （汉）司马迁：《史记》，北京：中华书局 1959 年版，第 3 087 页。
⑥ （清）屈大均：《广东新语》，北京：中华书局 1985 年版，第 232 页。
⑦ 丁毅华：《赵佗的功业、为人和心态》，载中国秦汉史研究会编：《秦汉史论丛》第七辑，北京：中国社会科学出版社 1998 年版，第 105 页。
⑧ 何光岳：《百越源流史》，南昌：江西教育出版社 1989 年版，第 139 页。
⑨ （隋）颜之推：《颜氏家训》，北京：北京燕山出版社 1995 年版，第 211 页。

年迁都咸阳，镐和咸阳均位于关中平原中部。在中国，当一个王朝稳定发展之后，其帝王都邑的语言也就理所当然地成为整个国家的通用语言。古关中话又称"周秦雅言"，其通行范围在春秋时期已远远超出了关中平原。"子所雅言，诗、书、执礼，皆雅言也。"① 孔子虽是鲁国人，却经常使用周秦雅言进行交际。我们可以想象，在蛮荒的南越地区，秦通语最初可能只是秦朝军民的通用语言，随着以"中国人"为管治主体的南越政权的不断巩固和发展，以及当地越人与"中国人"的不断融合，秦通语也就逐渐成为南越地区的主要通用语言。

必须强调的是，与"周秦雅言"相伴而来的还有华夏文明的另一伟大成果："汉字"。历史学家考证说："南越族自己没有文字，先秦时期，岭南和汉字有少许接触，秦始皇统一岭南后，汉字在岭南开始流通。经过南越国时期近一个世纪的推广和普及，汉字已成为南越国的官方文字并在国内普遍流行。汉字的推广，使岭南地区向文明社会迈出了重要的一步，加速了汉越民族融合的过程，使南越地区文化水准迅速提高。"② 我们认为，汉字的使用和推广，对秦通语在尚无本民族文字的南越地区的推行应该起到了极大的促进作用。

（2）以汉人为主体的南越政权的长期、稳固、开明的管治，推动了汉文化向南越地区强势传入，并为秦汉通语在南越地区的通行创造了稳定的政治环境。公元前214年，秦始皇"已并天下，略定杨越，置桂林、南海、象郡，以谪徙民"③。当时，任嚣为南海尉（南海郡的最高长官）。秦二世时，天下大乱，病重的任嚣召见下属龙川令赵佗，"即被佗书，行南海尉事"。"秦已破灭，佗即击并桂林、象郡，自立为南越武王。"④ 赵佗的南越国政权承继了任氏政权，"颇有中国人相辅"⑤，是以"中国人"为管治主体的政权。从公元前214年秦始皇统一岭南到公元前111年汉武帝平定南越国叛乱，共历时103年。历史学家考证指出："南越建国之初，大凡政治制度、手工业制造、语言文字乃至城市建设、度量衡等精神文明及物质文明诸方面都仿效中原汉朝。在主流文化方面，鲜见本土文化的孑遗，汉文化在当地拥有尊崇的强势地位。"⑥ 在管治方面，任嚣和赵佗均实行"恩洽扬越"的开明政策。"嚣至，抚绥有道，不敢以秦虎狼之威，复加荒裔，于是民夷稍稍安辑。当其时，秦北有蒙恬，威奢漠庭；南有任嚣，恩洽扬越，而始皇乃得以自安。"⑦ 赵佗主越后，延续了任嚣的开明管治，汉高帝在公

---

① 杨伯峻：《论语译注》，北京：中华书局1980年版，第71页。

② 张荣芳、黄淼章：《南越国史》，广州：广东人民出版社1995年版，第299、300页。

③ （汉）司马迁：《史记》，北京：中华书局1959年版，第2967页。

④ （汉）司马迁：《史记》，北京：中华书局1959年版，第2967页。

⑤ （汉）司马迁：《史记》，北京：中华书局1959年版，第2967页。

⑥ 夏增民：《由广州南越王墓所见文化遗存透视岭南文化变迁》，载中国秦汉史研究会、中山大学历史系、西汉南越王博物馆编：《南越国史迹研讨会论文选集》，北京：文物出版社2005年版，第66页。

⑦ （清）屈大均：《广东新语》，北京：中华书局1985年版，第494页。

元前 195 年下诏曰："粤人之俗，好相攻击，前时秦徙中县之民南方三郡，使与百粤杂处。会天下诛秦，南海尉它（佗）居南方长治之，甚有文理，中县人以故不耗减，粤人相攻击之俗益止，俱赖其力。"① 对南越政权这 103 年的历史，历史学家有如此评价："南下的秦军与当地越人共同开发岭南，推行汉越杂处政策：尊重越人的风俗习惯，任用越人的部族首领为南越高官，主张汉越通婚等许多有利于民族和睦的措施，促进了汉越民族与文化的融合，加快了以番禺为中心的岭南社会历史的发展历程。"② 在这种相对稳定、和谐的社会环境之中，"中县人不耗减"，汉文化的主流地位不断加强，大量的越人慢慢"汉化"，逐渐融入汉人社会，南越地区也就逐渐变成了以汉人为主体的地区。屈大均说："今粤人大抵皆中国种，自秦汉以来，日滋月盛，不失中州清淑之气……盖越自始皇而一变，至汉武而再变，中国之人，得蒙富教于兹土，以至今日，其可以不知所自乎哉？"③ 我们认为，秦汉通语在南越地区的广泛通行，应该是这种"一变、再变"的最重要内容之一。

（3）南越国都城番禺（今广州）的建立和发展，使以秦汉通语为基础的古番禺话得以孕育生成，并逐渐发展成为南越地区的"国语"。每一个国家都需要一种能广泛通行的通用语言，而国家都城的语言一般也就是国家的通用语言。在秦始皇统一岭南前，南越地区尚处于"散乱无序的原始社会末期"，"就目前已发现的考古材料来看，今两广境内还未发现有秦汉以前的城邑，甚至稍具规模的民居聚落也很少见到"④。这样的社会历史环境是很难产生广泛通行的通用语言的。据考证，番禺城（今广州）始建于公元前 214 年（秦始皇三十三年），开始是作为秦所设立的南海郡的治所（当时，任嚣为南海尉，所以又称"任嚣城"）。赵佗于公元前 204 年建立南越国后，番禺即成为南越国的国都。南越国存在了 93 年，番禺作为南越国都城也延续了 93 年。⑤ 据考古学家考证，"在今天的市区也有南越国时期的墓发现，若以最新发现的南越国宫署遗址为中心点，东西两墓地相距仅 2.25 公里，可见当日南越国都城——番禺城的规模不大，据宋人的记述是'周回十里'，较为可信"⑥。我们推测，由于统治的需要，在这个面积不足 2

---

① （汉）班固：《汉书》，北京：中华书局 1962 年版，第 73 页。

② 麦英豪：《广州地区秦汉考古的发现与收获》，载中国秦汉史研究会编：《秦汉史论丛》第七辑，北京：中国社会科学出版社 1998 年版，第 20 页。

③ （清）屈大均：《广东新语》，北京：中华书局 1985 年版，第 232 页。

④ 麦英豪：《广州地区秦汉考古的发现与收获》，载中国秦汉史研究会编：《秦汉史论丛》第七辑，北京：中国社会科学出版社 1998 年版，第 13 页。

⑤ 麦英豪、黎金：《汉代的番禺——广州秦汉考古举要》，载林业强编：《穗港汉墓出土文物》，广州博物馆、香港中文大学文物馆 1983 年版，第 8、9 页。

⑥ 麦英豪：《广州地区秦汉考古的发现与收获》，载中国秦汉史研究会编：《秦汉史论丛》第七辑，北京：中国社会科学出版社 1998 年版，第 12 页。

平方公里的都城里，以赵佗为首的汉人在居民人口比例上应该超过当地的土著越人，特别是在建城初期，汉人在居民人口比例上应该占有较大的优势。在"规模不大"的番禺城中，汉人在军事上是征服者，在政治上是统治者，在经济上是支配者，在文明程度上是领先者，在人口比例上也应该超过土著越人，因此，我们认为，古番禺城的通用语言应该是也只能是汉人的通用语言，也就是秦汉通语。同时，我们也猜想，古番禺话不可能是标准的古关中话，因为：第一，秦军和移民中真正生长于关中平原的人数应该不会很多（赵佗就是河北正定人），不同方言区的人使用通语时难免带有各自的方言口音；第二，外来的秦汉通语在岭南地区推行使用过程中，肯定要受当地越人土语的影响，肯定要吸收越人土语的元素，而且，推行的范围越广，使用的时间越长，受影响的程度可能就越深。

南越国定都番禺93年，在经过近百年的发展后，"到了西汉中期，广州已成为与内地长安、洛阳、成都等重要城市并列的中心城市"①。我们设想，随着国都地位和中心城市地位的不断增强，以秦汉通语为基础的古番禺话的"国语"地位也在不断增强，其辐射范围越来越广，使用人口越来越多。语言发展规律告诉我们，"国语"地位是一种语言得以广泛通行的最有力保障之一。今天两广地区最主要的通用语言是粤方言（普通话除外），而且粤方言通行的地区多是经济较发达、人口较密集的地区，这可能跟两千多年前古番禺话的"国语"地位有某种内在的联系。

（4）汉王朝与南越国长期频密的人员往来，不断强化和加深了秦汉通语与古番禺话的联系与影响。汉武帝元鼎六年的平叛，则进一步巩固了汉文化在岭南地区的主流地位。汉定都长安（今陕西西安），长安同样位于关中平原中部，汉通语也就是秦通语，也就是古关中话。公元前196年，汉高祖刘邦"遣陆贾因立佗为南越王，与剖符通使，和集百越"②。自此，直至南越国亡，汉王朝与南越国一直保持着频密的人员往来。其中须特别提及的是南越国曾两次遣王子赴长安"入宿卫"。第一次是二世南越王赵胡即位后不久，"遣太子婴齐入宿卫"，"后十余岁，胡实病甚，太子婴齐请归"。"婴齐其入宿卫在长安时，娶邯郸樛氏女，生子兴。及即位，上书请立樛氏女为后，兴为嗣。"③ 太子婴齐在长安生活了"十余岁"，娶妻生子，后回国即位为三世南越王，其生长于长安的儿子兴则在婴齐逝世后即位为四世南越王。邯郸樛氏女则先为王后，后为太后。第二次是婴齐"遣子次公入宿卫"④。我们认为，汉王朝与南越国长期频密的人员往来，特

---

① 夏增民：《由广州南越王墓所见文化遗存透视岭南文化变迁》，载中国秦汉史研究会、中山大学历史系、西汉南越王博物馆编：《南越国史迹研讨会论文选集》，北京：文物出版社2005年版，第70页。

② （汉）司马迁：《史记》，北京：中华书局1959年版，第2967页。

③ （汉）司马迁：《史记》，北京：中华书局1959年版，第2971页。

④ （汉）司马迁：《史记》，北京：中华书局1959年版，第2971页。

别是两世南越王以及王后、王子众多随从多年的长安生活经历，肯定会不断强化长安话与番禺话的联系，不断加深长安话对番禺话的影响，进一步推进番禺话在南越地区的推行与使用。

公元前112年，南越国叛乱，汉武帝派十万大军于次年平定了叛乱。平叛后，由于管治的需要，大批汉军要留驻南越，大量汉官要南下任职（原秦始皇设置的三郡被汉武帝重分为九郡），从而使汉越民众的交往更加自由和方便。因此，汉武帝的平叛实际上大大强化了汉文化在南越地区的主流地位，并大大增强了汉通语对南越通用语言的影响。

（5）广州方言与《切韵》音系的紧密对应，可能是"秦汉通语源头说"的有力旁证。现代广州方言是仍然保留入声的汉语方言之一。《广韵》① 三十四个入声韵部共有小韵691个，也就是有691个小韵首字（首字下标注反切及小韵字数）。笔者借助《广州话正音字典》② 查691个小韵首字的广州话读音。691个首字中查到广州话读音的共486个字，486个字中仍读入声的477个字，只有9个字不读入声。根据统计学原理，我们可以说，《切韵》入声字中的98%以上在现代广州话中仍然读入声。下面是《广韵》三十四个入声韵部489个小韵首字的广州话读音情况。

读入声：

一屋：屋独穀穀哭秃速禄族镞暴扑卜木福伏缩六逐菊麹熟儥育肉粥叔蓄竹蹙朒蝮郁肅目蓄；二沃：沃毒篤酷鵠僕梏熇襑褥濼；三燭：燭玉旭局蜀觸辱束欲躅録曲瘃足贖憷促續粟；四覺：覺嶽浞捉朔斮剥邈𪔴璞濁渥搉逴㰤學媿；五質：質日實秩悉一七匹吉暱逸詰抶𥋴室疾失蜜必姞郅率叱密弼乙筆茁胒蛭；六術：術橘𨋢聿辛卹律黜术出焌；七櫛：櫛瑟；八物：物弗鬱屈倔佛拂崛；九迄：迄訖疙乞；十月：月伐越厥闕髮韈竭歇訐；十一没：没骨勃咄突忽兀窟訥窣猝捽捽卒；十二曷：曷恆闥遏剌渴達蠚擖；十三末：末柮撥括闊活奪豁斡鏺𠨞抔掇撮跋；十四黠：黠札拔滑八刖戞軋殺𩐍；十五鎋：鎋刹瞎獺刮刷刖捌𪒦；十六屑：屑切結節血闋玦穴抉姪鐵纈涅截蔑噎狹齧窒；十七薛：薛列哲傑熱晢舌折孼滅朅絕雪悅缺蹴爇說拙歠輟劣暼別轍子設呐蹳茁啜掣；十八藥：藥略脚灼爍若綽約卻虐妁削斮爵鵲㗀縛𤞤芍著謔；十九鐸：鐸莫落託作錯各恪惡泊臒索涸昨博諾霍郭穫廓；二十陌：陌磔白伯劇戟索柵嚇嘖齰隙額逆客啞虢拍赫格宅虢榒；二十一麥：麥獲蟈槶蕡責策劃隔摘戹；二十二昔：昔積益繹釋尺石隻擲席籍辟役辟僻碧彳；二十

① 《切韵》原书已经失传，《切韵》的语音系统完好地保存在《大宋重修广韵》（一般简称《广韵》）里，本文引用的有关入声韵部资料全部取自《广韵》。
② 《广州话正音字典》于2002年出版，由詹伯慧任主编，集粤、港、澳数十位专家历十余载编撰而成，是目前出版时间最晚、收字最多（共收8781个字）、注音最精确的广州音字典之一。

三錫：錫激霹靂的檄鷁荻逖績惄寂覓甓壁闃戚；二十四職：職直力敕陟食息寔識極匿測憶色殛弋即逼域洫愎；二十五德：德則勒忒刻特黑墨賊塞北菔或國劾覆；二十六緝：緝十執習集入揖溼及蟄縶立急岌泣吸戢邑煜熠；二十七合：合閤答趿沓雜拉納溘唈；二十八盍：盍臘榻蹋榼砝；二十九葉：葉接攝涉獵捷聶讋妾鍤輒曄；三十怗：怗協頰愜牒苶燮浹；三十一洽：洽恰夾眨插霎劄；三十二狎：狎鴨甲呷；三十三業：業脅怯劫腌跲；三十四乏：乏法。（共477字，其中有少数几个多音字，例如“暴”等，既可读入声，也可读非入声。）

不读入声：

一屋：囿；二沃：瑁；五質：暨；十七薛：拽；十八藥：皭；二十二昔：辟；二十四職：嶷；二十八盍：譫；二十九葉：魘。（共9字）。

广州话入声与《切韵》音系入声的紧密对应，是无法用“巧合”来解释的。可能的解释有两种，一种是《切韵》记录了古粤方言，另一种是《切韵》所记录的古音与粤方言有渊源关系。第一种解释已为学者所否定，王显说：“无论是在《切韵》的序文里，还是在陆法言、刘臻、吕静等十三人的传记里，都找不到‘粤’字或它的同义词。主张《切韵》是古今南北语音大拼凑的人断然说是《切韵》的入声取自粤方言，是没有一点事实根据的。”① 我们认为第二种解释的可能性非常大。关于《切韵》的音系性质问题，学界一直争论不休，我们认为，当时隋朝首都长安的语音应该在《切韵》的记录范围之内。隋朝于开皇三年（583）定都大兴（今陕西西安，即长安）。《切韵》编成于隋仁寿元年（601），是一部具有极强的通用性的工具书，“陆法言切韵时俗共重，以为典规”②。作为一部通用的音韵工具书，首都的语音应该在其记录范围之内，而且，参与讨论编撰《切韵》的陆法言、颜之推等九人皆仕于隋，均在首都长安居住生活，完全有条件分析记录长安语音（高本汉就坚持认为《切韵》所记录的是单一的长安音③）。我们认为，隋代长安音与汉代长安音应属同一音系，且现代广州话源于秦汉通语，因此广州音与《切韵》音之间的渊源关系还是可以追寻的。至于粤方言为何能较完好地保留入声，我们认为主要原因有两点：一是南越地处偏远，山河阻隔，南越与中原的交往一直都受到极大的限制，根据语言发展的一般规律可知，一般性的人员交往是很难对一种已基本发展成型的语言产生根本性影响

① 王显：《“切韵”的命名和“切韵”的性质》，《中国语文》1961年4月期，第21页。

② 王仁昫：《刊谬补缺切韵序》，载周祖谟编：《唐五代韵书集存》，北京：中华书局1983年版，第434页。

③ 何九盈：《中国现代语言学史》，广州：广东教育出版社2000年版，第305页。

的；二是从史籍记载来看，自秦始皇统一岭南并大规模向岭南移民后，以番禺（今广州）为治所的南越中心地区再未发生过能导致人口构成比例发生重大变化的事变（汉武帝元鼎六年的平叛并未改变南越地区的人口构成比例，反而进一步强化了秦汉通语对南越地区的影响）。南越中心地区人口构成的长期稳定与中原地区战乱灾害频仍，人口构成经常处于急剧变动之中的情形形成了鲜明对照。一般的观点认为，粤方言主要特点之一是"粤语的词汇中保存了大量古汉语的语词"①。我们认为，这种"保存"主要是因为上述两个原因。由于这两个原因，现代粤方言有可能是古秦汉通语的某些已消失"基因"的"活化石"。

四、结　语

从世界语言发展史来看，大规模移民是造成一个地区的语言发生变化的最重要条件之一，几乎所有的"方言岛"都是移民造成的。秦始皇派数十万大军平定岭南并大规模"徙民实边"，由秦军和移民所建立的南海郡治所番禺城（今广州）最初可能只是一个秦通语的"方言岛"，但这个"方言岛"是南越地区的军事、政治、经济、文化中心，特别是其文明程度遥遥领先于尚处于"蛮夷"状态的周边地区，因而具有极强的辐射功能，其中语言和文字的推行是辐射的主要标志之一。南越国建立后，番禺城由郡治变为国都，其辐射功能进一步增强。而南越统治者所实行的"恩洽扬越"政策，加速了汉越融合，使南越地区逐渐发展成为以汉人为主体的地区。与此同时，西汉王朝220多年对南越地区的间接或直接统治，也使汉文化的主流地位不断巩固和强化。在各种因素的合力作用之下，以秦汉通语为源头和基础的古番禺话逐渐取代各种越人土语，发展成为南越地区最主要的通用语言。我们认为，作为两广地区主要通用语言的现代粤方言，应该是由古代南越国的"国语"——古番禺话发展而来的，换句话说，现代粤方言的源头和基础应该是秦汉通语。

---

① 　侯精一：《现代汉语方言概论》，上海：上海教育出版社 2002 年版，第 188 页。

后 记

经过一年的酝酿、筹备，《广东地方特色文化研究丛书》第一辑《岭南风物》终于编辑完竣，并交付排印。自去年我们发出征文通知后，我省高校、社科院、党校、社科联及各个地方文化研究基地积极组织，社科界应者云集，在很短的时间内，我们就收到论文200多篇。广东省政协和广东省社科联领导也高度重视本丛书的编辑出版工作，迅速成立了编委会，同时邀请广东省政协梁伟发副主席、杨懂秘书长，广东省政府林积副秘书长，广东省委宣传部蒋斌副部长和广东省社科院原院长张磊研究员担任顾问。在论文的征集、编选过程中，田丰、林有能、梁川、柯楚将、古流森、姜波、张杰炜、汪虹希等人做了大量的工作。暨南大学出版社潘雅琴副编审和黄晓凌、陈征等为本书的编辑工作付出了辛勤的劳动。在此，我们谨向关心支持本书出版的单位和个人表示衷心的感谢！

由于时间和能力所限，本书的编选工作可能还存在纰漏，敬请作者和读者批评指正，同时我们也希望大家继续不吝赐稿和提出建议，以便我们把《广东地方特色文化研究丛书》办得更好。

《广东地方特色文化研究丛书》编委会
二〇一四年九月